F. WEINREB: BEGEGNUNGEN MIT ENGELN UND MENSCHEN

LEHRE UND SYMBOL
BAND 25

FRIEDRICH WEINREB

Begegnungen mit Engeln und Menschen

MYSTERIUM DES TUNS

Autobiographische Aufzeichnungen
1910–1936

2. Auflage

ORIGO VERLAG BERN

Zeichnungen: Dan Rubinstein
Bildnis: Menachem Birnbaum
Schutzumschlag: W. Freitag

Die Quellenangaben der Zitate und Mottos
findet man nach dem Inhaltsverzeichnis.

© 1988 by Origo Verlag Bern / Schweiz
Alle Rechte, auch die des auszugsweisen Nachdruckes,
vorbehalten
ISBN 3–282–00007–3

»Ich hatte von dir nur vom Hörensagen vernommen,
aber nun hat mein Auge dich gesehen.«

Für Chananel und Marian

Dies ist der wahre offene Höllenrachen,
In den die Millionenzahl der Schwachen
Sich täglich stürzt, sich selbst und Gott preisgebend:
Der Menschen Furcht, sich lächerlich zu machen.

Inhaltsverzeichnis

VORWORT	13
Der einsame Große. Prolog im Himmel: die Eifersucht.	21
Vernunftwidriger Gegensatz — beglückende Harmonie.	30
Die Ströme aus dem Paradies bringen der Welt die Phantasie, die Flüsse aus der Hölle die Lüge.	40
Kindheit, verlorenes Paradies.	43
Ich zahle dem Schicksal Vorschuß, gebe dem Himmel Kredit und erfreue die Leidtragenden.	44
Auch die Worte eines Kindes werden gelenkt.	50
Wer war dieser Bettler?	53
Die Dreieinheit des Kindes. Begegnung mit den diesseitigen Ahnen. Stolze Geborgenheit.	55
Die letzten Tage im Paradies Mit dem Krieg fängt der Weg an.	59
Vergangenheit wie ein erlebter Traum.	62
Barmherzigkeit schenkt Zeit.	65
Stolzes Exil, stolze Verborgenheit.	68
Ich begegne meinem Großvater. Die Lehrstube des Einsamen im Keller.	79
Die Legende der vergessenen Schriften. Geheimnisvolle Unsicherheit.	84

Des Menschen doppelte Herkunft.
Wie ich meine zwei Wirklichkeiten erfuhr. 94
Träume und Sehnsucht. Die Freude des sich Findens. 99
Glückbringen ist Wiederherstellen der zerbrochenen Einheit. 101

Einsicht durch Glauben und Vernunft. 105

Die erste große Enttäuschung. 108

Qualvolle Schuljahre. Vom Geheimnis des Tuns. 117

Ich werde zum Ärgernis. 122
Warum gerade Schopenhauer? 131

Erste Gespräche über den Sinn des Judentums. 134

Sehnsucht und Aggressivität, Ratlosigkeit und Verzweiflung. 145

Die Ordnung bis ins Kleinste. Das Wunder der Halacha. 149

Eine entscheidende Wende. 154
Ich gehe den Weg allein. Besondere Begegnungen. 159
Die Wurzeln des Tuns. 164

Ein neues Verständnis der Naturwissenschaften. 169

Ich beschließe, das Hochschulstudium aufzugeben, aber... 171
Ich mache ernst mit dem "Lernen". 176
Versuchung oder Chance? 178
Ich ahne den Sinn der Halacha. 184
Einsamkeit. 186
Krankheit und Sorgen. Einsicht und stilles Glück. 191
Die geheime Kraft des Bethauses. 196
Gibt es nur irdische Lehrer? Die Geschichte vom Vogel. 200

Es gibt keine absoluten Maßstäbe.
Die Geschichte mit den Schuhen. 209

Das Haus mit den Fenstern. Offen sein und Freude. 215
Wenn ein Bescheidener etwas von der Welt braucht. 218
Der verkannte Schatz der Überlieferung. 220

Das Schicksal schickt einen Verborgenen. Talmud und Kabbala. Der Weg wird klarer.	226
Das Tun als Brücke zwischen zwei Welten. Thora und Halacha.	233
Die 400 als kausaler Zwang. Die 500 als die Freiheit.	237
Auch das "Lernen" ist ein Tun. Der Großvater. Engel verbinden die Welten.	240
Kein Friede, die Sehnsucht bleibt. Der arme Schuster.	247
Eine merkwürdige Anhäufung von Zufällen.	251
Ungeplante Eisenbahnfahrt nach unbekanntem Ort. Und doch erwartet man mich dort. Der Rebbe.	256
Wie in einem Traum. Die Geschichte der wiedergefundenen Schriften.	266
Das Wachsein und das verlorene Paradies.	271
Das kranke Kind und die zu heilende Mutter.	275
Der kausal denkende Mensch und der Kanaaniter. Israel und die Völker.	277
Erlösung als irrationales Geschehen.	284
Die Frau bereitet die Mahlzeit zu, deckt den Tisch und ist die Königin.	288
Frauen und Knechte als Entsprechungen.	294
Die Geschichte vom gläubigen, einfältigen Ehepaar.	296
Die Geschichte vom Kutscher. Christentum aus der Sicht des Rebben.	299
Harmonie führt zur Erkenntnis, Erkenntnis führt zur Liebe.	304
Begegnung mit Nathan Birnbaum.	306
Der wahre Chassidismus und Bubers einseitige Interpretation.	312
Geheimnis des Haares. Unvollkommenheit der Sprache.	315
Der Versuch, zwei Welten zu vereinigen.	318
Die "Aufsteigenden".	321

Das Schächten im Sinne der Barmherzigkeit. 324
   Soziale Fragen. Gesetz unten, Freiheit oben. 329
   Lebensformen und Harmonie. 332
   Religionsstifter sind die Einsamen. 337
Birnbaum und der Zionismus. Die böse Macht der Presse.
Massenkommunikation und Dämonie. 346
Das Rätsel des Christentums.
Unverständnis und Mißverständnis als Ursache des Weges. 349
   Zufall und Engel. Engel bringen Menschen zusammen. 354
Das selbstverständliche Tun.
Die geheimnisvolle Kraft des Verborgenen. 358
   Die berühmten Männer und die Stillen.
   Gerechtigkeit und Verbrecher. 365
   Der Traum von der Urschlange und vom Urochsen. 373
   Dies alles war nur der Prolog.
   Anhand dieser Begegnungen entsteht das Geschehen. 382

Quellenangaben

DER ZITATE UND MOTTOS

Alle als Motto vorkommenden Vierzeiler sind von Uriel Birnbaum. Ich habe sie aus ,,Das neue Rubayat" gewählt, vorkommend in ,,Das Dichterische Werk von Uriel Birnbaum, eine Auswahl", 1957 erschienen in der Erasmus Buchhandlung, Amsterdam. Uriel Birnbaum war mir, wie sein Vater Nathan und wie sein Bruder Menachem, eine Begegnung von großer Bedeutung. Ich werde von ihm in einem der kommenden Bände meiner Begegnungen erzählen. Hier möchte ich nur sagen, daß er einer der großen, von der Welt nicht erkannten, vom Himmel aber sehr geliebten Menschen war. Ich habe von ihm in der Einführung zu meinem ,,Das Buch Jonah" geschrieben, ebenfalls in meinem Vorwort zu Uriel Birnbaums Novelle ,,Die Errettung der Welt."

Das Zitat auf Seite 5 ist aus Hiob 42, 5; jenes auf Seite 233 ist aus Psalm 19, 7 - 9. Die Quelle des Zitates auf Seite 237 ist der ,,Traktat Middoth" (Von den Tempelmaßen) des Babylonischen Talmud, II, 1; I, 3 und I, 2. Das Motto auf Seite 240 ist aus Psalm 91 v.11-12. Das Gedicht auf Seite 342 und 343 stammt von Dr. Nathan Birnbaum, ,,Ihr und Ich", aus ,,Ausgewählte Schriften zur jüdischen Frage", 7. Teil, S. 327.

Vorwort

> Wie mußte ich dem Publikum erscheinen,
> Die Welt zu schildern, anstatt zu beweinen?
> Sie alle hatten Weltverbesserungspläne,
> Und ich nur — o Anmaßung — hatte keinen.

Die Wirklichkeit und die Konstruktionen. Utopisten und falsche Propheten. Zukunft der Welt und Zukunft des Menschen.

Als ich mein letztes Buch »Hat der Mensch noch eine Zukunft?« nannte, wollte ich vor allem fast ausschließlich auf die Gefahren hinweisen, wodurch sich die Welt eine erträgliche, eine zumutbare Zukunft zu verbauen droht. Und es war mir nur in seiner allgemeiner Weise möglich, einen Weg aufzuzeigen, auf dem den Menschen vielleicht doch noch eine freundliche, hoffnungsvolle Zukunft offen stünde. Ich habe damit manchen Lesern, die gern eine klare Antwort hätten, meist eine Antwort, die der Schablone ihrer Religionsgemeinschaft, ihrer Gruppe, ihrem Verein entspräche, eine Enttäuschung bereiten müssen. Denn gewiß ist es leicht für den Autor und angenehm für den Leser, wenn eine logisch klare Konstruktion gegeben wird, am besten mit Zeichnungen und Berechnungen, eine Konstruktion, aufgrund welcher man sich sagen kann: »Also, wir haben recht, wir wissen es. Die anderen, die Armen, sie sehen es nicht ein. Wir müssen sie daher schnellstens überzeugen. Es ist alles doch so vollkommen klar.«

Die Schwierigkeit dabei ist aber, daß solche Konstruktionen Selbstbetrug und damit auch Täuschung des Anderen sind. Sie sind wie Rauschmittel, man kann süchtig werden davon. Und süchtige Menschen sind arme Teufel.

Deshalb kann ich unmöglich einen Plan aufstellen und sagen: »Wenn ihr nun diesen befolgen wollt, ihr Braven und ihr Dummen, dann werdet ihr das Heil erlangen.« Es wäre eine Utopie, und Utopisten sind gefährliche Leute. Es sind die falschen Propheten.

Was ich sagen konnte, ist nur: »Ich kann euch erzählen, wie es mir auf meinem Weg erging.« Denn die Zukunft eines Menschen ist ein lebendiges Ding, sie ist alles andere als eine Schablone, eine Konstruktion. Sie ist voller Überraschungen, sie ist nicht-logisch, sie ist akausal, und sie ist vor allem eine vollkommen persönliche Angelegenheit. Sie ist das Gespräch jedes Menschen mit dem Himmel, mit dem Verborgenen, mit dem Mysterium.

So wie jeder Mensch seinen ganz persönlichen Fingerabdruck hat, sein nur für ihn gültiges Horoskop, so hat jeder Mensch seine eigene, freie Zukunft. Wenn er das nur entdecken würde, diese große, überraschende und überwältigende Freiheit. Der Mensch entdeckt viele Gesetze, bis in das Gebiet der Psyche, und diese Gesetze fangen ihn ein, führen ihn zum Zwang. Er spricht von unheilbaren Krankheiten, von katastrophaler Umweltverschmutzung, von politischen Sackgassen, und er nennt seine Gesellschaft demokratisch, liberal, wissenschaftlich. Aber fragt er sich wohl auch, ob er selber dann auch frei sei, ob seine Zukunft determiniert ist, oder ob sie sein privates Gespräch mit einer anderen Wirklichkeit ist?

Des Menschen Glück ist seine Würde, und seine Würde ist die Freiheit. In seiner Freiheit erst kann er sagen, er sei ins Bild Gottes gemacht. Und hier meine ich nicht irgendeine politische Freiheit oder eine religiöse Freiheit. Diese sind oft, weil sie Allgemeinplätze verkünden, nur Schreie, Phrasen, Proklamationen. Hier meine ich Freiheit von Zwang, von eigenem inneren Zwang, Freiheit dadurch von Angst, von Vorwurf, von Schuldgefühlen. Freiheit, sich so auszudrücken, wie man selber ist, wo keine Maske getragen werden muß, Freiheit, sich lächerlich zu machen, wenn man findet, daß man nun einmal so ist, und sich nicht darum kümmert, was die Gesellschaft oder die Universität oder die Bekannten nun sagen oder denken mögen.

Es gibt keine Zukunft der Welt in dem Sinne, wie man sie oft beschreibt. Die Welt in diesem Sinne ist eine Konstruktion, und deshalb eine Fiktion. Es gibt nur Menschen, und jeder Mensch *ist* die Welt. Und die Zukunft eines jeden Menschen ist so wie seine Gegenwart und seine Vergangenheit, einmalig. Die Welt könnte man als den Menschen in der Vielheit sehen, gegenüber jedem Individuum, das den Menschen in seiner unteilbaren Einheit darstellt.

Das Geheimnis der Mahlzeit. Der Tisch als Geschick und als Schicksal. Einladung zur Mahlzeit.

Doch leben wir in einer Gesellschaft, und man ist doch von den anderen Teilnehmern mehr oder weniger abhängig, man hört ihnen zu, man sieht ihnen zu, man kann beeinflußt werden, und man kann andere beeinflussen.

Dieses Leben mit anderen kann man wie eine gemeinsame Mahlzeit sehen. Man sitzt um einen Tisch, der Tisch ist gedeckt, Speisen und Getränke werden aufgetragen. Und am Tisch gehen auch Gespräche hin und her, und es gibt einen, der bei Tisch den Vorsitz führt. Er bündelt die Vielheit der Teilnehmer in seiner Einheit.

Dieses Bild des Tisches und der Mahlzeit ist ein altes Bild. Es lebt im Menschen, er träumt es in seiner Nachtseite, weil dort die Bilder aus seinem Wesen wie aus einem Brunnen zu ihm emporsprudeln, während er in seiner Tagseite durch sein Denken, durch seinen kausalen Zwang, die Bilder nicht mehr rein und klar erkennen kann.

Denn der Mensch weiß, daß das Leben diese Mahlzeit ist, die Speisen und die Getränke sind die Begegnungen, die Erfahrungen. Der Tisch ist sein Schicksal, sein Geschick. Es ist vielleicht merkwürdig, daß das hebräische Wort für Tisch, Schulchan, als Stamm den Begriff "schicken" hat. Das Essen und Trinken in unserer materiellen Sichtbarkeit entspricht den Begegnungen und Erfahrungen in jeder beliebigen Ebene. Das Leben des Menschen ist so eben nichts anderes als diese Mahlzeit. Man tritt in die Welt ein, das heißt, man setzt sich an den Tisch. Dort sind das Brot und der Wein schon für ihn vorbereitet. Beide das Ende einer Entwicklung. Das Brot aus dem Weizen über viele, viele Phasen zu Brot geworden, der Wein, ebenfalls durch Phasen hindurch zu diesem Wein geworden. Wer die beiden erkennt, versteht das Wunder der Mahlzeit. So nimmt der Mensch die Begegnungen in seinem Leben auf. Er begegnet anderen Menschen, er begegnet Gedanken, Büchern, Glück oder Leid, Gesundheit oder Krankheit. Er erfährt Freude und Enttäuschungen. Das Gespräch am Tische erklärt die Begegnungen. Nicht im Sinne des Symbolischen, denn was bedeutet das schon. Das Gespräch erweckt das Licht, und das Licht läßt unterscheiden. Die Unterscheidung zeigt die Zweiheit. Man *muß* unterscheiden. Denn die Unterscheidung führt den Weg des Lebens. So unterscheidet der Körper des Menschen zwischen dem, was der Körper aufnimmt und dem, was er ausscheidet. Das gleiche geschieht beim Einatmen und Ausatmen. Wie der Körper unterscheidet, so der Mensch in seinen Begegnungen und Erfahrungen zwischen dem, was Teil seines Lebens wird und dem, was er nicht aufnehmen will. Das nicht Aufgenommene hat seinen Sinn erfahren, indem es eben vom Menschen erkannt wurde und an seinen Ort verwiesen wurde. Es war auch wie das Fahrzeug, das das Bleibende heranbrachte, und jetzt geht es über eine Welt des Verborgenen, aber deshalb auch Teil des menschlichen Wesens, wieder zu seiner Funktion als Fuhrwerk zurück. Es zeigt, daß der Sinn des Lebens nicht nur das Sichtbare ist, sondern auch die Gegenseite von ihm.

Das Gespräch ist diese Unterscheidung, und das Gespräch bringt Freude, weil man den Sinn des Unterscheidens kennenlernt.

Das "Haupt" des Tisches leitet die Gespräche. Es erzählt und offenbart damit den Sinn der Mahlzeit. Das Haupt ist der Eine gegenüber den Vielen, die immer wieder an der Mahlzeit teilhaben. Der Eine steht außerhalb der Wirklichkeit von Zeit und Raum, und er steht zugleich *in* dieser Wirklichkeit von Zeit und Raum. Denn die Einheit enthält alles. Die Vielen sind das Maß von Zeit und Raum. Sie kommen und gehen, sie ändern sich. Der Eine bleibt der Eine. Die Einheit enthält alle Phasen und alle Möglichkeiten.

In den Begegnungen im Leben des Menschen erkennt er diesen Tisch, und er weiß, daß das Göttliche auch in ihm wohnt. Er ist doch im Bilde, im Gleichnis Gottes. So kennt der Mensch durch seine Anwesenheit auch in der anderen Wirklichkeit diesen Vorsteher des Tisches. Durch ihn erkennt er in den Begegnungen nicht nur das Zeit-Räumliche, erkennt er nicht nur Menschen und Tiere, Menschen und Pflanzen, Menschen und Dinge, sondern er erkennt auch Engel. Er erkennt die Boten der anderen Wirklichkeit, der akausalen, der wundervollen. Und diese Boten gehen hin und zurück. Sie erzählen von anderen Welten, sie erfreuen den Menschen mit der Vorstellung von Unmöglichem, sie geben ihm deshalb Hoffnung, wenn kausal nichts mehr zu hoffen ist, sie geben ihm Worte, durch die er mit dem Himmel Gespräche führen kann.

Die Gespräche am Tisch mit den anderen Menschen sind die andere Seite der Gespräche mit dem Herrn des Tisches, und somit die andere Seite der Begegnungen mit den Engeln. Beiden begegnet man bei der Mahlzeit, Menschen und Engeln. Nur dann hat der Mensch auch den Einen, den Vorsteher des Tisches, den Führer der Geschicke und der Schicksale erkannt. Die Mahlzeit wäre sinnlos, wenn man diesen Einen nicht wahrgenommen hätte. Das Leben ist leer und öde ohne die Begegnungen mit Engeln.

Es ist deshalb ein guter, alter Brauch, die Mahlzeiten mit der materiellen Nahrung immer und sofort zu sehen als Entsprechung zur Mahlzeit des Lebens. Man begibt sich zur Mahlzeit, und am Schluß dankt man für das Geschenk dieser doppelten Begegnungen, und man erhebt sich vom Tisch und begibt sich zur weiteren Erfüllung des Daseins. Die große Mahlzeit aber ist die mit dem Messias, wenn der Leviathan und der Schor Habor (die Zweiheit des Lebens, das Paradox) welche das Streben aufrufen, die andere Seite auszuschalten, damit man alles zumindest kausal erklären kann, wenn also diese zwei Urformen des Lebens im Gegensatz, auf dem Tische liegen und gegessen werden. Dann erfährt man den Grund alles Seins, dann erfährt man den Sinn des Lebens und den Sinn des Todes. Es ist dort die große Freude, zu der diese Welt überhaupt erschaffen wird. Damit diese Freude tatsächlich erlebt wird.

So führt der Rebbe im Chassidismus den Tisch, so führt der

Hausherr seinen Tisch, so führt der Mann für seine Frau den Tisch. Er verbindet das Unterste, das Faßbare, das Schwere, das Träge, mit dem Höchsten, mit dem Unsichtbaren, mit dem Verborgenen. Er verbindet das Kausale mit dem Akausalen, das Zeit-Räumliche mit dem Ewigen, das Meßbare mit dem Unmeßbaren.

Bei der Mahlzeit erfährt man deshalb das Geheimnis des Erscheinenden, empfindet man die geheimnisvolle Bedeutung des Handelns, des Tuns. Die Begegnung mit Menschen und mit Engeln ist zugleich die Begegnung mit dem Mysterium des Tuns.

*

So konnte ich nur antworten auf die Frage, ob der Mensch noch eine Zukunft habe, mit der Geschichte, wie es mir bei der Mahlzeit erging, wie ich Engeln und Menschen begegnete. Und ich kann nur sagen: »Ich bitte euch, setzt euch doch auch an diesen Tisch und schaut und erkennet.« Ich lade die Leser also ein, daß jeder von ihnen an dieser Mahlzeit teilnehmen möge. Es ist ein alter jüdischer Brauch, bei der Mahlzeit der Erlösung aus dem Zwang und beim Eintritt in die Freiheit, jeden einzuladen, die Türe für die Gäste weit zu öffnen. Und man ruft: »Jeder, den es hungert, der komme und esse, jeder, der in Not ist, der komme und erlebe das Wunder der Ausnahme«.

Im Texte steht „Passah". Das Wort Passah bedeutet aber das als Ausnahme berücksichtigt-Werden, da man doch das Lamm in seiner Wohnung im Leben hat, das *ganze* Lamm. Nicht die Norm gilt, nicht das Kausale, nicht das Berechenbare, sondern eben das Überraschende, das Erlösende, das Befreiende.

In diesem Sinne möchte ich auch die Geschichte meiner Jugendjahre verstehen. Ich kann nur sagen, man meide alles, was von dieser Mahlzeit ablenkt, alles, was also einseitig ist, was rechthaberisch ist, was Zwang auferlegt. Alles, was andere Menschen ausschließt, alles, was zu Hochmut und damit zu Minderwertigkeitsgefühlen führt. Dies habe ich im Büchlein »Hat der Mensch noch eine Zukunft?« beschrieben. Vom Weg, der nun und dann erst gegangen werden kann, könnte ich nur sagen: »Kommet, setzet euch auch an den Tisch. Hier können wir miteinander reden. Im Genusse dessen, was die Welt uns bietet. Greifet zu, legt euch keinen Zwang auf, esset und trinket. Der Wein erfreut das Herz des Menschen. Doch lasset uns miteinander sprechen bei dieser Mahlzeit. Worte der Thora, wie man bei den Juden, die noch davon wissen, sagt. Und erkennet vor allem diesen Herrn des Tisches. Nur wenn ihr ihn erkennt und aus seiner Hand die Speisen und den Becher erhaltet, werdet ihr wissen, was Glück und Freude sind. Dann werdet ihr keine Niedergeschlagenheit mehr kennen, keine Schuldgefühle, keine Angst, werdet ihr keine Albträume mehr haben, sondern ihr werdet frei sein und in dieser Freiheit die Melodien des Aufsteigens erfahren, sie werden aus euch hervorquellen.«

Ein jeder wird dann erkennen, daß er ganz gewiß noch eine schöne, sich erfüllende Zukunft vor sich hat. Jeder an seinem Ort. Denn jeder hat seinen Platz am Tisch, und dem Rebbe, dem Vorsteher des Tisches, ist jeder Platz gleich lieb. So bleibe jeder seiner ihm selber geheimnisvollen Herkunft treu. Von dort, von seinem Sitz, dort, wo er vom Herrn seinen Platz zugewiesen erhielt, höre er zu, esse und trinke er, nehme er an den Gesprächen teil. Denn jeder hat an dieser Mahlzeit etwas zu sagen. Jeder von dort, wohin er gestellt worden ist.

Ich hoffe, man versteht jetzt, warum ich keine Patentlösung anbieten kann, warum ich das nicht will. Es wäre mir ein Greuel. Ich habe die Menschen zu lieb, um sie, mit was immer es auch sei, zu etwas zwingen zu wollen oder ihnen von anderswo Zwang auferlegen zu lassen.

Die Mahlzeit ist die Mahlzeit der Freiheit. Jeder erkenne bei sich selber seinen Adel, seine Herkunft und seine Verbindung mit beiden Wirklichkeiten, mit der Welt der Erscheinungen und mit der Welt des Verborgenen. Dann *hat* der Mensch eine Zukunft, eine schöne, eine großartige. Dann wird er stolz und glücklich sein, in dieser Welt und in dieser Zeit zu leben.

Zürich, 15. August 1973   Friedrich Weinreb

Der einsame Große. Prolog im Himmel: die Eifersucht

> Ach, alle Rätsel sind nur Widerhall
> Des einzigen: Warum schuf Gott das All?
> War, ewig eins, Gott nicht sich selbst genug?
> Dann ist die Schöpfung Gottes Sündenfall!

Als der Baal-Schem-Tow durch seine große Sehnsucht und seine Hingabe Gott immer näher kam, wuchs beim Satan eine aufwühlende Unruhe. Der Bestand der Welt des Alltags, durch den Schleier des Unwirklichen getrennt von der Welt der Wahrheit, geriet in Gefahr. Satan als Herr der Trennungen fühlte den Druck der Angst, und die Angst nährte seinen Haß.

In giftiger List sann er darüber nach, wie er diesen einsam im Walde lebenden, einem schlichten Beruf nachgehenden, Gott inbrünstig liebenden Menschen von seinem Wege abbringen könnte. Der Baal-Schem-Tow aber lebte, sich der Ängste und der Bestrebungen Satans nicht bewußt und unerkannt von den Menschen in seiner Hülle der Verborgenheit. Er sehnte sich wie eh und je nach der Einswerdung mit Gott, und er hatte inzwischen auch die Einsicht erlangt, daß durch seine Einswerdung mit dem Himmel die ganze Welt unaufhaltsam diesen Weg der Überwindung der Trennungen gehen würde.

Große Freude strahlte aus seinem Antlitz. Es war die Freude des Wissens um die wirklichen Ursachen des Geschehens, des Spürens der Bedeutung des Einzelnen bei den alle Welten berührenden umwälzenden Entscheidungen. Das Gefüge der Welt ist ja nicht mechanischer Art, es wird vielmehr bestimmt von Größen wie Liebe, Gerechtigkeit, Verzeihung, Erbarmen, Hingabe. Und das sind eben Größen, die gerade jeder Einzelne in Bewegung setzen kann; er ist dabei nicht abhängig vom Verhalten ihm unbekannter, grauer Massen. Gott verbirgt sich selber ebenfalls in der Wirklichkeit des Unsichtbaren, des Unmeßbaren, des Unerwarteten. Gott zeigt sich im Zufälligen, zeigt sich als Überraschung. Das Schwerwiegende, das Massenhafte, das grob Sichtbare ist der Schleier, ist die Trübung, ist die Versuchung des Unwirklichen.

Die endgültige Entscheidung ist jetzt nahe. Wenn das mit solcher Hingabe gedacht, gewußt und gelebt wird, wie von seiten des Baal-Schem-Tow, ist das Reich der Trennung zu Ende. Ein Mensch vereint jetzt mit dieser Einsicht und mit dem daraus hervorquellenden Tun Himmel und Erde; es zeigt sich, daß Himmel Erde und Erde Himmel ist, daß es ein trügerischer Schein war, der die Distanz zwischen beiden vorspiegelte. Der Himmel ist um uns und in uns. Wer kann sich Herr der Erde nennen und den Himmel nicht anerkennen? Wer kann sich einbilden, Herrschaft über das Sichtbare auszuüben, dabei aber das Unsichtbare nicht zu berücksichtigen? Wie kann man überhaupt eine Trennung machen zwischen Sichtbarem und Unsichtbarem? Ist denn nicht das Sichtbare im Unsichtbaren, wie auch das Unsichtbare im Sichtbaren lebt?

Ein Mensch denkt und lebt so, und das Reich der Trennung gerät ins Wanken. Ein Mensch, und er ist Einer, er weiß von der unermeßlichen Kraft des Eins-seins. Nur das, was Eins ist, kennt nicht die Erfahrung der Trennung; in der Einheit sind alle Gegensätze aufgehoben, ist Himmel Erde und Erde Himmel.

Wie Gott den Menschen in sein Bild macht, erwähnt er das entscheidende Kennzeichen dieses Gleichnisses, indem er spricht: »Er ist Einer, so wie ich Einer bin.«

So ist im Grunde der Mensch bei seiner Erscheinung auf Erden männlich und weiblich in Einem. Erst daraus entsteht dann die Trennung, und das Weibliche erhält die Verbindung mit dem Satan: das Weibliche im Menschen, das Ausdruck findet im Äußerlichen, im Meßbaren, im Sichtbaren, im Groben, im Schweren, im Unwirklichen. Dies ist das Geheimnis, daß es die Frau ist, die von der Frucht des Baumes der Erkenntnis nimmt und davon auch dem Manne gibt.

Doch der Baal-Schem-Tow dort in seinem Walde ist Einer, er denkt als Einer, lebt als Einer, und er unterhält sich mit Gott als Einer. Und niemand weiß von dieser seiner gewaltigen, entscheidungsschweren Kraft der Einheit.

Nur Satan weiß darum, und er ist voller Angst; nur Satan ahnt, daß sein Reich der Gegensätze jetzt zu Grunde gerichtet werden könnte. Dieser Eine stört ihn daher, reizt ihn, erregt ihn. Und in seiner Angst, in seiner Aufgebrachtheit begibt Satan sich zu Gott und fordert von ihm als sein Recht, die Welt der Trennungen behaupten und den Kampf mit dem Baal-Schem-Tow aufnehmen zu dürfen. Denn wo bliebe diese Welt des Groben, des Harten, des Unwirklichen, wenn der Baal-Schem-Tow so weitermachen und der Satan sich ihm nicht entgegenstellen dürfte? Wer sah denn die Gefahr für diese Welt des Meßbaren, wenn nicht er, Satan? Wer fürchtete denn so sehr den Einen, wie er, Satan?

Und Gott in seiner Güte, in seiner himmlischen Weisheit, in seiner unermeßlichen Gerechtigkeit, erlaubt dem Satan, auf Erden den Kampf mit dem Einen, mit dem im Verborgenen lebenden Baal-Schem-Tow, aufzunehmen.

Wer ermißt Gottes Gnade, die dem Menschen diesen Feind schickt? Wer kennt den Anfang, dort wo es noch keinen Anfang gibt, wer weiß vom Ende, dort wo das Ende schon war? Gott schickt den Satan, und der Weg beginnt. Das Geschehen, der Kampf, das Bewegen, die Entwicklung. Satan sucht also den Einen und greift ihn an.

Die unzählbaren Bewohner der himmlischen Welten aber schauen hinab auf diese Welt des Scheins, des Unwirklichen, wo dieser merkwürdige Eine seinen einsamen Weg geht, dem sich nun der Satan entgegenstellt.

Satan kämpft nicht gegen die Vielen. Ist er nicht selber "Legion"? Der Eine aber ist ihm ein Greuel, weil er die Unwirklichkeit in ihrer Nacktheit zeigt, weil er die List des Massenhaften durchschaubar macht.

Der Kampf ist zäh. Die Bewohner der himmlischen Welten aber

sehen, wie die Gedanken des Baal-Schem-Tow Schüler finden. Seine Anhänger werden immer zahlreicher, Jünger ziehen durch die Lande und erzählen von ihrem wunderbaren Meister. Es entstehen an vielen Orten Lehrhäuser, man übt den Weg, so wie der Baal-Schem-Tow ihn seine Schüler lehrte.

Satans Absicht scheint gescheitert. Eine neue Bewegung greift immer weiter um sich. Widersacher, welche der Bewegung Einhalt gebieten wollen, welche sie als Abfall, ja Götzendienst anprangern, werden von der Begeisterung hinweggeschwemmt. Es gleicht bald einer Flut. Gegner werden bekehrt; gerade das so Innige, Gefühlsbetonte, besiegt die trockenen Rationalisten, die "Pilpulisten", mit ihren raffinierten Konstruktionen.

Volksmassen fühlen sich zum ersten Mal verstanden. Es ist Schluß mit der Vorherrschaft der Nur-guten-Köpfe, nicht ein langes Studium ist mehr das Entscheidende. Jedermann kann sich gleich an dieser Begeisterung selber entzünden.

Der Anhänger werden Tausende, dann Zehntausende, schließlich gar Hunderttausende. Von dem kleinen, unbekannten Ort in den Wäldern der Karpathen breitet sich eine unaufhaltsame Bewegung aus, in die Bukowina und weiter nach Podolien, nach Galizien und dem russischen Polen im Norden, nach Ungarn im Süden. Es ist wie eine Wiedergeburt, ein altes Volk steht auf, ist erweckt und strotzt vor Kraft und Lebensfreude.

Große Männer werden erweckt. Ihre Namen haben den Klang wie von Helden aus alten Sagen. Man erkennt sie als Heilige, als große Meister. Um diese neuen Meister bilden sich wiederum Schulen, es entstehen Dynastien, welche ihre Herkunft aus alten Zeiten nachweisen können. Es kommt zu einer Renaissance der Gefühlswelt im Judentum.

Nur wenige Jahrzehnte hat es gebraucht, diesen brausenden Strom heranzubilden. Jetzt ist er da, nicht mehr rückgängig zu machen. Der einsame Baal-Schem-Tow hatte gesiegt, trotz Satans Eingreifen. Ein unverkennbarer Sieg also, durch Begeisterung und Hingabe errungen.

Die himmlischen Bewohner, die dem Geschehen auf Erden zugeschaut hatten, wollen sich nach diesem Siege des Baal-Schem-Tow, dessen Bewegung nun den Namen Chassidismus — das heißt "die Gütigen, die Sanften, die Liebreichen", daher zugleich auch "die Frommen, die Gottergebenen" — trägt, bereits wieder ihren himmlischen Obliegenheiten zuwenden. Die Sache dort unten war ja nun eindeutig klar.

Doch da steigt Satan wieder in den Himmel hinauf, und er trägt ganz und gar nicht die Miene eines Geschlagenen zur Schau. Im Gegenteil, er lächelt vergnügt, zufrieden reibt er sich die Hände. Man ist erstaunt und verärgert zugleich.

»Es gibt da doch für dich nichts zu lachen, Satan. Du hast doch eine unmißverständliche Niederlage erlitten! Es stünde dir besser an, dich jetzt ganz still zu verkriechen«, läßt man ihn, beunruhigt durch seine arrogante Haltung, wissen.

Aber nein, warum nicht gar — wer anders als ich hätte hier gesiegt?! Schaut: so lange dieser Mensch allein war, bestand für meine Welt große Gefahr. Denn immer waren es die Einsamen, welche die Welt von mir weggeführt haben. Die Einsamen besitzen, wenn sie das Sehnen nach Gott beherrscht, wenn sie sich hingeben dem Streben, zum Ursprung des Seins zurückzukehren, eine unbesiegliche Kraft. Sie sind meine Gegner. So auch dieser Mensch, solange er allein war mit seinen Gedanken, mit seiner Einsicht, mit seinem Glauben und seiner Hingabe. Meine Art, dieser Gefahr zu wehren, besteht eben darin, ihre Einsamkeit zu brechen, ihnen Anhänger zu verschaffen, Schüler samt Oberhäuptern von Lehrhäusern, neue Meister, ganze Orden von Meistern und Schülern, Gemeinschaften und Gruppen, unter denen die Eifersucht wächst, üble Nachrede gedeiht, Stolz mitbestimmt, einer mehr sein will als der andere, kurz, wo eine Hierarchie erwächst. Und nun schaut: habe ich das nicht erreicht? Seht nur, wie es wimmelt, wie es tost, seht das Gedränge nach Ehre, wo selbst die Bescheidenheit noch als Ehre gilt. Allein war er mir eine große Gefahr, jetzt ist meine Arbeit dort zu Ende. Ich habe die Saat der Vielheit gestreut. Sie geht auf, sie ist jedenfalls auf fruchtbaren Boden gefallen. Der Eine Mensch ist frei, der Mensch in der Vielheit ist erstarrt. Die Vielen um ihn herum zwingen ihn, er erhält eine verzerrte Form. Nur der Einsame trägt Gottes Antlitz, die Vielen aber — schaut sie euch doch an — sehen sie mir nicht ganz ähnlich?«

So sprach der Satan, und die Bewohner des Himmels schwiegen beschämt.

*

Es ist eine tiefsinnige und tiefgreifende Geschichte, und einsichtige Chassidim erzählen sie hie und da. Ich selber hörte sie schon als Sechzehnjähriger zum erstenmal. Ein schwarzbärtiger Chassid mit feurigen Augen erzählte sie. Er war einer jener damals zahlreichen Geld-Einsammler aus Polen, die die westlichen Länder zu diesem Zweck bereisten und so auch den Wohnort meiner Jugend, Scheveningen, streiften.

Was mich schon damals als etwas Unstimmiges berührte, war der Unterton des Stolzes beim Erzähler. Als ob er eigentlich recht zufrieden sei, daß es so gekommen war, daß Satan gesiegt hatte. Denn nun hatte man doch eine nach vielen Hunderttausenden zählende Bewegung, hatte zahllose Rebbe-Dynastien, hatte Lehrhäuser, hatte eine Literatur. Der Schwarzbärtige zitierte sogar Buber, einerseits wiederum mit Stolz, andererseits aber mit einer kaum unterdrückten Verwünschung, weil doch Buber selber überhaupt nicht verstanden hatte, daß man nur dann in der Art, wie er es tat, über etwas schreiben und reden konnte, wenn man selber auch danach lebte.

In der Tat, man war stolz auf diese lebhafte, diese lärmige und doch auch tief ins Gefühlsleben eingreifende Bewegung; man war stolz auf ihren politischen Einfluß im Judentum, aber auch stolz auf die wirklich großen Menschen, die sie hervorgebracht hatte und damals, wenn auch den weniger heischenden Verhältnissen entsprechend, noch immer hervorbrachte. Was wäre aus all dem geworden, wenn der Satan nicht gesiegt hätte?

Diese Frage stellte ich mir schon damals, und gleichzeitig ging mir auch zum ersten Mal die Bedeutung der paradoxalen Situation deutlich auf.

Gewiß, das jüdische Leben war durch diesen Chassidismus erhalten geblieben. Das große Reservoir des Ost-Judentums nährte, ob man es nun wollte oder nicht, das ganze westliche Judentum, es nährte sogar die zionistische Bewegung, es lieferte immer wieder originelle Persönlichkeiten, Denker mit klarem Verstand und reicher Fantasie, es bildete Politiker und Künstler. Und sie waren in ihrer Eigenart ohne Zweifel gerade von diesem Chassidismus in ihrer Jugend-Heimat geprägt worden. Dabei waren sie selbst keine frommen Menschen mehr, wie die chassidischen Führer sie sich gedacht hatten. Aber dennoch waren sie zum großen Teil aus diesem Chassidismus hervorgegangen.

Handelt es sich aber überhaupt darum, ob das jüdische Leben in seiner Kontinuität erhalten bleibe, geht es nicht vielmehr darum, ob es einmal einen radikalen Durchbruch dieser sich selbst erhaltenden Kontinuität geben werde? Was sonst ist das in jedem jüdischen Menschen lebende Wissen um den Moschiach, den Gesalbten, als daß gerade dieser einen einmaligen, unverkennbaren Durchbruch durch eine ewig erscheinende Zeiten-Kontinuität bringen werde?

Eine andere chassidische Geschichte erzählt davon ganz schlicht, und auch diese Geschichte blieb mir. Es gab, und vor nicht allzu langen Jahren, einen jüdischen Weisen, der den Gesalbten jeden Tag erwartete. Diese Erwartung lebte so stark in ihm, daß er sogar in einer Ecke seines Zimmers seinen Stock stehen hatte, ihm ihn sogleich ergreifen zu können, wenn ihn die Kunde erreichen würde, daß der Sohn Davids erschienen war, die Welt zu erlösen. Dann wollte er sich auf der Stelle nach Zion begeben, denn dorthin führt doch der Weg, wenn der Moschiach in dieser Welt erscheint.

Eines Tages widerhallte das Städtchen von dem Ruf: »Der Messias ist gekommen, der Messias ist da!« Großes Getümmel und Geschrei. Man eilt auch zum Weisen, ihm die Kunde von diesem Erscheinen zu bringen. Der Weise blickt erfreut auf, begibt sich zum Fenster, öffnet es und atmet tief die Luft ein. Dann wendet er sich ins Zimmer zurück, sein Gesicht so gütig wie immer, und spricht: »Es ist nichts, Kinder, die Luft ist noch die gleiche. Es hat sich in der Welt nichts geändert.« Er schließt das Fenster und setzt sich wieder hinter seine Folianten. Und er wartet, bis sich in der Welt wirklich die große Wende vollziehen wird, bei der auch die Luft, die wir einatmen, eine ganz andere werden wird.

Schon früh spürte ich, daß es sich um das einmalig und radikal Andere, um das Durchbrechen eines vielleicht sogar ewigen Trotts handeln müsse, daß es also nicht um eine bessere, eine gerechtere, eine gebildetere, gelehrtere Gesellschaft ginge, auch nicht um gescheitere, bravere oder frömmere Religionsgemeinschaften — vielmehr um eine neue, eine vollkommen andere Welt. Ich nannte es schon früh eine Trägheit der Herzen, wenn man sich an diese Welt gewöhnte, sie einfach akzeptierte, weil es nun einmal diese Welt mit all ihrem Guten und Bösen gab. Für mich war Messias-Sehnsucht identisch mit dem Wahr-haben-wollen einer ganz anderen Welt, einer dieser sogar entgegengesetzten Welt. Niemals könnte sich diese andere Welt als eine Entwicklungs-Phase kund tun. Es war eben ihr Charakteristikum, daß sie von außen her wie ein Blitz hereinbrechen würde, plötzlich und wie ein Wunder, unerwartet und doch schon immer erhofft.

Und bei der Geschichte vom Baal-Schem-Tow und dem Satan war mir klar, daß Satan eben diese Trägheit der Herzen förderte, daß er Zufriedenheit eingab, wenn eine Bewegung von vielen verstanden, befolgt, verbreitet wurde. Denn dann blieb doch die Luft dieselbe, und der Weise würde sein Fenster wieder schließen und zu seinen Folianten zurückkehren, wie sehr er sich auch nach dem Messias sehnte.

Wie aber, wenn der Baal-Schem-Tow wirklich Einer geblieben wäre? Gewiß, kein Erfolg im Sinne des weltlich schon Gewohnten wäre ihm beschieden gewesen. Bewegungen kommen, Bewegungen gehen, und die Erde steht ewiglich. Aber Eitelkeit der Eitelkeiten, wie der Sohn Davids, der König in Jerusalem, der "Prediger" genannte

Einsammler, schon immer sagte. Die Welt in ihrer Herzensträgheit, ihrer Kleingläubigkeit, ihrer braven bürgerlichen Selbstgefälligkeit, die Welt in ihrer deshalb grausamen, Gottes Antlitz beleidigenden Lebensart, will diesen Trott, will den Erfolg als Folge eigenen Tuns, will also nicht das Hineinblitzen einer ganz neuen Welt. Sie fürchtet das sogar wie den Tod. Ist das vielleicht die Wurzel aller Todesfurcht?

Wenn der Baal-Schem-Tow Einer geblieben wäre, würde das die neue Welt gebracht haben? Wahrscheinlich würde dann keiner auf Erden sagen: »Seht, das Opfer der Einsamkeit, des Verborgenbleibens des Baal-Schem-Tow, es hat uns die Erlösung gebracht.« Man würde es also gar nicht wissen. Der Baal-Schem-Tow wäre ein unbekannter Mensch geblieben. Kein Meister, umschwärmt von seinen Schülern, kein Weiser, berühmt durch seine Sprüche. Aber im Buche des Lebens, dort, wo Gott vom wahren Geschehen dieser Welt erzählt, wäre er geblieben, ähnlich wie die Gestalt des für diese Welt ebenfalls unbekannten Abraham. In jenem Buche sind die wirklichen Geschehnisse aufgezeichnet. Von Anfang an. Für die untere, für unsere äußere Welt sieht es so aus, als ob die Menschen, die dort genannt werden, umsonst gelebt hätten. So wie man auch das Leben des Baal-Schem-Tow als verfehlt beurteilen würde, wäre nicht diese große Bewegung mit ihren Meistern, ihren Schulen, ihren Dynastien entstanden — diese Bewegung, die sogar einen Buber zur Feder greifen ließ.

*

In mir rief es: »Willst du also, daß es keinen Chassidismus gegeben hätte? Ist nicht Großes durch ihn entstanden?« Und ich wagte nicht, Satans Sieg — und als solchen bezeichnet doch diese innige chassidische Anekdote ihren eigenen Chassidismus — zu bedauern. Die Welt soll doch erhalten bleiben, es soll doch weitergehen. Generationen kommen, Generationen gehen, und die Erde steht ewiglich.

Und dennoch fühlte ich in mir ein Widerstreben, seit ich diese Geschichte gehört hatte. Ich verstand, es galt nicht dem Baal-Schem.

Er war doch nur ein Gleichnis. Für den Chassidismus ist der Baal-Schem-Tow ja gerade der bescheidene, der geliebte Heilige. Dieses Gleichnis wurde in weiser Absicht gerade mit seinem Namen verbunden, um das Unentrinnbare der Situation zu zeigen. Wenn etwas Großes kommt, rührt sich der Satan, und diese Aktivität des Hinderers bringt den Erfolg — gerade den Erfolg, just den Erfolg! Es kommen die Massen der Schüler, es kommen die Bräuche, die Riten, die Dynastien.

Um Unbedeutendes würde der Satan sich einfach nicht bemühen. Dem Unbedeutenden strömen schon von sich aus, qua Definition, die Massen zu. Erfolg kommt, Erfolg geht. Unbedeutendes, Lüge, Schlagworte, der Satan kennt seine Kinder und läßt sie gedeihen. Generationen kommen, Generationen gehen, und der Satan lacht und reibt sich die Hände.

Eine alte Geschichte erzählt, daß die Verführung durch die Schlange eben der Ursprung der Generationen sei. Tod ist identisch mit Generationenfolge. Der Satan verführte die Frau zur sexuellen Einladung. Gott aber sagte zum Menschen: »Seid fruchtbar und mehret euch.«

Ein wahrhaft aufwühlendes Paradox! Will also Gott beispielsweise auch den Chassidismus? Aber sagt Gott nicht ebenfalls: »Nehmet nicht vom Baum der Erkenntnis«. Das heißt: laßt also die Welt, bleibt allein. Generationen bedeuten immer den Tod des Vorherigen für das Kommende. Mit der sexuellen Reife fängt ja doch auch biologisch schon das Herannahen des Todes an.

Dennoch heißt es Sünde, das Nehmen vom Baum der Erkenntnis, dennoch heißt Satan der Hinderer, der Hinderer auf dem Wege zu Gott. Und Satan heißt doch der Böse.

Vernunftwidriger Gegensatz — beglückende Harmonie.

Es freuen sich die Chassidim ihres Chassidismus, es freuen sich heute viele Juden des Chassidismus, es liebäugeln seit Bubers Veröffentlichungen viele Christen und andere mit dem Chassidismus. Er wurde zu einer Art Paradepferd, zu einem preisgekrönten Ausstellungsstück, er wurde ein Schaustück, wie etwa auch der erfolgreiche Staat Israel. Und ich wage nicht zu sagen, daß er mich nicht irgendwie auch freut. Obwohl ich die Degeneration sehe — wie wäre es auch anders möglich, wenn Generationen kommen und Generationen gehen —, obwohl ich das Böse und Dumme sehe. Was will man schon, wenn Satan sich Sieger nennen durfte. Dennoch ist etwas in mir, das mir doch auch Freude an diesem Erfolg macht. Ist das falsch? Erkenne ich etwa die Konsequenzen der Sehnsucht nach dem Moschiach nicht an?

Eine etwas alberne Anekdote fällt mir dabei ein. Doch ist sie wiederum kennzeichnend. Die Juden, in welcher Lage sie sich auch befinden mögen, haben oft den Humor des Paradoxes.

Ein nicht-arisches, also sagen wir ein jüdisches Ehepaar mußte 1933 Deutschland verlassen. Sie hatten sich gerade etwas zusammengespart, wollten sich ein Eigenheim einrichten, da ernannte der brave, aber wahrscheinlich phantasielose Hindenburg Adolf Hitler zum Reichskanzler. Mühselige Emigration, schwere Jahre in der Fremde. Weltkrieg, Internierung in Frankreich, weil sie doch deutsche Papiere hatten, und Papiere sind nun einmal wichtiger als der Mensch, erneute Flucht, ganze Odysseen. Endlich aber erreichen sie doch Palästina. Harte Arbeit, aber, obwohl sie Juden sind, sind sie doch zugleich auch Deutsche, leisten also Tüchtiges und arbeiten sich hinauf, trotz hoher Steuern legen sie zurück, und endlich — sie sind inzwischen schon ziemlich gealtert — endlich haben sie wieder so viel Geld, daß sie sich ein Haus bauen und einrichten können. Sie haben alle Schwierigkeiten mit der Bürokratie des neuen Landes überwunden, und der Tag bricht an, an dem sie ihr neues Heim endlich, wirklich endlich, beziehen können. Alles ist bestens vorbereitet, die Einladungen an ihre Freunde sind versandt, das Wetter ist strahlend und nicht zu warm. Sie schauen einander glücklich an. Da ertönt der Ruf: »Der Messias ist gekommen, der Messias ist da!« Das alternde Ehepaar blickt einander müde in die Augen und seufzt: »Wir haben aber auch immer Pech.«

Wer würde das bestreiten wollen. Das ganze Leben strebt man nach einem ruhigen Heim. Man flieht, verbirgt sich, wird beraubt, spart wieder, baut. Und endlich könnte man die Früchte seines emsigen Schaffens ernten, da blitzt in die Welt der Kontinuität eine andere Wirklichkeit herein und verdirbt einem das ganze Spiel. Man könnte sagen, in dieser Anekdote des nicht-arischen Ehepaares habe der Satan verloren. Und irgendwie regt sich dabei unser Mitleid mit diesen vom Pech verfolgten beiden Menschen. Laß denen doch ihr Haus, damit sie endlich einmal noch ein bißchen glücklich sein können... »Und wenn sie nicht gestorben sind, so leben sie heute noch.« Also Kontinuität. Generationen kommen, Generationen gehen. Ist solch ein Mitleid nun richtig? Denn was bedeutet dieser Ruf: »Der Messias kommt!« Er bedeutet doch Erlösung für die Welt, bedeutet eine neue, ganz andere Welt, wo man nicht mehr abhängig ist von phantasielosen Präsidenten, von Urteilen über lebendige Menschen, Urteilen aufgrund toter Papiere, wo man, wenn man sich dem nicht mir Raffinement entziehen kann, nicht mehr ausgeplündert wird von Behörden, wo es keine teuren Ärzte, keine teuren Rechtsanwälte mehr gibt, die einem auch das noch nehmen, was die Behörden übrig gelassen hatten, wo man endlich ein Haus bauen kann. Und dann stirbt man, oder der Messias kommt. Jedenfalls Schluß mit der Entwicklung, Schluß mit der Kontinuität. Und dennoch: diese Welt will man nicht eintauschen, im Gegenteil, man klammert sich an sie. Was ist das? Ist das nun die Trägheit des Herzens?

Typisch, bei den Juden gibt es gerade solche Anekdoten, die den Messias plötzlich kommen lassen. Man weiß, daß der Trott unserer Welt einmal durchbrochen werden wird. Man witzelt darüber, weil der Widerspruch zwischen der gewohnten Welt und diesem Hereinblitzen einer anderen Wirklichkeit fast unerträglich ist. So lachte auch Sara, als sie hörte, daß sie doch noch einen Sohn bekommen sollte.

Und der Name dieses Sohnes, Isaak, bedeutet eigentlich auch nichts anderes, als daß er ein derartiges Paradox bildet, daß man eben nur lachen kann.

Mich freute stets die Anwesenheit dieses Paradoxes. Damit hing auch meine schon in der Jugend vorherrschende Ablehnung des kirchlichen Christentums zusammen. Wenn man dieses Paradox in die Zeit, in die kontinuierliche Zeit stellte, dann starb es an der Wirklichkeit der Kontinuität. Mit Recht könnte man dann die Frage stellen, was sich eigentlich in der Welt geändert hätte. Neue Anschauungen? Schön und gut, aber die Welt geht trotzdem weiter, gleich blöd, gleich grausam. Erlösung in der Vergangenheit? Von was ist man denn eigentlich erlöst? fragte ich mich. Vom Krieg, von der Dummheit, von Krankheit, vom Ärger, von der Nervosität? Was ist eigentlich hereingebrochen? Theologie, eine Analyse von Gottes Sein durch seine Geschöpfe? Organisationen, Politik, Mord, Verfolgung, Wissenschaft, gebaut auf die Welt, wie sie nun einmal ist. Das alles störte mich. Der Messias ist ein Durchbruch, die alte Welt hört auf, eine neue tritt in Erscheinung. Die Kirchen haben den Menschen im allgemeinen eben diese Erwartung des Paradoxes als Realität genommen.

Und das störte mich auch im Leben vieler Juden. Man verstehe mich recht! Nicht im Leben der Juden, die Anekdoten wie die vom Baal-Schem-Tow und dem Satan verstanden. Und solche gibt es. Aber die anderen suchten eifrig, diesem Paradox zwischen der Alltagswelt und der hereinbrechenden anderen Realität zu entrinnen. Sie kontinuierten den Messias in die Zukunft. Die Alltagswelt ist die herrschende. Und da rechnet man mit Erfolg, lehnt sich an den an, der Erfolg hat. Ich möchte sagen: Man schaut voller Genugtuung den Siegen Satans zu. Der Messias wurde zum frommen Gefasel, er wurde ent-realisiert. Und ob man nun den Messias in die Vergangenheit ent-realisiert oder in die Zukunft, ist im Wesentlichen unwichtig. Wichtig ist nur, daß man ihn in das Kontinuum der Zeit verbannt. Denn so oder so ist man ihn in seiner Realität los. Deshalb ist das Gefasel über ihn auch so abstoßend. Man spürt die niederträchtige Lüge, die schlüpfrige Heuchelei. Der Lohn dieser Sünde ist, daß man schließlich selber an sein Gefasel glaubt. Dort fangen die Berechnungen über den "Zeit"-Punkt der Erlösung an. Man will Gott gewissermaßen fangen und ihn zwingen, den angestellten Berechnungen gerecht zu werden. Es ist wie beim Turmbau zu Babel. Man erzählt, daß der Mensch in dieser Situation ebenfalls den Himmel mit irdischen Instrumenten zwingen wollte. Doch da brach der Himmel tatsächlich durch und bescherte dem Menschen die große Verwirrung.

Der Chassidismus Satans bringt nicht den Durchbruch. Wenn er tun würde, was der Baal-Schem-Tow nur als Einer hätte tun können, so zerbricht er und endet in Verwirrung. Er will es aber gar nicht tun. Er ist schon zufrieden mit seinen Errungenschaften, wie den vielen Anhängern und Rebbe-Dynastien. Er ist sehr zufrieden, er ist eingebildet, für ihn besteht die Welt nur aus Chassidim. Der Rest ist unwichtig. Das Herz ist dort sehr träge geworden, es versteht den Baal-Schem-Tow nicht mehr.

Das Paradox aber bleibt. Chassidismus und der Baal-Schem-Tow: Gehören beide nicht doch zusammen?

Es gibt eine andere Geschichte vom Satan. Sie erzählt, wie einst ein Jünger den Satan fangen konnte und ihn fesselte. Er wollte ihn töten, damit die Welt endlich einmal vom Bösen erlöst sein würde. Doch da ertönte eine Stimme aus dem Himmel, und diese Stimme gebot dem eifrigen Jünger Einhalt: »Laß sofort von ihm ab«, hieß es, »denn sonst würde keine Henne mehr ein Ei legen.«

Wiederum die Frage: Wie kann Gott einerseits den Menschen segnen mit den Worten »seid fruchtbar und mehret euch« und ihm andererseits den Baum der Erkenntnis verbieten, wenn doch dieser Baum, wie die jüdische Überlieferung zu erzählen weiß, die sexuelle Tat bedeutet? Wenn der Menschen schon den Satan in Händen hat und ihn töten will, ertönt der Ruf: »Habe Mitleid mit der Welt, lasse weiter die Generationen ohne Ende kommen und gehen.«

Also sollte ich auch den Chassidismus schätzen, trotz der chassidischen Erzählung, wie er aus den Ängsten Satans hervorging. Die Hühner sollen eben ihre Eier legen. Wozu? Ist die Vielheit der

Generationen Spiegel des Einen? Kann das Eine nicht ohne das Andere sein? Ist das Paradox durch seine Spannung eben die Wirklichkeit, und besteht unser Leben durch diese Spannung? Ist es etwa gerade diese Spannung? Ist es nicht auch die Spannung zwischen Leben und Tod?

Eine tiefschürfende Erklärung sagt, das hebräische Wort für Samen, für den lebenerhaltenden Samen — "Sera" —, sei eine Zusammensetzung der Worte "se ra", und das bedeutet nichts anderes als: "dies ist böse". Der Same bringt die Generationen, enthält sie. Und wir beten um Samen und danken für den Samen.

So unrecht haben die Chassidim also wiederum nicht, wenn sie die Geschichte vom Sieg Satans erzählen und dabei stolz um sich blicken, als ob sie sagen wollten: »Wir sind aber groß und stark.«

Und genauso wenig unrecht habe ich, wenn ich sage: »Schade, da wäre die Möglichkeit eines Durchbruchs des Himmels. Dieser verdammte Satan mit seinen nicht abreißenden Siegen.«

Ja, beide haben wir recht. Unrecht hat nur der, welcher entweder das eine oder das andere fordert. Unrecht hat der phantasielose, trockene, einseitige Rationalist, dem alles hier gleich nach seinen Maßstäben stimmen muß. Einfach eine Anmaßung! Warum kann er nicht mit dem Paradox leben? Weil er nur die Vielheit der Erde anerkennt und nicht die Einheit des Himmels?

Unrecht hat aber auch der harte Leugner und deshalb Vertilger des Lebens, der nur den Durchbruch anerkennt und kein Mitleid mit dem Leben in der Kontinuität der Generationen hat. Ja, laß doch die Hühner ihre Eier legen, was weißt du schon vom Geheimnis des Todes?! Des Todes in der Natur, des Todes beim Menschen, des Todes von Generationen. Das Eine existiert, es existiert eben weil das Andere durch den Gegensatz seiner Existenz einen Ort verschafft.

Nicht umsonst ist der hebräische Buchstabe für das Zeichen "eins", für "aleph", aufgebaut auf den einander anschauenden beiden "Jod". Der Buchstabe "Jod" ist das Grundzeichen des hebräischen Alphabets überhaupt. Die Eins ist nichts anderes als der Spannungsort der Gegensätze.

Versuche nicht, die eine Seite des Paradoxes zu streichen, um zu einer eleganten Erklärung der Dinge zu kommen. Vom Satan sagt man bezeichnenderweise, er werfe keinen Schatten. Gewiß, es ist immer populär, wenn man glaubhaft machen kann, daß man ohne diesen Gegensatz lebe. Deshalb auch ekelt es mich an, wenn Leute vom "süßen Himmel", vom "lieben Herrgott" sprechen, der so genau weiß, wie lieb und süß man selber ist bei allem, was man beabsichtigt, und der sich genau nach den Wünschen seiner lieben Kinder richtet. Der Herr ist groß, der Herr ist Einer, der Herr ist König von Himmel *und* Erde. Der Herr kennt Licht *und* Schatten. Er ist Herr über Leben *und* Tod. Süß ist nur der Satan, der alles nur nach irdischen Maßstäben beurteilt. Ein Mysterium: diese Lüge ist aber Grundlage des irdischen Seins.

Lüge ist das Unwirkliche. Ist aber das Leben dann das Paradox zwischen dem Wirklichen und dem Unwirklichen? Was ist dann das Dritte, was ist die Einheit des Paradoxes?

Man sagt, der Baum des Lebens und der Baum der Erkenntnis hätten gemeinsame Wurzeln. Sobald aber der Mensch in den Garten Eden kommt, verwüstet er ihn, indem er die Wurzeln dieser beiden Bäume von einander trennt. Der Mensch glaubt, es ließe sich nicht leben mit diesem Paradox. Er unterscheidet, und das ist schon identisch mit dem Nehmen vom Baume der Erkenntnis. Das ist also wiederum der Sieg Satans. Der Baum des Lebens wird nun unerreichbar. Der Eine Baal-Schem-Tow erscheint als Illusion.

So erzählt die jüdische Überlieferung auch, wie in Gottes Gedanken die beiden großen Lichter am vierten Schöpfungstag erscheinen sollten. Da trat aber das eine von beiden vor Gott und sprach: »Wie kann man nun messen, wenn wir beide gleich groß sind? Gibt es nicht Himmel und Erde, Licht und Finsternis? Wenn wir jetzt, an der Stelle, wo Licht und Finsternis über uns herrschen, gleich groß sind, so wäre ja kein Unterschied zwischen Licht und Finsternis.«

Gott hörte dieses Licht an und sprach dann: »Du hast recht. Man soll das eine am anderen messen können. Es gebe also Groß und Klein. So sei du das kleine Licht, das in der Nacht, bei Dunkelheit, herrschen soll, und das andere sei das große Licht, das den Tag regieren soll.«

So entstand nun das große Licht, das am Tage herrscht, und das kleine Licht, das sein Reich in der Nacht hat. Das große Licht ist das unveränderliche, das kleine das veränderliche, das wächst, voll wird, wieder zurückgeht und verschwindet, um dann von neuem zu erscheinen, zu wachsen usw. usw. Generationen kommen, Generationen gehen.

Es ist das gleiche Phänomen. Man will trennen, man will analysieren, messen, beweisen. Wer aber läßt dieses eine Licht vor Gott treten und fragen? Die Überlieferung sagt, so sei es Gottes Wille. Gott ist der Gottes des Himmels und der Erde. Und so ist auch die Nacht Gottes Schöpfung, ebenso wie die Verbannung. So ist das Kommen und Gehen Gottes Schöpfung.

Eine andere Erzählung aus der alten jüdischen Überlieferung sagt, die Thora, das Wort Gottes in den fünf Büchern Mose, sei bei Gott schon vor der Schöpfung, sei also dort, wo es noch keinen Anfang gibt, wo alles noch Einheit ist. Gott aber schaue in diese Thora und mache nach ihr die Welt.

Das will aber zugleich auch sagen, daß die Geschichte des Nehmens vom Baum der Erkenntnis ebenfalls in Gottes Weltenbauplan enthalten ist. Mit anderen Worten, nähme der Mensch nicht von diesem Baume, so würde nicht nur kein Huhn ein Ei legen, würde nicht nur kein Same in der Welt sein, obwohl Gottes Wort doch auch den Segen enthält, »seid fruchtbar und mehret euch«, sondern dann wäre die Thora dort bereits zu Ende. Die Thora also, die doch auch außerhalb von Zeit und Raum dieser Schöpfung schon als Keim für die ganze Welt immer bei Gott anwesend ist. Auch Israels Auserwählung, seine Sünde, sein Exil, seine Erlösung, sie sind in diesem Worte enthalten. Die gleiche Frage also: sündigte Israel nicht, käme es auch nicht zu seiner Verbannung ins Exil. Diese ist aber im Worte schon da. Ist dann nicht dieses Wort ein Wort aus der Welt der Einheit, aus der Welt des Einen, wo das Zeiten-Kontinuum nicht herrscht? Und ist nicht unser Unverständnis für dieses Wort, unser fortwährendes Bedürfnis, es in die Unwirklichkeit unserer Welt zu übersetzen, eben auch eine Folge von Satans Kampf um diese Welt? Und wir haben Erfolg mit unseren Übertragungen. Kirchen, Sekten, Dynastien, Schulen, Meister — es wimmelt nur so.

Wie aber steht es mit diesem Paradox? Nicht messen, vielleicht, nicht darüber reden, sondern tun? Das Tun im Spannungsfeld des Paradoxes. Akzeptiere das Leben, wie es ist. Wenn das Leben ein Ausdruck dieses Paradoxes ist, dann ist es doch auch seine Aussöhnung.

*

Die Geschichte vom Baal-Schem-Tow und dem Erfolg des Chassidismus hat mich von Jugend auf bewegt. Der Widerspruch war mir bald klar. Einerseits war da die selbstverständliche Aufforderung an jeden Einzelnen, also auch an mich, im Leben der Eine zu bleiben, bei dem das Sehnen nach Gott, die Hingabe ehrlich und vollkommen sind. Demgegenüber aber stand die Aufforderung der Welt, sie kennen zu lernen, sie zu nehmen, sich mit ihr zu beschäftigen. Und erwartet man dann nicht auch den Lohn dieser Beschäftigung, die Anerkennung von seiten der Welt und ihre Zustimmung, wenn man ihr seine Liebe bezeugt hat? Ist nicht schon jedes Gespräch, jedes Verhältnis zu einem anderen, ein Akzeptieren der Kontinuität, ein sich Hinwenden zur Vielheit?

Ist nicht schon die Frage, wer man eigentlich selber sei, wozu man in dieser Welt lebe, eine Anerkennung dieser Welt, ein Rechnen mit ihrer Vielheit? Sind wir nicht Teile von Gruppen, sind wir nicht Räder in einem Ganzen, das sich die Gesellschaft nennt?

Man spricht vom Mikrokosmos und Makrokosmos, und zeigt das nicht auch schon diese Spannung an? Wir wollen gerne, daß etwas stimmt, und es stimmt nicht, wir wollen gerne den Guten belohnt und den Bösen bestraft sehen. Und es trifft genauso oft den Guten Böses wie den Bösen Gutes. Wie oft geht nicht Unschuld unter und siegt Heuchelei? In uns selber wie um uns herum.

Es ist doch keine Antwort, wenn man behauptet, der Mikrokosmos sei der Makrokosmos und umgekehrt, und genau so unbefriedigend ist es, wenn man sich tröstet und sagt, Leben und Tod seien dasselbe. Nein, sie sind und sie bleiben für uns ein Paradox. Wozu denn aber?

*Die Ströme aus dem Paradies bringen der Welt die Phantasie,
die Flüsse aus der Hölle die Lüge.*

> Des Moses — Christus — Paulus Scheinvernichter
> Zu Mythen: Welch ein törichtes Gelichter!
> ,,Ach", heißt's, ,,auch ein Prophet kann das erfinden!"
> Ja — aber Gott ist selbst ein großer Dichter.

Die Geschichte meines Lebens erzählen heißt, fortwährend hin und herzuschwingen in diesem Paradox. Ist nun die zeitliche Abfolge eines Lebens bestimmend, oder sind eher die Geschehnisse mit Durchbruchs-Charakter entscheidend? Ist das äußere, das sogenannte wahre Geschehen bestimmend, oder sind es die Träume, die Tagträume, die Phantasien?

Was ist eigentlich "wahr"? Das hebräische Wort für wahr, emeth, offenbart eine merkwürdige Verbindung zwischen Ewigem, hier also unmöglich Erscheinendem, und im Fluß von Zeit und Raum Erscheinendem. Wenn man nur das hier im Äußeren Erscheinende für wahr halten müßte, dann stünde im Hebräischen das Wort "meth", das heißt "Tod". Das "E", das es zu "emeth" macht, ist aber im Hebräischen der Begriff "Einheit", also dasjenige, das immer da ist, das nicht vorüberfließt, das Ewige, das Freie. Liegt aber nicht gerade darin das Entscheidende? Wird nicht der Teil "meth", der Teil "Tod", überhaupt erst zu Leben und Wahrheit, wenn gerade dieses Zeichen "aleph", diese "Eins", sich mit ihm verbindet und es in die Spannung des Paradoxes führt?

Was ist Lüge und was ist Phantasie? Was ist Trug und was ist Traum?

Hat Dante Unwahrheiten über Himmel und Hölle geschrieben, sind Mythen Lügen, Phantasien, sind die Midraschim der jüdischen Überlieferung deshalb Lügen, dumme, unnütze Gebilde, weil sie unmöglich als reale Wahrheit zu akzeptieren sind? Ist eine gut und hart geführte Bank eine Wahrheit? Ist ein militaristischer Staat, stolz auf seine Macht, Wahrheit?

Und dennoch, Lüge bleibt Lüge, und man kann Lügen nicht gut heißen. Wo ist der Unterschied zwischen der Lüge und Dantes "Göttlicher Komödie"? Ist ein Priester im vollen Ornat Wahrheit, ein Engel aber, nur im Unsichtbaren lebend, Phantasie?

Das naturwissenschaftliche Zeitalter hat klare Vorstellungen geschaffen. Nur das, was in Zeit und Raum bestimmbar ist, heißt jetzt Wahrheit. Alles andere sei unnütze, gefährliche, ablenkende Phantasie, und wenn es einem paßt, nenne man sie Lüge.

Ich weiß nicht wieso, das Paradox drängt sich wieder auf. Mein Leben jedenfalls ist nicht so eindeutig. Und wenn man die Geschichte meines Lebens, besser: eines Ausschnitts meines Lebens, lesen will, wird man sich daran gewöhnen müssen, merkwürdige Geschehnisse als Wahrheit zu akzeptieren. Denn wie man diese Dinge auch erklären mag, für mich sind sie Wahrheit. Und ich habe ein Recht zu fragen: Warum sollte ich nicht auch das erleben, was man sonst Mythen nennt, oder Midraschim, oder auch nur Chassidische Geschichten? Ich habe es erlebt, ich erlebe es noch immer. Ohne magischen Aufwand, ohne "technisch" bedingte Versenkung. Ich erlebe es einfach in der Spannung des Paradoxes, ich erlebe es, weil Himmel und Erde für mich beide, und gerade durch ihren Widerspruch, Werke sind unseres Vaters im Himmel, Werke des Einen und selben Vaters.

Wo ist die Grenze zwischen naturwissenschaftlicher Wahrheit und dem das Naturwissenschaftliche als einseitige Einbildung Abweisenden? Gerade die neuesten naturwissenschaftlichen Forschungen zeigen, daß es eigentlich keine Grenzen gibt, daß vielmehr eine Einheit des Lebens besteht. Eine merkwürdige Einheit, die alles umstößt, was man bisher als ruhiges und fortschrittliches Weltbild aufgebaut hatte.

Es freut mich, daß ich mein Leben schon immer nach diesem vielleicht erst jetzt erwachsenden Weltbild erfahren habe. Ich habe deshalb auch Vieles umstoßen müssen. Bei mir und bei Anderen. Und das Paradox bleibt dennoch. Es ist das Leben. Gott macht Himmel *und* Erde. Und unser Leben wird durch die Spannung zwischen beiden bestimmt. Engel steigen hinauf und Engel steigen hinunter. Und wir ruhen auf diesem Grundstein des Lebens und schauen staunend in den Himmel hinein.

Ist das unwahr, ist das Phantasie, ist das sogar Lüge? Ich kann nichts dafür. Jakob soll es hier auch erlebt haben. Die Bibel-Exegese, ein Produkt naturwissenschaftlicher Weltschau, empfindet solche Geschichten als ein wenig peinlich. Vielleicht sind aber gerade sie die wahren, die bleibenden, die ewigen Geschichten, denen gegenüber es solch eine unzählbare Menge von sogenannt realistisch wahren Geschichten gibt. Und diese sind langweilig, kurzlebig, todessüchtig. Was ist Wahrheit? Auch eine Geschichte, die das Äußere beschreibt, kann wahr genannt werden, selbst wenn sie vergänglich ist. Ich würde mich hüten, diese Geschichten, erzählt in Biographien und Romanen, Lügen zu nennen.

Ich präsentiere also die Geschichte eines Ausschnitts meines Lebens im Zeichen dieses Paradoxes. Und ich glaube, daß sie nur dann eine wirklich wahre Geschichte sein kann. Eine Geschichte von Himmel und Erde, vom Ewigen und vom Vergänglichen, vom Unmeßbaren und vom Meßbaren.

Denn es würde ganz bestimmt eine unwahre Geschichte, wollte ich nur das erzählen, was biographisch als salonfähig gelten dürfte. Es würde eine verstümmelte, eine heuchlerische Geschichte. Vieles bliebe ungeklärt, das Wichtigste bliebe unerwähnt. Ich könnte einfach all das, was für mich in meinem Leben entscheidend ist, nicht darbieten und erklären, könnte ich nicht das Geschehen in seiner ganzen Fülle beschreiben. Wenn man will, nehme man es als eine chassidische Wundergeschichte. Das Faszinierende daran ist, daß es aber dennoch alles wirklich so war, daß alle Personen auch wirklich existierten und zum Teil noch existieren.

Man erwarte nun nicht etwas ganz Phantastisches, etwas ganz und gar Ungewöhnliches. Ich glaube, daß die Geschichte dann eigentlich enttäuschen würde. Es ist vielmehr eine gewöhnliche Geschichte, und dennoch ist sie merkwürdig und einzigartig. Sie ist eben meine Geschichte. Und so wie mein Fingerabdruck nicht ein zweites Mal vorkommt, und wie ich mein Horoskop mit keinem anderen teile, so ist auch meine Geschichte einzigartig.

Ich will versuchen, etwas davon zu erzählen. Die zeitliche Reihenfolge und die kausalen Zusammenhänge werden also dabei nicht immer eingehalten werden können. Das wird man dann schon einsehen. Und dennoch wird es auf jeden Fall eine Einheit ergeben. Denn diese Geschichte ist die wahre Geschichte meines Lebens.

Kindheit, verlorenes Paradies.

Wo soll ich beginnen? Bei der frühesten Erinnerung? Also doch zeitliche Reihenfolge? Nein, das braucht nicht zu sein. Und dennoch drängt sich mir diese früheste Erinnerung immer zuerst auf.

Es ist schön, gemütlich, warm. Ein hohes Zimmer, blau und rot und weiß, viel weiß. Ich glaube, ich hatte gerade etwas Gescheites oder Nettes, vielleicht auch etwas Liebes gesagt. Es muß wohl eher etwas Gescheites gewesen sein. So klingt es bei mir noch nach.

Mein Vater hebt mich stolz und fröhlich lachend auf und setzt mich auf seinen Schreibtisch. Meine Mutter steht hinter uns. In meinen Augen groß, schlank, weiß gekleidet. Auch sie lacht und ist glücklich.

Ich sehne mich oft zurück nach diesem Augenblick. Warum? Weil ich gerne wegen meiner Gescheitheit gelobt werde? Oder ist es die gemütliche Wärme, sind es die Menschen, die sich durch mich glücklich fühlen?

Das wird es vielleicht sein. Ich mache gerne Menschen glücklich. Manchmal denke ich, es sei wie eine Sucht in mir. Ist es aber etwas Schlechtes, Menschen glücklich zu machen? Auch wenn man selber Freude daran hat?

Es ist mir meistens unerträglich, andere Menschen nicht glücklich oder gar unglücklich zu wissen. Hängt das mit dieser frühesten Erinnerung zusammen? Vielleicht ist das gerade deshalb meine früheste Erinnerung, weil sie mir erzählt, daß Menschen dabei glücklich waren, daß alles in diesem Raum zusammengestimmt hat, daß es schön, harmonisch, froh war.

Wer weiß, vielleicht ist das eine Spiegelung, oder vielmehr ein Ausdruck der Anwesenheit des Paradieses, irgendwo in einem Ursprung. Ich stellte mir jedenfalls immer vor, daß Gott im Paradies den Menschen Freude über Freude macht und sich selber genauso freut an dem Glück, das er schenkt und das den Menschen so froh macht.

Unglückliche Menschen sind also Menschen, welche das Paradies verloren haben. Und wenn sie die Welt nur erkennen als ein auf immer und ewig verlorenes Paradies, so bekämen sie eben von ihr eine grundlegend falsche Auffassung. Damit täten sie sich selber und Gott Unrecht. Das wollte ich nun immer wieder korrigieren, um der Wahrheit und Gerechtigkeit willen.

Denn die Welt sei nicht nur auf dem Irrweg, sie habe doch an ihrer Basis dieses frohe und Glück spendende Paradies.

Was zwingt mich aber, vom grundlegenden Glück zu sprechen und es auszuteilen? Lieber gehe ich selber dabei zu Grunde, als daß diese Wahrheit nicht erkannt wird. Denn diese Wahrheit ist wichtiger. Es ist ein Akt der Gerechtigkeit, der Gerechtigkeit gegenüber Himmel und Erde, gegenüber Gott und der Welt, diese grundlegende Freude immer wieder aufzuzeigen. In diesem Zustand will ich es einfach nicht wahr haben, daß das Leid mehr sei als eine vorübergehende Gewitterwolke.

Meine früheste Erinnerung wurde somit zu einer alles andere begründenden, zu einer entscheidenden Erfahrung.

Ich zahle dem Schicksal Vorschuß, gebe dem Himmel Kredit und erfreue die Leidtragenden.

Wenn es jemand schlecht ging, ich heiterte ihn auf, wie ich auch alles mögliche unternahm, ihm zu helfen.

Nun gab es während meiner späteren Jugendjahre viele arme Leute. In meiner Umgebung zeigte sich das meist an durchziehenden jüdischen Bettlern. Der eine sammelte Geld ein, um seine Familie in Polen am Leben zu erhalten, der andere brauchte Geld, um seiner Tocher, die für damalige Distanzgefühle weit entfernt wohnte, die benötigte Mitgift zu beschaffen, der dritte sammelte für irgendeine jüdische Schule.

Es waren einfache Leute, meist auch mit einfachen, aufs Konkrete gegründeten Ansichten. Ich sehnte mich oft nach einem großartigen Wundermann, der mir von der Bedeutung des Lebens, vom Sinn des Leidens erzählen konnte. Doch was sie erzählten, waren bestenfalls Wundergeschichten von ihren Rebbes in Polen, oder von Rebbes, die schon nicht mehr in dieser Welt lebten. Es waren primitive Geschichten, oft auch nur dazu angelegt, um mit der Macht und Bedeutung *ihres* Rebben zu protzen, der jedenfalls wichtiger sei als Dutzende von anderen, die es noch gab.

Ich dachte bei mir, diese Leute sind nun einmal nicht gescheit, einfach weil es ihnen so schlecht geht. Nur glückliche Menschen können großartige Geschichten erzählen. Auch das war für mich ein Grund, sie irgendwie zu beglücken.

Da ich noch jung war, so etwa zwischen 15 und 18 Jahren, also selber nichts besaß, um Geld für ihre Zwecke zu geben, erfreute ich sie mit der Behauptung, daß es gewiß genügend reiche Leute gebe, gerade bei uns in Scheveningen oder in Den Haag — Scheveningen ist ein Stadtteil von Den Haag —, daß wir dieselben schon finden würden und daß sie also jetzt wieder Vertrauen haben könnten.

Ich gab ihnen Adressen und ging auch oft zusammen mit ihnen zu den betreffenden Leuten. Es war ein guter Brauch, daß junge Leute sich mit solchen Fremden auf den Weg machten, ihnen in der fremden Stadt behilflich zu sein. Und man plauderte unterwegs.

Da gab es aber große Enttäuschungen. Erstens einmal gaben die Reichen meist nur sehr wenig, entsetzlich wenig. Wenn sie uns überhaupt empfingen. Sehr oft wurde man an der Türe mit einer kleinen Gabe abgefertigt, von einem Dienstmädchen oder einem Kind. Und zweitens entpuppten sich die Einsammler oft als ganz raffinierte Egoisten, und es kam mir der Gedanke, daß diese Bettelfahrten eben ihr Geschäft waren. Und an erquickenden, tiefsinnigen Gesprächen fehlte es fast immer. Schade, sie sahen so verheißungsvoll aus mit ihren Bärten, ihren breiten Hüten und langen Mänteln.

Die Enttäuschung lag also immer sehr nahe. So hoffte ich auf ein Wunder. Jedesmal. Es würde schon einmal ein Reicher einen guten

Augenblick haben, wir würden auf einen noch unbekannten jüdischen Wohltäter stoßen, und der Mann, den ich begleitete, sei ein verborgener, ein geheimer Weiser. Ich müßte nur seine Worte richtig verstehen, ich müßte nur hindurchhören.

Ich gab also dem Schicksal Kredit und hoffte, daß der Himmel ihn einlösen würde. Doch nur selten hat ihn der Himmel so eingelöst, daß tatsächlich das erwartete Wunder geschah oder daß mir damals wirklich Worte zu Ohren kamen, worin ich herrliche Tiefen und Höhen entdecken konnte. Doch ging ich weiterhin mit, versprach Erfolge und freute mich an der Freude der nun erwartungsvoll Gestimmten; ich ging immer wieder mit, erlebte immer wieder die ernüchternde Paradieslosigkeit. Doch fast immer zeigte sich, daß die Bettler — Schnorrer nannten wir sie — sich doch freuten über die Aufzählung der guten Möglichkeiten, daß sie es trotz allem schätzten, wenn man mitging mit ihnen und seine Mittage auf diesen Bettelgängen verbrachte. Oft trösteten sie mich dann noch, oder sie zeigten sich überaus befriedigt von den kleinen Gaben. Sie hätten ja eigentlich nicht einmal das erwartet, meinten sie; und ich glaube, daß es sehr lieb und nett von ihnen war, wenn sie am Ende mich wieder aufmunterten. Also glaubte ich meinerseits wieder, daß ich später einmal ihre Rebbe-Geschichten richtig verstehen würde. Denn zieht nicht der Messias selber als Bettler in der Welt umher? Und hat nicht jeder Arme etwas von der Schechina, die im Exil lebt?

Wehmütig freute ich mich also doch an diesen Tagen. Und es tat mir immer wieder gut, optimistisch zu erzählen von den vielen Möglichkeiten. Und ich widersprach heftig, wenn andere den Schnorrern allen Mut nahmen, indem sie behaupteten, es sei hier nichts, rein nichts zu holen, es lohne weder die Spesen noch die Zeit.

Ich lernte schon damals Menschen von dieser Seite kennen. Die Armen und die Reichen. Meinen Vorstellungen vom Glück stand eine grausame, harte Realität gegenüber. Doch ich war dennoch glücklich, weil ich spürte, daß ich etwas gegeben hatte, was *doch* da war, wenn es die Menschen auch noch nicht bemerkten. Ich war der Verteidiger des guten Himmels gegenüber den Anklagen der konkreten Wirklichkeit.

In späteren Jahren, aber doch schon vor langer Zeit, als ich dann schon meinen eigenen Hausstand hatte, die Not um mich herum aber eher noch stieg, bin ich des öfteren fast ratlos umhergeirrt, um für Menschen, die vor dem Ruin ihrer gesellschaftlichen Existenz standen, im letzten Augenblick noch etwas einzusammeln, zu borgen oder zu erbetteln. Wie entmutigend ist es, in den stillen, fast ausgestorbenen abendlichen Straßen von einer Adresse zur anderen zu gehen, schon im voraus wissend, daß es doch wieder nichts als irgend eine Ausrede geben würde, warum man in diesem Falle nicht helfen konnte, und daß man mich — noch schlimmer — mit langen Belehrungen darüber aufhalten würde, wie der Betreffende hätte handeln sollen, was er alles falsch gemacht hätte. Und daß man einem solchen Untüchtigen doch gewiß nichts geben sollte. Er müsse jetzt selber einmal sehen, wohin Untüchtigkeit führe.

Es war die Zeit der dreißiger Jahre, als die Flüchtlinge aus Deutschland und Österreich, aus der Tschechoslovakei, und aus Polen immer noch die Armen kamen. Ich mußte mit anhören, daß die Leute sich eben schlecht benommen hätten, daß sie sonst doch gar nicht hätten fliehen müssen, oder daß sie doch nicht ausgerechnet nach Holland hätten kommen sollen.

Ich gedenke dieser kalten, nassen Winterabende, wo ich durch die Straßen zog, wohl wissend, daß ich entweder nichts oder nur so wenig bekommen würde, daß das jeweilige Problem damit überhaupt nicht zu lösen war, daß es also viel gescheiter gewesen wäre, zuhause zu bleiben, beim warmen Ofen, bei einem guten Buch oder beim Studium. Denn am Ende würde es doch wieder darauf hinauslaufen, daß ich selber diesen Leute alles würde geben müssen. Sie rechneten nun einmal mit mir, sie vertrauten mir. Ich hatte ihnen doch gesagt, daß ich das benötigte Geld schon irgendwie zusammenbringen würde. Ich wollte sie trösten, ich wollte sie beruhigen. Die Welt sei wirklich nicht so schlimm, es gäbe schon noch das Gute und Menschliche. Und gerade hier, bei uns, gebe es das. Sie hätten gut daran getan, gerade hierher, zu uns zu kommen.

Am Ende war es mir fast unmöglich, nicht selber an diese Chancen zu glauben. Es stimmte doch, was ich sagte. Und so begab ich mich auf den Weg, glaubte an das Wunder, das nun doch bestimmt eintreten werde. Und ich mußte doch den Menschen jetzt die Gelegenheit bieten, sich zu bewähren.

Zu gleicher Zeit wußte ich, daß es doch wieder nichts sein würde damit, daß ich wieder einmal — zum wievielten Male? — durch die Straßen irren würde, schon voller Angst bei dem Gedanken, überhaupt an der nächsten Türe zu klingeln, da die Enttäuschung doch kommen mußte.

Ich glaubte aber, das dem Ganzen schuldig zu sein. War es eine sich immer wiederholende Zerreißprobe? Wie schön sind die Vorstellungen, die ich von den Menschen gab, wie hoffte ich, daß sie sich bewahrheiten würden, und wie genau wußte ich dabei doch, wie die Menschen sind, wie genau wußte ich, wie kalt, wie hart und dumm die Welt war.

Winterabende, Sommerabende; andere saßen zuhause, hatten Besuch, waren im Kino, erfreuten sich ihres Familienlebens. Und ich, ich hatte Unmögliches versprochen und sollte nun erfahren, wie groß der Widerspruch war.

Die Notleidenden aber, die mir vertrauten, erwarteten voller Spannung den nächsten Tag. Manchmal schob ich diesen Tag dann hinaus. Denn es war entsetzlich, sagen zu müssen, daß man nichts, rein nichts bekommen hatte. Daß die Leute nur ihren armen Verwandten Unterstützung zukommen ließen, nicht aber Fremden, daß sie nur an Fonds gaben, nur für politische Zwecke, für religiöse. Immer war die Ausrede so, daß man gerade für das, wofür ich kam, prinzipiell oder aus vernünftigen Gründen nichts gab.

Dabei wußte ich, diese Leute, die mir nichts gaben und die mich dennoch des öfteren kommen sahen, erfuhren an mir ihren Ärger. Wie schamlos sie ihre Ausreden auch vorbrachten, sie schämten sich doch vor mir. Sie fühlten an meiner bescheidenen, gedrückten Stille, daß ich sie durchschaute, wie verständnisvoll und höflich ich dabei auch blieb. Ich fühlte Feindschaft erwachsen. Wer rennt auch so für fremde

Menschen herum? Jeder sorge sich doch um seine eigenen Angelegenheiten. Auf diese Weise gehe es der Welt am besten.

Wenn ich es dann nicht mehr länger hinausschieben konnte, aber doch nicht wußte, wie ich mit einem negativen Resultat diesen Leuten vor die Augen treten sollte, gab ich halt von dem, was mir selber noch geblieben war. Ich würde schon nicht verhungern. Und wenn ich gar nichts mehr hatte, verkaufte ich Bücher oder borgte selber irgendwo.

Die Leute aber empfingen das Geld voller Freude. Sie hatten ja keine Ahnung, daß es fast immer zum größten Teil mein eigenes Einkommen war, das ich ihnen gab — und gewöhnlich mehr als das. Sie glaubten einfach an meinen Erfolg und sie glaubten nun auch, daß folglich die Menschen doch nicht so schlecht und kalt waren, wie sie gedacht hatten. Und das freute mich am meisten. Denn die Welt ist nicht so böse. Der Himmel schaut doch zu. Es wird doch auch viel Geld gespendet, hört man immer.

Mich aber freute wiederum diese Freude der Leute. Und ich war glücklich. Sie dankten dem Himmel, daß es doch noch gute Menschen gab. Und ich war schließlich in ihren Augen doch auch ein netter junger Mann, der so seine Verbindungen hatte. Das war gescheit und ein Zeichen meiner gesellschaftlichen Stellung, auf Grund derer ich nur irgendwo anzuklopfen brauchte, und schon wurde mir das Geld wohlwollend ausgehändigt. Zum Glück wußten sie nicht von diesen ratlosen, verkrampften Wanderungen durch stille Straßen. Nur die Hunde liefen mir hie und da nach. Ich aber fragte oft den Himmel: »Warum so hart, was könnte ich denn noch mehr tun? Ich tue doch alles, ich laufe umher, ich rede, ich bitte, ich suche zu überzeugen. Was sollte ich sonst noch tun? Ich kann doch nicht zu meinen Schnorrern sagen: »Die Welt ist ein einziger Misthaufen und taugt überhaupt nichts. Geht also hin, raubt, stehlt, seid doch raffinierter, ihr Armen am Geist!«

Es ist komisch. Fast tönt es wie ein Masochismus. Aber ich freute mich, daß ich, jedenfalls so weit ich schauen konnte, der einzige war, der immer wieder beweisen konnte, daß die Welt doch nicht so böse war, wie es aussah, daß der Himmel doch noch eingreife, helfe. Ich fühlte mich manchmal stolz, irgendwie ein Vertreter dieser Seite zu sein. Gut, ich tat es selber, ich gab von meinem Eigenen. Aber das geschah doch aus keiner anderen Absicht, als etwas für Kinder klar zu machen, die Komplizierteres doch nicht verstünden. Der Himmel hilft auch hier und hilft direkt. Nur die Leute, die Kinder, sie sehen es nicht.

Auch die Worte eines Kindes werden gelenkt.

Manchmal geschieht doch auch ein kleines Wunder. Jedenfalls, ich mag es gerne so nennen. Denn wo bliebe sonst meine Wundergeschichte?

Mein Vater hatte es seit seiner Einwanderung in Holland im Jahre 1916 fast immer sehr schwer gehabt. Er konnte sich in Holland nicht richtig eingewöhnen. Das Land war ihm zu fremd, obwohl er Land und Leute sehr schätzte.

Während der ersten Jahre, bis ungefähr 1921, waren meine Eltern entschlossen, nach Österreich zurückzukehren, sobald etwas mehr Ruhe eingetreten sein würde. Da Österreich aber nicht mehr das Österreich war, wovon meine Eltern immer geschwärmt hatten — einige Besuche in Wien und seitens meines Vaters auch in Lemberg, das jetzt zu Polen gehörte, hatten sie davon überzeugt —, beschloß man zögernd, vorläufig nun doch in Holland zu bleiben. Mein Vater war aber ziemlich krank 1916 aus Wien nach Holland gekommen. Das war auch der Grund, warum er Österreich als 38-jähriger Mann mitten im Kriege hatte verlassen dürfen. Und diese Krankheit verschlimmerte sich. Mehrere Male glaubte man, daß er eine neue Krise nicht mehr überstehen würde. Wir lebten all diese Jahre bis zu seinem Tode im April 1931 in Ängsten. Er mußte geschont werden, er durfte keine Aufregungen haben, er durfte nicht Treppen steigen, nicht schnell gehen, nichts tragen, nicht zu viel und nicht zu wenig essen, usw. Wie oft mußte ich in der Nacht zum Arzt rennen — Telephon hatten wir nicht, und öffentliche Sprechzellen gab es in unserem Viertel damals auch nicht —, nicht wissend, ob der Vater zuhause überhaupt noch am Leben sei. Und dann wieder zur Apotheke, Warten, Ungeduld, Angst...

Mein Vater versuchte, da er in seinem Fach, mit seiner Ausbildung als Tuch-Sachverständiger und Absolvent der Czernowitzer höheren Handelsschule in Holland nichts anfangen konnte, durch Vertretungen deutscher und österreichischer Fabriken ein anständiges Einkommen zu erzielen. Nach Versuchen mit Vertretungen in vielen, vielen Artikeln, blieb er schließlich bei solchen aus der Raucherbranche. Es war alles sehr schwer und mühsam. Anstrengungen und Aufregungen sollten vermieden werden, und dennoch mußte ein Einkommen erworben sein.

So saß er einmal an einem Abend ziemlich erschöpft und mutlos bei Tisch, und da ich als Zwölfjähriger doch schon etwas von der holländischen Geographie wissen konnte, fragte er mich, ob ein bestimmtes Nest, irgendein Dorf, wichtig genug sei, dort einen Geschäftsbesuch abzustatten.

Ich wußte, daß es ein unmögliches kleines Dorf sein mußte, es lag aber an einer Bahnlinie, und weite Wege waren nun einmal für meinen Vater verboten. Wenn ich nun gesagt hätte, es sei ein winziges "Kaf", es lohne sich nicht, und der Vater war schon so müde, so mutlos, es drückte ihn schon so, daß er uns mit seiner Krankheit so viel Mühe und Sorgen machte, wozu wäre das wohl gut?

Also begeisterte ich mich und erzählte, daß dieser Ort — mein Vater hatte keine Ahnung von der geringen Einwohnerzahl, ich aber desto mehr — eine glänzende Idee sei, daß es dort wohl große und angesehene Geschäfte gab, daß es ein Zentrum für die bäuerliche Umgebung sei. Alles Dinge, die ich von größeren Ortschaften in meinen Geographie-Stunden und in Büchern erfahren hatte.

Ich kannte also die Wahrheit, aber ich wollte den Vater nicht enttäuschen, wollte ihm neue Lebensfreude schenken. Und ich hoffte insgeheim, daß dieser Ort doch wohl etwas größer sein würde, als das kleine Pünktchen im Atlas andeutete. Es wird schon irgendetwas Gutes dort geschehen. Dem Vater muß doch geholfen werden.

Am nächsten Abend erstattete der Vater Bericht. Er hätte noch nie solch ein winziges, abgestorbenes Dorf gesehen. Ein einziger kleiner Zigarrenladen, der aber gar nichts von den Dingen führte, die er vertrat. Dennoch sei er eingetreten. Der nächste Zug zurück sei erst in einigen Stunden gefahren. Im Laden nun hätte er einen Mann getroffen, der sich für Bernstein interessierte und ihn gefragt habe, ob er in Deutschland Verbindungen zu Bernstein-Lieferanten hätte.

Mein Vater hatte zwar keine solchen Verbindungen, doch er interessierte sich sogleich dafür, und es entstand aus dieser zufälligen Begegnung mit jenem Manne, der übrigens auch nicht in diesem Dorf wohnte, eine rege geschäftliche Verbindung, die im Laufe der kommenden Jahre sogar zu einer der wichtigsten wurde.

Öfters starrte mein Vater mich später an und sagte zu mir: »Du, hast Du etwas gewußt oder gespürt? Du hast mir doch blanken Unsinn erzählt von diesem Dorf. Und just dort treffe ich diesen Mann.«

Ich zuckte die Achseln, wie Jungen das tun, und brummte etwas auch mir Unverständliches. Die Mutter aber sagte: »Seide Fischl bringt die Jeschue.« (Jeschue ist ein hebräisches Wort, das im Jiddischen benutzt wird für Hilfe, Rettung, Heil.) Für meine Mutter war es klar, daß ich, der doch nach ihrem hoch verehrten Großvater hieß, auch seine Eigenschaften übernommen hatte. Denn manches Wunderbare wurde von diesem Großvater berichtet. Wieviel hatte ich nicht schon als Kind von ihm gehört! Meine Mutter glaubte einfach, sie überlegte nicht lange. Ich war früh ein aufgewecktes Kind, galt in unserer Umgebung fast als Wunderknabe, und das genügte der Mutter, um dann auch zu erwarten, daß in meinen Worten und Taten schon gleich auch Wunder steckten wie in den Worten und Taten ihrer großen Ahnen.

Ich selber staunte auch über diese Bernstein-Überraschung. Für mich war sie einfach ein Beweis, daß der Himmel unsere Worte und Taten lenkt, falls wir nur Freude und Vertrauen spenden wollen. Diesmal hatte es bis unten hindurch gezündet, so daß auch ein Kind sehen konnte, daß es stimmte. Es sollte für mich ein Zeichen sein, daß es also immer so ist. Nur sieht man es hier unten nicht immer.

Wer war dieser Bettler?

Eigentlich sollte ich jetzt doch etwas von meinen Eltern und Ahnen erwähnen. Schließlich gibt es für uns doch auch eine zeitliche und räumliche Herkunft, wenn auch unsere Seele, die Neschama, von Gott und daher einmalig ist. Ich möchte aber zuvor noch eine Geschichte erzählen, die mir wie ein Wunder erscheint, und die ich mit einem der Schnorrer erlebt hatte. Sie hat übrigens auch mit meinem Vater zu tun.

Im Jahre 1928 wurde mein Vater wieder einmal schwer krank. Es war ein Krisentag. Die Ärzte, auch die zur Beratung herbeigezogenen Fachärzte, hatten die Hoffnung aufgegeben. Man rechnete jede Minute mit seinem Ableben. Das ganze Haus war gedrückter Stimmung, man hörte Schluchzen. Ich war wie betäubt, auch erschöpft vom vielen Herumrennen zu Ärzten, Apotheken, Verwandten.

Da kam einer der Schnorrer, mit welchem ich einige Tage vorher, wie es hieß, "Adressen besucht" hatte. Der Mann war mir nicht gerade sympathisch. Ich fand ihn zu gerissen, zu geschäftstüchtig. Und ich hatte noch bei mir gedacht: »Wenn der Geld hätte, wäre er genauso wie die anderen. Dann ließe er sich schön bitten und gäbe höchstens eine kleine Münze.« Zugleich dachte ich: »Du darfst nicht urteilen. Vielleicht ist er ein verborgener Heiliger und tut nur so, um seine Verborgenheit nicht zu enthüllen.«

Ich sagte ihm kurz, daß mein Vater jetzt sehr krank wäre, da ich wußte, daß er meine weitere Begleitung erwartete, die ich ihm auch vor einigen Tagen zugesagt hatte. »Macht nichts, gib mir selber noch etwas und ich gehe allein oder mit einem anderen.«

Obwohl ich ihm im Namen meiner Eltern schon etwas gegeben hatte, in diesem Moment wollte ich ihn nicht ohne etwas wieder ziehen lassen, und da auf dem Tisch gerade Geld lag, gab ich es ihm. Es war ein für solche Fälle für unsere Verhältnisse übermäßig großer Betrag. Aber es war mir jetzt alles gleich, ich handelte fast mechanisch.

Während dieser Szene war ein anderer Armer eingetreten. Ich hatte ihn nicht bemerkt. Die Wohnungstüre stand offen, damit das

Klingeln den Kranken nicht erschrecken sollte. Ich kannte diesen Mann noch nicht. Ein ehrwürdiges, dabei sehr bescheidenes Aussehen. Ein großer weißer Bart, strahlende blaue Augen.

Der erste, schwarzbärtig, gewandt, steckte den auch für ihn überraschend großen Betrag schnell ein, verabschiedete sich mit einem in den Bart gemurmelten Genesungswunsch und verschwand schleunigst die Treppen hinab — als ob er fürchtete, daß ich mich anders besinnen und ihm einen Teil des Geldes wieder abnehmen könnte. War doch in der Türe gerade die Konkurrenz erschienen, und daß wir nicht viel Geld hatten, wußte er schon von unseren Plaudereien auf dem Wege. Aber was weiß ich, vielleicht tue ich ihm doch Unrecht.

Jedenfalls, der Weißbärtige stand da und strahlte mich an. »Ein Kranker im Hause? Die Hilfe wird jetzt kommen.« Er sagte es, ich glaubte ihm.

Wozu kommt so ein Fremder? Doch gewiß auch um ein Almosen. Man kannte genau die Leute aus der Stadt, damals einige Hundert Familien. Und man erkannte bei den Fremden schon gleich ihre Absicht.

Ich hatte aber gerade das letzte Geld hergegeben. Der Alte hatte sogar selber dabei zugeschaut. Ins Krankenzimmer wagte ich mich nicht hinein. Ich bezweifelte auch, ob überhaupt noch Geld im Hause war. Die letzten Tage hatten viel gekostet. Also auch das noch. Ich suchte überall und fand schließlich noch einige kleinere Münzen. Der Weißbärtige schaute still zu. Ich gab sie ihm und sagte entschuldigend, daß ich jetzt wirklich nicht mehr finden konnte.

»Es ist aber doch sehr gut. Du hast mir ja sogar das Letzte gegeben, was Du finden konntest. Ich habe mehr bekommen, als ich erwartet hatte. Die Hilfe ist jetzt schon da.«

Strahlend, still, würdig ging er die Treppen hinunter. Ich habe ihn nie wiedergesehen, und keiner von denen, die ich nach ihm fragte, wußte, wen ich meinte. In diesem Moment aber trat bei meinem Vater tatsächlich eine Wende ein, und er genas. Die zweieinhalb Jahre, die er noch lebte, waren für mein eigenes Leben entscheidend.

Natürlich kann man sagen, dies alles sei Einbildung. Oft kommt es vor, daß einer Krise eine Wende zum Besseren folgt. Es war auch noch ein anderer Arzt zugegen, er hatte eine Spritze verabreicht — und die Besserung war da. Aber es läßt sich demgegenüber sagen, daß dieser Arzt selber am meisten über den Umschwung staunte. Als ich ihn Jahre später wieder traf, erzählte er mir von einem Wunder, daß er überhaupt keinen Zusammenhang gesehen hatte zwischen seinem Eingriff und der eingetretenen Wende. Ich sagte ihm nichts von dem weißbärtigen Bettler. Er hätte das jedenfalls als lächerlich abgewiesen.

Ich aber vergesse diesen Alten nie. Selbstverständlich, er war einer der vielen Schnorrer, die "das reiche Holland" bereisten, und wenn er auch keinem weiter auffiel, so war auch das nichts Besonderes. Für mich aber war er der Prophet Elia, der unerwartet auftritt, unbemerkt da ist und unbemerkt verschwindet, nachdem er seine gute Tat verrichtet oder seine frohe Botschaft verkündet hat. Meinem Empfinden nach war er auch eine Antwort auf alle meine frohen, ermutigenden Mitteilungen an diese Schnorrer, wie sie sich auch nennen mochten und wie oft sie sich als wichtige Sendboten betrachtet sehen wollten. Es gibt eine Resonanz von anderswo her, auch auf diese Art. Sie erhält aber auf ihrem langen Weg zurück oft eine andere Form, man erkennt sie nur selten als eine solche Antwort.

Die Dreieinheit des Kindes. Begegnung mit den diesseitigen Ahnen. Stolze Geborgenheit.

Nun scheint es mir doch an der Zeit, von der Familie und den Vorfahren einiges zu erzählen, also von meiner irdischen Herkunft.

Es gibt eine Stelle im Talmud, welche beschreibt, was das Kind von der Mutter mitbekommen hat, was vom Vater, und was von Gott. Und es zeigt sich in dieser Beschreibung, daß das Wesentliche jedes Menschen nicht biologischer Herkunft ist. Das gilt nun für jeden. Und es widerspricht eigensinnig allen Vererbungstheorien.

Doch erweisen sich die drei Komponenten im Menschen als eine untrennbare Mischung. Jeder Mensch ist deshalb etwas Neues, etwas Einmaliges. Gerade durch das Himmlische, die Beimischung.

Nun waren meine Eltern begeisterte, gutgläubige Europäer. Sie glaubten ehrlich und redlich an den menschlichen Fortschritt, an eine wissenschaftlich-ungetrübte Forschung, an eine immer reicher in Kultur und Zivilisation sich ausbildende Menschheit.

Ihr Judentum stand deshalb für sie an zweiter Stelle. Es hatte nur Sinn, wenn es erst jetzt in dieser richtig erwachenden Menschheit einverleibt wäre. Sie hatten ein sicheres Gefühl für Abstammung und Tradition, leugneten auch nie ihre Herkunft und versuchten es auch nicht, sie irgendwie zu tarnen. Deshalb war ihnen der Zionismus eine selbstverständliche Folge dieser Weltanschauung. Ein Zionismus jedoch, der sich auch der Welt anpassen konnte, der Hochstimmung einer neuen, gescheiten westlichen Welt.

Deutschland, deutsches Wesen, deutsche Sprache, das waren für sie die Höhepunkte. Sie waren stolz darauf, in dieser Zeit und in der deutschen Kulturatmosphäre zu leben.

Meine Mutter, obwohl im ostgalizischen Czortkov geboren, war in Wiznitz in der Bukowina aufgewachsen. Sie hatte dort die Schule besucht, und da in der Bukowina seit dem 18.Jahrhundert deutsche Siedler sich seßhaft gemacht hatten, sah man in dieser Schule deutsche Sprache und deutsche Kultur als das höchste Ideal an und förderte es nach Kräften. Die Deutschsprachigen fühlten sich den ruthenischen Bauern in jeder Hinsicht weit überlegen. Und die jüdische Bevölkerung, vor allem die damalige jüdische Jugend, hatte sich begeistert den Deutschsprachigen angeschlossen.

Wiznitz hatte damals, also um die Jahrhundertwende, ungefähr 12000 Einwohner, und mehr als 90 % von ihnen waren Juden. Man lebte bescheiden, gut und behaglich.

Der Vater, gebürtig aus dem ebenfalls ostgalizischen Zalesciki, am Flusse Dnjestr, war als Zwanzigjähriger dem elterlichen Hause entflohen, weil er eben nach einer freien und deutschen Bildung strebte. In Czernowitz, der Hauptstadt der Bukowina, erlernte er im

Selbststudium die deutsche Sprache — die Umgangssprache der Juden in jenen Gegenden war das Jiddisch, das aus dem Mittelalter aus Deutschland nach Osteuropa mitgebrachte Deutsch, zum Teil vermischt mit slavischen und hebräischen Ausdrücken — und bestand darauf die Eintrittsprüfung in die höhere Handelsschule. Es reichte zum Diplom, aber nicht weiter. Er hatte nicht die Mittel zu einem Hochschulstudium. Er sehnte sich nach einer Familie und fand, er sei auch schon zu alt. So blieb sein Ideal, ein richtiges wissenschaftliches Studium, unerfüllt. Er hoffte, daß in seinen Kindern sein Lebenswunsch in Erfüllung gehen würde. Er glaubte, daß Bildung, Fortschritt und Glück ein und dasselbe wären. Er hatte zuviel gesehen und erfahren an dummem Fanatismus, an beschränkter Einsicht, an rückständiger Hygiene, und er sehnte sich nach einer besseren Zukunft.

So waren denn meine Eltern durch ihre Umgebung und durch den Zeitgeist geradezu dafür bestimmt, eine moderne, westlich-europäische Familie zu begründen. Man erzählte mir, mein Vater habe sich, als ich neugeboren in der Wiege lag, über mich gebeugt und ausgerufen: »Und das wird einmal ein Doktor!«

Das war für ihn das Höchste. Damit wollte er sagen: Der wird in einer reinen Welt leben. Er wird frei denken können, studieren und den Sinn des Lebens erfahren, und er wird danach leben. Er wird mit gescheiten und gebildeten Menschen verkehren, im Gefühl, frei und glücklich zu sein.

Das war das elterliche Haus in meinen ersten Erinnerungen: ein Versuch, ein modernes, gebildetes westliches Heim zu sein. Juden kommen in den frühesten Kindheitserinnerungen nicht vor. Eigentlich wußte ich in diesen Jahren noch gar nicht, daß es Juden, Deutsche, Polen usw. gab. Ich kannte und sah nur Menschen, die alle ungefähr gleich aussahen und sich etwa gleichartig benahmen. Es sind angenehme Erinnerungen. Es wurde nicht laut gesprochen, alles war sauber und geordnet, man war nett, fast höflich miteinander.

Ich erinnere mich an Gesellschaften, auch an sommerliche Reisen in Kurorte. Auch dort war alles rein, ruhig und geordnet. Diese ganze Zeit bildet eigentlich eine paradiesische Erinnerung.

Die letzten Tage im Paradies. Mit dem Krieg fängt der Weg an.

> Idioten! Nun in Blut und Schweinerei
> Die Welt versinkt, glaubt ihr noch froh und frei,
> Es gebe eben Rückschläge im Fortschritt —
> Und seht nicht, daß dies selbst der Fortschritt sei!

Dann kam der Weltkrieg. Wir waren in der Sommerfrische in den Karpaten, in dem Kurort Jaremca. Wir hatten zu Dritt, meine Mutter und eine unbekannte Dame und ich, in einem Wagen einen Ausflug gemacht, eine Fahrt durch den Wald, zu einem schönen, kleinen Wasserfall. Die Luft war voll vom Wohlgeruch des Waldes. Die Damen unterhielten sich, unbeschwert, man spürte die glückliche Stimmung. Ihre Unterhaltung und das Vogelgezwitscher vermischten sich mit dem Rauschen eines Baches, und der frische Duft von Wald und Bergen war wie eine schweigende Antwort auf die Geräusche. Nie vergesse ich, wie meine Mutter leise das Lied vor sich hinsang: »Wer hat dich, du schöner Wald, aufgebaut so hoch da droben, ja den Schöpfer will ich loben...«

Die Welt war einfach herrlich. Daß ich das alles noch so genau vor mir sehe, die Stimmen höre, den Duft rieche — schließlich war ich noch keine vier Jahre alt! Es war unvergeßlich, weil diese Stunden eine wichtige Wende bedeuteten in unserem Leben. Wie konnte ich es wissen, so sehr wissen, daß die Eindrücke sich unauslöschlich in mir festsetzten? Man ahnt so viel. Dieser stille, fröhliche Waldausflug, es war wie ein letzter Hauch aus einem einstigen Paradies.

Als wir in das kleine Hotel, das einer Schwester meiner Mutter gehörte, zurückkehrten, herrschte dort große Aufregung. Zum ersten Mal hörte ich das Wort Krieg und Mobilisation. Die Leute packten, Droschken und Bauernwagen fuhren an und ab, man rief, schrie sich zu, verabschiedete sich. Ich spürte, daß ein anderes Leben heraufzog. Jetzt fängt eine Wanderung an.

Wirklich, ich stellte mir etwas wie Wanderung vor. Vielleicht war es der Eindruck der Wagen, der wiehernden Pferde, das Herumlaufen der Leute, das Aufladen von Gepäck, das Abschiednehmen.

Man weinte, es herrschte eine gedrückte, ahnungsschwere Stimmung. Ich dachte an den Wald und den Wasserfall, malte mir aus, wie diese wohl eine Änderung — eine solche Änderung — erlebten.

Eine Aufregung folgte der anderen. Wir saßen im Hotel und warteten auf den Vater, der geschäftlich noch in der Stadt, in Lemberg zu tun hatte. Züge, gestopft voll Soldaten, rollten vorüber. Güterwagen, die Beine der Männer baumelten aus den offenen Türen. Der Bahndamm und der Bahnhof waren nahe, die Züge verlangsamten ihre Geschwindigkeit, manchmal standen sie lange auf dem Damm. Der Krieg wurde immer mehr eins mit Bewegung, mit Verreisen, das war in meiner Vorstellung nicht voneinander zu trennen. Die Männer sahen gedrückt und traurig aus. Ich hatte Mitleid mit ihnen.

Dann kam der Vater. Erregt erzählte er, die Russen seien durchgebrochen, alles fliehe vor den Kosaken. Bald reisten wir in einem Güterwagen. Unbedingt wollte auch ich die Beine hinausbaumeln lassen. Es war für mich ein Zeichen von Krieg, von Änderung. Dann zeigt man die Beine.

Es begann eine Odyssee, erst durch Ungarn, dann nach Wien. Wochen hier und dort. Wie ein Traum haftet die Erinnerung an die schöne, ruhige Wohnung. Die Menschen, welche ich jetzt sah, erschienen mir wild und frech. Unter dem vielen Schreien und Rufen litt ich sehr. Aus einer Welt der Ruhe und der Stille war ich in eine fremde Welt geraten.

Für meine Eltern war auch eine Welt zusammengebrochen. Ich glaube, es muß für sie erschütternd gewesen sein, zu erfahren, was diese so fortschrittliche, gebildete Menschheit anrichtete. Vor allem mein Vater regte sich sehr auf. Meine Mutter glaubte noch an die braven Deutschen und Österreicher und gab den bösen Russen alle Schuld und den unmoralischen Franzosen. Sie glaubte auch an den alten Kaiser. Sie konnte es sich nicht vorstellen, daß alles, was sie gelernt hatte, nicht stimmte. Daß doch da irgendwo ein Grundirrtum herrschen müsse. Mit der Zeit aber wurde sie trauriger, man sah es ihr an, daß sie jetzt das lichte Bild ihres Fortschrittsglaubens verloren hatte, womit es sich so schön gelebt hatte.

1915 wurde der Vater ins Militär eingezogen. Dort wurde er nach einiger Zeit schwer krank. Die Mutter besuchte ihn im Militärspital in Leoben. Sie kam weinend zurück. Viel wurde jetzt geweint, überall. Die Männer "fielen", wie es hieß. Wenn irgendwo ein gellender Schrei gehört wurde, sagte die Mutter: »Das ist die Nachricht, daß der Mann gefallen ist. Dann schreit es sich so.«

1915 kamen eines Tages die Großeltern nach Wien. Die Eltern der Mutter und der Vater des Vaters. Zum erstenmal sah ich mit Bewußtsein diese bärtigen Männer, anders gekleidet und anders sich benehmend. Sie weinten nicht, sie waren auch nicht erregt. Es sah so aus, als ob ihnen all das, was geschah, ziemlich gleichgültig wäre. Mit ihnen zog sogar der Spaß ein, mit viel Lachen — etwas Leichtes.

Ich fragte mich, warum mir diese Großeltern nicht schon früher aufgefallen waren. Jedenfalls, ich hatte keine Erinnerung an sie. Wie ich später hörte, muß ich als kleines Kind in Wiznitz zu Besuch gewesen sein. Man erzählte mir, daß ich immer die Hühner habe füttern wollen und mich freute, wenn ganze Scharen von Hühnern um mich herumstanden, mich sogar bedrängten, und ich mich gar nicht bedrängt fühlte und ihnen nur ohne Ende Mais zuwerfen wollte.

Nun aber waren die Großeltern da, und meine Mutter sprach jetzt auch zum erstenmal stolz von ihnen und über unsere Herkunft. Vielleicht hatte der Zusammenbruch der Welt, nach der sich meine Eltern gesehnt hatten, die Verbindung mit der Welt ihrer Eltern wiederhergestellt. Worauf sollten sie denn sonst zurückgreifen?

Damals wurde mir bewußt, daß ich doch auch mit der Welt dieser ruhigen, vor allem soviel Ruhe spendenden Menschen verbunden war. Von da an begann meine Mutter, mir manches von dieser Welt zu erzählen. Wunderbare Geschichten. Und da ich voll Hingabe zuhörte, ihre Worte einsog, erzählten mir nun auch die Großmutter und die Tanten diese alten Geschichten. Es gab also eine Welt der Ruhe, die eine ganz andere war, als die Welt, welche ich als die einzige und mir bekannte angesehen hatte. Eine Ruhe, die nicht durch Kriege, durch Bewegung, gestört werden konnte. Ich spürte ein merkwürdiges Gefühl der Sicherheit. Ich wußte nichts von dieser Welt, ich sah nur die Leute, die aus ihr kamen. Ihre Ausstrahlung erzählte mir mehr als alle langen Erklärungen.

Vergangenheit wie ein erlebter Traum.

Wo kamen sie her, diese Großeltern, was war ihre Welt?
Diese Welt war völlig anders. Sie kam mir vor wie eine Traumwelt. Da gab es andere Maßstäbe, andere Begriffe, andere Möglichkeiten.

Sobald ich davon erzählen will, muß ich selber in diese Traumwelt eintauchen. Und dann wird mir erst klar, daß eigentlich unsere Welt der harten Realitäten, unsere Welt der konkreten Wirklichkeiten wie eine in den Schlaf versunkene Welt ist, daß wir uns in einem lähmenden Alpdruck befinden und erst diese andere Welt die wache, die wirkliche ist.

Doch was sind Traum und was Wirklichkeit? Kann man behaupten, daß der Traum keine Wirklichkeit ist, und ist nicht alle Wirklichkeit wie ein Traum? Man muß beweglich sein und weitherzig, wenn man aus der einen Welt in die andere hinübertritt.

Was mir jetzt klar wurde, war die Tatsache, daß die Abstammung an sich nichtssagend ist, solange nur der äußere Zusammenhang betont wird, die rein biologische Herkunft. Die Abstammung entfaltet ihre Wirksamkeit erst im Denken und Tun, die sich wie ein lebendiger Faden durch das Dasein ziehen.

Kinder können es schon zu einem vollkommenen Bruch mit dem Leben ihrer Eltern kommen lassen, wenn sie anders leben, anders denken und eine andere Einstellung haben. Und um wieviel mehr gilt das erst, wenn es um frühere Generationen geht.

Mir ist der erneute Anschluß gelungen, und ich fühle mich vereinigt mit dem Vorangegangenen. Und ich glaube, nur dann wirkt auch die Abstammung von dorther. Ich fühle mich über Jahrtausende hinweg verbunden, und ich kann mir gleich vorstellen — und es ist eine sehr lebendige Vorstellung —, wie ich dort lebte, unter Tausenden von Ahnen bei einigen wenigen.

Dieser Anschluß war aber nicht gleich da. Zuerst war überhaupt nichts da. Ich hing sozusagen in der Luft. Die Eltern repräsentierten einen enttäuschten westlichen Idealismus und sehnten sich nach etwas Unbestimmtem. Und nach vorne, oder wenn man so will, nach rückwärts, hatte ich erst gar keinen Anschluß. Das Frühere war mir fremd. Es war interessant, vielleicht, es war gemütlich, das schon, aber es war nicht ich selber. Ich stand außerhalb und konnte zusehen. Freundlich anteilnehmend, oft sogar mit einem heimischen Gefühl. Aber *ich* lebte dort nicht. Eine Verwandtschaft, oft eine ferne Verwandtschaft führte dort ihr Leben.

Auch war es, wie ich später erfuhr, unwesentlich, ob man sich an bestimmte äußere Gewohnheiten hielt, z.B. ob man die gleiche Art der Zubereitung von Speisen hatte oder sich genauso kleidete wie die Früheren. Die Tradition, die gleich einem lebendigen Faden ist, verlangt sogar die Anpassung an jede Zeit. Wenn nur in dieser neuen Zeit das alte Leben und das alte Verhalten der Welt gegenüber gleich blieb. Speise oder Kleidung waren nur das Äußere, wie die biologische Abstammung. Sie ließen sogar eher erstarren, man *lebte* nicht mehr in der Reihe, und die Reihe war abgebrochen.

Damit soll nicht gesagt sein, daß z.B. traditionelle Kleidung oder Speise eine lebendige Reihe töten könnten, im Gegenteil. Nur bestimmen sie nicht das Leben. Es ist der Mensch, der es bestimmt, und dann können Speise und Kleidung nicht mehr stören. Sie können sogar die Linie verstärken. Nur wer meint, er könne die Tradition lebendig erhalten durch die Übernahme gewisser Gewohnheiten, während im übrigen keine Lebendigkeit, kein erfüllendes Leben mehr zu verspüren ist, der wird erfahren, was man übrigens schon oft gesehen hat, daß das Ganze dennoch abstirbt.

Form ist sehr wichtig, wenn sie Lebendiges birgt. Dann ist Form Teil und Ausdruck des Lebens. Form ohne diese innere Lebendigkeit ist Täuschung, kann nur kurze Zeit über das schon innerlich Erstorbene hinwegtäuschen.

Wo soll ich überhaupt anfangen, wenn ich von den Ahnen spreche? Manche sind mir ganz nahe und gegenwärtig, wenn sie auch schon vor sehr langem in dieser Welt lebten. Bei ihnen spüre ich, daß Zeit nur dann zählt, wenn man das Lebendige nicht mit einbezieht. Denn sogar Jahrtausende scheinen ganz nahe heranzurücken, wenn man plötzlich eine nahe Verwandtschaft verspürt. Und umgekehrt fühle ich mich mit Ahnen, die zwar ganz nahe unserem Zeitalter stehen, gar nicht mehr sehr verbunden. Deshalb werde ich irgendwo anfangen müssen, und dann kann ich mich immer noch nach allen Richtungen in der Zeit bewegen, hin und her.

Barmherzigkeit schenkt Zeit

> Das Schwierigste ist nicht: sich zu versenken
> In seine Zeit — noch, seine Zeit zu lenken —
> Noch auf viel spätere Zeiten einzuwirken:
> Nur — außerhalb der eignen Zeit zu denken.

Oft denke ich an Mosche aus Kuty, bekannt als Moische Kutiwer. Ich gehöre zur zehnten Generation nach ihm. Doch ist er mir sehr nahe. Manchmal denke ich, er lebe jetzt und handle jetzt. Woher das kommt, ich kann es nicht erklären. Vielleicht hat es mit der Geschichte, die ich jetzt von ihm erzählen möchte, seine Bewandtnis.

Kuty ist ein kleines Städtchen, am Czermosz, und dieser wieder ist ein Seitenarm des Pruth. Mosche war ein stiller, heiliger Mann. Von weither wallfahrte man zu ihm. Er soll viele Wundertaten verrichtet haben. Sogar die Schaffung eines Golems schreibt man ihm zu.

Er lebte dennoch ziemlich zurückgezogen und suchte kaum Schüler. Vielleicht fühlte er sich nicht fähig, anderen seine Weisheit zu übermitteln, vielleicht fand er nicht die richtigen Worte.

Man erzählt, daß sein stilles Leben und Denken, die Intensität seiner Hingabe, ihn dennoch einmal in den Mittelpunkt des Weltgeschehens gestellt hätten. Nicht eines äußerlich sichtbaren Weltgeschehens. Die großen Entscheidungen entziehen sich der Wahrnehmung der meisten Menschen.

So wurde ihm an einem Vorabend des großen Versöhnungstages, des "Jom Kippur", an dem das große Erbarmen Gottes gegenüber dem Gericht über die Welt sich ausbreitet, bewußt, daß die Welt sich jetzt an einer wichtigen Wende befand. Daß der Punkt der Auferstehung der Toten nahe bevorstand. Mosche aus Kuty wußte aber auch, daß die Welt auf ihrem Wege noch gar nicht so weit fortgeschritten war. Daß man einfach drängte. Die Welt ertrug das Leid des Weges nicht mehr, und zu dem Sehnen und Streben der Großen fügte sich das Seufzen dieses Leides.

Ein äußerster Punkt war erreicht, worauf die Kräfte des Untragbaren, des Leides, der Not, übermächtig wurden. Mitleid, Erbarmen, sie schrien auf und zwangen den Himmel nachzugeben. Der Weg war aber noch keineswegs zuende. Die Welt der Entwicklung sollte noch fortdauern. Vieles hatte noch zu geschehen.

Als Mosche aus Kuty an diesem "Kol nidre"-Abend die Gebetsstube der Gemeinde betrat, war sie voll wie immer. Aber er sah, daß trotzdem immer mehr Leute herbeiströmten, Leute, die wie alle anderen in ihre Gebetsmäntel gehüllt waren. Alles schien sich hier zu versammeln. Wo kamen sie her, diese Anderen?

Die Gemeinde staunte, ängstlich. Unbekannte waren da, und trotzdem schienen sich diese Fremden hier zuhause zu fühlen. Ein immer größeres Gedränge entstand, und immer noch drängten Scharen nach und füllten den Raum, Gestalten in weißen Gebetsmänteln.

Mosche wußte, was hier geschah. An diesem Tag der Verzeihung, des Erbarmens, kamen die Toten herbei. Das Drängen der Welt hatte auf der andern Seite dies zur Folge. Die Toten kehrten wieder und waren jetzt an der Schwelle des Lebens. Jeden Moment konnte das Große geschehen, daß diese Welt endete, und daß dann eine neue Welt erstand.

Da rief Mosche den Toten zu zurückzukehren. Es wäre noch nicht an der Zeit. Man darf im Leide seines Lebens nicht zuviel bedrängen, man soll nichts erzwingen, auch wenn der Druck der Welt unerträglich wird. Die Welt soll bis zum Ende gehen. Der Weg hinauf ist erst dann vollkommen, wenn auch der Weg unten bis zum Letzten restlos abgeschritten ist. Die beiden Wege waren noch nicht zu Ende.

Die Toten gehorchten und zogen wieder ab. Die Lebenden hatte Mosche vorher gebeten, ihre Gebetsmäntel abzulegen. Damit unterschieden werden könne zwischen den Lebenden und den Toten. Die Toten konnten ihr Gewand nicht ablegen. Es war nämlich das Einzige, wodurch sie hier erscheinen konnten. Denn sie hatten noch kein Leben da, um dieses Gewand auszufüllen. Das Leben aber war schon der Schwelle genaht.

Seit damals wurde es Brauch in Kuty, am Vorabend des Versöhnungstages keinen Gebetsmantel anzulegen. Zur Erinnerung, daß einmal gerade an diesem Ort die Auferstehung der Toten ganz nahe gewesen war, und daß Mosche, der Kutiwer, um der kommenden Zeiten, um der noch nicht geborenen Generationen willen, den Toten geboten habe, wieder zurückzukehren. Er wußte, daß die Welt jetzt noch Zeiten weiteren Leides erleben mußte, und auch, daß der Weg bis ins Letzte zu gehen war. Denn er sah im Spiegel, daß der Weg nach oben, die Verbindung zwischen Erde und Himmel erst dann vollkommen sein würde, wenn der Weg hier unten bis ins Letzte erfüllt sein würde. Wo dies geschah, reichte der Weg in den Himmel hinein. Denn beide Wege entsprechen sich, der Weg hinauf und der Weg hinunter. Und Mosche wußte, daß diese beiden Wege eigentlich nur der eine Weg sind, und daß es für uns nur so aussieht, als ob es zwei Wege gebe. Und er wußte auch dies, wie groß das Drängen des Leides nach Erlösung sein kann. Er wußte, daß das Gebet, das Flehen gewaltige Kräfte auslöste. Aber weil der Weg noch nicht zuende war, war es nicht richtig, das Erbarmen jetzt durchbrechen zu lassen. Er nahm eine schwere Last auf sich.

Kann man die Geburtswehen abstellen lassen, aus bloßem Erbarmen, wenn das Kind eben erst im Kommen ist, auch wenn man weiß, daß bis zur Geburt noch weitere Wehen folgen müßten? Die Mutter fleht, den Wehen ein Ende zu machen. Die Zeit des Weges bis zur Geburt ist aber noch nicht vollendet. Welches Erbarmen soll durchbrechen?

Das neue Leben ist noch nicht in der Umhüllung da. Deshalb sollen ja die Lebenden ihre Umhüllung ablegen, damit unterschieden werden kann im Wesentlichen, in dem, was unter der Umhüllung ist, was lebt und was nicht. So verordnete Mosche von jenem Moment an, daß das Lebende sich als Lebendes zu zeigen habe. Denn die Umhüllung, die äußere Form allein könne täuschen. Auferstehung geschehe erst, wenn das neue Leben wirklich da ist, wenn das Kind wirklich geboren werden kann.

Was ist der Sinn des Leides, der Sinn der Geburtswehen? Ist es Strenge oder ist es Liebe, welche den Wehen ihren Bestand geben? Der Mensch wählt den Weg *seiner* Maßstäbe und empfängt die

Wehen. Er kennt das Ganze nicht mehr, und das ist ein Erleiden von Schmerzen. Ist das der Preis, daß man den Weg jetzt selbständig gehen kann?

Tiefstes Geheimnis, das alles. Aber Mosche weiß davon. Es ist Liebe, die ihn veranlaßt, die Toten zurückzuschicken. Noch ist es nicht an der Zeit.

Dieser Moment der Weltgeschichte ist von nun an mit dem Namen Kuty geprägt. Mosche von Kuty hat vor zehn Generationen diesen Entschluß für die Welt gefaßt. In aller seiner Bescheidenheit wußte er um seine Verantwortung. Der Mensch trägt eben das Bild Gottes auf seinem Antlitz.

Damit aber das Erbarmen dennoch, während der fortdauernden Schmerzen ein offenes Tor finde, hat er seinen Kindern die Botschaft hinterlassen, daß er, der dies alles auf sich genommen hatte, jedem seiner Kinder und Enkel bis ins zehnte Glied, wenn man seiner gedenke und sein Gebet über ihn gehen lasse, den Himmel um Einlaß des Gebetes bitten werde. Es werde dann erhört. Er stehe von nun an dafür.

Meine Großmutter, die Tochter des Seide Fischl, nach dem ich genannt wurde, erzählte mir diese Geschichte. Sie sei das achte Geschlecht, und über ihren Vater und Großvater Awreimel sei ihr diese Begebenheit überliefert worden. Ich solle sie sehr, sehr gut in mir aufbewahren und sie vor allem richtig verstehen.

Was verstehen? Das wisse sie nicht, ich aber würde es schon wissen, ich sei doch das zehnte Geschlecht.

Stolzes Exil, stolze Verborgenheit.

Ja, sie war stolz, diese Großmutter Channa. Hundertsiebenundzwanzig große Führer, Gelehrte und Weise, lebten als Verwandte zu ihrer Zeit. Sie konnte sie alle aufzählen. Und ich versuchte krampfhaft, die vielen Namen zu behalten. Denn aufschreiben durfte ich sie mir nicht.

»Lebendig sollen sie bei euch bleiben. Was aufgeschrieben wird, das erstarrt. Du wirst sie schon behalten, heißest Du nicht wie mein Vater, Fischl?«

Ich habe sie nicht behalten, die Hundertsiebenundzwanzig. Als ich das, viel später, ihrem Mann, meinem Großvater, erzählte, meinte er, daß eine andere Überlieferung in der Familie sage, es habe in jeder Generation diese 127 gegeben. Aber am Ende der Zeiten, wenn die Bedrängnis sehr groß werden würde und nur noch Wenige als Führer des Geschlechtes übrig sein werden, werde die Kraft der 127 sich in einigen, vielleicht schließlich auch in einem ansammeln. Also brauche man doch die Namen der 127 gar nicht zu behalten. Viel wichtiger wäre es, wenn man die Kraft dieser 127 kennen und die Quellen ihrer Kraft benützen dürfte.

»Namen verführen, machen vielleicht sogar stolz. Wer diese Kräfte aber in sich sammelt, wächst an Bescheidenheit. Der Bescheidenste wird sie haben.«

Kann es erstaunen, daß ich, trotz dieses Lobes der Bescheidenheit, öfters bei mir dachte, wie es denn wäre, wenn sich die Kraft dieser in jeder Generation erscheinenden 127 in mir konzentrieren würde?

Gefühl kindlichen Stolzes. Und zugleich eine unermeßliche Unsicherheit und Verzagtheit. Denn man spürt dann seine eigene Unzulänglichkeit, seine dummen, abirrenden Gedanken. Man spürt die Schwäche seines Gedächtnisses, seinen Stolz, die Einbildung. Groß wurde die Spannung, und erhaben und angsterregend der Gedanke an die Verantwortung.

Channe, sie stammte vom "Kutiwer" ab. So hieß es. Wieso sie? Ich wollte es wissen.

»Warum nicht ein Sohn? Ihr Vater Fischl hatte doch auch Söhne« fragte ich.

»Ja, er hatte zwei Söhne, es seien aber für die achte und neunte Generation eben Frauen erwählt worden. So hätte der Kutiwer selbst zu seinen Kindern gesagt«.

Mein Großvater sprach immer davon als von etwas Nebensächlichem, fast als von etwas Unwichtigem.

»Er will eben nicht, daß der Böse aufmerksam wird. Man soll solche Dinge als ganz beiläufig erwähnen«, erklärte mir, als ich 1933 einmal mit meinem Großvater darüber sprach, ein ebenfalls nach Wien gezogener Weiser. »Davon spricht man besser nicht. Jedenfalls nicht mit aufdringlicher Deutlichkeit«.

Großmutter Channe zog in ihren jüngeren Jahren von Wiznitz, über den Czermosz, nach Kuty. Die beiden Orte liegen nicht weit voneinander. Wiznitz ist Bukowina, Kuty liegt in Ostgalizien. In Kuty besuchte sie das Grab des Mosche Kutiwer. Sie war völlig überzeugt, daß seine Worte buchstäblich wahr seien und alles auch eintreffen werde.

Ihr Vater, Fischl, eigentlich Efraim Fischl — der Fisch ist das Zeichen von Efraim, und deshalb heißen manche Leute nicht nur Efraim, sondern man hängt den Namen Fisch an. Und da man seinen Namen in dieser Welt nicht wichtig nehmen soll, da hier alles vorübergehend sei und unwirklich, braucht man die Verkleinerungsform des Namens. So ist also Fischl das Gebräuchliche, wenn es eigentlich auch Efraim Fisch heißen sollte.

Seide — das heißt Großvater — Fischl muß ein lustiger Mensch gewesen sein. Seine größte Freude war, andere glücklich und fröhlich zu machen. Er war außergewöhnlich als Gelehrter, aber ebenso außergewöhnlich in seiner Bescheidenheit. Er wollte es nicht wahrhaben, daß er ein Weiser sei. Er witzelte über sich selber, benahm sich oft mit einer geradezu clownesken Untertreibung, und er konnte es dennoch nicht verhindern, daß man ihn als einen Wundertäter betrachtete. Von weither kam man ihn besuchen, legte ihm Fragen vor, Lebensschwierigkeiten, aber auch glückliche Begebenheiten. Denn man wußte, daß man ihn am meisten mit frohen Nachrichten erfreuen konnte. Dann strahlte er und erzählte ohne Aufhören Wundergeschichten, die er erlebt oder gehört hatte.

Als er zu Beginn dieses Jahrhunderts starb, trauerte die ganze Stadt. Alle Läden waren geschlossen. Daß man mich, viele Jahre später also, nach ihm benannte, schien etwas Wichtiges zu sein. Immer wieder wurde ich darauf hingewiesen, daß ich damit die Möglichkeit hätte, manches aus seinem Dasein neu ins Leben zu rufen und es also in der Zeit fortzusetzen.

Seide Fischl verbrachte seine Tage allein, im Lehrhaus. Dort hatte er einen kleinen Schrank und darin ein Fläschchen Branntwein. Mit einem Stück Brot und einem Glas Sauermilch, einem Schluck Branntwein, so hat er sich seine tägliche Mahlzeit eingerichtet. Den ganzen Tag studierte er, dachte nach und studierte weiter. Und er erzählte davon, aber nicht das Tiefgründige, das er entdeckte. Er übersetzte das Tiefe ins Alltägliche, in Witze, in fröhliche Bemerkungen. Man erzählte, wie er die Leute, auch die Kinder, immer mit Nasenstübern begrüßte, mit einem lauten: »He, Leute, seid fröhlich! Was fehlt euch nur? Wie schaut ihr denn drein? Die Welt ist schön, das Leben ist ein prächtiges Geschenk. He, lacht nur, freut euch!«

Sein Vater Awreimel, — die Verkleinerungsform für Abraham — muß in Gelehrsamkeit, Sanftmut und Weisheit Seinesgleichen gewesen sein. Nur war er stiller, ernst, mehr in sich gekehrt.

Auch ihn suchten viele Leute auf, von weit, sogar von sehr weit her. Man erzählte, daß große Gelehrte, sogar von Jerusalem und aus Safed zu ihm zogen, um bei ihm zu lernen. Und damals, Mitte des 19. Jahrhunderts, war eine Reise aus Palästina nach der Bukowina ein großes Unternehmen.

Er hatte einen einzigen Sohn, und ihm vertraute er alle seine Kenntnisse an. Die drei Töchter Awreimels heirateten berühmte Männer. Die zweite, Mariem, den Sohn des Nadworner Maggid, von welchem noch zu erzählen sein wird.

Fischls Frau war eine Czortkower, die Tochter des dort bekannten Mordechai Blum. Ihr Bruder, Ire, wurde Rabbiner von Wiznitz. Von jener Seite kam eine Verbindung mit Czortkov, einer für den Chassidismus wichtigen Ortschaft in Ostgalizien. Nach dessen Frau, Henne, hieß meine Mutter. Man hat den Namen meiner Mutter, um ihn zu verdeutschen, in Hermine umgewandelt. Das gilt nur für die "westliche Welt". Selbstverständlich hieß sie weiterhin Henne.

Der Name Henne ist kabbalistischen Ursprungs. Er gilt als Ausdruck der Formwerdung.

Von Henne wird erzählt, wie geschickt sie es verstand, bedürftigen Leuten mit Geld oder Lebensmitteln beizuspringen, ohne daß die Armen den Eindruck erhielten, Almosen zu bekommen. So ließ sie z.B. im Bethaus einen Zettel anschlagen, worin sie die Einwohner der Stadt bat, ihr zu helfen. Sie habe nämlich wieder einmal von gewissen Artikeln viel zu viel eingekauft und wisse sich keinen Rat. Nun bitte sie die Einwohner, ihr doch zu helfen. Sie brauche Geld, und so bot sie ihre Ware zu stark herabgesetzten Preisen an.

Die Preise waren lächerlich niedrig, gerade daß sie nicht umsonst waren. So konnten die Armen für ein paar Kreuzer Honig, Butter und Käse und auch anderes in größeren Vorräten einkaufen. Und sie hatten doch den Eindruck, daß sie sogar ihr, Henne, hätten helfen können.

Die anderen wußten genug, und unterließen ihre Käufe, damit alles den Armen zugute kam.

Und wenn sie zu Besuch war bei Armen und Kranken, verlor sie dort immer etwas Geld oder irgendeinen Wertgegenstand. Die Leute fanden das später und freuten sich. Sie glaubten an ein Wunder des Himmels. Und selbst wenn sie sogar Henne in Verdacht hatten, dann glaubten sie eben, ein Engel sei in ihrer Gestalt zu ihnen gekommen. Viele Geschichten werden von ihren Listen erzählt, und wie sie sich freute, daß die Leute wieder einmal hereingefallen waren. Wenn die Menschen nur glücklich waren und dem Himmel dankten. Dann hatte die List schon ihren Zweck erfüllt.

Der Großvater — ich spreche immer noch von den Eltern meiner Mutter — stammte ebenfalls aus Czortkow. Durch Henne Blum waren mit Czortkow Verbindungen geknüpft worden, und es ist also verständlich, daß sie für ihre Tochter Channa einen Mann aus ihrer Heimatstadt wählte.

Der Großvater meines Großvaters, Benjamin, hatte seinen Wohnsitz in Rußland, in Ruzin, in der Ukraine.

Seine Frau gehörte zur Nachkommenschaft des Baal-Schem, vom Sohne seines zweiten Enkels Baruch. Er selber war ein Nachkomme des "Großen Maggid", des Bär von Mesritsch.

Man erzählt, daß, als gegen Mitte des vorigen Jahrhunderts der Enkel des großen Maggid, der berühmte Israel von Ruzin, infolge seiner Persönlichkeit und seiner Popularität sich mit einem richtigen Hofstaat zu umgeben begann, er sogar einen Thron von seinen Chasdim empfing, mit der Eingravierung des bekannten Spruches, der seit jeher den Enkeln König Davids zugeeignet war: »David, König von Israel, lebt und besteht« — daß als dies geschah, sich einer der Onkel abgewendet habe.

»Die Größe der Söhne Davids ist ihr Wirken in der Verborgenheit. Von dort wird das Geschick der Welt gelenkt. So wie das Haus Gottes jetzt in der Verborgenheit ist, so lebt auch das Haus Davids im Verborgenen. So verborgen, daß seine Angehörigen selber nicht mehr wissen, daß sie die Söhne Davids sind. Obwohl sie es sehr genau wissen. Wissen und Nichtwissen begegnen sich in ihnen«.

Er sagte es und zog sich zurück. Seit jener Zeit lebt dieser Zweig wieder in der Verborgenheit. Er wirkt im Stillen, lenkt die Aufmerksamkeit auf andere und tut doch, was getan werden soll. Von dorther kommt der Benjamin.

Als der große, ehrwürdige Israel von Ruzin fliehen mußte, und zwar infolge der Verleumdungen seiner jüdischen Gegner, die ihm die russischen Behörden auf den Hals hetzten, zog auch Benjamin, der sich den Familiennamen seiner Mutter, Feld, zugelegt hatte, mit ihm. Es verließ nicht nur das ganze Geschlecht und die Verwandtschaft Rußland, auch viele Chassidim zogen mit über die Grenzen in das damalige noch große österreichische Kaiserreich.

Der Riziner, so nannte man Israel aus Ruzin, blieb auf seiner Flucht im Hause des Bizinever (Budanower) Rabbiner, des Mosche Brimmer, bis er dann weiterzog. Einige Zeit war er auch bei Awreimel in Wiznitz. Man erzählte mir, man hätte mich als kleines Kind, als ich mit meinen Eltern zu Besuch in Wiznitz war, — ich kann mich nicht daran erinnern — in dem gleichen Bette schlafen gelegt, wo der Riziner während seines Aufenthaltes bei Awreimel geruht hatte.

Als Benjamin Feld in der Begleitung des Riziner in Budanow bei dem Rabbiner Mosche Brimmer weilte, schlug dieser ihm vor, er möge seine beiden noch kleinen Söhne bei ihm lassen, damit er sie in der Thora unterrichte, bis der Vater einen festen Wohnsicht gefunden habe. Das Reisen sei doch beschwerlich, und die Jungen könnten in Ruhe in seinem Hause, wo die Thora das ganze Leben ausrichte, bessere Zeiten abwarten, bis die Aufregungen der Flucht und um den künftigen Aufenthalt des Riziner sich gelegt hätten.

Der eine der beiden Söhne, Menachem Mendel, blieb länger dort und bekam — man heiratete damals noch sehr jung — die Tochter des Rabbiner Brimmer zur Frau. Sie schenkte ihm zwei Kinder und starb jung. Er heiratete dann ihre Schwester Riwwe, das ist Riwka (Rebekka), und von ihr bekam er vier Kinder, drei Töchter und einen Sohn. Dieser Sohn nun, Nosen Leib, also Nathan Löwe, ist mein Großvater.

Menachem Mendel wanderte später nach Palästina aus und lebte in Safed, wo er auch begraben liegt.

Die Felds waren nun wiederum von einem etwas anderen Schlage als die Nachkommen des Mosche Kutiwer. Der Wesenszug von Mosche Kutiwers Kindern war das Innige, Stille, Religiöse. Ihr Stolz war ein Stolz auf die Wunderwerke des Mosche. Und dieser Mosche Kutiwer stammte von Ahnen, die auf diesem Wege der mystischen Versenkung, der mystischen Erfahrungen immer Große unter den Ihren erzählt hatten. Ich weiß nicht mehr genau, ob der Lehrer, der den Baal-Schem in die Geheimnisse der Überlieferung einweihte, Mosche Kutiwer selber war oder sein Vater.

Ein Teil ihrer Ahnen stammte aus Deutschland, aus dem Rheinland. Manche Geschichten, bis ins tiefe Mittelalter zurück, sind über sie überliefert. Da war einer, der eine Königstochter geheilt hatte. Sie war schon im Sterben, und sie fühlte sich der Welt ihres Heilers so verbunden, daß sie nach Spanien floh und sich dort, unter einem anderen Namen, den Kindern Israels anschloß und einen Weisen heiratete. Von ihren Kindern vermählte sich eine Tochter wiederum mit einem Enkel ihres Retters. Die Geschichte tönt wie ein spannender, ein lieblicher Roman. Eine Legende? Vielleicht. Jedenfalls, sie wurde mir erzählt, und ich habe sie in keiner der bekannten Sammlungen von jüdischen Geschichten gefunden.

Mainz, Trier, die Pfalz kommen da vor, dann Avignon, Orange, dann Sevilla, Toledo und später Frankfurt, Augsburg, Prag. Es kommen Könige, Prinzen, Ärzte, Astrologen, Alchemisten darin vor, aber auch Feldherren, Bischöfe, und sogar ein Papst spielt in diesen mir erzählten Geschichten eine Rolle.

Ein anderer Ahne jener Linie war Schaul Wahl, der eine Nacht lang König von Polen war, als man sich nicht auf einen König einigen konnte. In dieser Nacht hat er vom Himmel erbeten, daß seinen Kindern auch die weltliche Macht wiedererstattet werde, und daß somit Himmel und Erde wieder verbunden würden.

Auch von diesem erhörten Gebet finde ich nichts, weder in den Geschichts- noch in den Legendenbüchern, obwohl der Name Saul Wahl — er erhielt den Zunamen wegen dieser Königswahl — in den Quellen vorkommt. Aber, wie dem auch sei, die Großmutter erzählte diese Geschichte, der Großvater bestätigte sie.

»Was die Bücher darüber sagen, ist doch meistens falsch. Wer schreibt schon Bücher«, meinte der Großvater auf meine diesbezüglichen Fragen. »Es wird im Geschlechte der Kutiwer so erzählt, von den Vätern geht es auf die Kinder, und ich habe es von meinem Vater und auch von meinem Lehrer gehört. Aber wozu soll man davon reden«. Dabei blieb es, und ich nehme an, daß es damit schon seine Richtigkeit gehabt hat.

Die Felds aber hatten nun einmal eine andere Geschichte und auch eine andere Art. Bei ihnen herrschte immer auch der äußere Glanz.

Sie hießen übrigens gar nicht Feld. Die Mutter trug diesen Familiennamen, und Benjamin übernahm ihn, um damit zu betonen, daß er die Reihe auf eine andere Art fortzusetzen gedenke. Wie wenn er ein Neugeborener sein wollte, von der Mutter neu bestimmt. Der Vater hatte den Namen Friedmann getragen, wie noch heute die Chassidim-Rebbes der Czortkower Dynastie heißen.

Der Kampf darum, wieweit man nach außen treten dürfe oder gar solle, hat oft die Gemüter in dieser Familie erregt. Auch das Problem, ob man überhaupt die alte königliche Abstammung betonen solle oder dürfe.

»Der Messias ist ein Verborgener. Er sitzt wie ein aussätziger Bettler an den Toren Roms. *Er* ist der Sohn Davids«. Der Großvater regte sich jedesmal auf, wenn von der Abstammung die Rede war.

»Im Verborgenen ist er groß, heilig, königlich. Für die Welt ist er ein Bettler. Ein Aussätziger. Die Welt läßt ihn nicht ein. Für die Welt bleibt er ein Fremder. Ein unwillkommener Gast. Das heißt: ein aussätziger Bettler vor den Toren Roms. Und deshalb spreche man nicht davon. Der Sohn Davids weiß schon selber, wie er sich benehmen soll. Natürlich ist er immer da. David, der König von Israel lebt und existiert!«

Mit wegwerfenden Handbewegungen unterstrich der Großvater seine Ausführungen, und doch erzählte er mit strahlenden Augen vom "Jichuss-Brief", von der genealogischen Schrift, wo alle Geschlechter vorkamen, in gerader Linie, vom König David bis auf ihn.

Aber wieviele Variationen in der Nachfolge gab es da!

»Blödsinn«, meinte er dann gleich spöttisch, »Blödsinn, Du siehst es doch selber, wieviele auch von dort abstammen und wieviele andere Zweige es gibt. Mütter, die die Linie fortsetzen, dann wieder Schwiegersöhne. Und sie lassen sich wieder in der geraden Linie zurückverfolgen. Nur ist es oft für uns verborgen. Hie und da entdeckt man es wieder und wundert sich dann. Die Hauptsache ist, man spüre es selber, man spüre die Verantwortung und die Freude an der Auserwählung. Denn das kann man nicht gewollt haben. Das kann man nicht erreicht haben. Das ist eben das Geschenk, ein reines Geschenk.«

Er zuckte die Achseln. »Und doch haben wir dieses Geschenk. Ob man es nun ablesen kann an einem Stammbaum oder nicht, wir haben es jedenfalls. Das sieht man ja. Man darf aber kein Geschäft damit machen oder sich deswegen feiern lassen und stolz auftreten. Deshalb: verborgen ist es. Nur im Verborgenen. *Das* soll eben sein Stolz sein«.

Auch die Blums aus Czortkow hatten eine lange Geschichte. Sie führt ebenfalls bald nach Deutschland, zum Teil schon im frühen 18. Jahrhundert. Gelehrte auch hier, keine Kaufleute, keine Handwerker. Vielleicht hat man diese einfach aus der Genealogie weggelassen, denn manchmal fehlt die Aufführung von Beruf und weiterem Lebensgang bei verschiedenen männlichen Vorfahren. Vielleicht zählen nur die Gelehrten, die Führer, die bekannten Persönlichkeiten. Es stände zwar im Widerspruch zur Sehnsucht nach dem Verborgenen, aber vielleicht sind sie gerade durch diesen Widerspruch verborgen.

Orte aus Süddeutschland kommen hier vor, auch aus Böhmen und Mähren. Ein Ahne hieß Appenzeller — hat er dort gewohnt und ist er so zu diesem Namen gekommen? Wie sonst könnte er zu einem so ausgefallenen Namen kommen?

Im späten 16. Jahrhundert zieht ein Zweig nach Italien. Seine Ahnen stammen aus Südfrankreich und Spanien.

Auch die Zweige haben wieder Berührungspunkte untereinander. Gewiß, man heiratete aus bestimmten Familien. Es treffen sich verschiedene dieser Zweige wieder in Spanien, in Rom, in Ägypten, und Babylon. Und am Ende schließen sie sich wieder zusammen im alten Israel. Kommt nicht ganz am Schluß für jeden dann der Ur-Adam als erster Vater in Betracht?

Bei dieser Fülle an Ahnen mütterlicherseits verwunderte ich mich schon als Junge, daß man kaum von der Herkunft des Vaters sprach. Und der Vater selber erzählte selten von seiner Jugend und erwähnte ganz nebenbei seine Eltern. Es schien, als ob es bei denen erst anfing, also rückwärts betrachtet, schon endete.

Als ich danach fragte, hatte er lediglich ein verlegenes Achselzucken. Mein Vater mochte Zalesciki nicht, er hatte keine guten

Erinnerungen, und die Mutter verwies mich immer auf die Bedeutung westlicher Bildung und meinte, es sei wohl weiter unwichtig, von welchen Ahnen einer abstamme, und viel wichtiger, wer einer selber sei.

Ich gab mich damit zufrieden und bemitleidete den Vater, daß er nichts von "früher" zu erzählen hatte.

Aber im Laufe der Jahre verstand ich, daß in diesen Familien eine Tochter, die noch dazu als sehr hübsch galt, "hübsch und gebildet" war damals das Ideal in jenen Kreisen, nicht so ohne weiteres einem Manne aus vollkommen unbekannter und nicht gerade "gelehrter Familie" verheiratet werden konnte. Es widersprach der Wahl der Ehemänner für die beiden anderen Töchter, und wie ich immer wieder hörte, war Hermine, meine Mutter, die weitaus schönste und geliebteste Tochter der Eltern. Der Großvater aus Zalesciki, so vernahm ich zu meinem Erstaunen, war ein einfacher Handwerksmann gewesen, ein Silberschmied, und im jüdischen Sinne durchaus kein Gelehrter, wenn er auch das für den Laien damals erforderliche jüdische Wissen mitbrachte. Mein Vater hatte kaum soviel. Es hätte ihn nicht angesprochen, behauptete er, und die Art, wie er unterrrichtet worden sei, sei ihm einfach zuwider gewesen. Das wäre auch ein Grund gewesen, warum er das Elternhaus verlassen habe.

Es wunderte mich also desto mehr, daß in einer Familie, wo jüdische Gelehrsamkeit so hoch angesehen war, ein derart ungelehrter, sogar diesem Wissen entflohener Mann als Schwiegersohn angenommen worden war. Und daß dieser Schwiegersohn, entgegen den anderen Schwiegersöhnen, auch noch geehrt wurde. Denn auch seine Stellung in der Welt war im Grunde vollkommen unwichtig. Kein akademischer Titel, auch nicht wohlhabend, für orthodox-jüdische Begriffe außerdem viel zu alt. Er war zur Zeit der Heirat 32 Jahre alt. Man heiratete in diesen Kreisen mit höchstens 20 Jahren!

Mein eigener Entwicklungsgang brachte es mit sich, daß ich keine weiteren Fragen stellte. Schließlich war auch für mich entscheidend, daß mein Vater ein gescheiter Mensch war, von der ganzen Familie seiner Frau sehr geschätzt, als Berater immer wieder befragt. Und ich dachte, er sei dort immerhin eine Ausnahme gewesen, wo keiner kaum richtig Deutsch schreiben konnte. Als gebildeter Europäer bedeutete er weiter nicht viel. Er war aber ein ehrlicher, redlicher Mensch, und die Leute suchten nun heute einmal eine veränderte Welt. Wahrscheinlich hätten auch die Eltern meiner Mutter diesem Zuge nachgegeben. Es wurmte mich aber dennoch.

Ich begegne meinem Großvater. Die Lehrstube des Einsamen im Keller.

Meine Eltern starben 1931. Der Vater im April, die Mutter im Dezember. Die langen Jahre der Krankheit, seit 1916, und ihr äußerst gefährlicher Fortgang seit 1925, die vielen Ängste und Anstrengungen, waren für meine Mutter zuviel gewesen. Nach all diesen Spannungen war der Tod ihres Mannes ihr unerträglich. Es äußerte sich in einer bösen Krankheit, die in wenigen Monaten ihrem Leben hier, als sie erst 45-jährig war, ein Ende setzte.

Als ich darauf im Sommer 1933, erstmals seit unserem Wegzug 1916, wieder in Wien war und den Vater meiner Mutter zum ersten Mal richtig kennenlernte, in jener Zeit, in der ich selbst mich in einer wichtigen Wende des Erlebens befand, und schon einiges mehr vom jüdischen Brauch in diesen Kreisen wußte, brannte die Frage nach dem Grund, dem Warum der Wahl dieses Schwiegersohnes immer stärker in mir.

Ich hatte mich schon seit mehreren Jahren nach einer Begegnung mit diesem Großvater gesehnt. Er war der letzte Überlebende der älteren Generation. Seine Frau Channa war 1930 in Wiznitz gestorben. Da er nun dort, in Wiznitz, keine Angehörigen mehr hatte, zog er 1933, schon 75-jährig, nach Wien, wo drei seiner Kinder mit ihren Familien lebten. Er wohnte für sich in einem kleinen Zimmer, seiner Schlafstelle. »Den ganzen Tag sitzt er im Beis Medresch« — das Lehrhaus — »und lernt«, sagte mir seine Tochter, zu der ich mich, aus Holland kommend, gleich begeben hatte.

Bei den Ostjuden gibt es nämlich keine Synagogen wie im Westen. Dort hat jede Straße, zumindest jedes Viertel, seine "Stube", "Stiebel" genannt, wo man sich dreimal täglich zum Gebet trifft. Man sitzt auch sonst dort, plaudert, ruht, aber vor allem, man lernt. Lernen bedeutet Vertiefung in alte Schriften, meist in den Talmud, aber auch in kabbalistische Schriften, in halachische Ausführungen, in alte philosophische Anschauungen. Man sitzt auch oft dort und "sagt Tehillim", das sind Psalmen.

Jedes dieser "Stiebel" sieht während der Wochentage beim Gebet mindestens zehn Männer, meistens aber 20 bis 30 versammelt. Mehr im allgemeinen nicht. Es gibt doch in diesen Gegenden viele, unzählige solcher "Stiebel", und oft ist die Gesellschaft nach der jeweiligen chassidischen Richtung orientiert. So gibt es Belzer, Czortkower, Gerer "Stieblechs", besucht von Anhängern der Rebbe-Dynastien von Belz, Czortkow oder Ger. Sogar heute, wo doch in diesen Orten keine Juden mehr leben, heißen die Rebbes und ihre Anhänger noch nach diesen Ursprungsorten im 18. und 19. Jahrhundert.

Am Sabbat und an Feiertagen kommen etwas mehr Leute, aber nicht viel mehr. Denn fast alle sind auch an den Wochentagen da. Die Frauen kommen in den für sie abgegrenzten Raum nur am Samstagvormittag und an den Feiertagen.

Diese "Stieblechs" sind der Treffpunkt, dort wird alles besprochen, diskutiert und geregelt. Gebete unterbrechen die Gespräche, und sehr oft sprechen andere während der Gebete zusammen weiter und bilden dann nachher ihre eigene Gebetsgruppe. Denn es ist Brauch, daß das gemeinsame Gebet von zumindest zehn Männern, das heißt auch Jungen über 13 Jahren, zu sprechen ist.

Man fühlt sich dort zuhause, es ist der Ausdruck des Lebens in einer Gemeinschaft. Man hält, trotz häufigen Meinungsverschiedenheiten und sogar erbittertem Streit, dennoch zusammen. Und wenn man sich schon ganz schwer beleidigt fühlt, so geht man einfach in ein anderes "Stiebel".

In Wien gab es in jenen Jahren ebenfalls unzählige solcher Stieblechs, neben den mehr oder weniger offiziellen Synagogen der Kultusgemeinde oder privater Gruppen. Die Besucher der Stieblechs empfanden diese Synagogen als etwas Fremdes. Sogar die orthodoxen Synagogen wurden kritisch beurteilt. Es galt fast als Beginn des Abfalls, wenn man sich in eine Synagoge begab. Ich rede gar nicht von den offiziellen Synagogen der Kultusgemeinde. Sie wurden als unjüdisch einfach negiert.

In Wien gab es damals an die 300000 Juden, viele waren während und nach dem Weltkrieg aus Galizien, aus Rußland und Polen nach Wien geflüchtet. Sie blieben dort. Ihr Heimatort war entweder verwüstet oder die neuen Regierungen flößten ihnen nicht gerade viel Vertrauen ein, so daß sie nicht zurückkehren wollten. Man konnte daher in den Stieblechs Menschen aus allen Städtchen und Dörfern Rußlands und Polens, Menschen aller chassidischen und anderen Richtungen antreffen.

Solch ein Stiebel war nun auch im Kellergeschoß eines einfachen Hauses an der Wohlmutstraße, im II. Bezirk, eingerichtet worden. Gleich am ersten Tag schon begab ich mich auf die Suche. Meine Tante hatte mir beschrieben, wo ungefähr es zu finden sei.

Es war dunkel, obwohl draußen ein heller Augustnachmittag strahlte. Die schmalen, hohen, vergitterten Fensterchen ließen kaum Licht herein. Einfache Bank- und Stuhlreihen um weißgedeckte lange Tische. Genug Platz für etwa 30 bis 40 Leute. Aber jetzt ein leerer Raum. Nur am Tisch links vom Eingang, hinten an der Wand, brannte eine Kerze. Und dort saß ein Mann, der ein wenig verstört von einem großen Buch zu dem Eindringling aufblickte.

Obwohl ich meine Ankunft in Wien nicht angekündigt hatte und auch meine Tante ihren Vater noch nicht hatte benachrichtigen können, wußte er sogleich, wer ich war. Man spürt nicht gleich, ob ein Moment lebenswichtig ist. Die Verwirrung bei der ersten vorsichtigen Fühlungsnahme ist zu groß. Es ist eher Enttäuschung über sich selbst, die einen beschäftigt. Man hätte so gern etwas anderes gesagt und weiß erst nachher, was man hätte sagen wollen.

Daß der Großvater dennoch schon nach einer Stunde über seinen Enkel voll Freude staunte, durchbrach etwas meine drückende Einsamkeit. So wie ich mich über diesen letzten Überlebenden von der Mutterseite freute, erging es bald auch ihm. Denn ich war schließlich von seinen Kindern und Enkeln der einzige, der eine Sehnsucht mit ihm teilte. Damals, oder auch an einem der nächsten Tage, als unser Gespräch nach den ersten überraschenden Übereinstimmungen der Auffassung von unseren Erwartungen und unserer Sehnsucht, zu mehr privaten Einzelheiten überging, stellte ich die selbstverständliche Frage, ob er mir etwas von meinem Vater und dessen Herkunft erzählen könnte. Ich erklärte ihm, daß diese Frage mir wohl schon länger unbewußt auf dem Herzen liege, in der letzten Zeit mich aber immer dringender beschäftige. Die Wahl meines Vaters zum Schwiegersohn erschiene mir paradox, so versuchte ich zu erläutern. Ich legte dar, wie ich meinen Vater als Menschen schätzen gelernt hätte, so daß die Frage nach der Herkunft deshalb eigentlich nebensächlich geworden sei. Dennoch falle mir auf, daß damals, als die Wahl, die 1908 getroffen wurde, es noch nicht bekannt gewesen sei, daß er schließlich ein redlicher Mensch werden würde. Und es sei doch in den Kreisen der Großeltern wichtig und von Bedeutung gewesen, daß man eine Kenntnis der alten jüdischen Quellen gehabt habe, und es wurde auch Wert darauf gelegt auf die Herkunft und das Milieu.

»Das ist eine ganze Geschichte. Du weißt nichts davon?«

»Woher? Niemand hat je davon gesprochen. Ich glaube, wenn mein Vater eine Geschichte gekannt hätte, so würde er sie wenigstens erwähnt haben.«

»Merkwürdig. Wird er sie etwa nicht ernst genommen haben? Es ist auch eine ganz besondere Geschichte. Du hast mit Deiner Frage völlig recht. Wäre nicht diese Geschichte, wir hätten ihn doch gar nie kennengelernt.«

»Also«, so begann der Großvater, »höre zu. Du solltest es wissen. Es wäre ungerecht, wenn dieses ganze Geschehen in Vergessenheit geraten würde. Du wirst, so hoffe ich, die Tragweite verstehen. Denn heute würden viele einfach die Achseln zucken. Für die bedeutet es nichts. Und schließlich, was tut es, vielleicht ist es auch gar nicht so wichtig. Wichtig ist nur das Jetzt. Was hat man schon von schönen Geschichten, wenn die Äste absterben und auf den Boden stürzen, wenn der Baum keine Blätter mehr trägt. Ein lebendiger Hund ist mehr als ein toter Löwe. Aber, lassen wir es, wie dem auch sei. Dir kann ich diese Geschichte jetzt erzählen. Ich werde Dir auch einige Schriften schenken, die damit zusammenhängen. Ich hatte mir, aus der Ferne, gedacht, daß Du auch zu jenen gehören würdest, die nur die heutige Mode mitmachen, und dann wären diese Schriften bei Dir nicht am rechten Platz gewesen. Du hättest sie irgendwo verloren, wie schon so viel Wertvolles verloren gegangen ist. Ich glaube aber, gerade Du könntest diesen Schriften gerecht werden. Ich glaube es. So höre denn.«

Er saß da, im halbdunklen Raum, die Kerze warf nur einen Fleck Licht auf das Buch. Da war die kleine Gestalt vom Großvater, und seine Stimme, die beherrscht und klar das Erzählte formulierte. Seine Worte klangen, wie wenn Wassertropfen auf ein Blech fallen. Und bald sah ich alles greifbar vor mir, nahe und selber miterlebend.

So hörte ich die Geschichte, schlicht erzählt, ohne ein übertreibendes Wort. Pathos kannte der Großvater nicht. Und so erlebte ich sie auch.

Die Legende der vergessenen Schriften. Geheimnisvolle Unsicherheit

> Das ist's was man an einem Menschen Größe nennt:
> Daß er ein Licht ist, das sich ungedankt verbrennt —
> Ein Licht, das sich nicht sehen kann und sich nichts nützt —
> Ein Licht, das immer wahr und falsch untrüglich trennt.

»An einem warmen Sommertag wanderte ein müder Mann auf der staubigen Landstraße, irgendwo zwischen Czortkow und Kopycincy, auf seinem Wege nach Hause. Es drängte ihn, er sehnte sich, seine Frau und den kleinen Jungen wiederzusehen. Es war noch weit, und er beschloß, in der nächsten Wirtsstube einen kleinen Halt einzulegen. Er kannte den Wirt, und vielleicht waren im Wirtshaus auch einige Leute aus Kopycincy, die ihm Nachricht über seine Frau geben konnten. Er war einige Wochen schon von zuhause fort, um einen großen Weisen in Czortkow zu treffen. Und er hatte lange warten müssen, bis es zu einem Gespräch kam. Schließlich aber wurde ihm eine große, freudige Überraschung zuteil. Die mitgebrachten Manuskripte, klein und eng beschrieben, hatten den weisen Mann derart beeindruckt, daß er ihn bat, doch einige Zeit bei ihm zu bleiben, um den Inhalt gemeinsam gründlich durchzusprechen.

»So etwas ist noch nicht gehört worden. Es bedeutet eine völlige Umwälzung. Wo haben Sie das alles her?« hatte der Weise gefragt.

»Mein Großvater hat einige Andeutungen in dieser Richtung gemacht. Aber nur Hinweise. Es war mir, als ob ich plötzlich alles einsähe, während ich es aufschrieb. Ich habe mich schließlich Jahre damit beschäftigt — nur mit dem«, hatte er geantwortet.

»Laß alles bei mir. Ich will es eingehender studieren. Es enthält so vieles mehr, als ich im Augenblick einsehe, daß ich mich um jede Stunde freue. Komme auf die großen Feiertage wieder her. Wir besprechen es dann mit den anderen Großen. Es ist weit mehr, als daß es nur die Drucklegung lohnte. Es muß den Großen erzählt werden, gelehrt, und Beschlüsse müssen gefaßt werden. Es ist von umwälzender Bedeutung. Ein Wunder, und Du bist ein Auserwählter. Ich habe Deinen Großvater gekannt, aber ich habe nicht gewußt, daß er diese

Dinge auch nur ahnte. Auch ich habe sie nicht geahnt. Keiner, soweit ich weiß, hat auch nur eine ferne Ahnung.«

»Der Großvater sprach manchmal von einem Wanderer, der als Gast bei ihm einkehrte. Er sagte, es sei der Prophet Elia gewesen. Denn er hätte ihm derartig große Geheimnisse enthüllt, daß ihm richtig bange geworden sei.«

»Du hast recht. Nur der Prophet Elia ist der Überbringer dieser Enthüllungen. Er kann es tun, um damit den gerechten Erlöser anzukünden. Daß wir das erleben dürfen! Wo ist unser Verdienst, daß uns dies geschieht?«

Die ganze Begegnung hatte David große Freude bereitet. Es war also nicht umsonst, daß er viele Jahre verbracht hatte mit seinen stillen Gedanken, sie Nacht für Nacht weiter ausarbeitend. Es war ihm, als ob die Gedanken ihn suchten, und sobald er die Feder auf das Blatt setzte und einen ihm überlieferten Hinweis aufschrieb, floß alles weitere von selber nach. Fast mußte er die Feder zurückhalten, so schwang sie sich über das Papier. Er staunte über die Fülle der Einfälle, die aus der Tinte drangen.

Die Frau hatte still gearbeitet, stolz zusehend, wie er schrieb und studierte, studierte und schrieb. Sie waren beide noch jung, ihr einziger Sohn noch keine drei Jahre alt.

Jetzt würde ihnen allen eine schöne Zukunft leuchten. Dieser stille, große Weise hatte die Bedeutung vollkommen verstanden. Er hätte beinahe gejauchzt, getanzt!

Wenn nun, in ungefähr sechs Wochen, viele große Rebbes, Zaddikim, sich in Czortkov einfinden würden, dann würde es bekannt. Er würde dann auch dorthin ziehen mit Frau und Sohn. Hatte ihm der Großvater, als er sah, *wie* er die Thora verstand, nicht gesagt, aus ihm werde noch ein Großer in Israel heranwachsen?

Jetzt bellten die Hunde an der Landstraße von den Bauernhöfen her, und junge ukrainische Burschen warfen dem Wanderer Steine nach. Er wußte, die würden ihm doch nichts tun, es war reiner Übermut. Denn sie lächelten, als sie in seine Nähe kamen.

Ach, dieses Wandern. Wie oft hatte er schon versucht, seine

Gedanken und Erklärungen weisen Männern vorzulegen. Die meisten hatten keine Zeit oder keine Geduld. Sie schauten kaum in die Schriften, oder sie gaben sie ihm erst nach langen Anfragen ungelesen zurück. Oft konnten sie die Papiere nicht einmal mehr finden, und es brauchte dann Ausdauer, daß er sie dazu brachte, sie hervorzusuchen und ihm zurückzuerstatten.

Jetzt aber war es geglückt. Endlich. Fast hätte er die Hoffnung schon aufgegeben. Es waren Zeiten oberflächlichen Interesses. Man ereiferte sich für Streitigkeiten, für Ehre, man sprach von Eisenbahnen, die in weiter Ferne durch die Länder fuhren.

Aber da hatte er nun von diesem stillen, sozusagen verborgenen Weisen gehört, der sehr hoch geachtet wurde. Sogar Zaddikim baten ihn um Erklärungen, fragten ihn um Rat. Und er wollte doch erst gar nicht belästigt werden. Es gebe doch in Czortkov einen berühmten Zaddik und einen gelehrten Rabbiner. Schließlich hatte er dann doch eingewilligt und das dicke Paket Papiere zu sich genommen. Und schon wenige Tage später suchte er ihn auf, strahlend, umarmte ihn und küßte ihn. Er weinte vor Freude, dieser sanfte Alte, und was er über ihn sagte, war viel zu schmeichelhaft, nicht zu glauben. Dennoch tat es ihm gut. Wie würde die Frau sich freuen. Sie würde jetzt erst recht stolz sein. Sollte sie nur, sie hatte genug still gelitten, harte Arbeit und kaum zu essen. Sie spürte, wie wichtig sein Tun war. So etwas spürt eine richtige Frau.

Das Wirtshaus war gestopft voll. Man erkannte ihn, man schätzte seine bescheidene, fast scheue Art. Trotz seiner Jugend ging große Ruhe von ihm aus. Man fühlte sich wohl in seiner Nähe. Und immer wußte er noch nie gehörte Worte aus der Thora zu erzählen. Er war ein prächtiger Erzähler.

Doch die Leute in der Wirtsstube waren gedrückter Stimmung. Es hieß, in Kopycincy sei die Cholera ausgebrochen. Man solle nicht hin. Wer außerhalb der Stadt sei, solle besser außerhalb bleiben. Auf dem Lande sei es noch am sichersten. Immer wieder drohte im Sommer diese Gefahr.

David fühlte sich wie gelähmt. Cholera im Städtchen, und seine Channe und sein Mordechai waren dort allein. Wochen hatte er nichts von ihnen hören können, und sie nichts von ihm. Die Freude über seine Gespräche in Czortkov wich der Angst, der Panik. Was bedeutete ihm alles, wenn nicht seine Lieben es mit ihm erleben konnten. Er beschloß daher, unverzüglich weiterzuziehen.

Die Leute wollten ihn abhalten. Er sei doch ein gescheiter Mensch. Was könne er dort schon helfen? Auch krank werden? Es gebe doch andere Menschen dort, die würden sich schon um seine Frau und den Kleinen kümmern. Man wisse doch, daß er fort sei, um Gelehrte zu besuchen. Gewiß würden die Seinen mit allem umsorgt. Er solle dafür dankbar sein, daß er war, wo er war.

Es hielt ihn aber nicht. Fort war die Müdigkeit, wie auf Flügeln zog er jetzt weiter. Das war das Letzte, was andere von ihm erzählten. Soviel war noch überliefert. Denn einige Tage später soll ihn zuhause die Cholera befallen haben. Wahrscheinlich waren Frau und Kind schon krank, als er eintraf. Niemand hat etwas davon erzählen können. Fest steht nur, daß kurz danach er und seine Frau an der Krankheit starben. Das Kind blieb allein zurück. Erst Tage später fanden es Nachbarn, geschwächt, aber lebend, und es überstand die Krankheit.

Viele, sehr viele Menschen hatte die Cholera dahingerafft. Sie zog durch die ganze Provinz, durch das ganze Land. Große Teile von Europa wurden heimgesucht. Nur wenige Wochen später starb auch der stille Weise. Vorher hatte er aber noch von diesem merkwürdigen jungen Mann, diesem David, dem Czortkover Rebbe erzählen können und ihm das Paket Papiere übergeben. Mit dem dringenden Rat, es sehr eingehend zu studieren und es anderen Zaddikim weiterzureichen, und vor allem diesen jungen David zu empfangen und ihn anzuhören. Denn Herrliches sei von ihm zu lernen.

Der Rebbe aber hatte große Sorgen mit seinen Anhängern und Schülern. Die Cholera hatte viele Familien getroffen. Es gab unzählige Waisen, Witwen, es gab plötzlich noch mehr Armut. Der junge David erschien nie. Die Papiere wurden in dem großen Hause des Rebbe irgendwo aufbewahrt, und keiner dachte mehr an sie.

Das Kind aber wurde, nachdem Nachbarn es einige Zeit versorgt hatten, von einem entfernten Verwandten aus Zalesciki dorthin mitgenommen. Dieser Verwandte, man wußte nicht sicher, welcher er war, hatte wahrscheinlich seine eigenen großen Sorgen, und er brachte den Jungen im Waisenhaus unter. Es gab nach diesen Epedemien viele Waisenkinder, man konnte sich nicht allzuviel um sie kümmern.

Man lehrte sie ein nützliches Handwerk und sorgte dafür, daß sie sich frühzeitig verheirateten. Waisen mit Waisen. Denn auch viele Mädchen waren Waisen geworden, ebenfalls ohne Verwandte, die für sie gesorgt hätten.

Man tat so ein gutes Werk, diese jungen Leute auf rechte Art für ihren Lebensweg vorzubereiten.

Der Unterricht in der Thora und die Übermittlung von jüdischem Wissen scheint im Waisenhaus nur sehr dürftig gewesen zu sein. Gerade soviel, was ein einfacher, braver Jude zu wissen hatte. In der Gemeinschaft jener Zeit war es selbstverständlich, daß man im Waisenhaus nur gerade das lernte, was einem befriedigenden Minimum üblichen Wissens entsprach. Das Andere würde sich dann, je nach Veranlagung und Verlangen und nach dem weiteren Lebensweg schon finden. So wuchs der kleine Mordechai — eigentlich Mosche Mordechai — dort auf und wurde mit einer Waise, Bina Koffler, verheiratet. Sie waren bei ihrer Hochzeit beide 15- oder 16-jährig.

Jene Papiere blieben lange vergessen. Der Besuch Davids in Czortkov muß Ende der 50-er Jahre des vorigen Jahrhunderts stattgefunden haben. Erst ungefähr 1905 — also fast 50 Jahre später — wurden in Czortkov, im Hause des Rebbe, die Papiere wieder aufgefunden. Zufällig, wie man sagt.

Benzion Rosenberg, ein Urenkel von Mosche Brimmer, jener, bei dem die beiden Söhne des mit den Ruziners geflohenen Benjamin Feld zur Erziehung zurückgeblieben waren, war nun Rabbiner von Czortkov. Sein Bruder Abraham wurde gerade Rabbiner von Kopycincy. Die Brüder saßen zusammen und sprachen über die Thora, wie es immer ihre Gewohnheit war. Thora ist das Leben, ist die Hauptsache. Und Gespräche über die Wunder der Thora bilden die größte Freude.

»Unser Onkel Mechel, der Buczaczer Rabbiner, hat einmal köstliche Worte zu diesem Thema gesprochen, vom Geheimnis, daß der Tod am 15. Aw aufhöre. Es waren ganz köstliche Worte, unerhörte! Und das Merkwürdige dabei ist, daß er sie aus irgendeiner unbekannten Handschrift hat, die hier in Czortkov liegt. Von einem unbekannten David, ich weiß nicht einmal, wessen Sohn er ist und wie sein Familienname lautet. Seine Frau stammt aus einer Familie Schweizer, vielleicht könnte man so herausfinden, wer dieser David ist, und wo er jetzt lebt. Er scheint übrigens aus Deiner Stadt, aus Kopycincy oder aus der Umgebung zu stammen. Du müßtest da eigentlich mal nachfragen. Es müssen in dieser Handschrift ganz große Dinge stehen. Merkwürdig, man schreibt solche Erkenntnisse und verschwindet dann einfach. Der alte Czortkover Rebbe hat die Schriften aufbewahrt, und sie wurden niemals abgeholt.«

Die Brüder fingen nun an, sich erst einmal mit dieser Handschrift zu beschäftigen. Es war schwierig, sie wieder aufzufinden. Aber am Ende lag sie da, und die Brüder staunten. Wo hatte dieser Mann das her, wer war er, und wo steckte er nun?

Abraham Rosenberg, der Kopycincyer Raw, stellte nun in seinem Städtchen intensive Nachforschungen an. Und er fand endlich den Sohn Mosche Mordechai in Zalesciki und entdeckte den Faden, der zurückführte. Es kostete viel Mühe, bis man den Faden wieder hatte, den Faden zum Nadworner Maggid.

Ein Maggid ist eigentlich ein "Erzähler", vor allem ein volkstümlicher Erzähler. Wer aber so genannt wird, ist eine bedeutende Persönlichkeit, die Zugang zu den Menschen, zur Welt, gefunden hat. Man kennt den "großen Maggid", den Schüler des Baal-Schem, der "der Maggid von Mesritsch" heißt. Berühmt ist auch "der Dubner Maggid", aus der Stadt Dubno. Dieser Nadworner Maggid aus der Stadt Nadworna, ist nicht von der Berühmtheit der beiden erstgenannten, war aber ein Mann von großer Weisheit und allgemeiner Beliebtheit.

Die Epidemie hatte so viele Menschen hinweggerafft, und in Kopycincy waren die jungen Leute, David und seine Frau Channa, Zugewanderte. Keiner wußte genau, woher sie eigentlich stammten. Abraham aber scheute keine Mühe, und er hatte schließlich Erfolg.

Der Nadworner Maggid war eine bekannte Persönlichkeit gewesen, und bald hatte man alle weißen Flecken ausgefüllt. Die Hauptsache aber war, daß dieser David also ganz jung, kurz nachdem er seine Manuskripte in Czortkov zurückgelassen hatte, gestorben war.

Merkwürdig, sagte man sich, wer war sein Lehrer? Woher hat er all dieses Wissen? Solch tiefsinnige Einsichten waren sonst kaum bekannt. Und wie kam er aus der Gegend von Nadworna ausgerechnet nach Kopycincy? Gab es dort einen verborgenen Weisen, war er vielleicht selber einer? Schon in so jungen Jahren?

Die Mutter stammte aus Brody, soviel wußte man, und ihre Ahnen wiederum waren aus dem Lehrhaus, von dem es hieß, daß der Baal-Schem dort seine Einweihung in die Geheimnisse der Kabbala empfangen habe.

Was sollte man nun aber tun? Dieser Mosche Mordechai war ein einfacher Mann, im Waisenhaus erzogen. Ein braver Mensch, doch ohne Ahnung von den Dingen, die wie kostbare Perlen in unendlicher Fülle in dieser Handschrift erglänzten. Der Inhalt der Aufzeichnungen machte höchste Ansprüche. Man benötigte dazu Lehrer, Kommentare. Alles war ganz kurz gehalten, klar, sehr klar, aber leider auch sehr knapp und zusammengezogen. Der Mann Mosche Mordechai, der den Namen Weinreb trug — man konnte nur feststellen, daß dieser Name durch die weibliche Linie aus Brody eingebracht worden war — hatte aber Kinder, und mit diesen konnte man vielleicht noch etwas anfangen. Interessant war, daß er einen Sohn hatte, der nach dem so jung verstorbenen Großvater David hieß, und daß dieser David aus dem elterlichen Hause durchgebrannt war, weil er die primitive Lebensart nicht länger ertrug. Das schien gut zu sein. Bei dem war es zum Aufstand gekommen, zum Widerstand gegen das Ertrinken in der Masse. Wo steckte nur dieser neue, junge David?

Man fand ihn in Lemberg, wo er sich ein neues Leben aufbaute, befreit von allem Alten, das ihn so bedrückt hatte. Man hatte die Pflicht, ihn jetzt zum Ursprünglichen zurückzuführen. Einen Menschen zwingen kann man nicht, und schon gar nicht einen Menschen, der sich erst selber befreit hat. Also versuchte man, ihn an eine gute und bekannte Familie zu binden. Es hieß, er sei gescheit, ehrlich, er führe einen einwandfreien Lebenswandel und sei interessiert an allem, was die Welt bewege, Man war es also dem vorangegangenen David Weinreb schuldig, daß man dem Enkel David den Weg zurück ebnete. Da dachte Benzion, der Czortkower Raw, an seinen Onkel, Nosen Jamenfeld. Die Felds hießen nun, seit ihrer Einwanderung in Österreich, Jamenfeld. Denn auf Grund eines Mißverständnisses wurde der Name des Großvaters, Benjamin Feld, in seinen neuen Papieren umgeschrieben in Ben Jamenfeld. Und Ausweispapiere sind unantastbar, sie sind heilig, sie sind tabu.

Kurzum, der Onkel Nosen hatte noch eine jüngste Tochter. Es hieß, daß sie bildhübsch sei. Sie hatte eine deutsche Schule in Wiznitz besucht. Das würde diesem jungen, in die Moderne geflohenen David zusagen. Das weitere würde sich zeigen müssen. Das konnte man dem Himmel überlassen.

Und so bekam meine Mutter Hermine, Tochter des Nosen — Nathan —, diesen jungen David zum Manne. Schon früher war man mit diesem Geschlecht, wozu auch der Nadworner Maggid gehörte, um welchen bekannten und geliebten Gelehrten sich ein Zentrum für das Studium der Thora bildete, verschwägert. Mariam, eine Tante der Großmutter Channa, die ich noch kannte, hatte einen älteren Bruder des ersten David geheiratet. Und es scheint, das weiß man aber nicht mehr genau, daß ein gewisser Herr Magnet, der Mann einer älteren Schwester dieser Mariam — sie hieß Schoschana und wohnte in Lemberg — den kleinen Mosche Mordechai in Kopycincy abgeholt hatte und nach Zalesciki brachte. Warum sie das getan hatten? Ob sie vielleicht selber nicht mehr nach der alten jüdischen Sitte lebten und glaubten, das Kind bekäme in einem Waisenhaus eine bessere jüdische Erziehung? Kinder und Enkel dieses Magnet wurden Ärzte, Journalisten und dergleichen.

Die Manuskripte blieben vorerst noch in Czortkov, teilweise in Kopycincy. Da mein Vater sie nicht würde lesen können und auch kein Interesse zeigte für dieses ihm verschlossene Gebiet, übergab man sie seinem Schwiegervater, also meinem Großvater Nosen. Vielleicht würde einmal ein Sohn oder Enkel sie schätzen.«

Und nun hatte sie mein Großvater. Er hatte sie gelesen, bekannte aber, daß sie zwar Wunderbares enthielten, aber sehr, sehr schwer zu verstehen seien. Um sie zu verstehen, müßte man noch viel mehr wissen. Ein Wissen, wovon man in den "heutigen Zeiten", wie er sich ausdrückte, kaum noch eine Ahnung hätte.

Ich habe sie eingesehen. Die Schrift allein war schon schwer leserlich. Und das Lesen wurde durch die gedrängte Form der Mitteilungen äußerst mühsam. Ich nahm mir vor, sie später einmal, wenn ich eine ruhige Zeit hätte, zu studieren. Sie gingen aber im Krieg verloren. Ich hatte kaum ein Zehntel davon gelesen. Dieses Zehntel gab mir aber schon sehr viel. Und ich glaube, daß die Absicht und der Geist auf mich übergingen. Ich habe seither schon mehr als das Zwanzigfache an Notizen im gleichen Stile selber aufgeschrieben. Ich glaube, der Verlust der Papiere mag als überwunden angesehen werden. Ich hatte davon gekostet, und das scheint genügt zu haben, um den Geist des Ganzen zu übernehmen. Der Rest und noch viel mehr kam zu mir, und er kommt noch immer weiter.

Das war also die Geschichte dieser Handschriften, und das war zugleich auch die Antwort nach der Herkunft meines Vaters.

Dennoch blieben Zweifel. Stimmt es wirklich, daß dieser David ein Nachkomme des Nadworner Maggid gewesen ist? Dokumente darüber gab es keine. Man scheint sich auch nicht um eine offizielle Anerkennung bemüht zu haben. In jenen Zeiten suchte man nicht gern die Behörden auf. Im Waisenhaus von Zalesciki wurde das Kind eingetragen als Mosche Mordechai, Sohn des David und der Channa. Dort scheint sogar Kopycincy nicht einmal erwähnt zu sein.

Das alles hörte ich vom Großvater, damals in dem Keller in der Wiener Wohlmutstraße, beim Lichte einer Kerze. Elektrizität mußte gespart werden in Wien. Es herrschten 1933 Armut und Krise. Und die Geschichte über den jungen David war voll Trauer und ohne Trost. Warum hatte man die Schriften nicht eingehender studiert, wollte ich wissen. Wenn sie so wichtig waren, warum lagen sie dann ungelesen da? Man hätte sie doch an Gelehrte weitergeben können.

Der Großvater zuckte die Achseln. Gelehrte hätten heutzutage keine Zeit mehr. Und die Schriften wären zu schwierig, um sie gedruckt unter den Menschen zu verbreiten. Wer sollte übrigens so etwas finanzieren?

»Schau nur einmal hinein, dann wirst Du sehen, daß die Manuskripte unglaubliche Schätze enthalten, die zu studieren aber sehr schwer fällt. Wahrscheinlich waren es nur erste Notizen, bestimmt für die damaligen Weisen. Die verstanden noch viel mehr als wir. Und er hat es wohl noch umarbeiten wollen. Er ist dann aber von dieser Welt weggenommen worden. Vielleicht war es noch nicht an der Zeit, daß solche Sachen den Menschen bekanntgegeben werden könnten. Das sind doch Dinge für die messianischen Zeiten. Nicht umsonst sagte man doch, nur der Prophet Elia könne mitgeteilt haben, was er da aufschrieb. Und wir mühen uns auch jetzt ab und seufzen, daß es nur Notizen sind, daß es nicht ausgearbeitet ist. Er hat gewiß gedacht, er würde noch viel Zeit dafür haben. Ein junger Mensch, er soll nicht einmal 25 Jahre alt geworden sein.«

Was ich dann las, zeigte auch mir, daß es Zusammenstellungen von derart knappen Hinweisen und Andeutungen waren, daß man für jede Zeile oft Stunden brauchte. Ich habe aber, so glaube ich, verstanden.

Des Menschen doppelte Herkunft spiegelt sich in einem doppelten Wirklichkeits-Empfinden. Eine Wurzel ist oben, eine unten. Wie ich meine zwei Wirklichkeiten erfuhr.

Die Ahnen, die Herkunft. Ist man sich ihrer bewußt? Das Leben des Alltags stellt schon solche Anforderungen. Man kommt gar nicht dazu, sich mit seinen Ahnen und ihrem Leben zu beschäftigen. Man hat die Geschichten gehört, und ich habe sehr viele Geschichten über sie gehört, man nickt und denkt nur einen Augenblick nach. Doch was soll man mit all diesen Geschichten anfangen?

Ist es nicht vielmehr so, daß die Ahnen unbewußt in uns leben? Wir sind vielleicht nicht mehr als ein Ausdruck ihrer Leben, ihrer Hoffnungen, Erwartungen, Seufzer und Freuden.

Für mich blieben Fragen zurück, auch nach dieser Herkunft. Manchmal zweifelte ich, ob das mit dem Nadworner Maggid wirklich stimmte. Das kleine Kind Mosche Mordechai, Mottel genannt, konnte nichts erzählen. Es konnte sich an seine Eltern nicht erinnern. Die Nachbarn, die es erst betreut hatten, wußten nur, daß sein Vater David hieß und die Mutter Channa. Es waren einfache Leute, und Davids Beschäftigung mit der Thora sagte ihnen nur soviel, daß er also keinen Beruf, kein Handwerk ausübte. Sogar die Geschichte vom Abholen des Kleinen war verworren. Man konnte sie nicht auf ihre Zuverlässigkeit prüfen, weil jener Magnet nicht mehr lebte. Soviele Zeugen waren inzwischen verstorben oder verzogen. Man unterhielt damals nicht soviel Verbindungen. Man reiste wenig, schrieb spärlich und kurz. Kurzum, es waren Überlieferungen in der Familie. Und sogar mein Vater, den es doch am meisten angehen sollte, kümmerte sich herzlich wenig um die Abstammung. Für ihn waren das Heute und die Zukunft wichtiger. Er hielt sie für das eigentlich Wichtige. Er fand sich, auch ganz ohne Stammbaum, für wertvoll genug, um eine Frau aus guter Familie zu bekommen. Er machte den Anfang mit einer neuen Linie, einer Linie der Verbindung mit dem Weltlichen, eines neuen Aufbaus. Deshalb war ich ihm als der Sohn, dem alles geebnet sein sollte, so wichtig, war ich für ihn die große Hoffnung.

Ich glaube, ich habe manches von dieser Denkart mitbekommen. Dennoch hatte, erst durch die Erzählungen meiner Mutter, später durch jene meines Großvaters, das Wissen um meine Ahnen etwas Faszinierendes für mich. Ich fühlte das Band, ich sah den hindurchlaufenden Faden, und so war mir die Geschichte vom Nadworner Maggid also doch nicht gleichgültig.

Die Ahnenreihe des Nadworner Maggid verband sich dann mit jener anderen, der Linie der Ahnen mütterlicherseits. Verfolgte man beide Stammlinien weiter zurück, so stieß man auf weitbekannte Namen, die wie märchenhafte Legenden klingen.

Und die anderen, dachte ich mir immer, die anderen, von denen man nicht spricht? Sie waren ebenso meine Ahnen. Es werden doch auch unbedeutende, vielleicht sogar einfältige Menschen darunter gewesen sein. Vielleicht trotzdem sehr liebe, gute Menschen, und vielleicht auch harte, schlechte. Unter den Vielen sind immer einige Edelsteine, einige Perlen. Und warum soll also nicht auch diese merkwürdige Geschichte von den seltsamen, imponierenden Handschriften stimmen und von jenem unerklärlicherweise nach Kopycincy versprengten Sohn des Nadworner Maggid?

Wo fängt die irdische Herkunft eigentlich an? Sicher auch bei dem Einen Menschen, von Gott gemacht, dem Menschen im Bilde Gottes. Nur von diesem Im-Bilde-Gottes-Sein her offenbart die Abstammung in einem jeden Menschen ihre dritte Seite, die Ur-Abstammung. Wie bei jedem Menschen Vater, Mutter und Gott seine Erzeuger sind, so sind beim Urmenschen Vater und Mutter mit Gott im Himmel vereint. In jedem Elternpaar spiegelt sich das himmlische Paar. Der Mensch ist wirklich und wahrhaftig ein Kind Gottes.

Vom Himmel ist des Menschen Höchstpersönliches, sein individueller Anteil. Hier gelten die meßbaren und faßbaren erblichen Faktoren nicht. Vom Himmel kommt das Unerwartete, das A-Kausale, das Einzigartige. Es vermischt sich mit dem Meß- und Bestimmbaren. Jede Phase des Menschen drückt seine Dreieinigkeit aus. Er verkörpert das Bild der Welt. Auch die Welt enthält diese Verbindung zwischen den beiden Widersprüchen, Männlich und Weiblich, und dem Unerklärlichen, Anderen. Auch die Welt, die Natur, das Leben.

Es wäre, glaube ich, schrecklich langweilig, wenn die Eltern das Leben den Kindern vorschreiben würden. Eine unerträgliche Vorstellung, daß nur Erbmasse und Milieu entscheiden. Und die Welt wäre widernatürlich, wenn alles in ihr berechnet, geplant und gelenkt werden könnte.

Was man oft will — man nennt es dann Anpassung — ist, den Menschen dazu zu zwingen, sich nach diesen Maßstäben der Herkunft aus dem Berechenbaren zu benehmen. Man will, daß er sich so verhält, wie es die Genealogie will, für die auf jedem Gebiet eine Tabelle aufgestellt werden könnte. In diesen Bereich fällt auch die staatliche Zugehörigkeit und die vererbte Religionsgemeinschaft. Das Gewürzte, das Schmackhafte, ist indes immer noch der Mensch, wie er in jeder Person als ein einmaliges Wesen erscheint.

Im Fingerabdruck, in seinem Geburtshoroskop, zeigt sich diese Einmaligkeit eines jeden. Und trotzdem gilt, daß auch die Eltern aus diesen drei Prinzipien gemischt sind. Sie sind ihrerseits eine Mischung aus der Dreiheit — und das dritte Prinzip ist jenes der himmlischen Herkunft. Und schließlich ist doch das erste Elternpaar als einzigartiges Wesen aus dem Himmel in diese Welt eingetreten.

Was aber ist der Himmel? Wo ist der Himmel? Doch nicht oben oder unten, im unendlichen Raum, oberhalb oder außerhalb der Milchstraße, der Sternennebel?

Wer steigt in den Himmel, die Heerscharen zu erkunden? Die Antwort der Bibel ist eindeutig. Im Menschen selber sei das alles, in seinem Herzen, in seinem Munde. Ist der Mensch nicht die ganze Welt, und ist nicht die ganze Welt im Menschen?

Wie kann ich meinen himmlischen Teil erkennen, wenn nicht in mir selber, in meiner persönlichen Ausprägung?

Wer bin ich dort, wie zeige ich mich dort? Wie erfahre ich mich selber? Gibt es da auch eine Entwicklung, ein Wachstum, oder ist da gerade etwas, das sich diesen Phänomenen entzieht? Entwicklung ist doch schon ein kausaler Vorgang. Sie ist berechenbar und gehört ins

Gebiet des Gesetzlichen. Und das Einmalige ist ein Ewiges, entzieht sich doch aller Kausalität. Es ist das herrlich Unberechenbare, es ist die große, immer drohende und immer verlockende Überraschung. Wie ein Dieb in der Nacht. Einfach ein herrliches Abenteuer!

Es ist schwer, von diesem Teil meines Selbst zu berichten. Nicht nur, weil er mit den beiden anderen Teilen, mit dem männlich-weiblichen Paradox eine Einheit bildet, eine unzerlegbare Einheit, sondern vor allem auch, weil er in menschlich verständlichen Worten nicht auszudrücken, nicht zu formulieren ist.

Formulieren, da haben wir es schon, entspricht der Gesetzmäßigkeit. Und der himmlische Anteil ist doch ein Einmaliges, das sich gesetzmäßig vom Gesetze nicht fangen läßt. Das Himmlische, wie man es sich auch vorstellen mag, ist beglückte und beglückende Freiheit, Spielen und Lächeln. Das Spielen mit der Welt und das Lächeln um die Welt. Vom Himmlischen kann man nur mit Engeln sprechen und von Engeln davon vernehmen. Und was sind nun Engel, wird der im Gesetzmäßigen verstrickte Mensch fragen. Genau was Du nicht verstehst, könnte man ihm dann antworten.

Vielleicht ist meine himmlische Seite meine Sehnsucht nach einem himmlischen Reich — ein himmlisches Reich, das Welt und Himmel vereinigt. Vielleicht ist es meine Sehnsucht, in allem nach Einheit zu suchen, Gutes zu tun und Menschen glücklich zu machen.

Ein himmlisches Reich, also eine Welt, wo jede Phantasie Wirklichkeit ist, wo die Liebe zu einem Menschen nicht alle die anderen ausschließt, und wo man mit allen zusammen sein kann ohne Hülle, ohne Mißverständnis dadurch, ohne Unsicherheit.

Bedeutet das Nacktsein im Paradies nicht dieses Unverhüllt-sein-können? Zwingt Gesetz nicht gleich zum Einschränken, zum Begrenzen? Dies geschieht gerade durch des Menschen Herkunft aus dem männlich-weiblichen Paradox. Damit herrscht schon das Gesetz. Und dem gegenüber steht dann der himmlische Teil, der uns wieder vom Gesetz löst und befreit. Ist nicht das himmlische Reich ein Leben des

Offenseins nach allen Seiten, aus dem man hinaustreten kann wie auch allem und jedem Eintritt gewähren? Und das ist so, weil man spürt, daß Grenzen dort, im Grenzen- und Uferlosen, zwar da sind und zugleich — nicht da sind.

Sie sind da, um die Herrlichkeit der Harmonie aufzuzeigen, und sie sind nicht da, um trotz ihrer Anwesenheit ihre Lust an der Hingabe, ihre Sehnsucht nach der Einswerdung darin zu bekunden.

Zeit und Raum gehören dem Gesetzmäßigen, dem elterlichen Teil an. Der himmlische Anteil spielt mit Zeit und Raum. Im himmlischen Wesensteil kann die Zeit rückläufig sein, ist Raum unendlich und doch übersichtlich und klein wie ein Gemach. Von der Thora, Gottes Wort, das die Welt macht und dieses Leben in Erscheinung ruft, wird gesagt, daß sie weder Vorher noch Nachher kenne. Sie ist also nicht der zwingenden Kausalität von Raum und Zeit unterworfen. Es freut mich, und ich habe sogar eine helle Freude daran, wenn ich dabei die verdutzten Gesichter gelehrter, aber zuweilen unendlich langweiliger Theologen sehe. Diese kennen nur das Paradox und wählen dann die eine Seite dieses Widerspruchs und verdrängen dabei natur- und gesetzgemäß den anderen Teil.

Ist das nicht eigentlich das Thema des Ödipus-Mythos? Man wählt die Mutter, die meßbare Seite der paradoxen Situation, weil das Meßbare durch seine Formen, durch seine Fülle, durch seine irdische Wärme so verführerisch wirkt, weil es die Herrschaft verspricht — und man tötet die unmeßbare Seite, die unermeßliche, weil sie in diesem Paradox das Irritierende, das im Wege Stehende ist.

Die Ödipus-Geschichte läßt uns wissen, wie der Mensch handelt, wenn er die „dritte Seite" nicht erkennt.

Träume und Sehnsucht. Sehnsucht ist das sich Sehnen der Liebenden, weil sie doch Eins sind. Es ist die Freude des sich Findens und das Bangen um das nicht-Finden. Süß ist diese Mischung von Freude und Bangen. Im Erzittern ist das Auf und Ab. Sehnt man sich aus der Zeit hinaus und in die Zeit hinein?

Ich spürte, schon als kleines Kind, diese Sehnsucht in mir nach der Einheit, zur unlogischen Einheit. Ich träumte in vielen Wachträumen so gerne von wunderbaren Erlösungen, wobei Menschen aller Art geholfen werden konnte und diese Menschen einfach taumelten vor den ihnen vollkommen unerwarteten Überraschungen! Ich stellte sie mir erst in Bedrängnis vor, umgeben von Widersachern, von Teufeln, von bösen Menschen, und dann schlug plötzlich wie ein Blitz eine völlig unmögliche Überraschung ein und erquickte und labte alle Bedrängten. Daß ich dabei gerne eine Rolle spielte, versteht sich. Aber komisch ist es, daß ich mich dann in meinen Träumen auch schnell wieder verzog, damit die Menschen voller Freude dem Himmel danken konnten, dem Vater im Himmel. Meine Rolle bestand lediglich darin, ihre Aufmerksamkeit mit allem Nachdruck auf den Vater im Himmel zu lenken. Wenn das gelang, war ich zufrieden, und wenn man Ihm in überschwenglicher Freude dankte, war ich glücklich.

Und sehr wichtig in diesen Vorstellungen war dann immer, daß man am Ende einsah, daß die Angst und Bedrängnis nur die Folge eines mangelnden Überblickes waren, daß die Widersacher, die Teufel und die bösen Menschen, nur so waren, weil man nicht die ganze Geschichte in ihrem inneren Zusammenhang kannte und sich selber zum Opfer der eigenen einseitigen Sicht machte.

So stellte ich mir die verschiedensten Situationen vor. Damals erschütterte der Weltkrieg die Menschheit. Wir selber waren Flüchtlinge, aus der Sommerfrische fortgejagt, über Marmarosz Sziget nach Wien, dort dürftig in einer dunkeln Unterkunft lebend. Und viele Tausende mit uns. Ich sah als Vier- oder Fünfjähriger das Leid um uns. Ich hörte die traurigen Geschichten, ich hörte das klägliche Weinen von Frauen, die nicht wußten, wohin ihr Mann und ihre

Kinder während der Flucht geraten waren, ich hörte das gellende Aufschreien von Frauen, wenn das Telegramm eintraf mit der Nachricht vom "Tod vor dem Feinde". Und dann stellte ich mir vor, daß ich hinzukam, ich kleiner Knirps, der sich dann aber selber größer machte in seiner Phantasie, und ich dann sagte: »Kommen Sie nur mit«. Und dann führte ich die Frau weg in ein anderes Zimmer oder in einen schönen Garten. Dort stand dann der Mann, dort spielten die Kinder. Die Freude beidseitig war groß, und als sie sich nach mir umdrehten, war ich verschwunden, versteckt in einem Winkel, oder unsichtbar gemacht. Denn das konnte ich natürlich ohne weiteres in diesem dem Gesetz nicht unterworfenen Himmel, oder ich war hinter einem plötzlich dastehenden dicken Baum verschwunden. Und ich beobachtete ihre Freude, die Glückstränen, das Jauchzen.

Aber auch bei kleinerem Mißgeschick bereitete ich gerne Freude. Zum Beispiel brachte ich für enttäuschte späte Besucher, welche die letzte Straßenbahn verpaßt hatten, eine unvorhergesehene Straßenbahn zum Vorschein, oder ich erschien, als feiner Herr verkleidet, der sie in einer eleganten Kutsche mit prachtvollen Pferden abholte.

Und die Geschichte mit dem häßlichen Mädchen. Sie besuchte öfters meine Mutter, und ich hörte, sie bekäme einfach keinen Mann, weil sie eben so häßlich aussah, und sie sei obendrein noch dumm. Da besorgte ich ihr einen prächtigen reichen, gelehrten Mann. Vor Überraschung konnte das Mädchen dann kaum sprechen. Wenn nötig, war ich dann dieser Mann. Ich konnte es doch sein, ohne damit meine Aufgabe bei anderen vernachlässigen zu müssen. Denn dort ist alles zur selben Zeit und an allen Orten möglich.

Ich weiß noch gut, daß ich gar nicht beeindruckt oder überrascht war, als dieses Mädchen mich tatsächlich einmal an sich zog, küßte und sagte:

»Filiu, Du wirst mir einen "Chosen" (Bräutigam) bringen, nicht wahr, ich spüre, daß Du das tun wirst.«

Und ich nickte, als ob sich dies von selbst verstände. Und als ich kurz darauf meine Mutter ganz aufgeregt erzählen hörte, daß diese "miesse Breine" einen Mann, sogar einen rechten, aus guter Familie, bekommen habe, und daß es "Wunder über Wunder gebe", war ich selber gar nicht so verwundert. Traum und Welt waren für mich nahe beisammen.

Glückbringen bedeutet das Wiederherstellen der zerbrochenen Einheit. Ich wünsche Glück und glaube an die Kraft des Wunders. Welten werden sich dem fügen. Glauben und gute Absichten führen über Enttäuschungen in eine überraschende, geheimnisvolle neue Welt. Der Lohn des Glaubens ist die Überraschung.

Ja, man nannte mich Filiu. Bis heute nennen mich Leute, die mich als Kind kannten, noch so. Das hat die folgende Bewandtnis. Zum Glück übersahen meine Eltern und Verwandten die Bedeutung dieses Namens, und wie ich dazu kam. Auch ich selber erfuhr erst viel später, welcher Zusammenhang bei dieser Namensgebung bestand.

Ich hatte, nach meinem Urgroßvater Ephraim, den gebräuchlichen Zunamen Fischl. Auch er hatte diesen Namen ebenfalls von einem Ahn bekommen, und so führte eine Kette schließlich so weit zurück bis zum Anfang. Man setzte bei mir, weil ich als ganz kleines Kind sehr krank gewesen sein soll, noch den Namen Jehoschua hinzu. So lautete die eine Mitteilung.

Von meinem Großvater aber stammte die Erklärung, daß der Name Jehoschua mir beigelegt wurde auf Hinweis des Czortkower Rebben, weil aus den Schriften des jungen David hervorging, daß ein Nachkomme von ihm diesen Namen führen solle, falls dessen Vater den Namen David trüge. Und da mein Vater, nach seinem Großvater, David hieß und ich als ältester Sohn aus seiner Ehe, die ein Wiederfinden und Anknüpfen an die Ahnenreihe bedeutete, geboren worden war, bat der Rebbe darum, diesem jungen David gegenüber volle Gerechtigkeit walten zu lassen. Ich sollte infolgedessen auch noch den Namen Jehoschua führen. So heiße ich also, für Viele etwas ungewohnt schwerfällig, Ephraim Fischl Jehoschua. Und im weltlichen Standesamt schrieb man mich einfach als Friedrich ein. Ich sollte doch als Bürger einer neuen Zeit die Zeit der neuen, sich öffnenden westlichen Welt erleben.

Es gab aber eine Amme mit dem Namen Jula. Eine polnische Frau aus Lemberg. Wie es damals Brauch war in gutbürgerlichen Kreisen, nährte und pflegte die Amme das Kind. Das gehörte sich, und meine Mutter übernahm diese Gepflogenheit.

Jula hatte mich unendlich lieb. Davon erzählte mir meine Mutter manche Geschichte. Sie hatte mich so lieb, daß sie sich sogar als Polin 1916 aus Lemberg nach Wien begab, um uns zu sehen. Sie war auch die Amme von Edmond, meinem jüngeren, einzigen Bruder. Eigentlich hieß er Menachem Mendl, nach dem Vater unseres Großvaters Nosen.

Diese Jula nannte mich nun "Filiu". Und ich erinnere mich — wie alt kann ich damals gewesen sein? kaum drei Jahre — wie sie mich in eine Kirche mitnahm und mir dort das Jesuskind auf dem Schoße Marias zeigte, mich küßte und sagte: »Schau, das ist nun Filiu.«

Ich wußte natürlich genau so wenig wie meine Eltern, daß Filiu einfach der Sohn bedeutete, und daß man Jesus eben so nannte. Ich bin gewiß, daß meine Eltern, bei all ihrer europäischen Toleranz, diesen Namen für mich sofort in den Bann getan hätten, Jula gekündigt oder zumindest sie streng verwiesen hätten. Sie hatten aber keine Ahnung. So weit lebte man bei allem guten Einvernehmen aneinander vorbei. Und so blieb es bei Filiu.

Ja, Jula nahm mich öfters in ihre Kirche mir. Ich fand es schön, imposant. Wahrscheinlich habe ich von diesen Besuchen meinen Eltern nichts erzählt. Denn sonst hätten sie das ebenfalls untersagt. Da gab es trotzdem ganz strenge Grenzen. Man suchte nur Vereinigung mit dem "fortschrittlichen Liberalismus", der die Einheit aller Menschen erstrebte. Kirchen aber gehörten nicht in diese Sicht. Sie gehörten zu einer anderen, rückständigen Welt. Mein Vater meinte, noch Jahre später, daß dies alles einmal überholt sein werde, und daß eine neue Zeit diese Art von Abgrenzungen aufheben würde.

Ich blieb aber, als ich den Zusammenhang von meinem Großvater erfuhr — er zeigte merkwürdigerweise überhaupt keine Abneigung gegen diesen Namen und nannte mich sogar dann und wann auch so — Jula treu. Ich finde es rührend, daß ich für sie soviel bedeutete, daß sie mich — ein fremdes Kind — so nannte. Das Bild, das sie mir damals im Zusammenhang mit diesem Namen zeigte, habe ich noch vor Augen. Ich weiß auch noch ganz genau, daß meine Mutter mir am gleichen Tage Schuhe kaufte, worauf ich überaus stolz war. Das machte die Erinnerung an diesen Tag noch lebendiger.

Als ich älter wurde, erstreckten sich die Träume und Vorstellungen auf die jeweilige Situation. Und ich glaube fest daran, daß diese Träume, wenn auch nicht immer in dieser Welt, wie im Falle der "häßlichen Breine", so jedenfalls in irgendeiner anderen Welt Realität wurden oder sogar schon waren. Und ich war — und ich bin — immer sehr zufrieden mit diesen Träumen, die den Menschen gute Nachrichten und freudige Botschaften überbringen.

Daß ich manchmal auch, zu meinem eigenen Erstaunen, bemerke, daß solche Träume für andere sogar irdische Wirklichkeit werden, bestärkt mich in dieser Sehnsucht, gewisse Situationen anderer Leute, die sich in einer schwierigen Lage befinden, in der Vorstellung zu verbessern und zum Guten zu wenden. Sie mir also in lebhaften Träumen mit allen Details vorzustellen. Ich glaube aber, daß ich auch ohne diese merkwürdige Realisierungsmöglichkeit träumen würde. Einfach, weil es mir an sich Vergnügen und Freude verschafft. Schon die Möglichkeit, mit der Vorstellung in anderen Welten leben zu können, hat eine Anziehungskraft.

Es blieb aber die Frage, warum denn der Mensch nicht von sich aus schon den Blick für das Ganze hatte, und warum er also in Angst und Bedrängnis leben mußte. Ich war überzeugt, daß alles richtig stimmen müsse, unbedingt, und ich handelte, sprach und versprach in dieser Überzeugung, doch ich wollte auch in diesem Leben erfahren, *daß* es stimmte.

Nicht, weil ich kein Vertrauen gehabt hätte, sondern ich war der festen Überzeugung, daß es zum Sinn dieses Lebens gehöre, die volle

Einsicht in Schöpfung und Welt zu gewinnen. Daß das sozusagen erst dem Leben die richtige Freude, die wahre Befriedigung geben könnte.

Als Kind schon war in mir ein dunkles, unbewußtes Wissen, daß die Entfaltung der Einsicht in die Welt eben das große Lebensabenteuer bedeutet, daß diese Entfaltung erst die richtige Freude hervorrufen könne, ich spürte sogar, daß dieses Wachsen von Erkenntnis die Belohnung der Sehnsucht nach Gott war. Und ich vermochte mir nicht vorzustellen, daß der Lohn in etwas anderem bestehen könnte als eben in dieser wachsenden Einsicht.

Einsicht gehört doch schon zur Welt der Einheit, sie ist zugehörig und verbunden mit der himmlischen Herkunft des Menschen. Wachsende Einsicht will nicht sagen, daß die Einsicht erst unvollkommen sei, sondern, daß sie immer neu entsteht, und daß es nur so aussieht, als würde sie immer tiefer. Denn die Freude am ersten Schritt zur Einsicht ist nicht geringer als die Freude beim letzten Schritt. Freude auf diesem Weg ist unmeßbar. Freude gehört zum akausalen Bereich. Freude ist hell, ist unvergleichlich. Freude kennt auch keine Reihenfolge, weil sie jedesmal einmalig ist. Man denkt zwar später, daß die früheren Freuden geringer gewesen seien als die späteren, da die Einsicht schon zugenommen hat. Freude aber ist Erleuchtung des Gegenwärtigen. Wie wäre sie meßbar? Denn sie bringt eben das meßbar Gegenwärtige mit einer anderen Dimension in Verbindung, mit der Dimension des Unermeßlichen.

Einsicht durch Glauben und Vernunft.

> Zwei Worte stelle um — dies Wörterklauben
> Macht eine süße Nuß aus einer tauben!
> Sag' nicht: Der Glaube folgt aus der Vernunft.
> Doch sag': Es ist Vernunft, an Gott zu glauben.

Früh schon stellte sich bei mir eine Sehnsucht ein nach Einsicht in den Sinn des Seins. Daß das Sein und der Sinn übereinstimmten, was ich spürte und glaubte, wollte ich auch begreifen mit der Vernunft. Hier dämmerte schon dem Kinde eine Einheit zwischen Glauben und Wissen. Jedenfalls empfand ich es als eine Art von Faulheit, ja als Beleidigung Gottes, der uns auch die Vernunft gegeben hat, einfach nur zu glauben. Doch nicht, um sie zu verleugnen. Vernunft, Wissen waren ja Aspekte der Wahrheit. Woher mir dieses Wissen holen?

Ich verstand, daß Glauben eine persönliche Angelegenheit war. Wie das Tagträumen. Darüber zu sprechen kam mir wie ein Aufbrechen, ein Zerbrechen der Lebenseinheit vor. Man kann schon über den Glauben als solchen sprechen, nicht aber über das, was man selber glaubt.

Wissen aber verstand ich als einen in der Welt angesammelten Vorrat von Kenntnissen. Wissen mußte aus Jahrtausende alter Erfahrung, aus Denken und Kombinieren entstanden sein. Wissen war demnach sachlich, ein Inhalt, der von anderen übernommen werden konnte.

*

Als sieben- oder achtjähriger Junge fing mein Fragen nach dem Sinn der Welt, des Lebens an. Ich fragte danach, sofern ich mich erinnere, zum erstenmal Herrn Mahler, meinen ersten Hebräisch-Lehrer.

Wie konnte es überhaupt für mich, bei den Eltern, die doch so gerne mit der fortschrittlichen Welt mitmachen wollten, zu einem Hebräisch-Unterricht kommen?

Verschiedene Gründe waren maßgebend. Meine Eltern fanden in Scheveningen, wo wir am 12. Juli 1916 eintrafen — der Vater hatte wegen schwerer Herzkrankheit, die er sich bei der militärischen Ausbildung zugezogen hatte, die Ausreisebewilligung aus Österreich erhalten — eine ziemlich große jüdische Gemeinschaft vor. Diese etwa 10.000 Personen umfassende Bevölkerungsgruppe, in einem Stadtteil von höchstens 40.000 Einwohnern, bestand fast ganz aus ostjüdischen Flüchtlingen. Zum großen Teil stammten sie von Einwanderern in Antwerpen, die sich in der Periode 1880 bis 1914 dort niedergelassen hatten. Der Krieg hatte sie nun vertrieben, nach dem Einfall in Belgien waren sie nach Holland geflohen, im Strom von Hunderttausenden von Belgiern.

Und da sie nun alle zusammen fremd waren in Holland, fand man sich schneller als in einem Land, wo man schon wie zuhause war. In Lemberg und Wien hatten meine Eltern auch anderen Umgang pflegen können. Hier war man viel mehr auf die Schicksalsgenossen angewiesen. Man lebte eng aufeinander. Man hatte als Flüchtling nichts oder nicht viel zu tun und sah so das jüdische Sein positiver als in einer Gesellschaft, die wie in Lemberg oder Wien die Assimilation begünstigte.

Dazu kam, daß gerade Ende 1917 die Balfour-Deklaration den Juden plötzlich das Gefühl gab, ein jüdischer Staat stehe bevor. Die starke jüdische Gemeinschaft in Scheveningen, ohnehin schon Flüchtlinge, mit dem Spürsinn, daß die alten Zeiten in Osteuropa für immer vorbei seien, erlebte dieses Geschehen intensiver als eine schon lange gefestigte Gemeinschaft. Der Begriff Zionismus wurde allgemein. Er war für die Entwurzelten von großer Bedeutung.

So geschah es, daß meine Eltern, ermutigt vom Beispiel von geflohenen oder ausgewichenen Verwandten oder Bekannten, die sie in Scheveningen wiederfanden, es für richtig hielten, daß ich, ihr Ältester, nun auch Hebräisch lerne. Ich galt als ein frühreifes Kind. Schon in Wien, also als Fünfjähriger, las ich die Zeitung und glaubte, ihren Inhalt zu verstehen, und der Krieg fesselte mich. Ich verfolgte das Geschehen. Und auch mit dem Schreiben scheine ich mir schon Mühe gegeben zu haben. Denn ich erinnere mich, wie ich "Warschau gefallen" auf einen großen Zettel malte und von außen an der Wohnungstüre befestigte, um die Mutter bei ihrer Rückkehr zu überraschen.

In Holland fuhr ich mit diesen Lese- und Schreibkünsten fort, und alle paar Tage verfertigte ich eine Anzahl Communiqués, eine ganze Seite voll, über die Kriegslage. Diese Seiten verteilte ich unter Verwandten und Bekannten, die meine Eltern besuchten. Man pries mich sehr, meine Eltern waren überaus stolz, und ich war es auch. Vor allem aber freute es mich, daß meine Eltern glücklich und stolz waren. Mir erschien dies als Akt der Gerechtigkeit. Da sie doch in der Fremde wohnen mußten, nachdem sie ihr schönes, ruhiges Heim in Lemberg hatten verlassen müssen, der Vater stets kränkelte und sehr schonbedürftig war, freute es mich doppelt, ihnen einen Ausgleich zu bieten, indem sie auf ihr Kind stolz sein konnten. Ihre Freude war meine Freude. Ich fühlte mich jetzt groß und erwachsen.

Dieses Gefühl wurde noch dadurch verstärkt, daß meine Mutter in ihrer einsamen Angst um das Leben ihres Mannes, sich an ihren so gescheiten Sohn wandte, der wie ein Erwachsener zu denken vermochte. Ihre Eltern waren in Wien geblieben, ihre Geschwister ebenfalls. Die nächsten Verwandten waren einige eigensüchtige Cousinen, mit denen sie auch früher kaum Verkehr gehabt hatte.

So entstand eine Wechselwirkung ständiger Steigerung. Benahm ich mich beinahe erwachsen, so verstärkte sich ihr Anlehnungsbedürfnis, sodaß ich mich erst recht überlegen und selbstsicher benahm. Und es machte mich freudig selbstbewußt, meiner verängstigten Mutter Hilfe anzubieten. In diesen Jahren 1917 und '18 wurde ich ihr einziger Berater. Sie erzählte mir alles, was geschah, und wollte meine Ansicht wissen. Ihre Ehrfurcht vor ihrem Großvater Fischl übertrug sich auf mich, sie nannte mich oft "Seide Fischl", also Grovater Fischl.

Der Vater wußte von diesen vertraulichen Gesprächen. Es erhöhte seinen Stolz, und seine Erwartungen wuchsen.

Unter diesen Umständen kam es zum Beschluß, daß ich also Hebräisch lernen sollte. Man dachte gar nicht an das alte jüdische Wissen, sondern einfach an Iwrit, die hebräische Sprache, weil man irgendwie damit rechnete, daß man sie im neuen Staate brauchen würde. Und im übrigen war es ein Zeichen des modernen fortschrittlichen Juden, daß er wie alle anderen Völker eine eigene Sprache haben müsse. Es war die Angleichung als Nation zwischen Nationen.

Die Individuen dieser Nation sollten sich verhalten wie die Individuen anderer Nationen, die Nation selber wie andere Nationen. Es paßte alles in die Planung des Fortschrittes der modernen Menschheit. Der Krieg war wohl eine große Enttäuschung, aber immer wieder hörte man, daß der Krieg viele Fehler aus früheren Zeiten aufgedeckt habe, und daß man nun besser als früher den Weg des Fortschritts würde gehen können. Und dazu gehörte auch der jüdische Staat.

Die erste große Enttäuschung. Ratlosigkeit und Einsamkeit. Unverständliche erste Begegnung mit dem Zionismus. Harte Leute strahlen Kälte aus. Nationalismus vertieft die Trennung. Ich bekomme Angst.

Als ich mit meinen Fragen nach dem Sinn des Ganzen in der holländischen Primarschule gar nicht ankommen konnte — es war für mich wie ein Kindergarten, und ich benutzte die Schulstunden zum Träumen und Lesen, was die Lehrerin kaum bemerkte — und nun Herr Mahler, ein dunkler junger Mann mit brennenden Augen, erschien, erhoffte ich von ihm, der doch Hebräisch konnte, eine befriedigende Antwort zu erhalten.

Die Geschichten meiner Mutter über ihre Ahnen vermittelten mir den Eindruck, daß diese Menschen eine Antwort besessen hatten. Ich erinnerte mich noch genau an die Ruhe, welche von den Großvätern ausgegangen war. Für mich war es sicher, daß nur Leute mit einer "Antwort" eine solche Ruhe und Sicherheit ausstrahlen konnten. Mit dem Hebräischen mußte das Geheimnis enthüllt werden.

Also rückte ich schon ziemlich bald mit meinen Fragen heraus. Meine Mutter hatte ich nicht belästigen wollen, sie hatte es schon schwer genug, meinte ich, und wenn sie selber keine Ruhe hatte, würde sie wohl auch keine Antwort wissen. Meinen Vater wollte ich schonen. Ich fürchtete, ihn mit diesen Fragen noch mehr zu erregen, und ich fürchtete ebenfalls, daß er es vielleicht nicht wisse. Meine Mutter hatte ihn immer ausgeschlossen aus dem Kreis der Ahnen, die groß und gewaltig waren. Der Vater gehörte zu den Modernen, zum

Fortschritt. Und aus dem Verhalten dieser Modernen — sie besuchten uns in der Gestalt von Verwandten und Bekannten von früher her — aus ihren Zeitungen und Büchern, die ich nun zu lesen begann, war mir klar geworden, daß meine Fragen dort verhallen würden, ohne Antwort zu finden. Diese *brauchten* eine Antwort, so meinte ich.

Herr Mahler hörte mich mit einem verärgert erstaunten Blick an. Er hatte mich wie ein siebenjähriges Kind behandelt. Er gab mir die hebräischen Wörter auf für Haus, Türe, Tisch, Stuhl, Bleistift, Messer. Und ich hörte ihm, ungern von meinen Gedanken abgelenkt, zu und verlangte:

»Sagen Sie, Herr Mahler, was tut der Mensch in dieser Welt, wo kommt er eigentlich her, und was ist dann, wenn er stirbt? Was ist Gott, was sind Engel, wer ist Moschiach? Was ist der Himmel? Warum gibt es Krieg?«

Mahler dachte vielleicht, daß ich ihn zum Narren halten wolle, war aber auch erstaunt über diese Fragen, denen er wahrscheinlich ausgewichen war, als er sie sich selber hatte stellen wollen.

»Laß das, laß mich in Ruhe. Was ist also Ikaron?«

»Ikaron heißt Bleistift. Aber das kann ich selber aus diesem Buch lernen. Was ist aber die ganze Welt, warum sind Menschen?«

Mahler sah, daß ich hartnäckig war, und er bereitete sich auf eine Antwort vor. Ich sah ihn nachdenken, und große Hoffnungen erwachten in mir.

»Die Welt ist da, damit die Menschen in Frieden leben. Jedes Volk in seinem Lande. Unser Volk aber hat kein Land, weil Fremde es besetzt haben. Jetzt kämpfen wir für unser Land. Dann ziehen wir alle hin, bauen Städte, pflanzen Wälder und leben in Frieden.«

»Die Völker machen aber immer wieder Krieg. So sind wir ja auch aus diesem Land vertrieben worden. Und was hat man vom Frieden, wenn die Menschen doch sterben, und nicht wissen, woher sie kommen und wohin sie gehen, wenn sie sterben?«

Mahler wurde unruhig. Die Fragen gefielen ihm gar nicht. Sie lagen außerhalb seines Interessenkreises. Ich kannte eine solche Einengung noch nicht. Ich dachte mir, jeden Menschen würden diese Fragen bewegen. Und erst recht wenn man Hebräisch konnte, die

Sprache meiner Ahnen, die Sprache, worin Geheimnisse kund werden konnten. Ich fühlte eine große Enttäuschung näher rücken, die erste große Enttäuschung. Ein fast lähmender Schreck überfiel mich. Die grausige Vorstellung, daß kein Mensch sich damit beschäftigte, daß überhaupt niemand sich diese Fragen stellte. Wie einsam würde ich dann sein. Einsam und doch von so vielen Menschen umgeben.

Unerklärlicherweise spürte ich auch, daß die fehlenden Fragen zusammenhingen mit dem Versagen im Träumen. Wer anderen keine Freude bereiten wollte, und wäre es auch nur in der Vorstellung, wie sollte er darauf kommen, daß sich jeder Mensch ängstigt und weint, daß soviel Leid ist? Freude bereiten und wissen können bekamen für mich einen Zusammenhang.

Wenn nun aber die Menschen nicht daran dachten, Freude zu bereiten, so fiel es ihnen auch nicht ein, die allerwichtigsten Fragen zu stellen. Fragen, die aus der Liebe, dem Mitleid hervorgingen. Wie sollte man aber anders leben können?

»Sagen Sie, wozu leidet der Mensch? Warum haben nicht alle Menschen Mitleid miteinander?« Das waren zentrale Fragen. Wenn er darauf nicht antwortete, verstand er mich überhaupt nicht. Grausam, er versteht nicht, er ist also taub, und ich schreie. Wird es niemand geben, der hört?

»Laß das jetzt. Dein Vater zahlt mir die Stunde, damit Du Hebräisch lernst. Was geht es Dich an, wenn Menschen leiden? Ist das Dein Geschäft? Paß mal auf, daß Du nicht selber leidest. Ich sagte Dir schon, die Hauptsache ist es, nach Palästina zu ziehen und dort zu wohnen. Zuerst müssen wir aber die Türken hinauswerfen. Wenn Du dann größer bist, wirst Du auch als Soldat hinziehen. Dann bauen wir das Land auf. Wir sind vertrieben worden, weil wir uneinig waren, und weil der Feind stärker war. Er war eine Weltmacht. Wie jetzt England. Wenn Du arbeiten wirst beim Aufbau, wirst Du keine Zeit mehr haben, dumme Fragen zu stellen. Woher wir kommen? Wohin wir gehen? Die Wissenschaft wird das schon noch herausfinden. Das ist jetzt nicht aktuell.«

Mahler gab keine Antwort. Schließlich gab ich es auf, obwohl ich noch einigemale ansetzte. Die Sache war mir zu wichtig. Aber Mahler kam immer nur auf Palästina, auf die Türken und Araber, Engländer, Krieg, Aufbau zu sprechen. Ich war schon voll Abneigung gegen Krieg. Nicht nur, weil wir wegen des Krieges alles Schöne und Ruhige hatten verlassen müssen. Vor allem aber, weil ich an die gellenden Schreie denken mußte, an die Erzählungen von Gefallenen, von verrückt gewordenen Frauen, von Menschen, die erhängt wurden. Ich hatte Bilder davon gesehen. Ich studierte sie genau, weil ich es nicht glauben wollte. Menschen töteten also direkt, nicht auf Distanz, mit Kugeln, wobei man nicht wissen konnte, ob sie trafen oder nicht, sie töteten auch ohne Kampf. Die Gehenkten hatten ihre Hände auf dem Rücken zusammengebunden, hingen machtlos da. Mir gefiel es auch nicht, daß Menschen aus Palästina vertrieben werden mußten. Mir gefiel der ganze Mahler nicht mehr. Er war das erste Zeichen, das Erste in meinem Leben, daß Menschen überhaupt keine Fragen hatten, daß sie nicht interessiert waren.

Ich weiß nicht, ob mich der Widerstand gegen Mahler dazu brachte, mich von ihm und seinem Unterricht abzuwenden. Der Unterricht wurde mir zur Schaustellung von Mahlers Uninteressiertheit am Sinn des Lebens. Das Nebensächliche zog ihn an. Und gerade das lähmte mir den Verstand. Ich *konnte* plötzlich nicht mehr lernen, wenn ich auch wollte. Ich wollte gewiß meine Eltern nicht enttäuschen. Ich war aber wie blockiert.

Eines Tages verabschiedete sich Mahler. Er zog nach Palästina, er wolle dort kämpfen, sagte er. Einige Jahre später las ich, daß ein Mann namens Mahler beim Überschwimmen des Jordans bei einem Kampfe ertrunken sei. Da es im holländischen zionistischen Organ stand, nahm ich an, daß es mein Mahler war. Vermutlich. Aber jetzt half ich ihm in der Phantasie. Ich zeigte ihm den Sinn des Lebens, der uns den wahren Frieden bringen könne. Und in meiner Vorstellung lebte er und unterhielt sich lange Jahre mit mir. Er sah ein, er wurde gescheit, richtig gescheit. Wir vertrieben niemanden aus dem Land, sondern taten den Bewohnern Gutes, und diese freuten sich mit uns.

Ja, jahrelang blieb Mahler in meiner Phantasie lebendig. Und wir erlebten manches spannende und schöne Abenteuer miteinander.

Die Enttäuschung hatte mir aber den ersten großen Schreck versetzt. Es bestand also die Möglichkeit, daß man einfach die Fragen nicht stellte. Schrecklich. Dann war ich vielleicht ganz allein in dieser Menschheit.

Aber nein, das konnte nicht sein. Wenn schon die Leute hier es nicht wußten, die Ahnen wußten es, und diese hatten gewiß alles aufgeschrieben. Es hieß jetzt nur die Sprache zu erlernen und dann ihre Bücher zu studieren. Ich sah doch, wie alte Juden in der Synagoge stundenlang über diese dicken Bücher gebeugt dasaßen. Dort konnte und mußte es gefunden werden. Ich brauchte nur die Alten zu befragen, die würden es mir sicher erzählen.

War es wie eine Schockwirkung, diese Entdeckung, daß ein Älterer, ein Lehrer, also einer, der es doch wissen sollte, nicht nur nicht wußte, sondern sogar etwas für wertvoll hielt, was im Sinne der Ganzheit des Lebens eigentlich recht unwesentlich ist? Jedenfalls war es mir damals eine gehörige Enttäuschung.

Hebräisch lesen konnte ich schon. Ich weiß nicht, seit wann. Und ich nehme an, mein Vater hat es mich gelehrt. Ich erinnere mich, wie ich, als noch nicht ganz Sechsjähriger im Herbst 1916 mit meinem Vater für die "hohen Feiertage", wie das jüdische Neujahrs- und Versöhnungsfest genannt wird, in einem Scheveninger Lokal, hinter einem jüdischen Hotel, saß und die Worte laut buchstabierte. Ein würdiger, bescheidener Greis hörte dabei zu, lächelte und sagte zu meinem Vater: »Wie ein Brunnen mit silbernem Wasser, und die goldene Sonne scheint darauf.«

Ich überlegte bei mir, was er wohl damit meinte, schaute ihn groß an, und er strich mir mit der Hand über den Kopf. Was ich da aber las, verstand ich kaum. Nur hie und da einige Wörter. Erst Mahler hat dann versucht, mir die Sprache beizubringen. Aber ich glaube, erfolglos.

Es kamen andere Lehrer. Erst ein Herr Borowski. Ebenfalls ein "glühender Zionist", wie man solche Leute nennt. Er war witziger, versuchte es auf seine Weise. Ich muß aber einen schlechten Eindruck hinterlassen haben. Denn ein aufmerksamer Schüler war ich keineswegs. Auch behielt ich kaum etwas. Es blieb bei meinem Wortschatz "Bleistift, Fußboden, Schüler, Wand" usw.

Meine Eltern wunderten sich wahrscheinlich, vermutlich nahmen sie es aber noch nicht so ernst. Denn im übrigen war ich doch ein sehr gescheiter, immer beschäftigter Knabe, kannte viele Gedichte auswendig, las Bücher und Zeitungen, schrieb Aufsätze. Einfach aus Spaß, aus Lust. Einer meiner ersten freiwilligen Aufsätze — ich ging noch nicht zur Schule — handelte von Nils Holgersson. Ich ließ ihn über Scheveningen nach Wien reisen. Meine Eltern waren entzückt und lasen es an Einladungen der Gesellschaft vor. Ich erinnere mich der Baßstimme von Herrn Fruchter:

»In dem Jungen steckt etwas. Von dem werden wir noch hören.«

Ich saß unbemerkt in einem Winkel und war rundweg stolz.

Dann kam eine ganz neue Art Lehrer. Ein Herr Sait. Kein "moderner", sondern ein bärtiger, mit Kaftan und breitem, schwarzen Hut. Er sprach kein Deutsch, wie Mahler und Borowski, vielmehr ein saftiges Jiddisch.

Damals muß ich schon acht oder neun Jahre alt gewesen sein. Er versuchte, mir jetzt nicht gerade Hebräisch beizubringen, sondern hatte eine hebräische Bibel, ein "Chumesch", vor sich und übersetzte den hebräischen Text ins Jiddische. Das Deutsch der vorigen Lehrer war nicht gerade perfekt gewesen. Es lag zwischen Hochdeutsch und Jiddisch. So machte es mir nicht allzu viel Schwierigkeiten, Sait zu verstehen.

Aber das im Sing-Sang Lesen und Übersetzen sagte mir nicht viel. Es waren lauter Fragen in mir. Und wenn ich etwas zu fragen wagte, schaute Sait mich nur befremdet an und meinte, das würde ich später schon einmal verstehen, im übrigen hätten Kinder in meinem Alter nichts zu fragen. Er war dabei aber sehr sanft und nett. Nur roch er durchdringend nach Hering und Zwiebeln. Und ich konnte mir doch nicht vorstellen, daß der Duft meiner Sehnsucht mit diesem Duft irgendwie verwandt sei.

Ich glaube gar, daß die Enttäuschung ein Stück zunahm. Denn dieser Sait sah doch dem Bilde, das ich mir von meinen Ahnen gemacht hatte, ähnlich, aber eben nur äußerlich, tröstete ich mich.

Ich hatte Mitleid mit Sait. Er ärgerte mich nicht, indem er von Krieg und Eroberung sprach, dort wo ich spürte, daß es um ganz andere Dinge ging. Ob es nun der Krieg war, der in die schöne Sommerfrische hereingebrochen war, oder das, wie ich spürte, endgültige Verlassen des ruhigen, geborgenen Heimes infolge dieses Krieges, ich weiß es nicht. Aber jedenfalls war der Krieg etwas, das nicht zur Welt der Ruhe der Ahnen aus den Geschichten gehörte. Krieg war etwas aus der Welt der Änderungen. Und die Geschichten der Ahnen kamen aus einer Welt der Gewißheit, der Sicherheit, der Güte.

Sait war, wie gesagt, ein sanfter Mensch. Er hatte ein leidendes Gesicht. Eben nicht das unwillkürlich freche, herausfordernde, das mich bei "Zionisten", wie ich damals zu glauben meinte, so erschreckte. Es stimmte irgendwie nicht mit meinen Träumen und meiner Sehnsucht überein. An sich hatte ich nichts dagegen. Ich sah, daß die Welt nun einmal so war. Ihr gegenüber aber gab es eine andere Welt. Zwei Welten, und doch waren sie mysteriös verbunden durch den Einen Menschen.

Ich sah auch in Holland Soldaten. Ich sah internierte deutsche und englische Offiziere. Diese spazierten zuweilen sogar zusammen durch den Wald. Plaudernd und lachend. Das tat mir wohl. Denn ich war ein zu aufmerksamer und emsiger Zeitungsleser, um nicht zu wissen, was "Gott strafe England" zu bedeuten hatte. Auch die holländischen Soldaten mochte ich. Sie hatten etwas Spöttisch-Relativierendes an sich. Kriegführen als ein wichtiges Lebensgeschäft ernst nehmen, das konnte ich nun einmal nicht.

Ich tat es also Sait zuliebe, wenn ich mich nun anstrengte, doch etwas zu lernen. Es ging aber sicher nicht glänzend.

Ein lähmender Druck befiel mich. Wie eine Angst, wie ein

Alptraum. Konnte es sein, daß weder die Einen noch die Anderen von dieser Sehnsucht wußten, daß es die Menschen einfach nicht bemerkt hatten, daß es etwas Derartiges gab?

Man meint, das ist doch eine bekannte Auffassung, daß das Kind die Eindrücke aus dieser seiner Kindheit sehr emotional verarbeitet. Es steckt noch stark in der Welt der Träume und glaubt noch ganz wörtlich an die Märchen. Und dann kommt immer stärker die eigentlich dumme, weil einseitige Welt, die man die Welt der Wirklichkeit nennt, und zwingt das Kind, sich entweder anzupassen oder krank zu werden oder gar unterzugehen. Die Anpassung ist dann eine traurige Angelegenheit. Man gibt Träume, Hoffnungen, Sicherheiten auf. Eine Welt bricht zusammen. Und die andere bleibt als eine verborgene dennoch im Kind am Leben. Hier liegt der Anfang der Neurosen. Hier ist auch der Ursprung der unbewußten Heuchelei. Glücklich ist aber wohl niemand mit ihr. Und so kommt die Unlust in die Welt.

Ich glaube, ich habe mich dieser Anpassung zu widersetzen gesucht. Eigensinn? Vielleicht. Ich fühlte mich gar nicht groß damit. Wohl aber hatte ich oft das Gefühl, sehr allein zu sein. Aber zuerst war es noch eine Einsamkeit in einer Umgebung, in die ich nun einmal als Kind hineingeboren worden war. Ich träumte also, daß ich dermaleinst in die Welt hinausziehen und die Leute finden würde, die sich doch ganz ernsthaft mit der Welt beschäftigen würden, mit dem Sinn von Leben und Sterben, von Recht und Unrecht. Diese Leute waren für mich das Gelobte Land. So sah ich schon damals das Gelobte Land nicht in einer geographischen Lage allein. Ich konnte mir vorstellen, daß solche Leute vielleicht in einem Lande wohnten, schwer zu erreichen, über viele Hindernisse und durch viele Gefahren hindurch.

Merkwürdig, ich sah Menschen wie Mahler und Borowski als Gefahren. Leute wie Sait als Hindernisse. Ich war ihnen persönlich keineswegs böse. Ich tat ihnen sogar gerne etwas Gutes. So machte ich etwa bis zur Erschöpfung Besorgungen für Mahler und freute mich, wenn er sich angenehm überrascht zeigte. Ich hoffte dabei, es würde ihn vielleicht auf den Gedanken bringen, daß einander Freude machen, einander dienen, den Weg weisen könnte zu Glücksgefühlen im Leben, zu echter Ruhe. Denn was mich immer mehr beeindruckte, war die besorgte und nervöse Art dieser Menschen, die einen so deutlichen Gegensatz zu jener Ruhe darstellte, an die ich mich noch von den vor den Russen nach Wien geflüchteten Großvätern her erinnerte.

Das gleiche geschah mir, als ich in die Primarschule eintrat. Ich war damals schon fast sieben, weil mein Geburtsmonat nicht zuließ, schon im September 1916 eingeschult zu werden.

Die Schule war mir ein Schrecken. Man behandelte uns gar nicht als Menschen, vielmehr als eine Art lieber Wesen, mit denen man nett und spielerisch umzugehen hätte. Ich schämte mich.

Gerne war ich ein Kind. Und ich spielte auch sehr gerne. Noch lieber träumte ich. Im Träumen spielte ich, und während des Spielens träumte ich.

Aber Traum und Spiel waren mir durchaus ernst. Während die Schule eigentlich beides ein wenig lächerlich machte. Beinahe mit der Drohung, daß das einstweilen wohl noch angehe, daß wir aber zu Erwachsenen erzogen werden müßten, und dann sei das alles aus.

Das machte mir Schwierigkeiten. Ich glaubte sogar, erst ein Erwachsener könne richtig und gut träumen, und erst dann wären Spiel und Traum wirklich schön. Ich suchte die Brücke in eine andere Welt.

In liebevollen Absichten dem Moloch ausgeliefert. Qualvolle Schuljahre. Ich kann einfach nichts lernen. Aber bei einem Lehrer, einem Lubavitscher Chassid, erfuhr ich das Geheimnis des Tuns.

Zum Erstaunen, jetzt aber bald auch zur Enttäuschung meiner Eltern, wurde ich gar kein guter Schüler. Nur in einem Zwischenjahr, in der zweiten Klasse der Primarschule, als meine Eltern mich in eine deutsche Privatschule schickten — wir sollten doch nach Österreich zurückkehren, und wozu diente dann das Holländische? — war ich ein glänzender Schüler. Ein beispielhafter, außergewöhnlicher, der in höhere Klassen gerufen wurde, um dort zu zeigen, wie es auch sein konnte, "wenn man nur intelligent und interessiert war", wie der Direktor, Dr. Löwenberg, sich immer ausdrückte. Vielleicht war mir die deutsche Art des Unterrichts näher. Ich kann es schwer sagen. Denn schon in der dritten Klasse, als ich wieder die holländische Schule besuchte, war alles wieder beim alten, und dabei blieb es auch.

Ich kam in die HBS, eine Art Realgymnasium, das auf das akademische Studium vorbereitete, besonders der naturwissenschaftlichen Fächer. Das war so eines der vielen Spiele des Schicksals mit mir. Denn eigentlich hätte ich in das klassische Gymnasium gepaßt. Ein solches gab es aber in Scheveningen nicht. Man hätte dazu nach Den Haag fahren müssen, eine halbe Stunde mit dem Tram, und das hieß damals zu weit. Und übrigens, die Kinder von Bekannten und Verwandten besuchten auch schon die HBS (Höhere Bürger-Schule). Von der HBS aus konnte man Arzt werden oder Ingenieur, Chemiker, Physiker, Mathematiker. Nicht aber konnte man Geisteswissenschaften oder Jus studieren. Natürlich auch nicht Literatur. Und gerade das, zusammen mit der Philosophie, begann mich immer mehr zu faszinieren.

Die Entwicklung ging, nach den ziemlich erfolglosen Experimenten mit Mahler, Borowski und Sait, von da an ganz stark der weltlichen Seite zu. Wohl hatte ich noch einen, diesmal etwas besseren jüdischen Lehrer, doch vorläufig blieb es dabei. Dieser aus der Reihe tanzende jüdische Lehrer, ein Herr Monnoson, hat, ohne es zu ahnen, doch großen Einfluß auf meinen Werdegang gehabt.

Monnoson kam aus Petersburg und gehörte zu den Chassidim von Lubavitsch. Nach seiner Flucht aus Rußland, während der Revolution, lebte er mit Frau und Kind in Armut bei uns in Scheveningen. Er suchte seinen Lebensunterhalt durch den Unterricht von Kindern in der Bibel und im Hebräischen. Meine Eltern, die doch besorgt waren über meine geringen jüdischen Kenntnisse, glaubten, daß ich bei ihm vielleicht bessere Fortschritte machen würde.

Ich sehe, meine Eltern bemühten sich doch um jüdisches Wissen bei mir. Es gehörte zum Bon Ton der Gesellschaft. Man wußte, und man ging mit diesem Wissen einen modernen, humanistischen Weg. Es war eine von den Facetten der jüdischen Aufklärung, der "Haskala", wie man sie nannte.

Auch bei Monnoson nahm mein jüdisches Wissen nicht zu. Ich fand es wiederum langweilig, sinnlos. Es war vieles nur ein Auswendiglernen, es gab kaum eine richtige Erklärung. Und vor allem, es befaßte sich nicht mit dem Sinn des Lebens. Man brauche eben einfach dieses Wissen, hieß es, man brauche es für die jüdische Gemeinschaft. Aber wozu dann diese Gemeinschaft, wozu überhaupt Gruppen, Religionen, Nationen?

Was ich aber bei Monnoson wohl lernte, und das war unauslöschlich, das war eine wahre, schlichte Frömmigkeit. Und bei ihm verspürte ich auch etwas von jener Ruhe, von jener Gewißheit, die mir noch so stark in Erinnerung war von meinen Großvätern her. Vielleicht auch von den Geschichten über sie.

Monnoson demonstrierte einfach durch seine Lebensweise, daß es nicht Worte sind, die überzeugen. Sein Leben war ein Tanz, der die Worte in Bewegung setzte. Bei Monnoson faßte ich als Zwölfjähriger den Entschluß, von nun an auch so zu leben. Genauso, wie es seit unzähligen Generationen überliefert war. Ich faßte diesen Entschluß nicht etwa nach überzeugenden Ausführungen des Lehrers. Ich glaube, dieser hatte sich vielmehr schon damit abgefunden, daß seine Schüler aus diesen modern angehauchten Kreisen ihren Weg über

Assimilation oder Zionismus, weg vom alten Judentum, nehmen würden. Die Stunden wurden ihm bezahlt, er tat seine Pflicht als Lehrer, und er wollte sich nicht mit den Eltern zerstreiten.

Was ich aber dort, wahrscheinlich zum ersten Mal, klar spürte, war die geheimnisvolle Kraft der Tat. Wie bewerten wir eigentlich Taten? Ich glaube, gewöhnlich nur nach ihrer Wirkung. Wir fragen uns überhaupt nicht, ob außer diesem direkt sichtbaren Effekt auch noch andere Wirkungen von ihnen ausgehen könnten.

So zum Beispiel sah ich, wie Monnoson immer die Bücher, aus denen wir lernten, mit einer gewissen Ehrfurcht behandelte. Er stellte sie zum Beispiel nie auf den Kopf. Sorgfältig prüfte er immer, ob sie auch richtig standen. Er sah meine fragenden Blicke.

»Die Buchstaben sind heilig. Das bedeutet, sie sind noch viel mehr als wir sehen. Und ihre Form ist schon vom Himmel her bedingt. Der Kopf ist oben, weil der Himmel oben ist. Wenn das Buch umgekehrt steht, ist der Kopf unten. Das kannst Du doch auch nicht ertragen. Das hat also einen Sinn. So wie der Mensch sterben müßte, wenn er mit dem Kopf nach unten stünde, so würde die Welt untergehen, wenn der Himmel unten und die Erde oben wäre.«

»Aber die Erde ist doch rund, und der Himmel ist an der anderen Seite doch unten?« überlegte der schulgescheite Knabe.

Monnoson lächelte. Nicht überlegen. Ich lernte eine neue Art des Lächelns kennen, das geduldige.

»Schau, es geht nicht um das, was weit weg ist und was wir nicht sehen können. Wenn man sagt, der Himmel ist oben, meint man, gerade über dem Kopf. Wenn man mit dem Finger hinaufzeigt, ist dort tatsächlich der Himmel. Aber nicht sichtbar. Denn die Erde ist das Sichtbare, der Himmel ist das Unsichtbare. Und für uns ist immer jede Richtung nach oben die Richtung des Himmels. Weil die Schriftzeichen es zeigen, ihre Erscheinung aus dem Strichlein des Buchstaben Jod, so wissen wir, daß sie vom Himmel kommen, am Himmel hängen. Wir vernichten Welten, wenn wir diese heiligen Zeichen auf den Kopf stellen.«

Ich verstand und behielt es für mein Leben.

Im gleichen Sinne gab Monnoson auch acht, daß beispielsweise die wichtigsten, die heiligsten Bücher immer obenauf lagen. Von der Bibel gelten die Fünf Bücher, die Thora, als die heiligsten. Die Propheten sollten *unter* der Thora liegen, die Psalmen wiederum unter diesen. Der Talmud dann eine weitere Stufe niedriger. Und je später ein Buch verfaßt war, desto tiefer stand es in diesem Aufbau. Auch hier galt das älteste als der Kopf.

»Deshalb heißt es doch "bereschith", das bedeutet doch nicht nur "im Anfang", sondern "in der Hauptsache", also wie "im Kopfe", wie "mit dem Kopfe". Das ist der Kopf. Gerade darüber ist der Himmel. Der Himmel ist gleich vor dem ersten Buchstaben der Thora.«

Es waren schlichte Dinge, die ich so lernte, aber diese verstand ich und befolgte ich auch. Ich kam gern zu Monnoson. Nicht zum Lernen der Kommentare, die mir in der Art, wie sie gelehrt wurden, nicht viel sagten. Auch nicht, um die Grundlagen des Talmud zu erlernen. Ich fand die Probleme unwichtig, verstand auch nicht, was sie bezweckten. Und merkte mir also auch wenig davon. Wohl aber sprach ich mit Monnoson gern über Dinge, von denen ich hoffte, daß er darüber etwas wußte. Er verstand aber nur selten meine Wünsche, mein Sehnen. Dennoch vermittelte er mir manchen Hinweis, den ich später zu nutzen wußte.

Jedenfalls beschloß ich, wie man es im Jüdischen nennt, "fromm" zu werden. Das bedeutet dort, daß man die "Mizwoth" — meist mit "Gebote" übersetzt — hält. Was man sich dabei denkt, und was man von deren Sinn weiß, interessiert kaum. Es kommt auf das äußere Tun an.

Ich weiß noch, wie ich mehrere Versuche unternahm, von Monnoson doch etwas über die Bedeutung gewisser Gebote und Verbote zu erfahren. Es schien ihn aber nie besonders beschäftigt zu haben. Er lernte mit mir nun den "Tanje", das ist ein Buch von Schneur Salman von Lady, vom Anfang des 19. Jahrhunderts, worin eine Art Beschreibung der Welt, des Menschen und seines Tuns enthalten ist. Wie im

Judentum oft, wird der Mann nach dem Titel seines Werkes genannt. So heißt dieser Begründer einer chassidischen Dynastie kurzweg "der Tanje". Monnoson war ein Anhänger dieses Tanje, der in Rußland gelebt hatte und, infolge von Verleumdungen jüdischer Gegner, sogar im Anfang des 19. Jahrhunderts in Petersburg eingesperrt worden war.

Der "Tanje" beantwortete aber nicht meine Fragen. Ich fand ihn interessant, verstand vielleicht manches noch nicht richtig. Mir war es, als ob die dort gegebenen Erklärungen nur ein Hinausschieben der eigentlichen Frage, der Kern-Frage, waren, die einfach nicht berücksichtigt wurden.

Hie und da glaubte Monnoson, mein Anliegen zu verstehen. Dann sagte er immer nur:

»Da muß man vertrauen, daß es schon einen Sinn hat. Wenn der Messias kommt, wird man diesen Sinn schon verstehen. Bis dahin sollen wir es nur tun.«

» Ich verstehe aber nicht, warum man sich dann nicht bemüht, mit dem Verstand, den man doch für Geschäftliches und Kriege sehr gebraucht, manches doch zu verstehen. Es muß doch eine Freude sein, den Sinn zu verstehen. Und die Kommentare versuchen doch auch, mit Hilfe des Verstandes zu erklären. Nur erklären sie zu oberflächlich. Man kann das dann nicht einfach auf den Messias abschieben. Der wird schon Dinge tun, die der Mensch nicht kann. Das aber kann der Mensch sehr wohl tun. Das ist ihm gegeben.«

Solche Diskussionen gab es des öfteren. Monnoson mochte sie.

»Also suche! Mit diesem Suchen kommt der Messias. Wenn du tust und glaubst, wirst Du auch anfangen zu verstehen. Glauben ist doch das Wort für vertrauen. Das Untere kann man verstehen, das Obere, den Himmel, muß man glauben. Das ist dann *dort* das Verstehen.«

»Wenn der Mensch also anfängt, dieses Obere auch zu verstehen, könnte man sagen, er komme in den Himmel. Dann glaubt er *und* versteht. Und wenn der Himmel herabkommt, dann kommt er doch nur, weil man glaubt *und* versteht.«

»Das ist dann so zur Zeit des Messias«, schloß Monnoson. Und ich dachte bei mir:
»Warum sollen wir nicht in der Zeit des Messias leben?«

Ich werde zum Ärgernis. Ich erfahre den Zusammenhang zwischen Politik, Geschäft und Gesinnung. Weltanschauung unterstützt Härte und Egoismus und paßt zur Geschäftsauffassung.

Meine plötzliche "Frömmigkeit" erregte viel Aufsehen. Und vor allem sehr viel Ärger bei den Verwandten und Bekannten.

Erst dachte man, es sei eine kindliche Laune. Man belächelte und bespöttelte sie. Als man dann aber sah, daß es mir ernst damit war, entstand eine offenkundige Feindschaft. Ich erfuhr zum ersten Mal, was diese Art Feindschaft bedeutet. Sie ist die tiefschürfendste, die unerbittlichste. Hier geht es um Welten. Der Haß überdauert sogar den Tod. Ich sah die Blicke, und ich fühlte die giftigen Pfeile.

Meinen Eltern war die ganze Sache nur peinlich. Ich muß aber sagen, sie haben mich nie daran gehindert. Nur baten sie mich, es nicht allzu auffällig zu tun und nicht zu übertreiben. Mein Vater ging sogar dazu über, gewisse Dinge nun auch zu halten. Die Mutter lächelte wehmütig, und behauptete immer nur, daß Seide Fischl sich gewiß freuen würde, und daß ihre Eltern, die wieder in Wizniz wohnten, ganz bestimmt stolz sein würden.

Aber dem Bekannten- und Verwandtenkreis gegenüber waren sie doch geniert. Und diese warfen sich nun auch auf sie. Schließlich hätten Eltern doch die Macht. Sie müßten mich einfach in eine Besserungs-Anstalt stecken, wo ich gezwungen sein würde, sogar Schweinefleisch zu essen, am Sabbat zu arbeiten, usw., usw.

Man bedenke, das waren alles Juden! Sogar Juden von ungefähr den gleichen Ahnen! Aber bei ihnen war der Zug ins Humanistische, in die Aufklärung, stark emotional, fast fanatisch. Was bei meinen Eltern etwas Idealistisches war, ein Suchen von Sanftmut, von Wahrhaftigkeit, war bei denen vielmehr eine Absage an eine alte Lebensführung, um in einer neuen Welt eine Rolle zu spielen, um dort wichtig zu sein, reich, mächtig. Ihr Zionismus war denn auch aggressiv, während der meiner Eltern mehr ein träumischeres, fast mystisches Gepräge hatte.

Man schalt Monnoson einen "Schwarzen", einen Schmutzigen, Ungebildeten. Ich mußte unter dem Druck dieser Verwandten — alles Cousinen und andere Anverwandte meiner Mutter — von Monnoson fort. Es wurde Schluß gemacht mit dem jüdischen Unterricht. Das heißt, für einige Jahre. Das war aber für mich, weil ich ja nicht wußte, wie lange es dauern würde, ein harter Schlag.

Die Eltern waren sich nicht schlüssig. So wie ich nun anfing zu leben, als Zwölf- und Dreizehnjähriger, war es für sie ein Rückfall in eine Welt, von der sie annahmen, daß darin viel Finsternis und Dummheit herrschten. Dabei hatten sie gewiß nicht ganz unrecht. Ich konnte auf keine Beispiele verweisen, die wirklich begeisternd gewesen wären. Und gewiß war auch ein Element des Trotzes in mir bei alledem. Es wuchs natürlich gerade durch den erbitterten Widerstand der Umgebung.

Man bedenke, dieser Bekanntenkreis — man traf sich mehrmals in der Woche an "Abenden", die abwechselnd bei diesem und jenem abgehalten wurden — war im fremden Holland für die Eltern der einzige Verkehr. Man sprach kaum oder noch gar nicht Holländisch. Holland hieß immer noch ein vorübergehendes Exil. Daß das alte Österreich auseinandergebrochen war, wollte man noch nicht so recht zur Kenntnis nehmen. Man tat, als ob sich das alles schon wieder einrenken würde. Die neuen Staaten, Polen, Rumänien (das ungemein gewachsen war), Ungarn, die Tschechoslowakei, wurden seufzend erwähnt. Holland taugte sowieso nichts. Es wurde bespöttelt. Das Fremde ist bei solchen Leuten oft zugleich das nicht-Richtige.

Ferner war mein Vater, da er schon seit 1916 kränkelte, in der ersten Zeit abhängig von seinen Geschäftsverbindungen mit diesen Verwandten meiner Mutter. Erst als er dann einsah, wie sehr man ihn ausgebeutet, betrogen, ja fast ausgeplündert hatte, brach er mit ihnen. Aber wiederum nicht ganz und auch nicht dauernd.

Ich begriff nicht, daß er mit diesen Leuten überhaupt noch verkehrte. Es wird wohl die Angst vor Vereinsamung gewesen sein. Nie vergesse ich, wie wir in den Tagen des Waffenstillstands im Jahre 1918 mit einer solchen Gruppe von Verwandten und Bekannten irgendwo hin gingen. Einige Frauen schluchzten, die Männer waren sehr erregt. Ich fragte meine Mutter — wir gingen etwas hinter den anderen her —, was denn geschehen sei. Es herrschte damals die Grippe, und ich dachte, es sei wiederum irgendein Bekannter gestorben.

»Nein, nein. Sie weinen, weil nun Friede wird.«

Meine Mutter schaute mit ihren ruhigen, etwas wehmütigen Augen, leicht amüsiert, auf mich hinab.

Da ich doch die "Politik" verfolgte, voll war von Hindenburg und Ludendorff, von Foch und Clémenceau, von Wilson und Lloyd George, wußte ich genau, was geschah, und ich wußte auch, wie man sich zuhause über den Frieden freute, der jetzt nahe gerückt war. So hatte meine Mutter Mitleid mit dem armen Kaiser Karl und dem stolzen Kaiser Wilhelm, wie sie auch den Zaren Nikolaus und seine Familie beweinte. Sie hatte gerade mit mir darüber gesprochen, daß es auch diesen besser gehen würde, wenn das schreckliche Morden endlich einmal aufhöre.

Ich schaute staunend, fragend zu ihr auf.

»Du begreifst noch nicht. Diese Leute sind doch alle steinreich geworden durch den Krieg. Sie haben große Geschäfte gemacht. Und jetzt hört das auf. Stell Dir vor, die kaufen die teuersten Pelzmäntel, Diamanten, Perlen, Häuser.«

Der Vater gesellte sich zu uns, er hatte unser Gespräch mit angehört.

»Diese Leute werden immer Geld verdienen. Es werden jetzt Revolutionen kommen. Ihr werdet es sehen. Und das nennt sich Fortschritt und Bildung. Das sind doch Banditen.«

Dieses Wort "Banditen" benutzte ich, zitierend, öfters, wenn ich mit meinen Eltern Auseinandersetzungen über diesen Kreis hatte. Es half, und es half nicht. Es verursachte jedenfalls eine gewisse Distanz.

Die Abende wurden nicht mehr bei uns abgehalten. Und die Eltern gingen immer weniger zu denen der Anderen.
Man stelle sich diese Abende nicht als Kulturveranstaltungen vor. Die Herren spielten Karten, 66 oder 21, Klaber, zuweilen auch Schach. Die Damen schwatzten über die Mode, Schneiderinnen, über Kaffeehäuser. Man ärgerte die anderen mit Geschichten über große Ausgaben, die sie sich gewiß nicht leisten konnten.
Alles war aber dabei gemütlich und friedlich. Streit habe ich nie dabei erlebt. Man hielt eben mehr oder weniger zusammen.

96 Ich wurde aber ein Außenseiter. Nicht alle waren gleich aggressiv. Ein Herr Fruchter, der mit der Baßstimme, der Intelligenteste und Intellektuellste dieses Kreises, mochte mich irgendwie. Wenn er mich auch oft mit seiner schweren Stimme zu überzeugen suchte, es herrschte zwischen uns ein stilles Einverständnis. Selber hat er natürlich nichts mehr von den Bräuchen gehalten. Er war aber zu gescheit, um fanatisch über mich herzufallen. Er sah wohl noch Hoffnung für mich. Wenn ich nur schon etwas älter wäre und studieren würde, dann käme es schon gut mit mir, meinte er.

Das wurde nun die große Sorge, und das verschlimmerte das Verhältnis zu den Eltern und wirkte sich auch negativ auf deren Stand gegenüber den Verwandten aus.
Denn in der Schule ging es immer schlechter. Die Zeit in der HBS wurde ein wahres Martyrium. Sie gehört zu den schlimmsten Erinnerungen meines Lebens. Nicht nur, daß die Art, wie die Fächer unterrichtet wurden, mich kaum interessierte, aus diesem Grunde konnte ich auch fast nicht mitkommen. Es gibt wohl nichts Schlimmeres, als auf die Dauer seine Zeit zu vergeuden, die man doch so gerne für große und schöne Dinge nützen möchte. Da spürt man das Unwiderrufliche des Zeitgeschehens.
Geographie und Geschichte interessierten mich. Sie galten aber als Nebenfächer. Literatur faszinierte mich. Sie zählte aber nicht viel. Dazu kam, daß es auch vom jeweiligen Lehrer abhing, ob diese Fächer

für mich anziehend waren oder nicht. Jedenfalls aber war dort genügend Stoff, um mich zum Lernen zu reizen.

Dagegen waren die verschiedenen mathematischen Fächer, wie Algebra, Geometrie, Stereometrie, waren Physik und Chemie für mich fast unerträglich. Alles war auf Anpassung, spätere Verwertbarkeit im Beruf gerichtet. Niemals war die Rede von der Bedeutung der Zahlen. Die Lehrer selber hatten davon keine Ahnung.

Die Mitschüler hatten fast alle schon ein Ziel vor Augen. Der eine wollte Chemiker werden, er erzählte von Laboratorien, von der Zukunft der Chemie in der Petro-Industrie. Er sah sich schon als großer Mann in der "Koninklijke", der Royal Dutch. Ein anderer interessierte sich besonders für das Telephon. Er wurde denn auch Direktor einer großen Telephonzentrale in einer der großen Städte. Die meisten wollten nach Indien, so hieß damals die Kolonie Niederländisch-Indien. Dort konnte man schnell reich werden. In der Zuckerindustrie zum Beispiel. Dazu mußte man an der Technischen Hochschule in Delft Ingenieur werden. Hie und da wollte einer Arzt werden. Aber alle hatten als Ideal ein gesichertes Leben, reich und angesehen. Niemand interessierte auch nur entfernt der Sinn des Lebens. Für sie war dieser Sinn ja klar. Man studierte, verlobte sich beim Kandidaten-Examen, heiratete nach der Doktorprüfung, ging für sechs bis acht Jahre nach Indien oder kam zu einer der großen Industrien wie die Royal Dutch, Philips oder Unilever. Auch beim Staat versprach man sich ein schönes Leben. Man wußte schon, in welcher Art von Villa man wohnen würde, man verkehrte und tanzte schon mit Mädchen aus wohlhabendem Hause, weil man sich eine von ihnen zur Frau nehmen würde. Das war alles, und wer noch weiter fragte, war eben ein asoziales Element.

Für mich war das aber grauenerregend. Nicht daß ich nicht auch gerne eine gute Position gehabt hätte, in einer Villa wohnen wollte und eine Frau, hübsch und aus reichem Hause, heiraten wollte. Ganz gewiß nicht. Auch ich träumte davon.

Aber ich wollte noch vieles mehr. Ich sehnte mich einfach, sehnte mich nach einer Antwort. Ich sehnte mich danach, mit Menschen von dieser Antwort zu reden und sie glücklich zu machen. Denn ich sah und spürte, wie unglücklich eigentlich alle waren. Lehrer und Schüler.

Ihre Langeweile, ihr Übermut, ihre dummen, ach so nützlichen Gespräche! Sogar die Literatur war für sie etwas, das man zur Gesellschaft benötigte. Man mußte doch mitreden können. Man mußte, wenn man ins Theater ging, wissen, wie man eine Unterhaltung über das dargestellte Stück führen sollte, wie man über Musik sprechen konnte. Was man schön, was man modern, was man berühmt und was man unwichtig nennen mußte. Wie man sich in der Gesellschaft benahm, wie man sich politisch zu äußern hatte, wie man mit seinen Eltern umging.

Und alle hatten dabei doch Probleme, schlimme Probleme. Davon sprach man aber nicht, und dennoch wußte man davon.

Wozu das alles, wozu leben wir, wozu ist das alles da, warum ist es so und nicht anders. Was bedeutet das Menschliche? Es interessierte fast keinen.

Es war die Zeit der Endphase des Liberalismus. Es war ein dummer Materialismus unter Reichen. Von den Idealen des alten Liberalismus, vom alten Freisinn, war kaum noch etwas übrig. Er verteidigte seine Positionen. Deshalb war der Sozialismus verpönt. Man erklärte ihn als bloßen Neid. Die anderen wollten nun eben auch einmal reich werden. Alle konnten es aber nicht sein. Wer sollte dann arbeiten? Also mußte man den "einfachen Mann" unten halten. Und dumm und grob war er doch auch. Also!

So ungefähr war die Denkart meiner Mitschüler beschaffen. Und die der Lehrer, sofern sie sich überhaupt äußerten.

Auch Religion war nur ein Teil dieser Gesellschaftsform. Sie gehörte zu diesem Lebensbild. Über Gott lächelte man ein wenig verlegen. Die Kirchen waren nützliche Institutionen. Es gehörte sich, daß man zur Kirche ging. Denn sie konservierte diese Lebensart, diese Gesellschaft. Deshalb seien die Roten doch auch gegen die Religion!

Man fand es komisch, daß ich zum Beispiel den Sabbat hielt, und daher an diesem Tage die Schule nicht besuchte. Und daß ich deshalb noch mehr in Schwierigkeiten geriet, fand man einfach dumm. Man traute mir nicht recht einen normalen Verstand zu. Denn wer stellt etwas aus einer Religion, und dazu noch einer solch überholten, primitiven, höher als Studium und Gesellschaft. Man verwies auf die anderen Juden, die sich ebenfalls nicht mehr um ihre Religion kümmerten.

Die Holländer waren aber in ihrer Tradition sehr tolerant. Sagen wir, die einen waren tolerant, die anderen waren gleichgültig. Und deshalb akzeptierten sie meine Absonderlichkeit. Sie nahmen mich übrigens gerne und reibungslos in ihre Kreise auf. Vor allem, als sich zeigte, daß ich nicht nur am Sport interessiert war, sondern Sport auch ziemlich erfolgreich trieb. Denn Sport gehörte auch zu dieser Gesellschaftsform. Gewisse Vereine ließen nur Mitglieder zu, die zumindest die HBS oder das Gymnasium besuchten. Und in jenen Jahren waren das noch Ausnahmen. Heute studieren prozentual viel mehr Leute an der Universität als damals an diesen Mittelschulen.

Da ich meine Sehnsucht nach einem frohen Sinn des Lebens, nach einem ruhespendenden Sinn der Welt nicht abtöten konnte, ja sie sogar stärker war als alle Angriffe gegen sie, suchte ich nun selber meinen Weg.

Zuerst versuchte ich es auch bei gewissen Lehrern. Der für Geographie und Geschichte entmutigte mich. Er konnte zwar schön erzählen, ich folgte seinem Unterricht sogar recht gern, aber er drang nicht durch zu den Fragen nach dem Warum und Wozu. Der Biologie-Lehrer liebte Diskussionen, sie bewegten sich aber um den Darwinismus, um Lamarck, ein wenig auch um Freud. Es war ihm interessant. Aber Religion belächelte er als etwas Überholtes. Und den Sinn des Lebens sah er ebenfalls in einem bloßen Mitmachen in der Gesellschaft. Schließlich braucht man im gesellschaftlichen Verkehr auch Diskussionen auf diesen Gebieten.

Die einzige Hoffnung blieb der Lehrer für die niederländische Sprache und Literatur, Mirande. Und er blieb es bis zuletzt, bis zur

Matura. Er hatte ein gutes Gespür für Literatur, für Kunst. Er durchschaute die Gesellschaft, tolerierte sogar Sozialisten — es gab *einen* sozialistischen Schüler —, zerstritt sich deshalb mit dem Direktor. Aber Religion, Sinn des Seins, Urgrund des Seins, Sinn des Lebens, das alles lag ziemlich außerhalb seiner Sicht. Schade. Denn er hätte es vielleicht verstanden. So endete er im zweiten Weltkrieg als Sympathisant des Nationalsozialismus, und damit endete seine Karriere, die ihn vielleicht auch sonst nicht weiter geführt hätte, als eben Lehrer an einer HBS zu sein.

Mirande entdeckte meine literarische Ader. Er lobte mich, das tat mir gut, inmitten all des Tadels wegen meiner Uninteressiertheit, meiner Unfähigkeit. Er bewunderte meine Aufsätze, las sie als Beispiel guten Stils vor, er bestaunte meine ersten poetischen Versuche und förderte sie.

»Du bist wirklich ein Dichter, Fritz, glaube mir. Bleibe bei dieser Beschäftigung. Du wirst nicht reich dabei werden. Aber vielleicht berühmt. Und das befriedigt schließlich doch mehr als Geld. Wenn Du die Matur hier hast, so mach das Staatsexamen in Griechisch und Latein und studiere Literatur. Dann kannst Du schließlich auch Lehrer werden. Da hast Du Dein Auskommen. Du könntest Bücher schreiben. Ich erwarte, daß Dein Name bekannt wird. Die anderen sind Philister, blöde Bürger. Du gefällst mir.«

Er brachte Gedichte von mir in Zeitschriften unter und unterstützte mich bei meinen Schwierigkeiten, die ich fast fortwährend mit dem Direktor und anderen Lehrern hatte.

Dem Direktor waren meine Gedichte eine Herausforderung. Anstatt ehrlich Physik zu lernen, träumt dieser unruhige, unverständliche Junge über Gedichten.

»Davon kannst Du nicht leben. Das führt nur zu Revolutionen. Schau, alle diese heutigen Dichter sind Rote. Aber unsere Großen sind Lorentz, Kamerlingh Onnes, Physiker, weltberühmt!«

Und er beschlagnahmte mehrere Gedicht-Hefte. Ich sah sie niemals wieder.

Da auch Mirande mir nicht den Weg zeigen konnte, also auch die nicht-jüdische Seite offenbar nichts wußte von dem, was für mich der Schlüssel der Sehnsucht war, beschloß ich, selber zu suchen. Es mußte doch etwas geben. Ich stand der Menschheit gläubig gegenüber. Ich hatte Vertrauen. Schließlich hatte ich noch nichts gelesen. Es müßte schon Derartiges geben. Daß die anderen nichts davon gehört hatten, beunruhigte mich zwar. Denn ich stellte mir vor, daß man, sobald man etwas von dieser Fragestellung hören würde, die gleiche Frage in sich selber entdecken müßte als Grundfrage, als Urfrage, als Anfang alles Fragens überhaupt. Und daß dann die Antworten doch alle auf den richtigen Weg führen würden..

Was mir aber oft geschieht: Ich will solche Hypothesen nicht für wahr halten. Ich suchte, aber ich suchte wahrscheinlich voller Ratlosigkeit. Denn wenn es etwas auf diesem Gebiete gab, dann hätten es andere gewiß auch gefunden, und dann wären diese anderen doch nicht mehr so stumpf, so beschränkt, so nicht-menschlich. Und wie verhielten sich dann diese Bücher aus der nicht-jüdischen Welt zu dem Wissen, von dem ich annahm, daß meine Ahnen es besessen hatten? Denn das weder diese noch jene etwas hatten, das war unausdenkbar. Das wollte ich einfach nicht denken. Ich suchte also hier, suchte dort, und in mir rief eine Stimme, spöttisch, höhnend: »Such nur, du wirst lange suchen und nichts finden.«

Ich träumte in jener Zeit oft, daß ich ganz allein in einer Wüste umherirrte. Und immer gab es Variationen zu diesen Wüstenträumen. Das einemal gab es einen typischen Intellektuellen, etwa im Bilde einer meiner Lehrer, der mir sagte, ich solle doch tun, was alle täten. Das würde meine Eltern freuen, und man solle doch Vater und Mutter ehren. Das würde mir selber auch Ehre und Reichtum einbringen und ein gesundes, schönes Leben.

Ein anderes Mal war es ein überaus schönes Mädchen, das mir sagte, ihre Eltern erwarteten mich in ihrem schönen Hause. Ich müsse aber ein Gelehrter werden, den die Welt ehre.

Doch sehr oft blieb ich allein in der Wüste und mußte feststellen, daß es überhaupt keine anderen Menschen gab. Nahrung, ganz wenig übrigens, erhielt ich von Vögeln, die mich mitleidig anstarrten. Sie brachten sie mir in ihren Schnäbeln.

Und ich wußte wirklich noch sehr wenig, fast nichts. Ich konnte zwar lesen, ich konnte dürftig übersetzen. Dabei blieb es aber. Und das war bitter wenig.

Manchmal sah ich eine Fatamorgana, und am Ende lief ich nicht mehr dahinter her, sondern blieb einfach, wo ich war. Die Einsamkeit in diesen Träumen bedrückte mich sehr. Sie machte mich aber wiederum stolz und noch eigensinniger als zuvor.

Ich frage mich, warum der Zufall mir gerade Schopenhauer brachte, der die ganze Philosophie nach sich zog.

Eines Tages, müßig durch den Haager Büchermarkt stöbernd, erstand ich für einen halben Gulden ein Buch über Schopenhauer. Es war von einem gewissen Professor Rickert. Ich war vielleicht 15 Jahre alt, Philosophie war mir etwas Unbekanntes. Den Namen Schopenhauer hatte ich natürlich schon einmal gehört, und im Buch fiel mir beim Blättern etwas auf, was mich packte. Ich weiß jedoch nicht mehr, was es eigentlich war.

Dieses Büchlein eröffnete eine neue Lebensphase. Bald nämlich kaufte ich auf dem gleichen Markt für gebrauchte Bücher einen vollständigen, mehrbändigen, zerrissenen Schopenhauer, und ich las ihn systematisch vom ersten bis zum letzten Wort. Nun folgten bald Kant, Hegel, Nietzsche, kurz, alles was ich von deutschen Philosophen auftreiben konnte. Hier wurde endlich über das Leben nachgedacht. Ich dachte mit, es wurde ein überaus spannendes Abenteuer. Zum ersten Male begegnete ich Menschen, denen es um mehr ging als um Karriere, Menschen, die keine Kriege vorbereiteten oder mit Schlagworten ihr Recht behaupten wollten. Hier wurde klar nachgedacht, hier entdeckte ich eine mir jedenfalls verwandte Sehnsucht, hier wurde ehrlich über das Leben gesprochen. Ich versuchte, die Unterschiede zwischen diesen Philosophen herauszufinden, die Nuancen zu entdecken. Es bereitete mir eine ganz große Freude. Die Schule vergaß ich darüber ganz und gar. Ich lebte wie in einem Rausch, in einem herrlichen Traum. Was ging mich jetzt die blöde Mathematik an? Ob ich nun versetzt wurde oder nicht, es war mir gleichgültig. Ich würde schon gern ein Märtyrer werden, wirklich gerne, wenn ich nur diese Pracht, diese Fülle weiter studieren könnte. Die Schulnoten wurden schlechter und schlechter.

Bald folgten Leibniz, Descartes, Spinoza. Ich entdeckte, eigentlich ohne jegliche Führung, Bergson und war hell begeistert. Weder die Lehrer noch die Eltern hatten eine Ahnung, weshalb ich so jauchzend glücklich war. Es ärgerte sie reichlich, weil die Erfolge in der Schule so negativ waren, daß ich eher gedrückt und traurig hätte aussehen sollen.

Natürlich kam es in der Schule auch bald zu Konflikten. Es fing in einer Englisch-Stunde an. Ich merkte nicht, daß ich gefragt wurde. Der Lehrer schlich durch die Reihen zu meiner Bank, um zu sehen, worin ich so vertieft war. Daß es ein deutscher Philosoph war, brachte ihn völlig aus dem Konzept. Eine Sportzeitung oder ein Mädchenbild hätten ihn gewiß nicht so verwirrt. Das Buch wurde beschlagnahmt, und ich mußte mich beim Direktor melden.

Dort erhielt ich eine gesellschaftlich sehr gescheite Predigt. Ich sollte doch eben nur das lesen, was ich brauchte. Philosophie aber brauchte ich nun einmal nicht. Nur, falls ich es später studieren würde, wäre es natürlich etwas anderes. Da ich aber von dieser HBS aus Philosophie kaum würde studieren können, nütze es doch überhaupt nichts. Ich hörte mir das an und dachte bei mir: »Wie unverzeihlich dumm ist doch so ein Mensch!«

Und es wurde mir klar, daß es in dieser Umgebung offenbar keinen Menschen gab, der etwas von all diesem verstand. So beschloß ich, darüber einfach nicht mehr zu diskutieren. Mit Blinden spricht man nicht über diese farbenfrohe Welt. Deshalb empfand ich es auch nicht einmal als Betrug, als ich dem Direktor versprach, mich nun ganz dem Unterricht zu widmen. Ich dachte nur: »Ich muß eben in Zukunft vorsichtiger sein und muß einfach so tun als ob.«

Es ließ sich aber nicht vermeiden, daß ich noch einige Male in flagranti ertappt wurde. Die Eltern wurden benachrichtigt, mir wurde gedroht, von der Schule verwiesen zu werden. Ich nahm alles auf mich, wurde nur geschickter und überlegender.

Das alles half mir aber nicht, in den Schulfächern bessere Noten zu erzielen. Ich verdiente sie auch nicht, da mich diese Fächer zu wenig interessierten, ich den gelernten Stoff nicht im Gedächtnis behalten konnte und manches auch einfach nicht verstand. Ich war zu voll von dem anderen. Der schulische Stoff kam mir blöde, unsinnig, die Art des Unterrichts kindisch und schlecht vor. Das Ganze ekelte mich derart an, daß ich wirklich nicht lernen *konnte*. Ich machte den Vergleich, daß ich auch nicht verfaultes Hundefleisch hätte essen können, oder einen Teller voll Fliegen, gemischt mit Wanzen. Als ich dieses Bild zu Hause einmal als Entschuldigung benutzte, griff sich mein Vater an den Kopf. Das sei doch unmöglich, die Schule vermittele doch Bildung, Fortschritt. Nein, behauptete ich, die Schule züchte Feiglinge, Dummköpfe, Opportunisten heran. Der Vater blätterte in den zu Hause nun offen herumliegenden Philosophen, tat böse und war, ich glaube, doch ziemlich stolz. Nur prophezeite er mir noch viele Schwierigkeiten auf meinem Wege. Ich nickte und empfand ein Leiden für eine solche Sache gar nicht als Schwierigkeit, schwierig wäre es in meinen Augen nur gewesen, diese schönen Bücher zu lassen.

Erste Gespräche über den Sinn des Judentums. Ich erkenne die Realität des Judentums.

> Der selbst nicht ganz fest steht, sieht niemals ein,
> Mit welchem Recht ein Andrer starr wie Stein
> Ein Andres als er, drum Falsches, glaubt:
> Nur der Unduldsame kann duldsam sein!

Mein Wissen im Jüdischen zu vertiefen hatte ich inzwischen so ziemlich aufgegeben; keiner von den jüdischen Lehrern schien von diesen Dingen etwas zu ahnen. Selbstverständlich versuchte ich des öfteren, das Gespräch mit sich als repräsentativ hervortuenden Juden auf die Philosophie zu bringen. Sie wußten, jedenfalls damals in Holland, nichts davon. Entweder fanden sie es unjüdisch oder unreligiös, oder sie hielten es einfach für eine Zeitvergeudung. Also gab ich es auf.

Eines Tages aber kam in der Schule ein etwas älterer jüdischer Junge auf mich zu. Ich kannte ihn vom Sehen, er gehörte zur Gemeinschaft der sogenannt Frommen. Meine Eltern und ihr Kreis verkehrten kaum mit diesen Leuten. Es gab in Scheveningen ein Haus, worin zwei Synagogen waren. Wir besuchten die untere. Dort versammelten sich diejenigen, die mehr oder weniger zum Kreise meiner Eltern gehörten, also Zionisten, die aufgeklärteren Juden und was sich bei ihnen zu Hause fühlte. Im oberen Stockwerk aber beteten die Chassidim, zum großen Teil Antizionisten, die weltliche Bildung ablehnend.

Mich hatten diese Kreise nicht gerade angezogen, ich fand sie unästhetisch, beschränkt und fanatisch. Die Gespräche mit jungen Leuten aus diesen Kreisen hatten ergeben, daß sie genauso wenig interessiert waren an den Fragen nach dem Sinn des Lebens, wie die zionistischen Kreise. Die letzteren waren jedenfalls ästhetischer anzusehen, gebildeter, und standen dem, was ich von zu Hause kannte, näher.

Dieser Junge aber, ich nenne ihn hier Kalman Lindenbaum, weil ich in diesem Falle lieber den richtigen Namen verschweigen möchte, trat auf mich zu, sagte, es hätte ihn gefreut zu sehen, daß ich "fromm", wie man es damals bei uns nannte, lebte, und er lade mich ein, in den Jugendkreis dieser Orthodoxen einzutreten. Ich solle einmal kommen und es mir ansehen.

Und damit begann für mich wiederum eine ganz neue Lebensphase. Obwohl sie etwas später eintrat als die Entdeckung der großen Philosophen, wirkte sie mit dieser ersten Wende doch stark zusammen. Der Kreis um Kalman, der Jugendverein "Esra", interessierte mich eigentlich wenig. Die ungefähr 30 jungen Leute in meinem Alter sagten mir nicht viel. Kalman aber desto mehr. Denn Kalman war ein aufgeweckter, reifer Junge, der ernsthaft nachdachte. Er wurde mein erster intimer Freund, und er blieb der einzige. Als unser Kontakt durch seine Abreise nach Litauen, Mitte der dreißiger Jahre, zuende ging und sich nach dem Kriege nicht nur nicht erneuerte, sondern sogar ein Bruch eintrat, folgte ihm kein anderer. Für meine Entwicklung aber war Kalman von großer Bedeutung.

Durch ihn lernte ich jüdische Literatur kennen, die sich jedenfalls ernst mit den Dingen beschäftigte, die mir schon so lange nahegelegen hatten. Ich sah jetzt, wie man in diesem Leben wirklich auf bestimmte Dinge aufmerksam gemacht werden muß, da man sonst einfach ohne Wissen darum weiterzuleben hätte. Es fehlte eben an Führern, an richtigen Schulen. Und man mußte von diesen Dingen nicht nur wissen, man mußte sich wirklich mit ihnen beschäftigen, man mußte lesen, studieren, darüber reden.

Diese Literatur, so zum Beispiel die Werke und Kommentare von Samson Rafael Hirsch, von Isaak Breuer, von Lehmann, Pinchas Kohn, zeigten mir, daß man also doch auch im Judentum nachdachte. Wenn mich diese Werke auch nicht ganz befriedigten, sie gaben mir Hoffnung. Ich lernte nun auch frühere jüdische Philosophen kennen, so zum Beispiel den Kusari von Jehuda Halevi, den "Führer der Verirrten" von Maimonides, Werke von Josef Albo, von Luzzatto. Ich verschlang sie nun ebenso wie die nicht-jüdischen Philosophen.

Mehr als diese Bücher aber wurden uns unsere stundenlangen Gespräche. Kalman sagte später einmal, er wäre ohne mich nie zu dem gekommen, was er damals erreichte. Ich war dabei fast nur Zuhörer. Kalman sprach suggestiv, überzeugend, begeistert. Und ich hatte den Eindruck, daß er ehrlich war, und daß er jedenfalls auch das eigentliche Problem erkannt hatte.

Ich hörte zu, höchst gespannt hörte ich zu. Nicht nur, weil das, was Kalman erzählte, mich überaus fesselte. Vor allem auch, weil ich hoffte, daß er das Entscheidende auch einmal erörtern werde. Dies blieb aber aus. Und ich dachte, daß, wenn sogar Kalman nichts davon wußte, es wohl unbekannt sein müsse.

Als Kalman 1929 in eine berühmte Jeschiwa in Litauen eintrat, ein Jahr später zurückkehrte, und von dort nicht nur nichts in diesem Sinne mitbrachte, sondern viel von seinem früheren Glanz verloren hatte, war es für mich eine große Enttäuschung. Wenn ein gescheiter, sich sehnender junger Mann wie Kalman von dort nicht dies Entscheidende mitbrachte, dann wußte man es dort eben auch nicht. Wenn man es aber in Tels nicht wußte, wo dann?

Es war ein harter Schlag für mich. Die Einsamkeit wurde immer drückender. Ich war wieder ein Stück älter geworden, aber die Kälte um mich her hatte nur zugenommen.

Wird die Erzählung nicht langweilig? Ich muß aber erzählen, daß mein Umgang mit Kalman dem Kreise meiner Eltern wie ein Verrat vorkam. Man stelle sich vor: zwischen diesen Kreisen herrschte damals fast so etwas wie ein Kriegszustand. Die Orthodoxen betrachteten die anderen als Abtrünnige, als Ketzer, kaum als Volksgenossen. Die Zionisten hingegen meinten, diese Frommen seien dunkle Reaktionäre, törichte Fanatiker, Schwindler, Schmuggler usw.

Beide Seiten hatten leider etwas recht. Ich durchschaute das zum Teil schon damals. Dennoch zog es mich immer zu den Kreisen Kalmans und seiner Eltern. Ich erkannte ihre Schwächen, ihre Unaufrichtigkeit, ihr Versagen in der Konsequenz. Aber die Leute um meine Eltern waren ebenso unaufrichtig, waren eben solche Schwindler, Schmuggler und Egoisten.

Das waren die allgemein-menschlichen Schwächen. Die Orthodoxen aber hatten den anderen etwas voraus. Sie kannten das Geheimnis der Tat. Sie belebten eine Form, ihr Leben besaß eine feste Struktur. Sie lebten mit Gott, wenn es auch oft auf primitive, egoistische Art geschah. Gott war doch für sie eine Selbstverständlichkeit. Sie sprachen und wußten von Engeln, von guten Taten, von aufopfernden Taten. Daß sie dabei oft schwach wurden und sündigten, daß sie dabei oft sehr töricht und beschränkt, daß sie Sektierer waren, streitsüchtig, eifersüchtig, war wohl nur menschlich. Die anderen aber waren nicht besser. Bei ihnen war Gott eine Nebensache, eine Art unerklärlicher Rest, ihnen bedeuteten Engel nur einen Aberglauben und eine Rückständigkeit. Nein, ich hielt zu den Chassidim. Auch wenn ich oftmals über ihren scheinbaren Blödsinn lächeln mußte.

Meine Eltern versuchten mich von Kalman abzuziehen. Nicht ganz zu Unrecht. Es gab aber keinen Ersatz für ihn. Gewiß erkannte ich seine Schwächen. Sie taten mir weh. Aber schon damals sah ich klar: Verlange von Menschen nicht das Ideal, verlange keine Vollkommenheit. Die Kritiker sind oft nicht besser. Im Gegenteil, sie sind oft dümmer und boshafter. Und auch das sahen meine Eltern ein. Und auf die Dauer ließen sie mich also gewähren.

Der Schule gereichte das alles bestimmt nicht zum Vorteil. Es wurde immer schwieriger. Schließlich ist solch eine HBS-Matura keine Kleinigkeit. Und ich lernte kaum, und das Wenige behielt ich nicht.

Jetzt bekam der Umgang mit Kalman Schuld an allem, und ich erfuhr, daß die Angriffe aus dem Kreise um meine Eltern kaum mehr rational zu erklären waren. Denn welche Wichtigkeit besaß ich als junger Mann von 18 Jahren. Ein Genie war ich doch bestimmt nicht. Ich konnte ja nicht einmal die Schule ohne Schwierigkeiten hinter mich bringen. Was wollte man also von mir. Der Kampf ging fast auf Leben und Tod. Man wartete auf mich, wenn ich abends durch ein Wäldchen nach Hause ging, um mich zu verprügeln, wie ich später vernahm, sogar um mich womöglich zu töten. Die Täter würden unbekannt bleiben. Durch einen Zufall und aufgrund einer Warnung nahm ich dann einen anderen Weg.

Auf jede nur erdenkliche Art machte man mir das Leben schwer.

Man verleumdete mich, verspottete mich. Meinen Eltern erging es bald nicht viel besser, als man erkannte, daß sie mich nicht ernstlich daran hinderten, den Weg zu gehen, den ich nun einmal gewählt hatte. Die Lehrer in der Schule gaben ihre Hoffnungen für mich auf. Der Vater war krank, schwer krank, und ich wußte, wie es ihn grämte, daß ich so lebte, daß ich nicht einfach tat, wie jeder andere in seinen Kreisen. Mutter warf mir vor, den Vater noch kränker zu machen, bat mich, Mitleid mit ihm zu haben. Und ich wollte, aber konnte eben nicht. Ich verstand einfach nicht, was man in der Schule unterrichtete. Ich verstand aber die schwierigsten Philosophen, ich las ausführliche Werke über die Weltgeschichte, ich verschlang Biographien, verschlang die Weltliteratur; ich schrieb selber Novellen, Gedichte, hielt Vorlesungen im Jugendverein "Esra", wurde dort, obwohl von außen kommend und Außenstehender bleibend, bald Vizepräsident und nach Kalmans Abreise nach Litauen Präsident. Den Unterrichtsstoff der Schule empfand ich dabei nach wie vor als eine ekelerregende Kost, die ich gezwungen wurde zu essen. Doch ich konnte sie einfach nicht herunterbringen.

Damals verstand ich, was unreine Speise bedeutet.

Es fehlte in meiner jüdischen Ausbildung noch etwas ganz Wichtiges, nämlich das Studium der alten jüdischen Quellen. Nachdem uns Monosson verlassen hatte, wurde der jüdische Unterricht eingestellt. Und ich wußte im Grunde noch sehr wenig, sozusagen nichts. Ich konnte gerade lesen und notdürftig übersetzen. Es blieb bei diesem bitter Wenigen.

Aber auch hier entstand die Situation, wie ich sie aus der holländischen Schule kannte, ich *konnte* einfach nicht. Es sagte mir nichts. Ich empfand die Tüfteleien als etwas Sinnloses. Was ich suchte, fand ich nicht. Ich fand, daß die jüdisch-philosophischen Werke weniger klar waren, weniger überzeugend, als die nicht-jüdischen.

Inzwischen hatte ich auch Plato und Aristoteles kennengelernt, und ich fand bei den jüdischen Philosophen viel von Aristoteles wieder. Ich hatte Thomas von Aquin studiert, Niklaus von Cues, und diese entzückten mich. Obwohl auch dort noch viele Fragen nicht allein unbeantwortet blieben, sondern, noch erschreckender, viele dieser wesentlichen Fragen wurden überhaupt nicht gestellt. Es schien, als ob man nicht ahnte, worum es sich handelte.

Immer wenn man diese Fragen nicht einmal erkannte, verlor man sich in Beweisen, daß man selber recht und die anderen unrecht hatten. Sobald ich das bemerkte, witterte ich schon Gefahr. Man schob seine eigene Unsicherheit dem anderen zu, indem man bewies, daß der Andere unrecht hatte.

Dennoch spürte ich, daß ich niemals ein endgültiges Urteil fällen könnte, solange ich nicht selber, also selbständig, die Quellen des alten jüdischen Wissens studiert haben würde.

Nach einigen Jahren des Stillstands nahm mein Vater einen jungen Mann aus Rumänien, Merling, als Privatlehrer für jüdischen Unterricht für mich an. Ich sehe noch die Situation vor mir.

Ein rötlicher junger Mann stand auf den obersten Treppenstufen und hielt meinem Vater einen geöffneten Kasten hin. Darin lagen Bleistifte, Papier, Seife, Bürsten. Mein Vater sprach längere Zeit mit ihm, als wenn er ihm nur etwas hätte abkaufen wollen. Ich fing einige Worte dieser Unterhaltung auf. Der Mann kam aus Siebenbürgen, und mein Vater fragte ihn, ob er nicht etwas Gescheiteres tun könnte, als diese Dinge da zu verkaufen.

Es stellte sich bald heraus, daß der junge Mann, wie man das bei Juden ausdrückt, "lernen" konnte. Das heißt, er konnte etwas Talmud und Kommentare. Und mein Vater riet ihm, doch Stunden zu geben. Er fand dieses Hausieren mit dem Kasten entmutigend. Und um einen Anfang machen zu können, bot er ihm die ersten Stunden bei mir und dem jüngeren Bruder an.

Kurz, schon nach einigen Tagen fing Merling bei uns an, und bald hatte er auch einige weitere Kinder zu unterrichten. Dieses Gespräch mit meinem Vater war für Merling schicksalhaft. Er blieb mehrere Jahre Lehrer in Scheveningen, wurde später sogar in der jüdischen Schule, die inzwischen gegründet worden war, als Lehrer für die untersten Klassen angestellt. Er verdiente genügend, um später nach Amerika weiterzuwandern.

Merling gehörte zu dem Typus, den mein Vater mochte. Er war "jüdisch", das heißt, er hielt die wichtigsten Gebote und Gebräuche, blieb aber dabei äußerlich ein "Europäer". Das "Moderne" war ihm irgendwie wichtiger als das alte Jüdische.

Beim Unterricht stellte sich bald heraus, daß Merling zwar für meinen Bedarf genug wußte, daß er aber keine Ahnung hatte von einer Möglichkeit, aus diesem Wissen etwas zu entnehmen, um damit ein Weltbild aufbauen zu können. Er kannte einiges, weil man das nun einmal lernte, aber daß darin etwas mehr steckte als eben dieses Reproduzieren, darauf kam fast niemand. Dazu gehörte Merling zu den durchschnittlich Braven, aber nicht geradezu zu den Gescheiten. Auch weltlich langte sein Wissen nicht weiter als zum ganz Allgemeinen.

Ich langweilte mich, versuchte, einfach weil ich glaubte, etwas von diesen Dingen wissen zu müssen, einiges zu erlernen, konnte leidlich "ein Blatt Gemore", wie man das einfache, selbständige Lesen des Talmud nennt, lernen. Tief ging es nicht, und den Sinn verstand ich nicht. Nun ist der Sinn für die meisten der "Lernenden" nicht viel mehr als das Miterleben der scharfsinnigen Diskussionen über jedwedes Thema, meist um herauszufinden, ob nun eine Sache erlaubt oder verboten sei, richtig oder unrichtig sei. Und meist handelt es sich um Dinge, die gar nicht so wichtig erscheinen, wie die langwierigen Diskussionen darüber erwarten ließen. Es geht mehr um den überraschenden Scharfsinn, um das Anwenden der gebräuchlichen logischen Schlüsse, als um den Sinn der Sache selbst. Über den Sinn wird fast nie etwas gesagt.

Mich regten die Diskussionen nicht so sehr auf. Es war nicht viel anders als bei gewissen Schach-Problemen, die man so oder so lösen könnte, oder die manchmal überhaupt nicht zu lösen waren. Der Gegenstand des Problems selber war unwichtig. Wichtig war nur, daß es Probleme gab.

Diese Art des Lernens führte im Laufe der vielen Jahrhunderte zu einer Art von Wollust, solche Probleme zu wälzen. Man kreierte einfach Probleme, auch wenn sie nicht da waren. Man suchte Fragen, man suchte Widersprüche, man nahm Mitteilungen nicht einfach hin. Das wäre Spielverderberei. Es gehörte zum "Lernen" des Scharfsinnigen, daß er solche Probleme entdeckte, daß er sie geradezu schuf, um sie dann wieder zu lösen und zu beweisen, daß eigentlich überhaupt kein Problem vorlag. Und das alles hatte mit einem gewissen Singsang, mit lebhaftem Lärm, mit Bewegungen von Händen, Fingern, Oberkörper zusammen zu erfolgen. Es wurde zu einem Spiel um des Spieles willen. Wozu? Ach, einfach weil das nun einmal eine fromme Art war. Der "fromme Jude" hatte eben scharfsinnig zu sein.

"Ein guter Kopf", ein "Lerner", bedeutete ein Lob. Es ging dabei um gutes Gedächtnis, um eine jederzeit parate Übersicht über den Tausende von Seiten umfassenden Talmud-Komplex, und vor allem auch um die Kenntnis der Spielregeln.

Man gab sich Probleme auf, suchte zunächst, ob andere dieses Problem bereits erkannt und wie sie es gegebenenfalls gelöst hatten. Wer wirklich ein neues Problem, einen "Chiddusch", eine "scharfe Kasche" — "Kasche" bedeutet: einen schweren Fall — stellen konnte, galt als ein "großer Lerner".

Ich erkannte dieses Spiel, entdeckte auch bald, daß es niemand um etwas anderes ging als um dieses Spiel, das dann zugleich Übung bedeutete in Übersicht über das ganze Material, ich versuchte genügend zu erlernen, um hic und da mitspielen zu können und fand die ganze Angelegenheit eigentlich schrecklich traurig.

War das alles denn nur dazu da, daß man auf diese Art mit dem Stoff bekannt wurde, daß man sich und andere prüfte, ob man eine breite und tiefe Übersicht hatte? Gab es denn keine andere Möglichkeit, den Stoff kennenzulernen, zu behalten, ihn übersichtlich zu ordnen? Mußte das immer nur so gemacht werden, daß man Schwierigkeiten suchte, sie dann löste, neue Fragen aufwarf, und das alles nur nach einem äußeren Sinn? Denn nur dann galten die logischen Regeln. Sobald man den Sinn einer Sache deuten wollte, brauchte man kaum diese Regeln, und es war dann auch nicht nötig, etwas von diesen Regeln anzuwenden. Und wie, um des Himmels willen, konnte man diese Dinge deuten? Ethisch, moralisch, hygienisch? Benötigte man zum Aufbau einer Ethik, einer Moral, der Reinheit, diese komplizierten Wege? Im Gegenteil, es wurde dann eben erst recht schwierig. Und oft waren die Schlüsse gar nicht so schön, oft waren sie hart, undurchsichtig. Darum kümmerte man sich meistens nicht. An die Spielregeln der Diskussion hatte man sich gehalten, was dabei herauskam, mußte nun schließlich auch als Gebot oder Verbot gelten.

Ich versuchte nun, den Talmud auf andere Weise zu verstehen, es gelang mir aber nicht. Überdies konnte ich noch viel zu wenig, ich übersah einfach noch nicht den ganzen Komplex.

Etwa ein Jahr später entwickelte sich in Scheveningen eine "Talmud-Thora", so nennt man eine Schule, in der junge Leute zwischen 13 und 18 Jahren das "Lernen" erlernten. Hauptsache ist dann eben der Talmud. Ganz wenig wurde auch "Chumesch", das ist der Pentateuch, gelernt. Übersetzen und die gebräuchlichen Kommentare. Dort wurde kaum gefragt, auch wenn manches zu fragen gewesen wäre. Das gehört nicht zum Spiel. Beim "Chumesch" langweilen sich die anderen. Erst beim Talmud, vor allem bei der "Gemore" wird es lebhaft.

Die "Talmud-Thora" hatte zu Anfang einen Lehrer namens Rappaport, später einen namens Wachsmann. Beide waren fromme, bärtige Juden. Sie benahmen sich wie eine Art Rabbiner. Das heißt, sie wollten gerne führend sein in jüdischen Angelegenheiten. Das bedeutete, sie hatten es gerne, wenn man sie befragte über Gebote und Verbote. Zum Beispiel, ob ein Huhn gegessen werden durfte, wenn etwas von den Organen nicht genauso aussah, wie man es gewohnt war, oder ob man eine gewisse Speise am Sabbat essen durfte, weil sie nicht ganz eindeutig vor dem Sabbat zubereitet worden war. Fragen, die Anlaß gaben zu scharfsinnigen Ausführungen, zu Vergleichen, zu Widersprüchen.

Ich kam erst in die "Talmud-Thora", als Rappaport ausgewandert war und Wachsmann der Leiter wurde, eine mittlere Klasse von einem Lehrer Schächter geführt und die untere Klasse unter

Merling gestellt wurde. Die "Talmud-Thora" zog in das Gebäude, in dem auch die beiden Gruppen, die zionistische und die "fromme" ihre Betstuben hatten. Sie bezog den obersten Stock, und ich kam in die Klasse von Lehrer Schächter.

Schächter galt als scharfsinniger "Lerner". Man schätzte ihn als solchen.

Einige Jahre blieb ich in dieser "Talmud-Thora", bis zu meiner Matura. Wir hatten jeden Sonntag, von 9 bis 12 Uhr, jeden Dienstag und Donnerstag, an den schulfreien Nachmittagen, von 4 bis 7 Uhr Unterricht. Und am Sabbatnachmittag wurde das Gelernte geprüft.

Es galt als richtig, die Gemore-Seiten auswendig rezitieren zu können, und als selbstverständlich, um die Diskussionen auf diesen Seiten scharfsinnig darstellen zu können. Beim "Prüfen" am Sabbatnachmittag — man nannte es "Verhören" — beteiligten sich die als "gelehrt" geltenden Familienväter der "frommen" Gemeinde. Die Schüler der "Talmud-Thora" waren fast ausnahmslos aus dieser Gemeinde rekrutiert.

Aus dieser Beschreibung ist ersichtlich, daß meine Eltern immer mehr meinen Weg als gültig anerkannten. Die Söhne aus ihrem Bekannten- und Verwandtenkreis verspotteten die "Talmud-Thora", verlachten den Singsang, wußten nichts von dem, was dort vorging. Sie besuchten Tanz-Klubs, gingen mit Mädchen, betrieben Sport, hatten ihre zionistischen Vereine und ihren "Makkabi", den jüdischen Sportverein mit selbstverständlich zionistischer Prägung.

Mein jüngerer, einziger Bruder, war nur ganz kurz in dieser "Talmud-Thora". Er fand sehr bald seinen Weg in die zionistischen Vereine, wurde dort gerne akzeptiert. Ich wurde für diese Leute ein "outcast". Mit meinem Bruder behielt ich aber ein ausgezeichnetes Verhältnis. Er bewunderte meine Interessen, meine Kenntnisse, belächelte ein wenig meine Weltfremdheit. In seine neue Welt fand ich aber keinen Zutritt. Er erzählte auch kaum von ihr. Meinen Eltern war er der "zweite" Sohn. Er war nicht brillant, sie mochten ihn, aber von mir erwarteten sie Großes, und das hatte ich keineswegs erfüllt.

In der "Talmud-Thora" lernte ich etwas vom Umgang mit dem

Talmud. Aber sicher nicht viel. Von den etwa zehn Schülern war ich der schlechteste. Man behandelte mich wohlwollend als einen etwas fremdartigen Gast. Man war stolz darauf, daß ich mich zu ihnen eingefunden hatte, denn schließlich war ich in der Scheveninger Gemeinschaft von einigen hundert jüdischen Familien ein "Fall". Wahrscheinlich sogar der einzige. Alles andere ordnete sich mehr oder weniger in seine Gruppe ein. Ich war ein Überläufer. Und da ich als irgendwie "außergewöhnlich" galt, waren die einen stolz, daß solch einer zu ihnen gestoßen war, und die anderen waren erbost und gehässig, weil ich in ihren Augen ein Verräter, ein Abtrünniger war.

Ich erlernte also den Umgang mit der Gemore, aber, wie gesagt, nur sehr dürftig. Man spürte mein mangelndes Interesse, meine Weigerung oder mein Unvermögen, mitzumachen. Denn inzwischen war auch allgemein bekannt geworden, daß ich in der HBS ebenfalls ein sehr mittelmäßiger Schüler war. Es scheint aber, daß etwas Anderes von mir ausstrahlte. Denn von meinem heimlichen Philosophie-Studium wußte niemand etwas, es hätte auch niemand interessiert, und von meiner Sehnsucht hatte man ebenfalls keine Ahnung, weil so etwas einfach nicht vorkam und im jüdischen Leben auch kaum formuliert werden konnte. Sogar heute ist es mir außerordentlich schwer, Juden zu erklären, was meine Tätigkeit eigentlich ist. Wenn ich sage, ich sei Universitätsprofessor in mathematischer Statistik, dann blicken sie mich ehrfurchtsvoll an. Es bedeutet für sie: „Also ein scharfsinniger Kopf, der bei den anderen Anerkennung gefunden hat". Sage ich aber, ich beschäftigte mich mit den Grundlagen des Seins, mit der Deutung des Sinnes der "Gemore", des "Midrasch", des "Sohar", dann schauen sie mich befremdet an. Und dann nennen sie manchmal zaghaft die Namen von früheren jüdischen Philosophen und meinen, diese hätten es schon beschrieben.

Sie nennen sie zaghaft, weil sie meist diese Philosophen selber nie gelesen haben, und weil sie, falls sie sie gelesen haben, nicht verstehen, daß man sich auf die Dauer damit abgeben könne.

Wenn ich dann noch hinzufüge, diese Philosophen hätten Aristotelische oder arabische Vorbilder, dann weicht man scheu zurück.

Man hat keine Ahnung davon, glaubt, sie hätten es irgendwo vom Heiligen Geist empfangen. Und wenn ich dann noch hinzufüge, diese Philosophen hätten eben nicht wirklich den Sinn des Ganzen gesucht, jedenfalls in ihren Werken davon nichts angezeigt, was umstürzend sei, was den ganzen Komplex der Überlieferung erkläre und in das Leben hineinführe, dann glaubt man mir einfach nicht, hält mich für einen Wirrkopf, einen von den nicht-jüdischen oder zionistischen Kritikern Angesteckten. Wenn man mich persönlich nett findet, zuckt man die Achseln, verweist auf irgendein frommes Buch, das dann im Sinne der allgemeinen Homiletik Allegorisches ausführt. Was ich tue, ist also noch heute für diese Juden eine Aberration, unnützes Treiben.

Sehnsucht und Aggressivität, Ratlosigkeit und Verzweiflung.

So blieb die "Talmud-Thora" für mich eine genauso unerfreuliche Angelegenheit wie die Mittelschule. Es bedrückte mich. Oft fühlte ich mich wie ein großer Versager. Ich beobachtete die Enttäuschung meiner Eltern. Daß sie es nicht überhaupt gänzlich aufgaben, wundert mich. Was konnten sie noch in mir sehen?

Ich wurde apathisch auf diesem Gebiet. Wohin sollte ich mit meiner Sehnsucht gehen? Die Sehnsucht produzierte eine enorme Energie bei mir. Ich fühlte mich voll, geradezu zum Explodieren.

Die Betätigung in der "Esra" gab mir schon einiges, um meine Energie los zu werden. Vieles aber ging jetzt bei mir in Richtung Sport. Vielleicht suchte ich dort meine Angriffslust abzureagieren.

Schon früher, als Zehnjähriger und noch früher, hatte sich diese Energie entladen in der Anführung von Spielen auf der Straße und vor allem bei jugendlichen Straßenkämpfen. Ich war Rädelsführer, kam oft mit zerrissenen Kleidern nach Hause, mit blutigen Knien und ramponiertem Gesicht.

Es tat mir wohl, daß Altersgenossen, oft aber auch ältere Jungen, mich selbstverständlich als ihren Führer anerkannten. Meinen Eltern tat diese Art Anerkennung freilich weh. Schon damals.

In den Jahren zwischen meinem 15. und 19. Lebensjahr wandte sich meine Energie — also neben der Vorstandstätigkeit in der

"Esra", später in der Landes-Jugendgruppe der "Aguda", d.h. der orthodoxen jüdischen Weltorganisation — vor allem der sportlichen Betätigung zu.

Das war natürlich gar nicht im Sinne der "Esra" oder der "Aguda". Man sah es bestimmt sehr ungerne, ja sogar mit Abscheu. Aber man nannte mich nun einmal einen Sonderfall und duldete es.

Schließlich propagierte ich ja in ihren Reihen keinen Sport. Auch meine Eltern mochten diese sportliche Betätigung nicht, denn sie lenkte doch von der Schule ab. Und ich war doch schon schlecht genug dort. Auch ohne Sport.

Ich konnte es aber nicht lassen, ja ich wurde sogar ein ziemlich bekannter Fußballer, spielte leidlich Tennis, boxte, ruderte, war ein aktiver und vor allem auch sehr aggressiver Pfadfinder. Alle Sehnsucht legte ich nun in einer Ratlosigkeit und Hoffnungslosigkeit in diese körperlichen Manifestationen.

Manchmal war es mir, als ob ich sogar den Tod suchte. Ich riskierte, was andere erschreckte. Und ich war stolz der Bewunderung wegen, aber ich war eigentlich todunglücklich. Das Letzte behielt ich aber wohlweislich für mich.

In jenen Jahren wurde ich zuerst Ironiker, bald aber auch Zyniker. Die Enttäuschung suchte sich einen Weg in meinen Äußerungen. Ich kam gar nicht zum Weltschmerz. Mich schmerzte das Leben, die Enttäuschungen, die Leere, die Dummheit und Beschränktheit, vor allem aber auch die erschreckende Einsamkeit. Ich gab aber dennoch nicht auf, blieb aggressiv-aktiv, suchte, las, studierte. Nicht den schulischen Stoff, der war mir ekelhaft und dumm, auch nicht den Stoff der "Talmud-Thora", den ich unverständlich fand, weil ich mir nicht vorstellen konnte, daß diese Juden, diese chassidischen, diese frommen, nicht den bestimmt im Talmud vorhandenen Schatz herausschälten, daß sie sich im Gegenteil in Spitzfindigkeiten der Verpackung verloren. Ich konnte es mir wirklich einfach nicht vorstellen.

Es müßte doch andere Juden geben, es müßte irgendwo bekannt sein. Ich gab nicht auf.

Natürlich liegt es nahe, daß ich diese Fragen auch an Kalman richtete. Schließlich war er mein Intimus. Er hatte immer voller Begeisterung von den hohen Qualitäten des Judentums mit mir gesprochen. Mich konnte diese selbstverständliche Annahme der weitgehenden Überlegenheit der Juden auf jedem Gebiet nicht gerade begeistern.

»Wo wissen wir denn mehr? Wo wissen wir etwas, was die anderen nicht wissen? Wir wissen ja nicht einmal, was wir tun. Ist es nicht eine unverzeihliche Faulheit, das nicht wissen zu wollen? Ihr nennt es gläubige Frömmigkeit. Warum aber diese Spitzfindigkeiten im "Pilpul"? Wo bleibt denn dort die gläubige Frömmigkeit? Ist ein "scharfer Kopf" schon gleich identisch mit einem frommen Herzen? Ich kann Dir gleich eine ganze Reihe von scharfen Köpfen in Scheveningen aufzählen, die nichts als Gauner sind, Egoisten und Tyrannen. Wo bleibt unsere Auserwählung, wenn wir überhaupt nicht wissen, wozu das alles so ist? Ich weiß, Du wirst mir gleich antworten, das wir besser seien als die anderen. Das kann hie und da schon stimmen. Das ist aber nur die Folge dessen, daß wir immer die Verfolgten waren. Der Leidende wird sanft, sein Verfolger wird dumm und hart. Wie kann ich aber dem Leben einen Sinn geben als Jude? Einen besseren, einen anderen als ihn die Anderen haben? Ich sehe, die Anderen kümmern sich mehr darum als wir. In dieser Hinsicht leiden eben die Anderen. Die Juden sind aber noch gar nicht bei diesen Fragen angelangt. Sie verlieren sich im Spiel der Gescheitheiten, der Übergescheitheiten.«

Stundenlang, tagelang sprachen wir davon. Aber Kalman konnte mir keine Antwort darauf geben. Er enttäuschte mich schrecklich. Denn ich mochte ihn sehr, ich bewunderte ihn sogar. Und deshalb bekam ich auch großes Mitleid mit ihm. Wie konnte er nur leben ohne diese Grundfragen zu stellen?

Kalman interessierte sich für inner-jüdische Politik. Er war ein ausgezeichneter Polemiker den Zionisten gegenüber. Ich erinnere mich, wie einmal der bekannte fromme, aber zionistische Antwerpener Rabbiner Raw Amiel in Scheveningen vor einem großen Publikum einen Vortrag hielt. Der kaum 18-jährige Kalman erdrückte den berühmten Mann mit einigen scharfen Fragen vollkommen. Es war eine Katastrophe.

Dieser inner-jüdische Kampf war für Kalman die Hauptsache. Das andere war für ihn qua Definition auf jeden Fall nur von sekundärer Bedeutung. Deshalb kam er gar nicht auf diese Fragen nach der Welt, nach dem Menschen überhaupt. Für ihn hörte die Welt bei den Grenzen des Judentums auf. Für mich bestand die Welt aus Judentum *und* den anderen.

»Du stehst mit einem Fuß bei uns und mit dem anderen bei den Völkern. Du wirst doch einmal wählen müssen. Du wirst dann schon uns wählen. Es ist gut, daß Du von den Völkern so viel weißt. Das können wir brauchen in unserem Kampf mit den Völkern. Du kannst dabei von großem Nutzen sein.«

»Nein, Du verstehst mich nicht. Der *Mensch* ist in das Bild Gottes erschaffen. Abraham ist in seinem Namen der Vater auch der Völker. Wir müssen achtgeben, daß wir vor lauter Abwehr nicht nur uns sehen. Das ist unrealistisch. Die anderen leiden genauso, freuen sich genauso.«

»Was gehen uns die anderen an? Wir haben schon genug an uns selber. Sollen die nur ihre eigenen Angelegenheiten ordnen. Was verstehen schon diese Völker?«

Damit zeigte sich immer wieder der große Abgrund zwischen uns. Wie es aber unter guten Freunden so ist, wir wollten diese Kluft einfach nicht wahrhaben. Wir sprachen dann immer gleich wieder von anderen Dingen.

Doch führten die Gespräche mit Kalman für mich zu mehreren wichtigen Feststellungen. Und dafür bin ich ihm für immer dankbar. Wenn wir auch meistens erst nach langen und intensiven Gesprächen zu diesen Schlüssen kamen, ohne ihn und ohne diese Gespräche wäre ich wohl kaum schon damals zu manchen wunderbaren Erkenntnissen gekommen.

Die Ordnung bis ins Kleinste. Das Wunder der Halacha, des Weges des Menschen. Das Geheimnis des Alltags. Ich erfahre Schule und Studium wie ein Gesellschaftsspiel.

> Kein Äußerliches nur ist die Gestalt:
> Tief innen sind die Dinge mannigfalt
> Und fest gefügt. Auch Geistiges hat Form —
> Wer diese findet, findet ewigen Halt!

So diskutierten wir zum Beispiel heftig die Art des Talmud-Studiums, den Sinn der Tüfteleien bis ins Kleinste. Ich stellte die Fragen hart, ganz nach meinem innersten Empfinden, das voll der Enttäuschung und des Entsetzens war. Und ich ließ sentimentale oder nationalistische Antworten nicht gelten. Ich reagierte heftig, wenn er wieder anfing mit dem: »Wir sind besser, wir wissen nun einmal mehr.« Dann forderte ich scharf:

»Wo sind wir besser? Was wissen wir mehr? Ich beobachte zu oft das Gegenteil. Ich verlange für mich eine wahre, voll befriedigende Antwort über den Sinn des Talmud, über den Sinn der "Halacha"! Du siehst doch, ich tue alles. Also ich frage nicht zuerst nach einer befriedigenden Antwort, ehe ich die Halacha befolge. Ich befolge sie schon im Vertrauen. Ich befolge sie, weil ich weiß, daß dort das große Geheimnis steckt, und weil ich einfach aus Freude und aus Liebe nicht anders kann. Dann habe ich aber die *Pflicht*, zu lernen. Und lernen bedeutet für mich an erster Stelle: den Sinn des ganzen Lebens erfahren. Und zu diesem Sinn des ganzen Lebens gehört eben auch der Sinn der "Halacha", der Gebote und Verbote, des Weges des Menschen, der Sinn des Tuns.«

»Du forderst viel! Du willst alles auf einmal!«

Doch kamen wir beide darauf. Und allein das schon wäre Grund genug, sich über unsere damalige Freundschaft zu freuen. Wie weit wir auch heute von einander entfernt sind, geographisch und wesentlich.

Worauf wir kamen, läßt sich im Folgenden zusammenfassen:

Es sei gar nicht so widernatürlich, daß die "Halacha", also der

Komplex der sogenannten Gebote und Verbote, so bis ins kleinste Detail geordnet wird und daß man bis ins Letzte die ganze Sache durchdenkt und durchdiskutiert. Denn es scheint das Geheimnis der ganzen Schöpfung zu sein, daß sie bis ins kleinste Detail eine Ordnung aufweist. Sie ist nicht nur etwas in großen Zügen Daseiendes. Je kleiner die Dinge werden, desto wunderbarer werden doch die Zusammenhänge. Man denke nur an Schneekristalle, an die Zusammensetzung des Atoms, an Chromosome und Gene. Überhaupt, die Welt, die sich durch das Mikroskop zeigt, beweist uns, wie wichtig das Detail in der Natur ist.

Und so sei doch auch die menschliche Psyche ein wunderbares Ganzes, aufgebaut aus den kleinsten, sonst unwichtigsten Einzelheiten. Wir hatten Freud gelesen, diskutiert, uns gewundert, abgelehnt und doch wiederum staunend die Tatsache dieser Zusammenhänge annehmen müssen. Vergessen, kleine Eindrücke, unauffällige Bemerkungen, usw.

Und wie funktionierte nicht alles in der Welt, im menschlichen Körper, gerade in Abhängigkeit von den kleinsten Details. Blut, Hirn, Nieren, man wisse noch gar nicht, wie weit das alles bis ins Kleinste gehe. Und wenn man ein Rezept vom Arzt erhält, so erwartet man ja auch, daß es in der Zusammensetzung der Stoffe genau stimmt. Ein Zehntel zu viel oder zu wenig könnte tödlich sein. Überhaupt, Physik und Chemie waren doch eben deshalb exakte Wissenschaften, weil alles bis ins Kleinste hinein eine Ordnung zeigte.

Wenn also die Schöpfung dies so eindeutig beweise, im Physischen wie auch im Psychischen, dann wäre es also auch nur ein Beweis seiner Richtigkeit, seiner Übermenschlichkeit, also eben auch seiner Göttlichkeit, wenn das Tun im Alltag eine Ordnung aufweise. Und daß diese Ordnung, wenn sie ernst genommen wurde, nun eben auch bis ins kleinste Detail stimmen müßte. Die Wirklichkeit ist nun einmal aufgebaut auf ein Fundament, das sich noch weit hinter dem mikroskopisch Wahrnehmbaren ins Ungreifbare, ins Unfaßbare verliert.

Darum müsse also tatsächlich alles bis ins Letzte diskutiert werden. Das sei dann eben erst ein Beweis seiner Wirklichkeit. Gerade das Unwirkliche sei vage, sei nur Gerede. Das Sich-befreien-wollen vom Gesetze dürfe nicht mißverstanden werden als ein Sich-befreien-können aus der Schöpfungsordnung. Freiheit sei etwas ganz anderes als das, was die Menschen als solche bezeichneten. Schließlich gälten auch für das menschliche Denken Gesetze, Gesetze der Logik, der Kausalität, der Vernunft. Und alles, was sich in unserer Welt als Erscheinung ausdrückt, schien diesen Ordnungen bis ins Letzte unterworfen zu sein. Oder sonst hier überhaupt nicht zu sein, nicht zu existieren.

*

Viel Schwächen gibt's. Die ärgste ist von allen,
Vor seinen Einsichten zurückzuprallen,
Weil man nicht fähig ist, danach zu leben:
Da läßt man lieber auch die Einsicht fallen.

Wir hatten also Frieden mit dem Suchen bis ins Kleinste. Zugleich aber stellte ich — auf Grund dieser wunderbaren Ordnung bis ins Mysterium — an mich selbst die Forderung, das Leben auch als etwas Wunderbares zu erfahren, dann also wiederum nicht nachlässig zu werden dort, wo es um das Große, das für den Alltag Relevante ging. Dann sollte man auch Ästhetik fordern, Harmonie, dann galten die Gesetze der Gesellschaft doch auch, die Ordnung des Berufes, dann war Kunst wichtig, Rechtschaffenheit, Ehrlichkeit nach allen Seiten. Denn die Ordnung im Kleinen sei doch nur eine Entsprechung der Ordnung im Großen.

Das bedeute also, daß man das Leben in allen Phasen seiner Äußerungen ernst zu nehmen hatte, daß allein schon die Freude an der allgegenwärtigen Harmonie eine Garantie sei für ein glückliches Leben.

Dazu müsse man doch aber diese Harmonie wieder überall entdecken, das hieße also, den Sinn dieses Lebens entdecken. Es war für uns da, und seine Entdeckung ergebe sich eben, wenn man den Alltag nach dieser Ordnung erfahre. Das sei der Sinn des "Lernens", und nicht ein Spiel zum Schärfen des Verstandes.

Ich weiß nicht, inwiefern Kalman die gleichen Schlüsse zog, wie ich. Ich glaube, daß er größtenteils anders dachte, nämlich im Sinne von: »Also wir sind auserwählt, weil wir diesen wunderbaren Komplex der "Halacha" haben. Das kann kein anderer verstehen. Die anderen können nur neidisch werden, und das sind sie denn auch.« Er blieb wahrscheinlich im Gegensatz stecken, er fühlte sich trotz allem unruhig, unsicher, und brauchte Bestätigung seines Wertes.

Denn auch auf diesem Gebiet bewegten sich unsere Gespräche. Ich hatte einen totalitären Anspruch. Das Leben sei zu groß, zu wichtig, zu wunderbar, als daß man sich begnügen könne mit Frieden für ein Volk. Was sei schon ein Volk heute, fragte ich immer. Mir war sogar die ganze Welt nicht genug, ich suchte die Verbindung mit anderen Welten, mit anderen Wirklichkeiten, mit Ewigkeiten.

Kalmans Lebenslauf zeigte schließlich den Ausdruck seiner Träume, seiner Schau. Er wurde ein übrigens nicht ganz wichtiger Politiker in der übrigens heute nicht so wichtigen Weltorganisation der orthodoxen Juden, der "Aguda", und er wurde in einem überseeischen Lande Direktor einer jüdischen Schule. Die Welt blieb ihm fremd. Er benutzte sie, er kannte sie aber nicht. Er traute sich die Welt nicht an, wie ein Mann sich eine Frau antraut, um mit ihr eine neue Einheit zu werden.

Auch mit Kalman gelang es mir also nicht, einen Sinn in der Art des jüdischen Talmud-Studiums zu finden. Immer mehr wurde mir bewußt, daß es sich bei diesem Talmud, bei der ganzen Mündlichen Lehre, um ein einzigartiges, wunderbares Phänomen handelte, das aber unzugänglich geworden war, weil man den Schlüssel verloren hatte. So blieb ich eigentlich ein Außenseiter in diesem Talmud-Studium, so wie ich ein schwacher Schüler in der Schule blieb. Ich wußte, daß es nicht am ausreichenden Verstand fehlte. Ich verglich meine Möglichkeiten auf dem Gebiet des Verstandes mit denen jüdischer Knaben, die sich auszeichneten durch Scharfsinn bei ihrem Talmud-Studium, die gelobt und gepriesen wurden, weil sie eben solche "scharfen Köpfe" waren. Und ich beruhigte mich, denn ich konnte mehr, verstand mehr als sie. Dennoch konnte ich aber an dieser Art von Talmud-Studium mich nicht beteiligen. Es war eine psychische Hemmung. Ich verstand es. Es war eine Art von Impotenz, und ich sah ein, daß ich sie nicht mit Vernunftgründen bekämpfen konnte.

So war es auch in der holländischen Schule. Die guten Schüler waren gar nicht gescheiter, sie hatten kein besseres Gedächtnis. Aber auch dort spürte ich, daß es ganz andere Gründe waren, warum ich nicht gut mitkam. Ich sah auch ein, daß ich meine Aktivität so regulieren konnte, daß ich gerade noch in die nächste Klasse versetzt werden konnte. Das vermochte ich also doch, mehr war mir nicht möglich. Auch hier gab es die psychische Bremse, eine Art Verklemmung.

War es die so brennende und immer noch unerfüllte Sehnsucht, welche als Riegel fungierte? Damit ich mich nicht davon ablenken ließ? Gibt es solch ein System im Menschen, wodurch er doch in die Richtung seiner Sehnsucht gelenkt wird?

Beruhigend wirkte, daß ich, wenn es darauf ankam, schon konnte. Weil es dann nur für kürzere Zeit notwendig war, weil ein direktes Ziel sichtbar war. So wurde die Matura geradezu ein Glanzstück. Lehrer und Direktor trauten ihren Augen nicht. Die Eltern fanden ihr Selbstbewußtsein wieder. Und auch ich war kindlich stolz. Ich sah, daß wenn ich wollte, mich durchaus für kurze Zeit auf all diese mir sonst dumm vorkommenden Fächer konzentrierte, ich sogar Ausgezeichnetes leisten konnte.

Das gleiche galt für das jüdische Studium. Dann fuhr etwas in mich. Ich wollte einmal zeigen, daß ich diesen Blödsinn, wenn ich es nur wollte, auch produzieren konnte, und dann war ich fähig, mich in solche Diskussionen des Spieles halber einzulassen. Und war sogar auch ausgezeichnet. Später aber ließ es wieder nach. Schade um die Zeit, schade um die Energie, sagte ich mir dann und vertiefte mich wieder in meine Philosophen, in meine Belletristik, in Biographien und dergleichen. So lebte es sich bis in mein 20. Lebensjahr. Dann kam die große Wende.

Eine entscheidende Wende. Ich stehe nun auch äußerlich allein. Die gewohnte Welt wendet sich ab. Verlassenheit, Kälte, Hunger. Es ist dunkel, aber das Dunkel enthält ein großes, erwärmendes Licht.

Bei großen Wenden zeigt sich die Bedeutung sowohl in dem, was man die äußeren Verhältnisse nennt, als auch in dem verborgenen Inneren. Es gehen dann beide zusammen, als ob sie zusammengehörten. Ist deshalb das Tun so wesentlich, weil es Ausdruck einer inneren Umwälzung ist? Und ist eine innere Erfahrung unwahr, wenn nicht auch im täglichen Leben ein entsprechender Ausdruck dafür vorhanden ist? So wie Taten unehrlich sind, wenn sie nicht eine Einheit mit einer inneren Verfassung bilden? So oder so wäre es sonst Heuchelei.

Das Leben aber zeigt diese Doppelheit wie von selber. Die Elementarteilchen der Materie sind deshalb auch von doppeltem Charakter. Sie sind materiell und wiederum nicht materiell. Zu gleicher Zeit. Und wir können mit der Vernunft nicht fassen, wie das nun sein kann.

So widerstrebte meine Vernunft dem Geschehen, als diese Wende eintrat. Ich lehnte mich auf, akzeptierte dann und blieb mit staunender Trauer, wie nach einem Traum, zurück.

Anfang April 1931 starb mein Vater. Obwohl er schon seit 1916 krank war und des öfteren schwere Krisen durchgemacht hatte, war sein Tod doch unerwartet, trat er doch ganz plötzlich, ohne ernstliche vorherige Erkrankung ein.

Die Mutter konnte diesen Schicksalsschlag, nach den fast 15 Jahren des Bangens, nicht mehr ertragen. Trauer überwältigte sie, und im Oktober zeigte sich bei ihr eine lebensgefährliche Krankheit. Eine Operation blieb erfolglos, sie starb im Spital Anfang Dezember des gleichen Jahres. In den letzten Tagen ihres Lebens wollte sie nun dennoch leben, sah plötzlich ein, daß ich und der um zweieinhalb Jahre jüngere Bruder allein bleiben würden. Sie klammerte ihre Hoffnung an mich, ich, der Seide Fischl, würde ihr die Genesung bringen. Gewiß wünschte, erhoffte ich sie und betete darum. Aber sie starb.

So oft hatte sie mich als ihre Hilfe gebraucht. Schon als Kind beriet sie sich mit mir, erzählte mir ihre Sorgen. Dieses gescheite Kind, dieses Wunderkind, mußte sie selbstverständlich schon in allem verstehen. Sobald sie es mir erzählte, fühlte sie ihre Sorgen dahinschwinden. Sie identifizierte mich mit ihrem Seide Fischl, und von dem erwartete sie ohne weiteres Wunder.

Es freute mich, daß die Eltern doch noch diese unerwartet gute Matura erlebt hatten. Damit war viel vorheriger Kummer wiedergutgemacht. Dieser Sohn würde also wohl doch noch Erfolg haben im Leben. Erfolg in ihrem, humanistischen, fortschrittlichen Sinne. Der Vater sprach auf einmal ganz anders mit mir. Seine große Enttäuschung war wie weggeblasen. Man bedenke die Bedeutung einer Matura für diese gerade ans Licht getretenen idealistischen Juden um die Jahrhundertwende. Es war mir eine Genugtuung, daß die Eltern das nun doch noch erlebt hatten.

Der Schlag, beide Eltern innerhalb von acht Monaten zu verlieren, war betäubend. Da der Vater nur deutsche und österreichische Fabriken vertreten hatte und diese Vertretungen an seine Person gebunden waren, blieb bei seinem Tode keine Einkommensquelle. Und da er nicht mehr hatte arbeiten können als gerade für das tägliche Brot — der Gesundheitszustand ließ einfach nicht mehr zu — blieb nach seinem Tode und nach den Begräbnisspesen rein nichts übrig.

Ob er das nicht hatte voraussehen können? Gewiß, was hätte er aber sonst tun sollen? Einmal, bei einem unserer seltenen Spaziergänge, sagte er mir:

»Wir besitzen nichts. Versichern wird man mich mit meinem Herzfehler nicht. Man spricht nicht davon, was sein würde, wenn man nicht mehr in dieser Welt ist. Damit zieht man es nur heran. Wir müssen einfach hoffen, daß der Moschiach inzwischen kommt, oder zur gleichen Zeit. Du wirst das schon verstehen. Schluß, reden wir nicht mehr davon.«

Es muß für ihn schwer zu ertragen gewesen sein, bei seinem Ideal von Bildung, eines westlich begründeten Lebenssinnes, zugleich zu wissen, daß er es kaum zustande bringen würde, seinen Söhnen die Erfüllung dieses Ideals zu ermöglichen. Deshalb auch bei ihm diese Ungeduld, uns jedenfalls so weit zu bringen, daß wir dann selbständig vorankommen würden. Seine kaufmännische Tätigkeit betrachtete er lediglich als eine Möglichkeit, uns die solide finanzielle Basis für ein späteres Studium zu schaffen. Sie war ihm an sich ein Greuel. Er fand jede kaufmännische Betätigung irgendwie als etwas Beschämendes, etwas Unrechtes. Und er befürchtete fortwährend, daß er den Wettlauf mit der Zeit verlieren würde.

Uns in seine Arbeit einzuweihen, hatte er offenbar als unmöglich empfunden. Er wollte es uns ersparen. Deshalb sprach er auch kaum von ihr, und nach seinem Tode wußten wir davon rein nichts. Alle hatten wir den Gedanken an ein plötzliches Ende verdrängt, eben weil es beinahe täglich gedroht hatte.

Aus noch fälligen Guthaben von Kommissionen konnten wir die Zeit bis zum Tod der Mutter gerade überbrücken. Dann aber war alles aufgebraucht. Um das Begräbnis und den Grabstein zu bezahlen, nahm ich die erste Anleihe meines Lebens auf. Eine Anleihe mit sehr hohem Zins, weil niemand als Bürge dafür geradestehen wollte. Und jetzt begann eine Zeit, wo ich buchstäblich erlebte, was Armut bedeutet, eine Armut, die sogar so weit ging, daß ich andauernd richtigen Hunger verspürte. Ein kleines Stück trockenes Brot am Tag, dazu Wasser, einmal in der Woche ein wenig Butter, ein Bund Radieschen, das war während glücklicherweise nicht allzu langer Zeit unser Menu. Wer konnte aber damals wissen, wie lange dieser Zustand dauern würde?

Wie ein Schock wirkte das Verhalten der Verwandten und Bekannten meiner Eltern. Plötzlich zeigten sie sich nicht mehr. Anfänglich gaben sie uns noch zuweilen einen Rat, aber weil keinerlei Mittel vorhanden waren, einen unerfüllbaren Rat. Sie wußten genau — ich eröffnete ihnen die Lage —, daß wir nichts zu essen hatten.

»Arme Jungens, so ganz ohne etwas zurückgelassen«, war ihre Reaktion. Und sie drückten sich, schauten weg, wenn ich an ihnen vorüberging.

Man muß dabei bedenken, daß die meisten von ihnen sehr wohlhabend waren. Hausbesitzer, Börsenmakler und Kaufleute. Für unnütze Dinge, sobald sie nur für sie selbst waren, gaben sie Tausende aus. Merkwürdig, dies jetzt wieder vor Augen zu haben. Es war eine Härte, die eigentlich unverständlich klingt.

Wenn sie schon vielleicht Schadenfreude empfanden, daß es mir nun so elend erging, es war doch auch mein Bruder davon betroffen. Und er war einer der Ihrigen, er verkehrte mit ihnen, mit ihren Söhnen. Sie blieben ihm gegenüber genauso verschlossen.

Es kann sein, daß schon mein Vater sie geärgert hatte. Denn er hatte wirklich — vom weltlichen Standpunkt aus gesehen — eigensinnige Vorstellungen und handelte dementsprechend. Er weigerte sich, als jeder nach 1918 viel mit Spekulationen verdiente, mitzumachen. Er fand das unsittlich. Ich erinnere mich noch eines ziemlich lauten Streites mit einigen dieser Verwandten. Diese hatten, während der deutschen Inflation, für fast ein Nichts, ganze Häuserreihen in Deutschland aufgekauft. Ich weiß noch, daß Straßen in Frankfurt, Dortmund und Wiesbaden genannt wurden. Mein Vater aber wollte da nicht mitmachen. Es sei ungerecht, ein Zeichen der Kulturlosigkeit, sich auf solche Weise zu bereichern. Und er hielt sich abseits. Die anderen wurden Millionäre mit derartigen Transaktionen. Nach dem zweiten Weltkrieg erhielten sie sogar riesige Beträge als Schadenersatzleistung für diese Häuser, welche sie für einige Hundert Gulden erworben hatten, und die dann von den Nazis enteignet worden waren. Ich muß sagen, daß ich damals, Ende 1931, es lebhaft bedauerte, daß mein Vater während der Inflation nicht auch spekuliert hatte.

War seine Haltung vielleicht ein Beweis dafür, daß er doch der Enkel des so jung verstorbenen, erleuchteten David aus Kopycincy war? Das besagt aber vielleicht doch nichts. Denn diese anderen Verwandten hatten ja zum Teil die gleichen Ahnen wie meine Mutter, und darunter waren jedenfalls ganz große Menschen. War jener junge David doch von anderswoher? Und war er tatsächlich der Großvater dieses David, der sich so eigenartig gegenüber der Welt benahm? Nichts steht fest.

Ahnen und ihre Nachkommen. Ich denke an den Onkel meiner Mutter, an Israel Kanner. Er kam als alter Mann Anfang der zwanziger Jahre nach Scheveningen. Dort lebten drei Töchter und ein Sohn, und vielleicht zog es ihn, der seine Frau, die eine ganz große Persönlichkeit gewesen sein soll, gerade verloren hatte, zu den Kindern.

Diese Kinder aber, es war ein Teil derer, die ich hier immer "die Verwandten" nenne, waren richtige oberflächliche Europäer. Kartenspieler, Spekulanten, von der Gesellschaft anerkannte, törichte Menschen. Nicht schlechter oder dümmer als der Durchschnittseuropäer, auch zuweilen sehr lieb und aufmerksam, aber allem Jüdischen gegenüber ablehnend und deshalb auch fanatische Anhänger des Zionismus. Moderner Nationalismus ist doch nichts anderes als eine Erscheinungsform eines beschränkten Materialismus.

Und diese Kinder samt ihren Familien wollten von ihrem Vater nichts wissen. Ja, sie waren darauf bedacht, daß er einen kärglichen Lebensunterhalt erhielt. Ferner war er für sie eine sentimentale Erinnerung an "die schöne Zeit vor 1914", wie sie immer sagten. Aber sonst bedeutete er ihnen nichts. Ganz böse wurden sie dann, als er, ein alter Mann, wieder heiratete. Er brauchte einfach eine Frau, wenn auch nur für den Haushalt. Sie hatten an sich nichts gegen diese Heirat einzuwenden, nur daß die Frau nicht zur Elite gehörte, wozu sie sich trotz allem rechneten.

Srul (wie man ihn, den Israel, nannte) Kanner war der erste, der mit mir die "Gemore", also den Talmud, lernte. Ich war damals vielleicht zehn Jahre alt. Viel verstand ich noch nicht, das heißt den äußeren Sinn verstand ich schon, nur dachte ich mir, daß gewiß viel mehr dahinter stecke.

Was mir aber blieb, war, daß er sich an meine Mutter wandte, die eben eintrat, um mich abzuholen, und sagte:

»Er wird es schon verstehen. Er ist nicht zufrieden mit der gewöhnlichen Erklärung, er wartet auf die heilige Erklärung.«

Und dann zu mir:

»Du verstehst, was sich sehnen heißt. Das ist der Lohn des Lernens. Du hast mir große Freude gemacht.«

Und dabei hatte ich nichts davon gesagt, daß ich nicht zufrieden war, ich hatte mich sogar angestrengt, Aufmerksamkeit zu bekunden. Er muß es gespürt haben. Und das meine ich nun: Dieser Mann hatte ganz besondere Eigenschaften. Kinder und Enkel hatten nichts davon. Sie fielen ab, und was jetzt noch von ihnen übrig ist, hat nichts mehr mit dem Judentum noch überhaupt mit Religiosität zu tun.

Leider ging ich nicht mehr zu Srul Kanner, oder doch kaum mehr. Denn seine Frau gab mir immer Tee mit Wein, und das fand ich schrecklich. Ein dummer Anlaß, aber so war es eben. Sein Begräbnis war das erste, das ich erlebte. Ich war damals sechzehn Jahre alt.

Ich gehe den Weg allein und erlebe besondere Begegnungen. Ich werde aufmerksam auf Erfahrungen aus dem Verborgenen, und es blendet mich eine neue Welt.

In diesem Jahre, kurze Zeit vor dem Tode des Vaters bis einige Monate nach dem der Mutter, wich eine alte Welt von mir und zog eine neue herauf.

Die Welt des unbefriedigten Suchens, des Sich-auseinandersetzens mit verschiedenen philosophischen Systemen versank. Eine neue Welt mit einer Dimension, die ich wohl immer schon geahnt, auch erwartet, aber nicht hatte formulieren können, stellte sich ein.

Der einsame Spaziergang über den alten Markt der antiquarischen Bücher hatte mir vor sechs oder sieben Jahren die Kenntnis Schopenhauers eingebracht. Es war wiederum ein einsamer Spaziergang. Ich mochte diese Art von Spaziergängen. Man kann dabei frei nachdenken, Träumen nachhängen, sich Situationen vorstellen. Man muß doch nicht immer reden. Und wenn ich mit anderen ging, meinte man immer, daß man sich Gesellschaft leisten müsse. Von all dem Gerede wurde man aber nur müde, überdrüssig, betäubt. Der einsame Spaziergang dagegen inspirierte. Es war wohl meine Art der Meditation. Schließlich ist Meditation doch auch nichts anderes als das Gehen eines Weges. Eines Weges durch die Himmel. Immer weiter, durch wunderbare Hallen.

Dort ist das Gehen während der Ruhe des Einsseins. Drückt es sich vielleicht im Leben aus im Gehen durch die Zeit? Es ist doch auch der Weg durch die Wüste, durch die Welt des Wortes, der Weg aus dem Zwang, aus der Gefangenschaft, in die Freiheit des Gelobten Landes, des Paradieses.

Und so ist vielleicht der einsame Spaziergang für mich wiederum Ausdruck im Körperlichen dieses Gehens durch die großen himmlischen Hallen, durch die Paläste, die so wunderbar sind, daß sogar der unglaublichste Traum demgegenüber verblaßt.

Auf einem solchen Spaziergang begegnete mir ein älterer Herr mit einem jungen Mädchen. Beide machten einen äußerst kultivierten Eindruck, das Mädchen war überdies auch noch seltsam schön.

Der Herr erkundigte sich auf Deutsch — obwohl diese Geschichte sich im holländischen Scheveningen zutrug —, nach einem Aussichtsturm, der sich in diesem Park befinde. Ich erklärte ihm, es sei schwierig, ihm von hier aus den Ort zu beschreiben und erbot mich, sie dorthin zu begleiten. Es wurde dankbar angenommen. Ich war freudiger Stimmung in dieser erstaunlich wohltuenden Gesellschaft, und zusammen gingen wir weiter.

Nach einigen Minuten fragte mich der Herr, ob ich Werke von Maurice Maeterlinck gelesen habe. Stolz ließ ich mein Schulwissen glänzen, ich hatte ja erst vor kurzem die Matura gemacht, und sagte, ich kennte den "Blauen Vogel" und "Pelleas und Melisande".

»Ja, ja, die sind sehr gut, aber kennen Sie auch die philosophischen Werke von Maeterlinck?«

Staunend verneinte ich. Man hatte uns nie gesagt, daß Maeterlinck auch solche Werke geschrieben hatte.

»Die sollten Sie jetzt aber lesen«, mischte sich das Mädchen in entschiedenem Ton ein.

Ich verstand nicht, warum gerade ich, und gerade jetzt, diese Bücher lesen sollte, fand aber als Neunzehnjähriger diese Anteilnahme des Mädchens recht schmeichelhaft.

»Es ist nämlich so«, sagte der Herr, »daß dort, bei diesem Aussichtsturm Herr Maeterlinck auf uns wartet. Leisten Sie uns doch weiterhin Gesellschaft, wenn Sie wollen. Sie können uns dann auch noch mehr Sehenswertes zeigen. Maeterlinck wollte gerade in diesen Wald, obwohl wir einen Ausflug nach Amsterdam geplant hatten.«

Für einen Jungen in meinem Alter ist die Begegnung mit einem berühmten Dichter verlockend. Überdies dichtete ich damals selber, und wie Herr Mirande, der Lehrer in Niederländisch, mir des öfteren versichert hatte, dichtete ich auffallend gut, hätte ich eine dichterische Ader.

So begegnete ich Maeterlinck zum ersten Male. Er war sehr freundlich, nahm mich, als ob ich zu ihnen gehörte, gleich am Arm, zog das Mädchen auf seine andere Seite und fing an, von den Wundern der Blumen zu erzählen.

Es war mir, als ob ich Dinge hörte, die ich schon längst wußte, aber nicht hier in dieser Welt gehört oder gesehen hatte. Plötzlich wurde ich mir einer anderen Wirklichkeit in mir selber klar bewußt. Denn irgendwie wußte ich alles, was er sagte, wußte ich im Verborgenen. Und deshalb hörte ich ihm noch gespannter zu.

»Ich glaube, der junge Mensch versteht, was ich meine. Reden Sie nur nicht herein, ich kann es doch nicht in Worten ausdrücken. Lesen Sie aber meine Werke. Dann treffen wir uns schon wieder, wenn nicht in diesem Leben, dann anderswo. Aber treffen werden wir uns. So wußte ich, daß ich Sie heute hier treffen würde. Verstehen Sie mich recht: ich wußte es gar nicht, ich kenne Sie ja nicht, und ich erwartete Sie nicht. Aber verstehen Sie doch! Es drängte mich plötzlich in diesen Park. Ich hatte den Aussichtsturm vor, wie ich glaube, 20

Jahren zum letzten Mal gesehen, und plötzlich bekam ich Sehnsucht nach ihm, änderte alle unsere Pläne, und ich hatte das Gefühl, heute und jetzt mußt du dort hin. Und siehe, da treffe ich diesen jungen Mann, diesen vielversprechenden jungen Mann. Das spüre ich. Ach, man müßte den Menschen beschreiben mit allen seinen Gefühlen. Nicht mit seinen Rippen und den anderen Knochen, seinen Säften und Nerven. Dann hätte man erst den wahren Menschen. Schreiben Sie einmal, wenn Sie älter sind, eine Anthropologie. Dann lösen Sie das Wunder dieses zufälligen Treffens.«

»Ja, tun Sie das. Nicht vergessen!« rief das Mädchen wieder. Der ältere andere Herr lächelte nur still vor sich hin. Er genoß den Spaziergang, er genoß die Unterhaltung, die Jugend um ihn herum. Der Park duftete: Gras, Bäume, Blumen, und auch die Luft selbst duftete, die Menschen dufteten. Es war ein herrlicher Tag. Es war mir, als ob ich spürte, daß jetzt etwas Neues in mir aufblühte.

Nach etwa einer Stunde verabschiedete ich mich. Es war mir, als ob ich gerade jetzt allein sein müßte. Obwohl es mir leid tat, der ältere Herr und das Mädchen gefielen mir sehr. Ich bemerkte, daß ich still geworden war, warhscheinlich jetzt einen merkwürdigen Eindruck machte, müde wurde ohne einen richtigen Grund. Und man überlegt nicht, daß man keinen Namen weiß außer dem von Maeterlinck, daß man selber sich auch nicht vorgestellt hatte. Vielleicht dachte ich, daß ich über Maeterlinck auch wohl die anderen erreichen würde, oder ich dachte wohl überhaupt nichts.

Ich habe sie nie wieder gesehen. Als ich nach einigen Jahren Maeterlinck wieder im Haag traf, anläßlich eines Vortrages, den ich irgendwo angekündigt fand, erkannte er mich sogleich. Und er freute sich sehr offensichtlich, als ich ihm erzählte, welche Wende seit unserer ersten Begegnung eingetreten war.

»Das wußte ich. Ich bin ein komischer, lästiger Mensch. Aber ich habe einen anderen Sinn, ich habe ihn noch, und bei den meisten heutigen Menschen schläft er. Das ist die Strafe, weil sie so grob sind und so undankbar für dieses schöne Leben. Ich bin aber ein sehr, sehr dankbarer Mann. Ich genieße dieses göttliche Geschenk. Und ich sage Ihnen: Tun Sie, als ob Sie der einzige wären. Vielleicht sind Sie es auch. Und nehmen Sie diese andere Seite ernst. Sie werden schon sehen. Sie werden mehr sehen als andere. Und denken Sie an die Anthropologie. Versprochen, nicht wahr?«

Ich fragte ihn nach dem Herrn, und nur nebenbei erwähnte ich das Mädchen.

»Weiß ich nicht!«

»Sie wissen es nicht? Ich dachte, Sie kämen mit ihnen zusammen!«

»Ich kenne sie nicht näher. Begegnete ihnen nur im Kurhaus, der Herr war ein Bewunderer meiner Werke, und er wollte mir Amsterdam zeigen. Humbug, wegen des "Grünen Gesichtes" von Meyrink. Er wollte mir diese Kirche zeigen und gewisse Straßen. Alles Dummheit, dieser Meyrink. Der versteht es nun wirklich nicht. Der macht nur ein Geschäft daraus. Dann drängte es mich plötzlich nach diesem Aussichtsturm. Wissen Sie warum? Weil ich, schon vor langer Zeit, dort einmal einer schönen Frau begegnet war. War noch jung und ehrgeizig. Wußte nicht einmal, wie sie hieß. Denke noch oft an sie. Und jetzt wollen Sie von mir den Namen, vielleicht sogar die Adressen dieser Leute? Weiß nur, daß es Vater und Tochter waren. Taten jedenfalls so. Wer weiß, so ein älterer Herr und ein junges Mädchen. War ein bezauberndes Ding, nicht wahr? Sie wissen also auch nicht, wie sie heißen? Merkwürdig. Genauso, wie es mir damals erging. Duplizität der Fälle. Wer weiß, ist es das gleiche Mädchen in neuer Erscheinung. Wer weiß, vielleicht waren es Engel, die etwas bezweckten mit uns. Wurden uns geschickt. Wer weiß! O, schade, Sakrament, ich weiß nicht einmal, in welchem Hotel sie wohnten. Und Sie, junger Mann, möchten jetzt wohl diese hübsche junge Dame wiederfinden. Sie sind zu diesem Zweck wohl zu meinem Vortrag gekommen? O, ich kenne das, das geheimnisvolle Sehnen der Liebe, ganz geheimnisvoll. Und jetzt bedauern Sie natürlich, daß Sie sie nicht mehr finden werden, eh?«

»Nein«, log ich. Und ich sah auch Maeterlinck nicht mehr.

Die Wurzeln des Tuns.

Nach der ersten Begegnung aber, im Sommer 1930, fing ich an, seine Bücher zu lesen. Zu verschlingen, müßte ich sagen, denn ein ganz neuer Bereich öffnete sich mir. Danach hatte ich immer gesucht. Es gab ihn. Maeterlinck beschrieb ihn meisterhaft. Nur ein Dichter darf diesen Bereich beschreiben. Bei jedem anderen wird er zum Unsinn und zum Wahnsinn. Wird er trocken, unglaubwürdig, langweilig.

Der Dichter hatte dieses Andere. Bei ihm ist der Stein von der Öffnung des Brunnens hinweggerollt, und der Strom des Wassers kann fließen. Es wurde mir klar, daß Wissen, Erkenntnis, Einsicht, nicht allein vernunftmäßig sind, sondern daß die Vernunft zusammenfällt mit einer ganz anderen Wirklichkeit. Im Menschen lebt diese andere Wirklichkeit ebenfalls. Es ist seine nicht wägbare Seite, seine nicht erfaßbare. Aber nur mit dieser anderen Seite zusammen läßt sich der Mensch als solcher erkennen. Das ist das für den Menschen Bestimmende.

Und diese andere Wirklichkeit umhüllt und durchdringt ihn. Sie ist wie Vergangenheit und Zukunft, worin die Gegenwart immer schwimmt. Die Gegenwart ist ein eigentlich nicht existierender Punkt. Und diesen nennen wir gewöhnlich Wirklichkeit. Es gibt aber nichts Unwirklicheres als diesen Punkt, den immer fortfließenden. Umhüllt von Ewigkeit und durchdrungen von Ewigkeit.

Also nur Menschen mit dem Gespür für Ewigkeit könnten diese Region verstehen. Und wer hat ein solches Gespür, wie kommt es dem Menschen zu?

Hier wurde mir das Mysterium der Tat erst richtig klar. Denn woher kommt die Tat? Sie kommt doch, wie alles, auch aus dieser anderen Wirklichkeit, aus dieser anderen Welt. Welt und Ewigkeit werden im Hebräischen durch das gleiche Wort bezeichnet: Olam.

Der Mensch trägt die Ewigkeit, so wie er die Welt trägt. Olam kommt von Ol, und Ol ist so etwas wie ein Joch, das man trägt. Es ist die Last, die man trägt. Eine Last, die zu gleicher Zeit ermüdet und erleichtert.

Durch den Menschen existieren Welt und Ewigkeit, eben weil er sie trägt. Sie umhüllen und durchdringen ihn und bringen ihn in dem, was wir Gegenwart nennen, zur Manifestation, zur Entfaltung.

So wie er handelt, so ist der Mensch. Tut er das Gute, das Göttliche, dann sind seine Ewigkeit und seine Welt gut und göttlich. Tut er das Böse, dann umhüllt und durchdringt ihn das Böse, und sein Leben in der Gegenwart ist Ausdruck des Bösen.

Das Tun kann, wie alles, nur existieren, weil es auch von der anderen Wirklichkeit bestimmt wird. Im Tun aber wird auch die andere Wirklichkeit hier manifest. Sie erhält hier Leben. Das Tun ist das Schöpferische im Menschen. Es schafft Engel oder Dämonen. Deshalb hieß es auch, am Ende der Worte Gottes über den siebten Tag, — und der siebte Tag gilt doch als diese Wirklichkeit, die Gegenwart heißt — "auf daß getan werde", oder "auf daß es sich tue". Denn gegenüber Gottes Ruhe steht nun der Weg des Menschen. Weg ist Bewegung, ist Entfaltung. Gottes Ruhe ist wie das Samenkorn. Des Menschen Tun ist die Entfaltung dieses Samenkorns in Zeit und Raum. Der siebente Tag als die Realität der Welt ist der Weg des Menschen. Dieser Weg ist sein Tun.

Wie kann der Mensch wissen, was er tun soll? Wenn er zum Beispiel nicht imstande ist, zwischen Gut und Böse zu unterscheiden, weil es eben meistens nicht möglich ist, so wie man auch nur selten zwischen sinnvoll und sinnlos zu unterscheiden vermag.

Wenn aber in der Welt der Ewigkeit, also in der anderen Wirklichkeit, es ein Samenkorn gibt, dann heißt es, die Entfaltung dieses Samenkornes in der Welt der Gegenwart so zustande zu bringen, daß sie seinem Wesen entspreche.

Deshalb heißt es, nichts am Kern zu ändern, alles sich so entfalten zu lassen, wie es dem Wesen entspricht. Der Mensch will aber manipulieren, er hat seine Maßstäbe für Gut und Böse, für Nützlich und Unnütz. Dann könnte man davon reden, daß er die Schöpfung vergiftet. Ist dies das Gift der Schlange?

So kann der Mensch die Welt verderben, er kann sie so verändern, daß das Leben unerträglich wird. Er kann Kinder falsch erziehen, die Gesellschaft verkehrt aufbauen, Politik in gemeiner Weise machen. Er kann all das aber auch gut und richtig machen. Wo finde ich nun aber diese Maßstäbe für Gut und Böse?

Da ist das Samenkorn, wie es in der Welt der Ewigkeit existiert. Ist das nicht eben das Wort der Thora, fragte ich mich? Könnte es das sein?

Dann müßte dem Menschen also auch gegeben sein, die Worte der Thora zu erkennen, als Kerne, als die Samenkörner. Und das könnte er doch nur, weil auch in ihm selber die andere Wirklichkeit, die Ewigkeit lebt. Der Mensch ist dieses Samenkorn und seine Entfaltung. Beides ist er. Hier wurde mir zuerst die Realität des Paradoxen, des Widersprüchlichen als Lebensfundament deutlich.

"Durch das Tun wird er vernehmen", wie es deutlich in der Thora heißt. Aber genauso gilt dann auch, daß durch das Verstehen das Tun erst einen Sinn erhält. Er kann nicht sinnlos etwas tun. Denn sonst sucht er sich irgendeinen Sinn aus der Gegenwartswirklichkeit. Zum Beispiel sagt er dann, er handle, um die Religionsgemeinschaft zu festigen, oder um den inneren Frieden zu haben, oder aus hygienischen oder aus sozialen Motiven. Oder einfach aus Eigensinn, weil er nun gerade etwas anderes tun wolle als alle anderen.

Er kann auch nicht etwas einsehen und dann nicht danach handeln. Sonst wird er ein egozentrischer Esoteriker, ein Theoretiker, also eigentlich ein widerlicher Heuchler.

Die Einsicht in die Wahrheit dieses Samenkorns kommt also erst mit dem Leben, durch das Tun, durch die Entfaltung des Lebens eines jeden Menschen. Und jeder entfaltet sich nach seinem Namen, nach seiner Eigenart. So wie die Astrologen diese Entsprechung im Horoskop entdecken. Nur ist sie dort einseitig, zu stark auf das Nützliche, auf das Naturwissenschaftliche, auf eine materialistische Psychologie ausgerichtet.

Die unendliche Vielfalt der Entfaltungsmöglichkeiten zeigt eben die Bewegung des Gegenwärtigen, des immer anders erscheinenden Gegenwärtigen. Denn in der Entfaltung der Welt steht doch als Siegel der Name Gottes. Seine Einheit ist die unendliche Vielheit aller Kreatur.

Es freute mich über alle Maßen, daß ich das Tun schon seit meinen Stunden mit Monnoson als himmlisches Geschenk erfaßt hatte. Und ich sah nun ein, wie dieses Tun mich über Schopenhauer und was darauf folgte, jetzt zu Maeterlinck geführt hatte und was darauf noch folgen würde. Der Weg meines Lebens wurde nun die reine Entfaltung meines Wesens. Ich hatte das Böse abgewiesen, das Böse in der Form der eigenen Entscheidungen anhand eigener Konstruktionen. Und ich hatte die Philosophen nicht studiert, um einfach zu übernehmen, was sie sagten, sondern um zu erfahren, daß über das Leben nachgedacht werden konnte, und daß dieses Nachdenken wiederum inspiriert wurde und genährt aus einem Brunnen in einer anderen Wirklichkeit.

An diesem Brunnen steht die Frau. Sie schöpft aus diesem Brunnen das Leben aus der anderen Welt. Das ist die Frau, die Geliebte, die Mutter. Denn sie ist im Menschen der Ursprung seiner Gegenwartserscheinung.

Die Gegenwart ist nicht etwas Minderwertiges, etwas vom Urquell Abgetrenntes, die Gegenwart ist durch diese heilige Mutter da.

Wo die Frau beim Brunnen sich nicht helfen kann, wie im Falle der Rachel und der Zippora, steht das Männliche als der Jakob-Israel und als der Moses dort bereit.

Der Mann ist das Samenkorn. Und er ist die Sonne, das Licht. Die Frau ist das Wasser, und das Wasser entspricht doch in seiner Erscheinung im Gegenwärtigen dem Empfinden von Zeit.

Zeit heißt Reihenfolge, heißt vorher und nachher. Zeit bedingt also Kausalität, bedingt auch Raum, so wie Raum Zeit bedingt.

Zeit fließt, ändert fortwährend die Situation. Zeit kann nicht erstarren im Leben. Wer aber aus dieser Welt der zwei Wirklichkeiten zieht, so wie Israel aus Mizraim — was in seinem Namen eben diese *zwei* Wirklichkeiten als Paar, als Gegensatz, enthält — zieht, der steht vor der Zeit in ihrer Unendlichkeit. Wenn ihn dann aber seine Vergangenheit bedrängt und wieder einfangen möchte, so wie Ägypten Israel wieder einfangen will, dann kommt das Hineinsteigen in die Zeit im Vertrauen auf die Tat. Durch diese Tat des Hineinsteigens, durch die Überlieferung an den Namen Nachschon, Sohn Aminadabs gebunden, an den Menschen aus dem Samen des Erlösenden — durch diese Tat erstarrt die Zeit und wird durchsichtig wie Kristall. Zeit wird durchschaubar, man sieht, wie alles durch die Zeit zieht, man erkennt den anderen. Jeder nach seiner Art, jeder in seinem Kristall. Zwölffach, nach dem absoluten Begriff der Vielheit der Zeit.

Von der Mutter, von der Frau, kommt dieses wunderbare Wasser. Während des Weges in der Wüste, des Weges durch die Wirklichkeit, die Gegenwart heißt — und immer ist Gegenwart, das Jetzt ist ein ewiges — ist es der Miriam-Brunnen, der das Wasser gibt.

Miriam spendet den Ursprung des Lebens in dieser Welt, und dieser Ursprung ist eben die Ewigkeit, diese andere Wirklichkeit im Menschen. Miriam steht also auch am Ursprung jeder Tat. Miriam, die auch am Ursprung des Erlösers in Moses steht, die ihn beschützt und am Leben erhält.

Das Tun wurde mir nun vollkommen klar als die erste Lebensbedingung. Und ich verstand nun auch, daß der Sinn des "Lernens", des Thora-Lernens im weitesten Sinne, also auch des Talmud-Studiums, eben nichts anderes sei als das Genießen der Freude, dieses Wasser aus jenem Brunnen fließen zu sehen, es zu trinken und damit die Entfaltung des Lebens entsprechend dem Wesentlichen zu erfahren. Das sei die Freude der Thora, das ist der Lohn der Thora. Ein Lohn in Maßstäben des Ewigen.

Es öffnet sich mir die Mathematik. Ein neues Verständnis der Naturwissenschaften. Der Kosmos als Verbindung zwischen Sichtbarkeit und Mysterium. Im Weltall treffen sich zwei Wirklichkeiten.

> Zweiundvierzig Millionen Male schlagen
> In des Jahrs dreihundertfünfundsechzig Tagen
> Deine Pulse: Siehe dein Vergängliches
> An dem Ewigen in dir vorüberjagen.

Maeterlinck brachte mich auf neue Spuren. Ganz "zufällig" begegnete ich im Haag auch dem englischen Astronomen und Philosophen Jeans. Er suchte sein Hotel in einer ganz falschen Straße. Ich auf einem meiner Spaziergänge schien ihm der richtige Mann, den Weg zu erfragen. Ich brachte ihn ins Hotel Paulez, sprach von Maeterlinck, weil ich gerade voll von seinen Büchern war, und Jeans fand, ich sei ein merkwürdiger junger Mann. Er lud mich zu einem tea ein, und er erzählte, mathematisch und dichterisch, vom Leben der Sterne und den auch im Materiellen erscheinenden anderen Welten. Er glaube einfach daran, sagte er. Wenn er auch noch nicht alles schreiben wolle, da es noch nicht verstanden werden könne.

»Die Menschen sind noch ganz gefangen in dieser einseitigen physischen Sicht. Das Andere wird aber durchbrechen. Sie, junger Mann, werden das noch erleben, und dann werden Sie an diesen Tee denken.«

Durch Jeans, dessen Bücher ich mir natürlich gleich danach kaufte, drang ich auch in eine ganz andere Literatur ein und dadurch in ganz andere Wissensgebiete. Ich fing an, mich auf ganz eigene Art für Mathematik zu interessieren. Jetzt wurde mir Mathematik erst richtig lebendig. Wie schade, daß man nicht auf diese Weise Kinder in Mathematik unterrichtet. Ich warf mich auf dieses neue Gebiet. Studierte Einstein, Bohr, Cantor, und ebenso die Ansichten der früheren Mathematiker und ihrer Philosophie. So wurde ich Experte für Pythagoras, für Gnosis, las viel über die Mathematik der alten Araber, las die Mitteilungen des jüdischen Gelehrten Abraham Ibn Esra, einen mittelalterlichen Forscher in Spanien.

Allmählich wuchs eine Einheit zusammen: Die Philosophen, das Esoterische, die Mathematik, es bildete sich ein wunderbares Weltbild. Ich werde nie vergessen, wie ich an einem Abend, Anfang 1932 im Zuge von Rotterdam nach Scheveningen, plötzlich Einheit zu spüren bekam. Ein Vorhang wurde weggezogen, ich schaute in einen unglaublich prächtigen himmlischen Palast. Ich atmete, buchstäblich, einen Duft ewigen Lebens ein. Ich hatte das Bedürfnis, etwas zu tun, mich hinzuwerfen oder zu jauchzen, zu tanzen, zu singen. Der volle Zug hinderte mich daran. Da spürte ich ein derart großes Glücksgefühl mich überwältigen, daß ich wußte: Das heißt nun Leben im Paradies. Das ist nun das ewige Leben. Und es überfiel mich großes Mitleid mit den anderen Reisenden, die erschöpft von ihrem langen, aufreibenden Arbeitstag wieder nach Hause zurückpendelten, nach Scheveningen oder einem der anderen Vororte. Sie lasen ihre Zeitungen und Krimis oder machten dumme Witze. Das Elend der Menschen wurde mir damals gleichzeitig in meinem Glück kristallklar.

Als ich das sah, mich ein wenig an dieses neue Glücksgefühl gewöhnt hatte, der Zug bald im Scheveninger Bahnhof einlief, stand mein Entschluß fest: Ich würde mich am anderen Tag beim Rektor der Hochschule melden, um ihm zu sagen, daß ich das Studium aufgeben wolle: Das Studium der Volkswirtschaft, das für mich nun den Anfang des zweiten Studienjahres brachte, und Studium an einer Universität überhaupt. Ich würde ihm nicht den wahren Grund mitteilen können, er würde mich für verrückt halten. Ich würde so handeln, wie Jeans mir kurz zuvor erklärt hatte: Man könne den meisten Menschen den Kern der Sache nicht klar machen, also zeige man auf einige Facetten der Erscheinungen dieses Kernes, und dann würde er wahrscheinlich doch diesen Kern spüren. Wenn auch nicht direkt und bewußt, dann eben indirekt und unbewußt.

Dieser Beschluß wurde wieder zu einem Wendepunkt. Wie anders aber als ich gedacht hatte. Tatsächlich: der Mensch denkt und Gott lenkt.

Ich beschließe, das Hochschulstudium aufzugeben, und es kommt ganz anders. Inzwischen baute sich manches bei mir.

Wie ich schon erzählt habe, war das Studium der Volkswirtschaft tatsächlich das Letzte, was ich begehrt hätte. Finanzielle Motive bei meinem Vater ließen diesen Entscheid aber doch zustandekommen. Der Vater hoffte eben, mich doch noch durch dieses Hochschulstudium hindurchbringen zu können. Damit wäre seinem Ideal entsprochen. Das möchte er noch erleben.

Er erlebte nur eine erste propädeutische Prüfung, die ich gut bestand. Ich höre noch seine heisere Stimme zu mir hinaufrufen. Er hatte den Brief aus dem Kasten geholt, ihn wahrscheinlich mit zitternden Händen geöffnet und die Mitteilung gelesen, daß ich bestanden hatte. Endlich war der Sohn nun recht. Er machte die Prüfungen am frühest möglichen Termin, und er machte sie gut.

Kurz darauf starb er. Und was er so ersehnt hatte, er erlebte es nicht. Und für mich begann die elende Zeit von Armut und Hunger. Dazu noch die erkrankte, das Leben nicht mehr verstehende Mutter. Vom Oktober 1930 bis April 1931 hatte ich die Vorlesungen noch getreulich besucht. Nach des Vaters Tod kam es kaum noch dazu. Die Hochschule wurde mir wie ein fremdes Gebiet. Erinnerungen an die Zeit, wo ich noch studiert hatte, ohne Wissen um Geldsorgen, kamen mir vor wie Erinnerungen an eine andere Welt.

Nur die Vorlesungen eines Professors, dem für theoretische Ökonomie, besuchte ich noch hie und da, weil sie mir einfach ein Genuß waren. Professor Frans de Vries war ein vorzüglicher Redner, er sprach frei, er beleuchtete die philosophischen Hintergründe des menschlichen Handelns. Wenn ich noch etwas Geld zusammenkratzen konnte, so benutzte ich es für die Bahnfahrt von Scheveningen nach Rotterdam, um diese Vorlesungen zu hören. Alle anderen existierten nicht mehr für mich. Sie langweilten mich schon seit langem.

Erst dachte ich, die finanzielle Lage würde sich schon irgendwie bessern. Denn so, wie es jetzt war, konnte es ohnehin nicht weitergehen. Das endete in Hunger und Untergang.

Merkwürdig ist, daß ich in diesen Monaten dennoch überaus glücklich war mit meiner Maeterlinck-Lektüre, und was damit auf mich zukam. Und es hatte sich ein ebenso merkwürdiges Grüppchen junger Leute gebildet, denen ich von meinem Denken, Wissen und Erleben erzählte.

Es begann damit, daß einige Jungen mich während der Trauerzeit nach dem Tode des Vaters besuchten. Einfach aus freundschaftlichem Anstand, um mich damit ein wenig aufzumuntern. Denn Trost konnten sie mir nicht gewähren. Sie wußten: Was gab es hier noch zu trösten?

Als wir am ersten Abend zusammenkamen, fing ich einfach über den Tod zu reden an, was er bedeutet, was das Leben eigentlich sei, was Sehnsucht und was Erfüllung.

Ich sprach wahrscheinlich sehr gut und faszinierend. Denn sie blieben viele Stunden, und es herrschte bald sogar etwas wie eine gehobene Stimmung. Man bestaunte mein Wissen, denn ich hatte zuvor mit anderen außer Kalman nie von diesen Dingen gesprochen. Kalman aber war jetzt, nach einigen Ferienmonaten in Scheveningen, wieder in Litauen. Während seiner Ferien hatte er mich und die anderen ziemlich enttäuscht. Sein Glanz war verflogen, er sprach beschränkter, komplizierter. Man spürte, daß er selber unsicher geworden war, daß er nicht mehr die Übersicht hatte. Gewiß erzählte er manch Interessantes aus dieser berühmten Talmud-Hochschule, die Klarheit seiner eigenen Persönlichkeit aber war verschwunden. Tragisch war eines Tages seine Bemerkung:

»Du bist inzwischen sehr gewachsen. Ich weiß nicht, was mit mir ist. Du fängst an, über mich hinauszuwachsen.«

»Aber nein«, antwortete ich. »Ich werde jetzt eben älter und bekomme meine eigene Prägung. Du hast mir sehr dabei geholfen. Ohne Dich wäre ich nicht, was ich bin. Und Du wirst jetzt Deinen eigenen Entwicklungsgang verfolgen müssen. Nur keine Ungeduld.«

Kalman aber blieb irgendwo auf seinem Wege stehen. Es ist hier nicht der Ort, den Grund zu behandeln.

Die Zuhörer, die bis dahin von mir höchstens Vereins-Vorträge über jüdische Geschichte gehört hatten, meine Spezialität in unserem Jugend-Verein, staunten erfreut über meine Ausführungen. Ich spürte die Spannung und das Verlangen, ihnen weiter zu erzählen.

Was mich dabei überaus beglückte, war daß ich jetzt auf richtige und wahre Art für den Himmel sprechen konnte. Und zum ersten Mal in meinem Leben spürte ich, daß während ich sprach, ich mir selber verblüfft zuhörte und wußte: Hier rede ich nur, was auf mir ganz unerklärbare Weise durch mich hindurchkommt und in meinem Munde Worte bildet, Laute, die Worte sind, und die etwas ganz Frisches, Neues und Herrliches erzählen.

An diesem traurigen April-Abend des Jahres 1931 war ich selbst mein am tiefsten ergriffener Zuhörer. In die Trauer mischte sich jetzt unsägliches Glück. War es mein Vater, der das jetzt veranlaßte? Ich hatte damals noch keine Ahnung von seinem Großvater David, und sogar noch heute ist mir die legendäre Geschichte von diesem Großvater ein historisch unsicheres Faktum.

Erst dachte ich noch — ich las damals noch ziemlich viel Freud und dessen Adepten —, daß ich mich einfach selber zu trösten suchte, und die Besucher nur ein Anlaß waren, meine Trostworte laut und klar zu formulieren. Und wenn schon, dachte ich, es stimmt doch?

Bald aber sah ich ein, daß ich das alles überhaupt nicht so gewußt hatte, auch gar nicht darüber hatte sprechen wollen, und daß nur vielerlei Material benutzt wurde, Material, das ich durch Lesen, Studieren, durch Erfahrungen gesammelt hatte. Mit diesem Material wurde gebaut. Und ich freute mich, daß ich einen so reichen Wissensschatz zusammengetragen hatte, daß ich alles so ordentlich und rein bereitgestellt hatte. Ich blickte aber voller Bewunderung auf den Palast, der sich aus diesem Material errichtete.

Merkwürdig ist wohl, daß ich später an diesem Abend, als die Besucher sich verzogen hatten, die Geschichte von der Errichtung des Tempels las und dort fand, daß der Tempel eben nicht gebaut werden durfte, sondern daß aus dem durch den König bereitgestellten Material, wozu das Volk von ihm aufgerufen worden war, es heranzuschaffen, das Haus "sich baute", daß kein Laut von Hämmern und anderen Werkzeugen gehört wurde. Ich las diese Geschichte jetzt mit anderen Augen, die Geschichte auch vom wunderbaren Wurm Schamir, der die Steine auf Maß zuschnitt, während er über sie hinwegkroch.

Und ich nickte und sagte ganz erschüttert und vor Glück glühend: Ja, so ging es jetzt auch bei mir. So baut sich jetzt das Haus.

Sie kamen wieder und wieder. Nicht alle, aber andere, neue kamen hinzu. Ich spürte, wie auch diese Auslese von selbst zustande kam. Ich verstand, daß hier jedes Eingreifen tödlich sein könnte. Diese Gemeinde war eine Versammlung, zustande gekommen durch andere Kräfte als die unserer Vernunft, als die, welche durch Konstruktion entstehen würde. Aber diese Gemeinde ist auch ein Haus. Laß es sich nur selbst bauen.

Doch taten mir die Abgefallenen wiederum leid. Merkten sie denn nicht, was sie aufgaben? Wahrscheinlich nicht, sonst wären sie doch weiterhin gekommen. Und diejenigen, die blieben, waren auch nicht immer wach und dabei. Was verstanden sie? Ich weiß es bis heute nicht. Wohl aber weiß ich, daß ich ihnen Freude bereitete, daß ich ihnen den Himmel zeigte und die Erde, Leben und Tod. Ihre Augen sprachen deutlich, und ihre Treue im Kommen ebenfalls.

So lebte ich in den kommenden Monaten in einer großen Freude. Die immer drückender werdende Armut versank in eine selbstverständliche Belanglosigkeit. Die Leute ärgerten sich über mein strahlendes Aussehen. Man tuschelte, ich freue mich, daß mein Vater gestorben sei, und ich mache mir nichts daraus, daß die Mutter jetzt so schwer krank daniederlag. Ich hörte erst viel später davon. Ich dachte gar nicht an die Leute, und die Eltern waren mir näher denn je zuvor.

Ich lernte bittere Armut kennen, nagenden Hunger. Da es Brauch ist, während des ersten Jahres nach dem Tode eines Elternteils jeden Tag in die Synagoge zu gehen, dreimal täglich, um das Kaddisch zu sagen, war auch ich dazu gezwungen. Ich lernte dabei die Langeweile dieser täglichen Synagogenbesuche kennen, die törichten Gespräche. Das Bet- und Lehrhaus war für die meisten ein bloßes Vereinslokal, in dem man sich traf. Und welchen Schatz besitzt doch das Judentum, wie sehen sie aber aus, die diesen Schatz den ihren nennen könnten. Die Leute achteten nur darauf, daß ich und mein Bruder rechtzeitig, dort wo es der Brauch erfordert, laut diesen "Kaddisch" sagten. Sie empfanden es wie eine Genugtuung, daß sie uns dabei auf die Finger schauen konnten. Vor allem mir, den sie für einen eingebildeten Fratz hielten. Ich war nicht genügend Teil der Masse, und dann wird Masse boshaft.

Man fragte mich höhnend, wovon ich lebte. Und als ich sagte, daß ich nichts hätte, nickte man befriedigt. Nur der Bethaus-Diener, ein einfältiger, armer Mann schaute nachdenklich und mitleidig. Er hatte selber aber ebenso wenig wie ich. Die Gemeinde sorgte schon dafür, daß er nicht genug bekam. Es gehörte sich nun einmal, daß solch ein Synagogen-Diener ein armer Teufel war.

Mich freute es aber, wenn ich selber, nachdem ich an einem Tag beispielsweise einen Gulden verdient hatte, etwa aus dem Erlös von zurückgebliebenen Mustern aus den früheren Vertretungen meines Vaters, daß ich diesen Gulden irgendeinem armen, verhärmten, ratlosen Durchreisenden aus Polen geben konnte. Der Mann war überaus glücklich, und ich hatte dann eben den nächsten Tag nichts zu essen, oder es geschah etwas, wodurch ich doch noch irgendwie etwas ergatterte.

Ich mache ernst mit dem „Lernen" und begnüge mich nicht mit der gebräuchlichen Methode.

Gewiß, die Armut war drückend, aber ich nahm sie nicht allzu ernst. Ich würde schon irgendwie leben. Richtig verhungern konnte man in Scheveningen doch nicht. Im schlimmsten Fall würde die Polizei kommen und dem ein Ende setzen. Das ginge doch nicht in einem zivilisierten Staat. So stellte ich es mir jedenfalls vor.

Ich gedachte jetzt eine Verbindung herzustellen zwischen dem bisher Studierten und dem, was das Judentum meines Erachtens doch besitzen müßte. Dazu bedurfte es aber jetzt eines ernsthaften Studiums der jüdischen Quellen.

So wie diese Bücher jedoch studiert wurden, verschafften sie einem keine Einsicht. Ich empfand es als eine Art Unzucht, die man mit diesen heiligen Schriften trieb. Sie waren doch nicht als Problem- und Rätsel-Vorrat gedacht, auf die man sich wie auf Kreuzworträtsel stürzen konnte, als "geistig" genannten Zeitvertreib. Wenn man etwas seiner Bestimmung entzieht, wenn man etwas nicht nach seiner Würde und nach seinem Grundsinn behandelt, dann war das wie eine Vergewaltigung.

Da ich trotz vielerlei Versuchen niemand gefunden hatte, der mit mir auf andere Art diese Bücher studieren konnte, beschloß ich, es auf eigene Faust zu versuchen. Ich hatte, trotz meiner damaligen Unaufmerksamkeit, doch manches behalten aus den Stunden bei Herrn Schächter in der "Talmud-Thora". Ich konnte wohl nicht auf die gleiche Art lernen wie die anderen, aber ich wollte das auch nicht. Es war mir zuwider. Vor allem, weil ich sah, wie gerade die guten Schüler eigentlich die Spötter waren, Tratscher, Intriganten, beschränkte Jungen, daß es ihren Glauben oder ihr jüdisches Leben gar nicht zum Guten beeinflußte. Eher im Gegenteil, sie erdachten spitzfindige Argumente, um grob leben zu können. Sie benahmen sich töricht, unkeusch, unwahrhaftig. Der beste Schüler von damals wurde ein gemeiner, ungläubiger Mensch.

Ich wollte also selber lernen und, wenn es kein System gab, eines aufbauen, wodurch dieses "Lernen" einen Sinn erhielte. Ich fühlte mich einfach dem Himmel gegenüber verpflichtet, ein solches System aufzubauen. Und ich empfand selber ein großes Bedürfnis, es zu finden. Die jüdische Leere war mir zu scheußlich, diese Leere in mir selber.

Denn, bei allem war ich mit meinem Tun vollkommen treu geblieben. Ich wollte die Struktur meines Alltags so leben, wie ich spürte, daß sie der Struktur des Kosmos, des ganzen Lebens entsprach. Wenn ich auch nicht wußte, wie die Zusammenhänge waren, sie mußten einfach vorhanden sein, und ich empfand es als eine Auserwählung, daß ich um diese Welt des Tuns wußte. Schließlich kannte ich auch nicht die Zusammenhänge der Natur, der Astronomie, des Körpers, und dennoch lebte ich danach. Dort wo es bewußt geschehen mußte, tat ich es, und dort wo es unbewußt geschah, tat es sich mit mir.

Ich glaubte auch fest daran, daß das Gespräch mit Gott ebenfalls stattfand, wenn man diese Zusammenhänge suchte. War das denn nicht die wahre Ehrfurcht vor dem Himmel? Das war ernst genommene Ehrfurcht.

Ehrfurcht hat bei mir überhaupt nichts mit Furcht gemein. Es ist für mich das bewundernde Staunen gegenüber allem, was da ist, wie großartig es ist, wie unendlich schön, wie überwältigend. Was man auch anblickte, es lockte zur Ehrfurcht.

Furcht des Himmels, das hebräische *Jirath Schamaim*, übersetzte ich mit: Sicht des Himmels. Das hebräische Wort läßt das zu. Denn wenn man all dies Gewaltige sieht, ist man einerseits fassungslos beeindruckt, und fühlt sich andererseits überaus stolz und freudig, wenn man doch nach dem Bilde Gottes geschaffen ist, nach dem Bild des Schöpfers dieses Alls. Dann fühlt man sich eben ganz nahe verbunden mit diesem Vater im Himmel. Dann ist er richtiggehend der Vater, unser Vater, ganz wirklich. Man ist dort zu Hause, dort wo die Quelle dieses Stromes ist.

War es eine Versuchung oder bedeutete es eine große Chance, die Wirklichkeit der Welt kennen zu lernen? Oder zeigte sich hier auch das Paradox meines Lebens?

Dieser Leerraum mußte also gefüllt werden. Und zu was nutzte nun das vollkommen auf das Materialistische abzielende Studium der Volkswirtschaft? Volkswirtschaft empfand ich als den extremsten Ausdruck einer Lebensweise, die nur die eine Seite des Seins ernst nahm, und die so das ganze Sein zum Einstürzen bringen konnte. Die Studenten, die ich in diesem Jahr kennengelernt hatte, hatten demgemäße Ansichten. Karriere, Frauen, Geld, Politik, das waren ihre Ambitionen. Ich fühlte mich dort schrecklich einsam. Dann war die Mittelschule, die HBS, doch noch vielfältiger. Dort gab es noch einen Mirande, der schöne Prosa schätzte, der sich von Gedichten rühren ließ. Dort gab es noch Geschichte im Sinne von Kulturgeschichte. Hier aber war alles einseitig, nur Betriebswissenschaft, Aktien, Handelsformen, Handelsrecht, Banken — nein, wozu brauchte ich all das?

Die Eltern waren nicht mehr da, ein Geschäft gab es ebenso wenig. Verpflichtungen hatte ich nicht. Ich wollte diesen Beschluß mit einem dramatischen Akt verwirklichen. So ging ich zum Rektor und erklärte ihm, ich hätte mich entschlossen, das Studium aufzugeben, da ich einfach nichts zum Leben hätte, zudem einen jüngeren Bruder versorgen müßte, ich also zunächst einmal dafür zu sorgen hätte, daß hie und da etwas auf den Tisch käme.

Der Rektor spürte etwas Ungewöhnliches. Welcher Student, vor allem, wenn er noch am Anfang seines zweiten Jahres steht, kommt zum Rektor, um ihm zu melden, daß er nicht weiterstudieren könne? Er dachte wohl zuerst an einen Studentenulk, fand mich aber dann doch zu ernst dazu.

Um irgendetwas zu sagen, erkundigte er sich, vielleicht nur anstandshalber, wovon ich gelebt hätte, als ich mit dem Studium begann. Er meinte sogar, daß ich die Vertretungen des Vaters hätte fortsetzen können, ja diese Idee begeisterte ihn geradezu. Ich nickte bescheiden und sagte nur:

»Wie dem auch sei, studieren kann ich sowieso nicht.«

Ich konnte ihm doch nicht gut sagen, daß ich ganz andere Dinge studieren wollte, Dinge, für die es keine Universität gab, daß ich beschlossen hatte, dieses Studium selbständig zu unternehmen.

Also grüßte ich bescheiden und ging. Da ich kein Geld für die Straßenbahn hatte, ging ich die 50 Minuten zum Bahnhof zu Fuß, aber erleichtert durch die endgültig gewordene Entscheidung.

Einige Tage später lag eine Postkarte im Kasten. Von der Hochschule mit der Bitte, mich noch am selben Tag dort zu melden. Ich war erstaunt, hatte nicht das Geld für die Bahnfahrt, damals 80 Cent für die Hin- und Rückfahrt.

Ich spazierte die Stunde zum Haager Bahnhof, borgte mir dort bei einem weitläufig Bekannten einen Gulden unter dem Vorwand, ich hätte jetzt am Bahnhof bemerkt, daß ich meine Börse vergessen hätte, und meldete mich in Rotterdam.

Ein gewisser Professor Verrijn Stuart möchte mich sehen, hieß es. Ich war erstaunt, da ich diesen Professor früher nur bei Vorlesungen gesehen hatte, und er mich gewiß nicht kannte. Ich dachte an ein Mißverständnis, eine Verwechslung. Da ich aber nun einmal da war, begab ich mich zu ihm. Eine etwas unwirsche Sekretärin meldete mich bei ihm.

»Ich habe gehört, Sie wollen das Studium aufgeben, weil Sie keine Mittel haben. Wieviel brauchen Sie denn zum Leben? Ich finde nämlich, daß Sie weiterstudieren sollten. Solche jungen Leute wie Sie könnten es zu etwas bringen.«

Vorsichtig stammelte ich, daß es sich wohl um eine Verwechslung handeln müsse, daß ich nicht wüßte, warum gerade ich weiterstudieren sollte.

»Doch, doch, Sie sind doch der Mann von dieser Fünfjahresplan-Studie, von dieser Rußland-Arbeit? Diesen unholländischen Namen habe ich mir gemerkt. Aufgrund dieser Arbeit möchte ich, daß Sie weiterstudieren. Also, ich lege Wert darauf.«

Jetzt begann es mir zu dämmern. Wie hatte ich das doch verdrängt, eigentlich komplett vergessen. Merkwürdig.

In den ersten Tagen an der Hochschule hatte ich, zusammen mit einem anderen Neuling, vor dem Schwarzen Brett in der Halle gestanden. Dort hing ein Zettel, worin zur Teilnahme an einem Preisausschreiben aufgerufen wurde. Man solle eine Studie schreiben über den damals laufenden russischen Fünfjahresplan. Es war überhaupt der erste Fünfjahresplan in der Geschichte. Man könne Informationen erhalten beim Professor F. de Vries.

Wir, in unserem verschüchterten Zustand, in unserer komischen Naivität, glaubten, jeder müsse daran teilnahmen, da es zum Studium gehöre. Also begaben wir uns zu diesem Professor, der zuerst auch an einen Ulk dachte. Um mitzuspielen gab er uns eine tüchtige Liste von zu lesender Literatur mit. Ich begab mich damit sogleich in die Bibliothek und ließ mir die genannten Bücher bringen. Ich fing an zu lesen, und Rußland faszinierte mich. Nicht so sehr dieser Plan, überhaupt nicht der Bolschewismus, wohl aber die russische Geschichte, die zur Revolution und zum Bolschewismus geführt hatte.

Nach ein oder zwei Wochen wußte ich bereits, daß diese Studie für ältere Studenten oder Assistenten oder sogar vielleicht Dozenten gedacht war. Aber das Thema fesselte mich nun einmal. Wie, Menschen machen Pläne? Diese Pläne sind wie Gottheiten, nach denen man sich zu richten hatte? Pläne, die das Schicksal von vielen Millionen entscheiden würden. Ein Schicksal in dem Sinne, wie es sich die Plänemacher gedacht hatten? Aus welchem Grund wollten sie das? Vielleicht aus Unsicherheit, Angst? Warum geschah so etwas nicht in den anderen Ländern?

Ich studierte und schrieb. Zu Weihnachten hatte ich die Studie vollendet, etwa 60 Seiten handgeschrieben. Ohne sie auch nur durchzulesen, noch außer Atem, gab ich sie ab. Gut an ihr fand ich nur meinen Stil. Denn ich glaubte, schreiben zu können. Das hatte der Mirande mir gut eingeredet.

Meine Arbeit war im Grunde eine einzige Frage: Was sind Pläne, wozu macht man Pläne, welche Geist- und Gemütsverfassung hat eine Gemeinschaft, die Pläne macht. Warum ist in Rußland die Volkswirtschaft so zentralisiert? Wohin könne das alles führen? Für

Rußland, aber auch für die ganze Welt. Ich schrieb die Arbeit in einem Guß.

Am Todestag meines Vaters hatte die Post einen Brief gebracht, worin mir mitgeteilt wurde, daß ich den Preis gewonnen hatte. Ich wurde eingeladen, an einem der folgenden Tage meine Arbeit öffentlich vorzulesen.

Schade, dachte ich, meinen Vater würde das ungeheuer freuen. Jetzt aber habe ich andere Sorgen als diese Arbeit vorzulesen. Meine Mutter ist vor Leid ganz zusammengebrochen, das Begräbnis muß geregelt werden. Kein Mensch kümmert sich jetzt mehr um uns. Nur uns bedauern. Das tut ihnen wahrscheinlich gut, sie brauchen es.

Also telegraphierte ich, daß ich wegen des Todesfalles nicht kommen könne. Mehr nicht.

Dieser Professor aber hatte in der Jury meine Arbeit gelesen, sie hatte ihn offensichtlich beeindruckt, und da ich nicht kam, scheint er die Arbeit oder Teile davon — denn alles vorzutragen, hätte Stunden erfordert — vorgelesen. Und ich hatte, weil es gerade in dieser dramatischen Zeit geschah, das alles vergessen. Merkwürdig, auch als ich dann später nur noch hie und da in die Hochschule kam, dachte ich nicht mehr an diese Arbeit. Sie war mir völlig entfallen.

Jetzt auf einmal war sie wieder da. Es kam zu einer Wende. Denn ich wurde, es war Freitagnachmittag, schon auf Montag angenommen als jüngster Assistent am Niederländisch-Ökonomischen Institut der Hochschule. Es ging gerade die letzte Januarwoche des Jahres 1932 zu Ende mit meiner ersten Institutswoche.

Der Mensch denkt, Gott lenkt. Denn Professor Stuart sagte mir bei der Anstellung, wobei er mir gleich 50% mehr Gehalt gab, als ich verlangte, er lege Wert darauf, wenn ich mich in Mathematik spezialisieren würde. Denn er sehe ein Zeitalter herannahen, da mathematische Statistik in allen Wissenschaften eine große Rolle spielen werde. Und da das Institut im Moment keinen Mathematiker habe, könne ich es dann werden.

»Das schaffen Sie schon. Ich selber bin kein Held in Mathematik. Ich zähle also auf Sie.«

Und so konnte ich mich jetzt in die Mathematik versenken. Frei, ohne Zwang von Methoden. Wer sollte mich hier darin unterrichten? Es gab wohl einen Professor, einen Physiker, der Mathematik las. Ich brauchte aber seinen Vorlesungen nicht zu folgen, ich sollte selber sehen, daß ich zu etwas kam. Übrigens handele es sich um das Spezialgebiet der mathematischen Statistik, und dieses Fach existierte noch nicht an unserer Hochschule. Wohl die gewöhnliche Statistik, und diese war noch eine administrative, beschreibende Wissenschaft.

Schon bald wurde mein Name vermerkt als Mitarbeiter bei einer mathematisch-statistischen Arbeit, und wenig später erschien bereits mein erstes Buch, fast 300 Seiten stark, ganz spezialisiert auf dieses Gebiet. Es wurde ein bekanntes Buch, öfters zitiert, längere Zeit auf der Literatur-Liste der Hochschule geführt.

Und doch interessierte mich die Institutsarbeit nur nebenher. Ich tat sie, tat sie wohl auch gut, denn ich wurde, obwohl ich selber noch studierte, bald Senior-Mitarbeiter, schrieb unzählige Artikel, schrieb sogar gut, wurde zitiert. Und so blieb es auch, lange Jahre hindurch, auch nachdem ich das Institut der Nazis wegen verlassen mußte, ich als Professor dozierte, an drei Universitäten als Ordinarius tätig war, Fakultäts- und Universitäts-Dekan wurde, in verschiedenen anderen Ländern wirkte. Immer war mir diese Arbeit irgendwie Nebensache. Nur wunderte ich mich, wie man Professor werden kann, wenn einem das Fach eigentlich gar nicht so sehr liegt. Ich stellte mir vor, daß die anderen wahrscheinlich soviel weniger glücklich waren als ich, daß sie eben, wenn sie auch alle Energie auf ihr Fach konzentrierten, nicht mehr leisten konnten als ich. Denn ich wurde immer glücklicher durch ganz andere Dinge. Und diese gaben mir Einsichten in die Mathematik, in die mathematische Statistik, in die Volkswirtschaft, ja in alles, wofür ich mich interessierte. Mein Dozieren war gleich für die meisten Studenten etwas Lebendiges, Vielseitiges.

Nicht alle verstanden alles, was ich meinte. Aber niemals hörte ich, daß man meinen Vorlesungen nicht folgen konnte. Ich war imstande, ganz schwierige und komplizierte Sachverhalte in einfacher

Sprache darzustellen. Ich sah immer deutlicher, daß das komplizierte Darstellen nur eine Folge dessen ist, daß der Darstellende selber seinen Stoff nicht ganz überblickt und nun diese seine Unsicherheit hinter einem dichten Gestrüpp verbergen muß, sogar vor sich selber verbirgt.

Ich kann mir keine andere Erklärung denken, wie ich sonst, mit meinem wirklich geringen Aufwand doch zu Dingen kam, die anderen sehr schwer erreichbar sind. Es war dieses andere Wissen, das mir die Einsicht gab, das mir auch diese große Sicherheit und Gewißheit schenkte.

Und dieses andere Wissen wiederum kam mir nicht durch Studium, durch vieles Lesen, es kam mir auf ganz andere Weise. Gewiß studierte und las ich auch. Das blieb aber immer nur das Material, das bereit lag, bereit, um durch den Wurm Schamir passend gemacht zu werden, um dann über sich das Wunder zu spüren, wie es von unsichtbarer Hand emporgehoben wird, gefügt wird, und zu erfahren, daß damit herrliche Paläste sich selber bauen. So sieht es jedenfalls aus. Ist nicht doch eine andere Hand da, eine Hand aus dem Himmel? Schweigend vollzieht sich dieser Bau.

Was also bewirkte diese Einsicht bei mir, wenn es nicht eifriges, fleißiges Studium war? Ich glaube, daß es eben das Leben selber war. Das Tun und das Nicht-Tun, die Erfahrungen, das Schicksal. Sind sie nicht die Finger dieser unsichtbaren Hand? Ist diese unsichtbare Hand, welche baut, nicht die Gegenseite von unserem sichtbaren Leben? Liegt hier etwa das Geheimnis der Tat? Das Kind spielt mit der Hand, und Engel erzählen ihm das Geheimnis des Handelns.

Eine Nebensache war mir das Institut. Man hat es dort gewiß bemerkt. Und ebenso gewiß nicht verstanden, wie mir dennoch alles so leicht fiel, daß ich im research bald einer der Besten wurde. Es hat gewiß verschiedene Leute auch geärgert.

Es war mir nicht wichtig, weil ich bald schon die Gelegenheit nutzte, mich jetzt ausschließlich dem Aufbau eines Erklärungs-Systems des jüdischen Wissens im großen Komplex der Mündlichen Thora zu widmen.

So hatte ich bald drei nebeneinander herlaufende Beschäftigungen. Die Arbeit am Institut, das Studium an der Hochschule und das Studium des alten jüdischen Wissens, wofür ich noch den Schlüssel zu finden hatte, um den richtigen Zugang zu gewinnen.

Neben diesen drei Beschäftigungen gab es noch das tägliche Leben. Ich war im Vorstand der orthodoxen jüdischen Jugend-Organisation, der "Agudath Israel", ich hatte bald verschiedene neue Bekannte, worauf ich noch zu sprechen komme, ich hatte einen eigenen Haushalt, ich hatte als älterer Bruder meinem jüngeren beim Aufbau seines Betriebes, eigentlich den des Vaters neu aufrichtend, zu helfen und zu beraten. Es wurde bald ein sehr volles Leben. Keiner wollte richtig glauben, daß ich das alles auch wirklich tat. Wo hätte ich diese Zeit hernehmen sollen?

Und ich hatte sogar noch viel Zeit übrig. Ich fühlte mich wohl und fühlte mich glücklich. Aber nicht immer, und auch davon muß ich erzählen. Es gehört mit zum Wesentlichen.

Ich fange an, den Sinn der Halacha, des Weges des Menschen, zu ahnen, und es erschüttert mich das Geheimnis des Tuns. Es zeigen sich die Schlüssel zu den wunderbaren Hallen, und das Leben wird leicht.

Ich vertiefte mich in diese Bücher, worin für mich damals noch in eigenartiger Form die Schätze verborgen lagen, die Schätze, welche die Geschenke des Lebens waren. Und ich war dabei, den Schlüssel zu diesen Schätzen zu finden.

Eigentlich gibt es nicht nur einen Schlüssel. Ich fand, wie das Auffinden des Schlüssels wohl das schönste Abenteuer des Lebens war. Es war die richtige Entfaltung des Lebens. Immer wieder den Schatz finden, und inmitten der Schatzkammer lag, in einer kostbaren Schatulle ein herrlicher, goldener Schlüssel, der eine nun zu gleicher Zeit sichtbar werdende Tür öffnen könnte. Und die neue Halle war noch unvergleichlich schöner als die vorige. Diese versank eigentlich in eine wohl schöne, aber doch kindliche Erinnerung. Man schämte sich ein wenig und freute sich doch. Der Erinnerung wegen und der neuen Welten wegen, die sich nun zeigten.

Es war ein spannendes Abenteuer, und es gab dem Leben seinen wirklichen Sinn. Man lebte in Zeit und Raum, umringt aber von Ewigkeit. Jetzt erst sah ich, wie, wenn nicht unsere Gegenwart in dieser Ewigkeit versunken ist, Dämonen und Gespenster uns umringen, uns ängstigen. Denn dann ist der Mensch nicht Mensch, nicht im Bilde Gottes. Dann ist er gefangen, unterdrückt, geschändet.

Ich lebte nun vollends in dieser Welt. Das andere war mir wie ein Traum, wie etwas Unwirkliches. Das Institut, das Studium in Rotterdam, bald auch das Studium in Wien, die jüdische Politik, die Bekannten, die Welt des Lärms, des Getöses, des Wirbels.

Ich war dankbar, daß diese Welt der Unwirklichkeit nicht eigentlich störte. Ich war dankbar, daß ich dort mit Leichtigkeit das Meinige tun konnte. Daß ich keine große Mühe hatte mit dem Studium in Rotterdam, mit dem neuen Studium in Wien, das zu gleicher Zeit stattfand, seit dem Sommer 1933, daß ich mich leicht betätigen konnte in den jüdisch-orthodoxen Organisationen, daß ich zu allem Zeit fand, daß ich weiter alles lesen und studieren konnte was ich wollte, daß mein Gedächtnis immer klarer funktionierte. Und daß ich bei alledem — eben weil es mir etwas Peinliches war, etwas, über das ich ein wenig verschämt lächeln mußte, daß ich mich damit abzugeben hatte — ungekünstelt bescheiden bleiben konnte. Ungekünstelt, denn es machte mir wirklich nichts aus. Ich schämte mich, wenn ich gelobt wurde wegen meiner wissenschaftlichen Artikel oder anderer wissenschaftlicher Beiträge. Denn das war ich doch nicht, das war doch nur die Berührung mit etwas Unwirklichem.

Einsamkeit. Warum fragt nicht jeder Mensch nach dem Sinn des Lebens? Kann man ohne die Sehnsucht nach einer Antwort überhaupt leben? Sind es Menschen, die dennoch tun, als ob sie lebten?

Das aber, was mir über alles wichtig war, wovon ich immer mehr erfüllt wurde, wurde mir aber, eben weil es für mich das Leben an sich war, zu einem Albtraum, als ich nach und nach bemerkte, wie einsam ich damit dastand. Ich wollte es zuerst gar nicht glauben und suchte daher für die Welt Entschuldigungen. Es war doch einfach nicht möglich, daß die Menschen für diese Geschenke, diese Geschenke, die doch eben den Sinn des ganzen Daseins deutlich machten, ihn ja sogar recht eigentlich enthielten, kein Interesse hatten. War ihnen ihr Leben nur eine Art Spiel mit gewissen Spielregeln? Waren sie deshalb so unruhig und zugleich so schläfrig, suchten sie deshalb nur Nebensächliches und versanken dabei in Sinnlosigkeit?

Es wurde mir aber erschreckend klar, daß dies wahrscheinlich die Wirklichkeit dieser Welt war, die einzige Wirklichkeit, daß nämlich die Menschen vergessen hatten, was Menschentum bedeutet. Ja, sie hatten allerlei Spiele erfunden, um sich in denselben zu berauschen, sich mit ihnen zu betäuben. So hatten sie eine Reihe von Religionen erdacht, und spielten nun um eine Art Meisterschaft, wie Fußball-Clubs in einer Nationalliga. Der Stärkere hat recht, ihm jubelt man zu, und er weiß selber, wenn er einmal erwachen würde, wie dumm dies Spiel des Rechthabenwollens doch eigentlich ist.

Und es gab das Leben der Gesellschaft, wo man zu zeigen hatte, wie erfolgreich man doch war, was die Zeichen dieses Erfolges waren. So gab es die Politik, ein weites Feld, um seine Unlust auszuleben. Und auch das, was sich Wissenschaft nannte, spielte sein eigenes Spiel. Da war zunächst einmal die Wichtigtuerei. Man machte sich wichtig, lobte Kollegen, weil diese doch zur selben Priesterkaste gehörten und deshalb auch ihrerseits mit lobender Wichtigtuerei uns in die Höhe hoben. Und man verlangte Ehrfurcht vor dieser Wichtigtuerei.

Während man wußte, wie beschränkt die Einsichten waren, während man sich mit anderen Schulen und Theorien herumschlug, während man doch verstand, daß hier eben doch das Wichtigste fehlte, nämlich das, was allein Glück spenden, Ruhe verschaffen, Gesundheit ausstrahlen konnte.

Man machte sich so wichtig, daß man sogar dem Himmel keinen Platz in diesen Hallen gönnte. Denn der könnte doch auch bedeuten, daß man mit seinem Wissen nicht alles verstehen konnte, daß es also noch Wichtigeres geben konnte.

Nein, höchstens räumte man dem Himmel einen Platz in der menschlichen Ordnung ein. Der Himmel hatte dem Menschen Ruhe zu bringen, damit er besser als Produktionsmittel in der Gesellschaft funktionieren konnte. Denn diese Gesellschaft war doch die einzige Wirklichkeit. Dort konnte man zählen, wägen, messen, und man verdrängte, daß der Mensch bei alledem doch schrie nach dem Unermeßlichen, dem Überraschenden. War nicht Liebe oder Gnade eben dieses Unmeßbare? War nicht in dieser Wirklichkeit des Menschen der Begriff zwei gleich sieben oder tausend? Eben eine Wirklichkeit, wo Freiheit herrschte, gerade nicht der Zwang des Gesetzmäßigen.

Ich sah die starren, befremdeten Blicke, als ich im Institut versuchte, über philosophisches Denken die Aufmerksamkeit auf das Ganze zu lenken, auf das ganze Leben. Ein wenig verärgert sagte man dann, man habe eben nicht Philosophie studiert. Man hatte sich auf das volkswirtschaftliche Denken zu beschränken. Als ob das noch Denken bedeute!

Wenn ich von den Imponderabilien sprach, das religiöse Bedürfnis im Menschen als eine nicht zu übersehende Seite erwähnte, ohne die keine Berechnung oder Politik gemacht werden könne, ohne die man doch nicht den ganzen Menschen kennenlernen würde, dann sagte der eine, daß Religion außerhalb stehe, daß er darüber seine von der oder jener Kirche bestimmte Auffassung zu teilen habe, und daß er dieses Gebiet nicht einbeziehen wolle in das nun einmal harte, unnachsichtige Wirtschafts- oder Sozialgefüge. Oder ein anderer sagte, er hasse die Katholiken, die seien an allem schuld, oder man fragte mich, ob ich etwa auch noch missionieren wolle, und für wen denn eigentlich.

Ich gab es auf und blieb dennoch bis zuletzt in allen Gesprächen bei meiner Forderung. Denn ich konnte es nicht lassen. Es waren doch Menschen, und ich konnte sie doch nicht derart beleidigen, indem ich sie als Nicht-Menschen, als etwas Dämonisches, als etwas Teuflisches behandelte.

Genauso erging es mir bei meinen Kontakten mit meinen jüdischen Bekannten, sogar mit meinen Schülern, meinen Zuhörern. Das heißt, mehr oder weniger.

Die einen wollten schon zuhören, weil es interessant war, all dies zu wissen. Man könnte damit Diskussionen abhalten, seine Überlegenheit unter Beweis stellen, schwere Fragen stellen.

Die anderen wiederum sahen nun einen Grund, eine politische Überzeugung zu verteidigen, oder ihren Eltern zu beweisen, daß sie nichts verstanden hatten.

Wieder andere bauten sich ganz schreckliche Theorien daraus, eigensinnige, die nichts mehr mit dem zu schaffen hatten, von dem ich erzählt hatte.

Weitaus die meisten aber fanden meine Ausführungen nutzlos, wußten nicht, was ich damit bezweckte, wollten lieber das Schachspiel erlernen, das, wie sie sagten, den Verstand schule, das Schachspiel des "Pilpul" also, die talmudische Diskussion, wie sie sich im Brauch entwickelt hatte. Sie lachten mich aus mit meinem Ernst. Ernst mache man mit seinem Geschäft, in der Gemeinde, in der Politik, in der Familie, mit den Vorschriften.

»Wozu Vorschriften, wenn sie nicht auch bei Dir leben, in Deinen Einsichten, Deinen Gefühlen, in Deiner Weisheit?«, fragte ich dann fast verzweifelt.

»Dazu haben wir keine Zeit. Wir tun, und das ist genug!«

»Wer sagt aber, daß das Tun nur einseitig sei, also nur in der Handlung zum Ausdruck gelange und nicht gleichzeitig sich im Geiste, in der Seele entzünde? Was bedeutet Hithlahawuth, Dewekuth?« (Hithlawuth: Das Entflammen des Menschen in der Begeisterung des Tuns, der Einsatz des ganzen Menschen. Dewekuth: Die Verbundenheit des Menschen mit Gott, mit dem Himmlischen in allen seinen Taten.)

»Ach, das sind schöne Worte. Dazu hat der Buber vielleicht Zeit, weil er nicht selber tut. Wir haben schon andere Sorgen.«

Gewiß, manchmal sprach man auch von diesen Begriffen, und manchmal zeigte sich bei diesen Menschen Wärme in ihrem Leben. Aber war es dann nicht eben das, was jeder Mensch braucht, um leben zu können? So hören andere gerne Bach oder Schumann, oder weinen über ein Gedicht. Das verlangt schon die Gesellschaft, die Familie, daß dann und wann auch das Gefühl auf seine Rechnung kommt. Ist das aber nicht nahe dem Sentimentalen? Oder ist es dann nicht etwas, das ein toter Clan-Brauch geworden ist? Ich sah Volkstänze, und meistens waren es nur noch technische Nachahmungen. Ich sah auch jüdische, chassidische Tänze in Scheveningen. Und ich empfand es meistens als ein wildes Gehüpfe, als lärmiges Tosen, als Abreagieren aufgestauter Aggressionen. Nein, es war nicht das Tanzen als Ausdruck einer geheimen Wurzel im Menschen, als Mitteilung des herrlich Göttlichen im Menschen und in der Welt. Wenn schon etwas mitgeteilt wurde, dann war es eben das kümmerliche, dumme, beschränkte und arrogante Dasein dieser Menschen. Ich litt sehr darunter. Denn das war nicht meine Gemeinschaft. Aber ich sehnte mich nach den anderen. Der Mensch ist nicht dazu geschaffen, allein zu sein.

Ich weiß nicht, ob man sich das vorstellen kann. Selber war ich voll von diesen überraschenden Geschenken, die sich mir darboten, und ich fand niemand, den dieses ganze Gebiet überhaupt genügend interessierte. Als Thora um der Thora willen, nicht als Thora um der Ehre oder um des Wissens willen. Damals träumte ich einen unvergeßlichen Traum. Ich benutze ihn noch heute oft als ein Gleichnis.

Ich stand in einem prächtigen Garten voller Farben und Harmonie. Etwas überaus Beglückendes duftete mir aus diesem Garten entgegen. Viele, viele Menschen standen in einer Talmulde, und sie blickten verängstigt und verwirrt umher. Es war, als ob sie den Garten mit seiner Herrlichkeit gar nicht bemerkten. So ging ich auf sie zu und fing an, ihnen diesen Garten zu zeigen, und ich erzählte bei jeder Blume und bei jedem Baum, wie schön sie seien, und wie alles zusammenpasse. Sie aber machten blöde Sprünge, wälzten sich wie Schweine und knurrten und schnarrten allerlei Unartikuliertes. Sie zertraten, weil sie offenbar nichts sahen, Blumen, rissen sogar junge Bäumchen um. Es war, als ob sie mich überhaupt nicht verstanden, ja, als ob sie mich einfach nicht sahen.

Plötzlich änderte sich nun ihr Äußeres. Sie verwandelten sich, erst zögernd, dann aber immer rascher, in Tiere. In meist häßliche Tiere oder in ganz dumm, sogar völlig verblödet dreinschauende Tiere. Sie brüllten jetzt alle, knurrten und meckerten. Es war ein ohrenbetäubender Lärm. Meine Stimme, die immer weiter sprach von der Schönheit des Gartens, konnte ich selber nicht mehr hören durch all diesen Lärm hindurch.

Läuse, Würmer, Kröten begannen jetzt an mir heraufzukriechen, mich zu kitzeln oder zu beißen, oder mich auf ekelhafte Weise zu belecken. Da kam ein Mann — ich glaubte im Traum, das sei nun ein großer Engel —, denn ich war verzweifelt, ratlos ob meiner Verlassenheit. Eben erst waren doch noch soviele Menschen da. Und siehe, was aus ihnen geworden war. Dieser Mann trat nun auf mich zu und sagte schlicht:

»Komm, laß sie. Wir ziehen woanders hin. Du siehst doch, daß sie Deine Worte nicht einmal hören können. Siehst Du, sie haben Ohren und hören nicht, und deshalb redet ihr Mund lauter Torheiten.«

Ich war nun allein auf einer längeren Straße. Dort begegneten mir allerlei Leute, die mich verwundert anblickten. Ich war ein wenig darüber verärgert. Da erschien wieder der Mann aus dem Garten, und er sagte zu ihnen:

»Was wollt Ihr von ihm? Laßt ihn doch!«

Einer von den dahineilenden Leuten rief nun:

»Ist das nun nicht lächerlich? Er war im Zoo und hat zu den Tieren gesprochen und ist jetzt verstört, weil sie ihn nicht verstanden haben!«
Von allen Seiten ertönte nun Gelächter.

Oft sage ich, wenn ich ratlos bin, des Unverständnisses wegen: »Ich habe wieder einmal im Zoo zu Tieren gesprochen.«
Vielleicht muß man dort nur füttern. Doch habe ich das Gefühl, daß es genüge, wenn ich spreche. Ob und wie sie es verstehen, das ist nicht meine Sache. Und deshalb spreche ich. Aber einsam ist man schon, einsam, unbeschreiblich einsam.

Krankheit und Sorgen der Einsamkeit wachsen in unermeßliche Höhe. Ihnen gegenüber aber erwachsen Einsicht und stilles Glück. Dieses Elend und dieses Glück erscheinen wie eine Auserwählung, die aber abgelehnt und dennoch angenommen werden muß.

Diese Einsamkeit bedrückte mich damals derart, daß ich zum ersten Male, aber auch zum letzten Male richtiggehend krank wurde. Ich wurde nervös, ich glaubte, mein Herz versage. Ein unbekannter Druck äußerte sich in meinem Hirn. Ich schämte mich, jetzt auch noch krank zu sein. Krank, während diese herrlichen Geschenke mich geradezu überschwemmten.
Nicht daß ich mich hätte hinlegen müssen. Es war keine richtige Krankheit. Ich ging wie gewohnt weiter ins Institut und studierte, fühlte mich aber unsäglich elend. Und ich wußte, woran es lag. Daran, daß die wichtigsten Dinge den anderen Menschen gleichgültig waren und ich deshalb auch keinen Kontakt fand in einer Welt, in der niemand das Leben als ewigen Wert sah und jeder sich aufregte über Alltäglichkeiten, wo doch alles fortwährend im Flusse war und gleich vergessen sein würde. Warum war das Wesentliche dem Menschen völlig aus der Sicht geraten? Wie sollte man in einer solchen Welt leben können?

Ich lief stundenlang umher, halbe Nächte. Jedes Geräusch war mir zuviel. Ich wurde von einer krankhaften Empfindlichkeit. »Neurotiker", schalt ich mich. »Stell dich nicht so verrückt an, du machst dich noch kaputt!« Aber es half nichts.

Was noch nie vorgekommen war, ich suchte in einer Nacht einen Arzt auf. Ich hielt es einfach nicht mehr aus. Er schaute mich mitleidig an und versorgte mich mit einer Flasche Brom und mit dem Rat, einen Facharzt aufzusuchen.

Nach einer vollständigen, mit allen technischen Apparaten durchgeführten Untersuchung, erklärte er mich für krank. Er verbot mir allen Sport, kein Treppensteigen, Vermeidung jeder Aufregung, und überließ mir eine halbe Apotheke an Medikamenten. Und jetzt wurde ich wirklich krank.

Das heißt, ich arbeitete zwar weiter, dachte aber bei mir, daß ich es wohl nicht mehr lange auf Erden machen würde.

Zum Glück rieten mir gute Freunde, die meine Bedrücktheit alarmierte, den Spitaldirektor De Jong Im Haag aufzusuchen. Dieser kannte mich, da er auch schon meinen Vater während einer seiner Krisen behandelt hatte.

Seine Diagnose fiel überraschend aus. Sie lief derjenigen seines Rotterdamer Kollegen, von der ich ihm erzählt hatte, völlig entgegen. Nach einem Gespräch von etwa zehn Minuten sagte er mir überraschend, mir fehle gar nichts. Ich solle ruhig weiter Sport treiben, jede Art, auch Boxen, und ich solle keine Medikamente nehmen, arbeiten, solange ich Lust hätte, und das ganz Entscheidende war, daß er sagte:

»Sie sind gesund, ich spüre das. Ich habe dafür nun einmal ein Gefühl. Nicht immer, aber in Ihrem Falle sicher. Wenn Sie aber schon anfangen, krank zu spielen, dann wird alles aufhören.«

»Wie wissen Sie das? Was wissen Sie denn von mir?« fragte ich verdutzt und schüchtern. Der Mann wußte gar nichts aus meinem Leben, auch nicht, daß ich studierte und am Institut arbeitete.

»Ich weiß zwar nichts von Ihnen. Ich kenne nur den Namen, weil der Fall Ihres Vaters mich damals beeindruckte. Aber ich spüre es nun einmal. Behüte, nicht etwa, weil ich paragnostische Gaben hätte.

Ich bin ein völlig normaler, naturwissenschaftlich ausgebildeter Arzt. Aber, wenn Sie anfangen, krank zu sein, so können Sie sich zu Grunde richten. Fangen Sie einfach nicht damit an. Sie werden schon sehen.«

Und ich sah es. Ich war seitdem nicht mehr krank.

Ich verstand, man mußte stark sein: Man darf kein Mitleid mit sich selber haben und sich nicht beklagen. Wenn man einsam war, dann hatte es eben so zu sein. Es konnte auch sein Gutes haben, eine solche Einsamkeit. Krank werden bedeutete, vor dem Leben kapitulieren. Das Leben, das Gott schenkte. Es hatte doch für jeden Menschen seinen Sinn. Wozu sollte man es dann dem Schöpfer so schwer machen und anfangen, sich zu bemitleiden, in den Protest fliehen und zu schmollen. Wozu? Man gehe doch das Gespräch mit Gott ein. Der Kampf um die Welt war ohnehin schon schwer genug. Ich war doch gewiß einer der Kämpfer für Gott. Krank sein hieß desertieren, war Feigheit. Angst haben zeigte, daß man kein Vertrauen in die Schöpfung und ihren Sinn hat. Wenn ich ihn auch jetzt noch nicht klar sah. Der Kampf, sogar in der vordersten Linie, würde es mir schon zeigen.

Ich wurde gesünder und gesünder. Ich hatte mich noch nie so gesund gefühlt, und vom braven Rotterdamer Spezialisten dachte ich mir mein Teil. Gewiß hatte er recht, aber er kannte eben das Leben nicht, er kannte nur die eine Seite.

Einsam studierte ich. Wenn andere mich fragten, hörte ich bald schon heraus, ob sie wußten, was sie eigentlich fragten, ob sie wirklich im Leben standen oder ob das Leben für sie nur ein Spiel war. Ich wurde stiller. Wenn ich erzählte, so war es schon mit dem Gefühl: Wenn es auch umsonst ist, viele Kugeln werden umsonst verschossen. Aber hie und da trifft eine doch ins Ziel. Also doch nur fröhlich und ruhig weiterschießen. Ich benutzte immer häufiger das Bild, daß ich im Kampf um Gott einer der Kämpfer sei, und ich wollte ein richtiger Held in diesem Kampfe werden.

Wenn Leute nach begeisterten Ausführungen von mir ein zweites Mal nicht wiederkamen, dann sagte ich nur: »Schade um sie. Sie wissen nicht, was sie jetzt versäumen. Wahrscheinlich sind sie einfach noch nicht so weit, und vielleicht fällt doch eines der Worte wie ein Samenkorn auf gute Erde. Wer weiß, was keimt und heranwächst, wenn auch in einem anderen Leben?«

Und ich blieb froh und aufgeweckt. Ich bekam Vertrauen, auch wenn ich keine Erfolge sah.

Auch sah ich, daß man oft, meistens sogar, meine Erzählungen nicht richtig verstand, daß man die Quintessenz nicht herausspürte, daß man sie verzerrt weitererzählte. Auch dann sagte ich:

»Schade. Sie verstehen es noch nicht. Wirklich schade. Aber ich will sie nicht entmutigen. Ich muß Geduld haben.«

Und ich hatte Geduld, bis heute sogar, und ich werde sie immer haben. Denn ich kenne jetzt den Weg, und ich weiß, warum es so ist.

Ich wurde nicht eingebildet. Man könnte es nach diesen Mitteilungen meinen. Das wäre dann aber ein Mißverständnis. Ich wurde nur selbstbewußt. Ich stand doch allein, was konnte ich sonst tun?

Nur überprüfte ich immer wieder, ob ich nicht falsche Schlüsse zog in meinem Denken, ob ich nicht abwich von der Wahrheit auf irgendeiner Ebene. Da war ich streng und forderte immer mehr. Gerade weil ich allein war und es jetzt aufgegeben hatte, von anderen Führung zu erhalten. Es könnte ein Wunder geschehen und ich einen solchen Lehrer finden. Man verlasse sich aber nicht auf ein Wunder, sagt eine alte Weisheit. Und ich fühlte ihre Bedeutung. Es hieß: »Tue als ob du ganz allein stündest. Du bist doch die ganze Welt. Wer denn, wenn nicht du, und wann denn, wenn nicht jetzt. Das gilt für jeden Menschen.«

Man komme mir nicht mit der Behauptung, man könne dieses Studium der alten Quellen nicht unternehmen, wenn man ihre Sprache nicht kenne. Dieses Studium, das zur Inspiration führt, wenn man es im Geist der Wahrheit, wenn man es um der Thora selber willen durchführt, anders gesagt, wenn man den Sinn des Lebens aus der Thora hervorrufen will. Dann entflammt die Seele, sieht klar, spricht klar. Nicht, wenn man studiert, weil es eine Lust für den scharfen Verstand ist, denn dann ist es ein Spiel, tut man es um seinetwillen. Dann könnte man ebenso gut abstrakte mathematische Probleme lösen oder Schach spielen.

Ich kannte auch die Sprache nicht oder doch nur sehr ungenügend. Was ich kannte, als ich mit diesem Studium begann, war nicht mehr, als jeder nach einem Jahr intensiven Sprachstudiums erreichen kann. Ich hatte keinen Sprach-Lehrer. Denn sie verdarben mir mit ihren Grammatik-Regeln immer wieder die Lust an der Sprache. Ich hatte auch keinen Lehrer für das Talmud-Studium. Denn diese verdarben mir jede Lust mit ihren Spitzfindigkeiten, mit ihrem Spiel an der Oberfläche. Es war mir so langweilig und erschien mir ganz sinnlos. Und ich weiß, daß es vielen genauso geht. Nur geben sie es dann meist ganz auf. Die Führer der Generationen haben schuld daran, große Schuld. Denn sie sollten doch einsehen, daß der Mensch zu etwas anderem geboren wird und für etwas anderes lebt, als um zu beweisen, daß er recht habe und die andern nicht, daß er auserwählt sei und die andern vergessen, daß er wichtig sei und die andern nicht, daß er belohnt werde und die andern bestraft, daß er eine sichere Position erobern solle. Sicher für was? Für seine Lebensangst?

Diese Grundlagen sind so wichtig, daß ich mich fragte, warum man nicht schon in den Schulen, wo man doch soviele Stunden für Mathematik, Botanik, Chemie usw. usw. einsetzt, nicht ebenso diese Ursprache hätte unterrichten können, zusammen mit den wichtigsten Begriffen dieser Urweisheiten. Es würde nicht mehr als zwei Wochenstunden erfordern, und man könnte dann ganz anders vom Sinn des Lebens sprechen, ganz anders auch von den Naturwissenschaften, von den Sprachen, von Literatur, Geographie und Geschichte.

Die Lehrer dazu müßten aber erst auch noch ausgebildet werden. Denn die jetzigen Lehrer für diese Sprache und für dieses Wissen sind meist nicht nur Unwissende, sondern durch ihre vollkommen falsche, beschränkte und einseitige Betrachtungsweise eher gefährliche Verführer, Verderber. Sie täten der Sache mehr schaden als nützen.

Diese Frage plagte mich schon damals, vor etwa 40 Jahren. Es wurde mir aber immer klarer, daß es wesentlich wäre, diese Fächer einzuführen. Man hat doch schon die schrecklich eintönigen, sinnlosen Stunden, die man Religions-Unterricht nennt. Man könnte sie zu den faszinierendsten Stunden machen. Aber man müßte sie dann auch voll bewerten, ebenso wie Mathematik oder Chemie. Sie sind für den Weg des Menschen sogar noch viel wichtiger.

Ich habe mir das alles selber aneignen müssen. Ohne Lehrer und während der Arbeit am Institut, während meiner Studien, zuerst in Rotterdam und später auch noch in Wien. Während aller anderen Bemühungen, Gespräche, Ämter. Es geht, man bekommt sogar noch Kraft und Energie dadurch, man bekommt Lebenslust, Gesundheit, Freude an der Verantwortung. Das Leben wird leicht und froh, einfach glücklich!

Sehnsucht bringt neue Begegnungen. Die geheime Kraft des Bethauses. Der Händedruck.

Während dieser Jahre — ich spreche von der Periode 1932—1936 — erlebte ich, neben den etwas vorher liegenden Begegnungen mit Maeterlinck und Jeans, einige tief in mein Leben eingreifende Begegnungen mit Persönlichkeiten aus der jüdischen Sphäre.

Es war aber ungefähr ebenso wie mit den anderen Begegnungen. Sie waren notwendig, sie erweckten etwas in mir. Die Leute brachten mir keine Lehren, sie wurden mir auch nicht zu Führern, nicht einmal zu Leitbildern. Es war aber so, daß nur durch diese Begegnungen und nur durch kurze oder ausführliche Gespräche etwas bei mir zu keimen anfing, was vorher nicht vorhanden war. Ich könnte sagen: diese Begegnungen waren inspirativ. So wie gewisse Stellen aus dem Talmud, oder aus dem Midrasch, oder aus dem Sohar mich inspirierten und Umwälzungen in meinem Leben bedeuteten. Stellen wie viele andere, Stellen, die anderen nichts sagen, so wie diese Menschen anderen nichts sagten, jedenfalls nicht das, was sie mir sagten und mir taten.

Man erwarte also nicht tiefschürfende Lehren, Gespräche mit Durchbruchs-Charakter. Nichts davon. Es waren einfache, sogar zuweilen einfältige Gespräche. Gespräche wie so viele andere. Nur spürte ich, daß diese Gespräche, wie überhaupt alle Gespräche und alle Begegnungen von wo anders herkommen. Das heißt, aus einer anderen Sphäre im Menschen selber auch, aus eben einer zweiten Wirklichkeit im Menschen. Sie sind kausal nicht zu erklären, sie sind eben nur zu erleben, nur zu erfahren.

Man glaube auch nicht, daß diese Begegnungen und Gespräche Wunder wären. Ein Wunder ist es vielmehr, daß man diese zweite Wirklichkeit bei und in sich selber nicht wahrnimmt, daß man leben kann, ohne ihrer überhaupt gewahr zu werden. Es ist unglaublich, daß man dann noch leben kann.

Das erste dieser Erlebnisse: Ich stehe im Scheveninger Bethaus, einem früheren Dancing, von der ostjüdischen Gemeinschaft gekauft und zum Bethaus und "Talmud-Thora" im Jahre 1926 eingerichtet.

Es war die Zeit, wo ich noch jeden Tag in dieses Bethaus zu gehen hatte, um dreimal täglich beim Gebet das "Kaddisch", damals für meine Mutter, zu sprechen. Sommer 1932.

Ich stehe in einer Andacht, still, mit dem Rücken der Türe zugewandt. Eine Flügeltüre, die man, immer wenn jemand eintrat, klappern und sausen hörte. Das geschah oft, weil diese ostjüdischen Bethäuser zugleich auch geselliger Treffpunkt sind. Man sah sich dort, besprach die Politik, das Tagesgeschehen, schwatzte über andere, erzählte von seinen geschäftlichen Erfahrungen, hörte über andere reden, betete zwischendurch. Nicht mit Andacht, denn das gehört kaum mehr dazu. Man tut es eben, dieses Gebet, man sagt es, ohne dabei viel über die Worte nachzudenken, die jeden Tag die gleichen sind. Man ist einfach da, spricht die Worte, und die Stimmung ist schon irgendwie im Raum.

Man nimmt sich selber in dieser Hinsicht nicht so wichtig. Die

Worte und die Anwesenheit der anderen an diesem Ort tun das Ihrige. Obwohl man das theoretisch nicht so weiß, man lebt es.

Man lebt das schon seit Jahrtausenden, es hat sich bewährt. Wenn es auch nicht direkt wirkt, wenn es sogar oft, wie es scheint, ins Gegenteil wirkt, man vertraut schon der verborgenen, geheimen Kraft des Zusammenseins und der großen, geheimen Kraft der Worte, die man sich infolge der Geschwindigkeit, mit der sie gesprochen werden, unmöglich zugleich bewußt machen kann. Oft bewundere ich die technische Fähigkeit, innerhalb weniger Minuten soviele Worte überhaupt aussprechen zu können. Die Lippen und die Zunge können das meines Erachtens kaum bewältigen. Ich jedenfalls bin nicht imstande, mit diesen Menschen Schritt zu halten.

So geht es aber. Man spricht im Rücken, unterhält sich, oft nicht einmal leise. Es gehört zur Umgebung. Die Leute fühlen sich dabei wohl und zuhause. Die holländische Synagoge, die es auch in Scheveningen gab, wurde als wesensfremd betrachtet. Man spöttelte, es sei dort so tot und geordnet wie in einer Kirche. Hier sei es dagegen lebhaft, lebendig, voller Dynamik und voller Willkür, wie eben das Leben.

Ich will ganz offen gestehen, ich fühle mich auch nur wohl in einem solchen Bethaus. Wenn diese Leute nur nicht so vollkommen uninteressiert wären am Sinn ihres Lebens, wenn sie nicht so dumm, so beschränkt, oft auch so hart und mitleidlos wären. Denn gerade sie stehen doch dem Quell so nahe, für sie wäre es nur ein Schritt. Es soll nun aber wahrscheinlich so sein.

Ich stehe also da und höre wiederum die Türe sausen, von den Federn gezogen und von den Federn beherrscht. Und plötzlich ist es mir, als ob es im Raume, einem ziemlich kleinen Saale, ganz hell würde. Kein von den Augen wahrzunehmendes Licht. In diesem Moment spürte ich zum erstenmal, was Licht eigentlich ist. Es wurde leicht, erhaben, ich fühlte mich plötzlich wohl. Und ich fühlte jetzt auch die Worte, die ich sprach, leuchten. Ich mußte mich bezwingen, den Kopf nicht umzuwenden. Man tut das in diesem Hauptgebet, bei dem man wie im Allerheiligsten des Tempels steht, nicht. Das

Gesumm der Stimmen im Raum, zum Teil im Gebet, zum Teil in allgemeiner Unterhaltung, ging einfach weiter. Auch das nahm ich wahr und fand es merkwürdig, denn die helle Anwesenheit blieb.

Als ich mich schließlich, nach Beendigung dieses Gebetes, umwandte, sah ich tatsächlich einen neuen Gast. Mittleres Alter, brauner Bart, gekleidet wie es bei den Ostjuden im Westen der Brauch ist. Etwas längerer Rock, schwarzer Hut mit etwas breiterem Rand. Aber ein leuchtendes, freundliches Geischt, ein gescheites Gesicht auch, ein erheiterndes.

Es ist üblich, einen Fremden zu begrüßen. Man geht dann auf ihn zu, gibt ihm die Hand und sagt: »scholoim aleichem«, also: Friede mit euch. Und der Fremde antwortet: »aleichem scholoim«.

Der Mann schaute mich freundlich an, sein Händedruck tat gut. Ich fühle bei einem solchen ersten Händedruck oft, ob die Begegnung wichtig ist oder nicht. Das vollzieht sich ohne Absicht. Es ist ein Gefühl. Es durchrieselt mich, gut oder nicht. Manchmal gibt es ein besonders warmes Gefühl. Ein einziges Mal war ich sogar ganz von dieser Berührung der Hände benommen.

Schließlich ist die Hand doch das große Geheimnis des Menschen. Das Zeichen für Hand, Jod, ist doch Ursprung und Anfang, Grundlage aller hebräischen Konsonanten.

Und die Hand enthält doch auch das Geheimnis des Tuns in der Schöpfung. Man handelt, man behandelt, man verhandelt, mißhandelt, man handhabt, usw. Die Hand mit ihrer 1—4-Struktur entspricht klar der Schöpfungsstruktur.

Davon wußte ich damals, 1932, noch sehr wenig. Aber ich spürte die Wichtigkeit dieser Berührung. Das Handeln an meiner Seite berührte sich mit dem Tun an der anderen Seite. Mein Geheimnis mit dem des anderen. Und sie fühlten sich verwandt.

Es schien mir, der andere spürte etwas Gleichartiges. Wir sagten weiter nichts, nur blickte er mich ein wenig erstaunt und durchdringend an. Mir war plötzlich wohl, ich war fröhlich, hätte jauchzen mögen.

Gibt es nur irdische Lehrer? Die Geschichte vom Vogel führt mich zum Geschehen mit der Olive und zur Einheit des Sechsten, Siebten und Achten. Melodie und Neschama. Es wird mir klar, was koscher bedeutet.

Einige Tage später stand ich beim Scheveninger Boulevard, es war ein Samstagnachmittag, einem Pfadfinder-Aufzug zuzuschauen. Marschierende junge Leute, Trompeten, Trommeln, das Publikum bildete Spalier.

Plötzlich steht dieser Fremde neben mir, mit seiner Frau. Eine nicht gerade ansehnliche Person, kleiner als er, aber mit einem gütigen, gescheiten Gesicht.

»Sind das Nationalsozialisten?«

»Aber nein, die gibt es hier nicht. Das sind Pfadfinder, Scouts. Gewiß irgend eine große Feier.«

»Wir wohnen nämlich in Hamburg. Ich bin dort Rabbiner einer Klaus. Und dort gibt es leider viele Nationalsozialisten. Es ist eine Plage, ein Unglück für das Land. Und es wird ein Unglück für die Juden werden.«

»Ich dachte, Sie sind irgendwo aus dem Osten, nach Ihrem Jiddisch sind Sie aus Rußland oder aus Litauen.«

»Ja, genau. Ich war ein Schüler vom Chofez Chaim. (Der Chofez Chaim war einer der großen Weisen der letzten Zeit. Der Name stammt vom Titel seines Hauptwerkes "Der das Leben will", nach Psalm 34, 13. Er lebte in Litauen, früher also Rußland. Ein Schüler dieses Mannes zu sein, bedeutete etwas ganz Besonderes.) Jetzt bin ich aber in Hamburg, hab dort meine Gemeinde. Wir werden aber von dort fortgehen müssen, fürchte ich. Dieser Hitler wird siegen in Deutschland. Die Leute sehen die Gefahr nicht. Sie spielen und schlafen.«

»Wenn man nicht weiß, wozu man lebt, spielt und schläft man eben.«

»Nur der Wachende sieht, wie die anderen schlafen. Die Schlafenden tappen umher und wissen nicht, daß sie schlafen. Die Thora kann den Menschen erwecken, nur die Thora.«

»Wer kann aber die Thora so lernen, daß er ihr gerecht wird? Denn nur so erweckt sie doch. Man kann auch so tun, als ob man Thora lerne. Dann betrügt man sich selbst und die Thora.«

»Junger Mann, Sie verstehen. Schau mal an, hier in Scheveningen. Ist schon gut, wenn Sie die Thora als solche erkennen. Dann wird sie sich schon mit Ihnen verheiraten.«

»Man ist aber einsam. Warum sieht nicht jeder dies in der Thora?«

»Wie können Sie sagen, einsam? Die Thora ist doch die ganze Welt. Alle Menschen, aus allen Zeiten, leben in der Thora. Wenn Sie die Thora haben, haben Sie Gesellschaft von Milliarden Menschen, und Milliarden Engeln, von allen Heerscharen des Himmels, von allen verborgenen Welten. Alle sind sie doch in der Thora verkörpert. Jeder Buchstabe enthält doch Welten. Wenn man nur anfängt, sie kennenzulernen. Es ist die große Hochzeit, man wird überwältigt von der Liebe. Das ist doch das Geheimnis des Hohenliedes.«

»Man braucht doch auch einen Menschen. Wozu leben wir denn sonst in einer Welt voller Menschen?«

»Wird sich schon finden, wenn die Zeit dazu gekommen ist. Manche müssen für die Menschen da sein als Einzige. Die sind dann wohl einsam. Aber ein Königssohn kann sich doch nicht vermählen mit irgend jemand. Er muß eine Königstochter finden. Das heißt, es ist eine Seltenheit. Wenn schon eine Heirat zwischen Mann und Frau hier ein Wunder ist wie die Schöpfung, wie groß muß nicht das Wunder sein, wenn ein Königssohn im Sinne der Thora diesen anderen Menschen findet. Glauben Sie, ich hätte jemanden?«

Trommeln wirbelten, Fahnen flatterten vorüber, stramm marschierende junge Menschen. Masse, Menge, Schweiß, Hitze. Es war gut, allein zu sein. Lächerlich, diese Marschierenden, lächerlich diese begeisterten Zuschauer. Und doch sollte es so sein. Auch das hatte seinen Sinn. War das nicht das Fundament, das Reich für den Königssohn? Sollte er sein Reich nicht lieben?

Rabinow, so hieß der Mann, verabschiedete sich. Er bleibe noch einige Wochen in Scheveningen, sei hier in der Sommerfrische. Wir würden uns doch gewiß im Bethaus wiedertreffen.

»Wissen Sie, ich suche einen Lehrer. Sie haben doch den Chofez Chaim gehabt. Ein Mensch sollte doch zumindest einen Lehrer finden, und ich kann keinen finden.«

»Auch das ist bestimmt. Wenn man einen Lehrer haben soll, kommt er. Und sonst hat man eben keinen hier. Es ist heute nicht leicht.«

»Man sagt doch aber, man solle sich einen Lehrer suchen, und dorthin ziehen, wo man einen findet.«

»Heißt es aber, daß dieser Lehrer ein Mensch dieser Welt sein muß? Vielleicht muß man aus dieser Welt in eine andere ziehen, um dort seinen Lehrer zu finden. Ich meine nicht, daß man dazu erst sterben muß. Man soll eben leben und den Lehrer finden. Wenn man sich richtig danach sehnt, kommt er. Aus dieser Welt oder aus einer anderen. Sie sind ein Wachender. Sehr selten heute. Ich freue mich, Ihnen begegnet zu sein. Sie werden schon finden. Lassen Sie doch die Menschen. Wenn es sein muß, finden Sie einen Menschen. Die sind aber auch sehr selten. Es sind heute besondere Zeiten. Wo glauben Sie, leben wir jetzt? Wenn Sie wollen, kommt die Thora schon zu Ihnen. Die Thora spürt es. Wie eine Frau, die auf den Mann wartet und sich freut, wenn der Mann sie erkennt. Das Hohelied. Voller Geheimnisse. Sie werden es schon verstehen.«

An einem folgenden Sabbat, vor seiner Abreise, hielt er im Bethaus eine Predigt. Ich war begeistert. So eben wollte ich auch Thora verstehen. Was mich beeindruckte war, daß die meisten Leute ebenfalls voller Freude waren. Sie spürten also doch diese Ausstrahlung. Er hatte tatsächlich auch das Volkstümliche, eine Bescheidenheit, die es ihm erlaubte, mit jedermann auf Du zu stehen und doch der große Gelehrte zu bleiben. Warum konnte ich nicht so zu diesen Menschen sprechen? War ich zu kompliziert, suchte ich mehr, suchte ich auch anderes? War ich zu kritisch oder zu scheu, ganz aus mir herauszugehen? Manchmal hatte ich das Gefühl, daß ich mich irgendwie schämte, mehr zu wissen, mehr einzusehen und daß ich lieber schweigen sollte, wenn ich bemerkte, daß die anderen von alledem kaum eine Ahnung hatten.

Merkwürdig ist, daß mir von seinem Erzählen einige Punkte ganz klar in Erinnerung blieben, bis zum heutigen Tag. Sie haben meinen Weg im Thora- und Talmud-Studium beeinflußt.

Da war die Geschichte vom "koscheren Vogel". Koscher bedeutet eigentlich recht, gerade, richtig. Im allgemeinen glaubt der jüdische und nicht-jüdische Laie, daß es bedeute "zu essen erlaubt". Das ist dann aber die Konsequenz: Wenn etwas richtig ist, kann, sogar soll man es zu sich nehmen.

Nun denn, ein Vogel ist verwundet, und man weiß nicht, ob er koscher ist oder nicht. Man muß es aber doch wissen, weil man ihn essen möchte.

Wenn der Vogel in einen Fluß geraten ist und dann imstande ist, gegen den Strom zu schwimmen, ist er koscher. Wenn er mit dem Strome schwimmt, ist er es nicht.

Rabinow erläuterte dies, indem er es auf den Menschen bezog. Wenn der Mensch imstande sei, gegen den Zeitgeist zu leben, lebt er recht. Wenn er nicht dazu imstande ist, so ist er eben "nicht richtig", nicht koscher.

Mir wurde die Geschichte aber, während er sie erzählte, auch auf andere Weise klar. Und ich sah, wie das Material an Studiertem, das sich bei mir angesammelt hatte, plötzlich anfing, bei mir zu bauen, wie sich damit das Haus baute. Richtig baute. Denn ich tat nichts dazu, es geschah in mir, und doch von einer anderen Wirklichkeit in mir her.

Die Neschama, der göttliche Odem im Menschen, ist hier in unserer Erscheinungswelt der Vogel. Die Geschichte vom Vogelnest (5. Mose 22, 6 f.), das man ausheben kann, es sei, daß man die Eier oder die Jungen nehme, kannte ich schon. Es bedeutet, daß man das Leben, das sich hier vor uns, auf unserem Wege manifestiert, nehmen soll. Man *soll* es nehmen, es ist gut, es zu akzeptieren. Die Mutter aber lasse man fliegen. Die Neschama, das Göttliche im Menschen, soll frei sein, soll sich zum Himmel erheben können. Die Neschama wird noch weitere Junge hier bekommen. Sie lasse man, wie sie ist.

Es kann aber sein, daß die Neschama verletzt ist, es kann ihr doch hier etwas zustoßen. Wie kann man nun wissen, ob diese Neschama, dieser Vogel, noch recht ist, noch bei uns und in uns leben kann?

Das Zeichen ist dann die Art seines Lebens. Lebt er als Angepaßter, als Konformist, läßt er sich vom Strom, von der Norm mitreißen, ist es nicht *seine* Kraft, ist es nicht *sein* Tun, das sein Leben lenkt, dann wird er nicht aufgenommen vom Menschen, der über allem steht, der aus dieser Welt zu sich nimmt, was seine Art, dieses Ur-Menschen Art ist, dann wird er beiseite gelassen.

Ich spürte nun zum ersten Male klar, was das Essen des Menschen bedeutet und wie die Schöpfung darauf wartet, dazu eingerichtet ist, vom Menschen aufgenommen zu werden. Dazu also ist die Welt so geschaffen, daß das Eine das Andere aufnehmen kann, oder sich weigern kann aufzunehmen.

Der Mensch atmet, die Luft kann aber stickig sein oder vergiftet. Er nimmt nicht allein das erscheinende Körperliche auf, seine andere Seite, seine andere Wirklichkeit, nimmt von den Dingen auch die andere Seite, ihre andere Wirklichkeit auf. Und so wie er aufnimmt, so wird er aufgenommen. Denn gegenüber dieser Vielheit der Menschen steht der Eine. Wer ist er, wie heißt er? Ist es nicht der, der schon von "vorher", von vor dem Anfang von Ursache und Wirkung da ist, bei Gott da ist als dessen Plan und Schöpfungssinn? Man nennt ihn den Messias, den Gesalbten.

Was bedeutet hier gesalbt? Ist das nicht der Mensch des sechsten Schöpfungstages, der in der Olive seine Entsprechung hat? Die Olive, Frucht des sechsten Tages (siehe für Näheres "Der Göttliche Bauplan der Welt"), fett und bitter, die aber ihre Bestimmung darin findet, daß sie an diesem sechsten Tag gepflückt wird, dann getreten und gestoßen, gepreßt wird, während dieses sechsten, siebten und achten Tages, bis sie schließlich am achten Tag das Öl gibt? Öl, im Hebräischen *Schemen*, ist sozusagen die Wurzel des Wortes "acht", *Schmona*.

Merkwürdig! Das Öl, das den Namen des Gesalbten hervorbringt, hat die 8 als Wurzel, und der Gesalbte hat am 8. Tage seine Welt. Eine Welt also, jenseits dieser Welt von Zeit und Raum, jenseits unserer Wirklichkeit, wo durch Zeit und Raum die Kausalität sich als Gesetz zeigen muß.

Ist dann nicht das kausale Gesetz nichts anderes als Ausdruck in Zeit und Raum dieser anderen Wirklichkeit? Die Gedanken fliegen jetzt ein und aus. Ich spüre, wie "es sich baut".

Und ist nicht jedes Menschen "zweite Wirklichkeit" diese Anwesenheit des Messias in ihm? Was interessiert mich jetzt ein Messias der Kirche oder ein national-jüdischer Messias. Das sind doch menschliche Torheiten und Spielereien. Es geht um den Messias selber. Deshalb spricht man von ihm, da und dort. Sie wissen aber doch nicht, was sie tun, die Einen nicht und die Anderen nicht.

Rabinow redet dort, und bei mir tummeln sich die Überlegungen. Ich höre kaum noch, was er weiter erzählt. Es kommt mir jetzt wie im Traume.

Die Olive *muß* gepflückt werden. Ausdruck also des sogenannten Sündenfalls des Menschen im Paradies. Daß eben nun der sechste Tag in den siebten übergehe und dieser in den achten führe. Da steht der Mensch doch wieder auf, derselbe Mensch. Der Thomas will doch wissen, ob es derselbe ist. Nicht nur, daß dieser Mensch wieder da ist, sondern daß er derselbe ist, der, der hier gelitten hat, mit allen Zeichen seines Leides. Persönlich, individuell, körperlich, genau derselbe!

So *muß* also am Freitag immer das geschehen, *muß* die Olive gepflückt werden. In dieser Wirklichkeit entspricht das dem Sinn der Welt überhaupt.

Denn lebt nicht der Mensch auch vom Ertrag des sechsten Jahres (3. Mose 25), im siebten und achten? Bis dann im achten Jahr wieder gesät wird und eine neue Ernte entsteht? Auch hier die Entsprechung. Wenn das Achte "an sich" kommt, das Achte als Wirkliches nach den sieben mal sieben Jahren, im 50. Jahr, dann kehrt doch alles hier heim zu seinem Ursprung.

Wie der Mensch lebt, so wird er aufgenommen in diese andere Wirklichkeit. Nur mit dieser und der hiesigen zusammen ist er der Mensch. Er lebt körperlich, und er lebt überhaupt, er lebt in der Welt der Gesetze, und er lebt in der Welt der Freiheit. Er ist in der Welt der Kausalität, und er ist in der Welt der Akausalität.

Der Vogel, seine Neschama, er ist wie die Magd, die junge Frau oder Jungfrau, die "Amma". Die Neschama sei frei, man lasse sie gewähren, sie wird dafür sorgen, daß hier das Neugeborene erscheinen kann. Die Neschama ist doch auch die Melodie, welche die Worte der Thora verbindet. Die Worte allein schon werden durch die Melodie, welche die Buchstaben verbindet, zum Ton, zum Sinn für das Ganze.

Sind nicht dann diese Schriftzeichen, diese heiligen Zeichen, aus jener anderen Wirklichkeit hierher gebracht und zum Ausdruck gelangt, der Körper, die Erscheinung der Dinge? Und ist nicht der Laut, der diesen Zeichen entspricht, nur durch die Betätigung, durch die Einschaltung des Menschen möglich? Sind also diese Laute nicht seine "Nefesch", das eben, was wir "Leib" und "Leben" nennen?

Das gibt der Stimme eben ihre große Bedeutung. Daher sagen wir auch, wenn es recht ist, es "stimme", und es sei etwas "bestimmt" oder "verstimmt".

Dann sind also die Vokale, welche in der Thora keine Zeichen haben, doch vom Menschen irgendwie "gewußt" werden, das was man "Ruach", den "Geist" nennt. Der Geist kann nicht in Form gezwungen werden, er läßt sich nicht in Form bändigen. Man "darf" doch diese Vokalzeichen, später menschlich festgelegt, nach Verabredung und Übereinstimmung, nicht in den heiligen Text einzeichnen. Und wer Hebräisch lesen kann, braucht auch diese Vokalzeichen nicht. Sie stören dann eher.

Das Wort wird also gebildet von den gesprochenen Konsonanten, den festgelegten Schriftzeichen und den Vokalen. Doch erst die Melodie verbindet die Schriftzeichen und die Vokale zum tönenden

Wort. Und erst die Melodie verbindet die Worte zum Sinn. Diese Melodie ist also die Neschama!

Und durch die Neschama bekommen also eben die anderen Worte erst ihren Sinn. Wenn man sie einfängt, kommt nichts Neues. Und wenn man sie verletzt, klingt die Melodie nicht mehr.

Die Melodie sei also eigenwillig, sie sei frei, jeder singe sein Lied. Das ist das Zeichen seines Lebens.

Aha, dachte ich, deshalb hat doch auch jeder seinen eigenen Fingerabdruck, hat jeder sein nur für ihn gültiges, einzigartiges Horoskop. Die Neschama ist dort als etwas Einzigartiges geprägt, und so sei sein Leben. Nicht mit dem Strom sich treiben lassen. Das würde bedeuten, daß die "Fingerabdrücke" uniform werden. Unsinn. Jeder und jedes hat sein Einmaliges. Keine Blume ist völlig der anderen gleich. Sogar jeder Grashalm ist individuell, einzigartig.

Das bedeutet also "koscher". Was sich hier ausdrückt ist nichts anderes als Entsprechung vom anderen, es ist ineinander geschachtelt, und zusammen ist es Entsprechung des "Einen" überhaupt. Und *wer* ist das? Wer nimmt uns auf?

Das ist es ja. Gott nimmt doch den Duft des "Korban", "Opfer" nennt man das in seiner Beschränktheit, auf. Den "lieblichen Geruch", wie es heißt. Korban bedeutet doch "näher kommen", und "näher bringen". Das ist eben Gottes Speise, unser Näherkommen und unser dabei Näher-zu-ihm-bringen unserer ganzen Existenz.

Wer ist rein, um als "Korban" zu kommen? Wer und was ist "koscher" für dieses "Korban"?

So ist also die Geschichte vom Vogel im Wasser: des Menschen Leben in der Welt von Zeit und Raum. Wenn dieser Mensch versteht, daß er einmalig ist, einzigartig, sich freut an diesem Einmaligsein, dann heißt es, er könne sich gegen den Strom behaupten als ein Einzigartiger, als Einmaliger. Dann ist er aber wirklich im Bilde dieses "Einen". Jeder in der großen Vielheit ist dieser "Eine".

Diese Geschichte blieb mir. Sie hat sich weiter und weiter entfaltet, sie hat sich weiter gebaut. Ob Rabinow das alles selber auch so überlegt hat, ob er es überhaupt gewußt hat? Vielleicht hatte er keine Ahnung von all dem. Vielleicht wußte er noch viel mehr. Auch er hatte seine Einzigartigkeit. Mir brachte er aber dieses Baumaterial für die Wohnung Gottes in meinem Leben. Ich verstand zum erstenmal richtig die Bedeutung des Begriffes "Entsprechung".

Es gibt keine absoluten Maßstäbe. Die Geschichten mit den Schuhen. Wie stark fühlt sich der Mensch von dieser Welt abhängig? Die Sünde als geheimnisvolles Geschenk. Geben und Empfangen als Einheit.

> Verlache, in das Leid des Erdenballes
> Gestellt, die Vorstellung des Sündenfalles
> Als Märchen — so begreifst und weißt du nichts.
> Dran glaubend erst begreifst und weißt du alles.

Und dann war da die Geschichte von der Bedeutung des Tuns, je nach der Position des Menschen. Es sei nicht das gleiche, ob der eine oder der andere dieselbe Sache tue. Für den einen gilt es wenig, für den anderen vielleicht viel. Wer ist der eine, und wer ist der andere? Wo steht er auf seinem Wege? Je näher er dem Ziel, dem Ursprung ist, desto schwerer wiegt alles, was er tut. Die Erde zieht dann nämlich mächtig an, gerade weil Gott schon so nahe ist, meldet sich die andere Seite, will sie erlöst werden durch den schon so hoch Gestiegenen. Ist ihr Angriff nichts anderes als ein Aufruf zu helfen, seiner zu gedenken, gerade weil er, der Angreifende, so weit unten steht?

Es geht in der Geschichte um einen Weisen, der auf dem Weg zur Richtstätte, wo er von den Römern hingerichtet werden soll, mit seinen Gefährten über seine Verfehlungen spricht.

Und sie kommen darauf, daß er tatsächlich Mord verübt habe, daß seine Hinrichtung eine Sühne sei, daß er durch diese Hinrichtung jetzt frei werde.

Denn einst kam eine einfache Frau aus dem Volke zu ihm, um ihm eine Frage vorzulegen. Er war aber gerade dabei, seine Schuhriemen zu befestigen und beendete zuerst diese Arbeit. Denn die Riemen jetzt loszulassen hätte bedeutet, daß er wieder hätte von vorne anfangen müssen. Die Frau aber, schon sehr erregt, einen solchen Großen aufsuchen zu müssen, fühlte sich während der Sekunden, wo sie warten mußte und dem so eifrig Beschäftigten zusah, ohne richtig zu wissen, ob er sie überhaupt bemerkt hatte, ob er sie für so unwichtig hielt, daß er sie, obwohl er sie bemerkt hatte, dennoch ruhig warten ließ, um erst seine private Beschäftigung zu beenden, oder ob er mit seinem Tun etwas sehr Wichtiges vor hatte, diese Frau fühlte sich sehr beschämt, verlegen, bedrückt. Es war keine Kleinigkeit für sie, bei solch einem Großen überhaupt vorzusprechen.

Nun denn, diese Beschämung der Frau, daß er nicht verstanden hatte, erst diesem Menschen, gerade diesem einfachen Menschen, zu begegnen, ihn zu beruhigen, ihn zu erheben, das bedeutete für ihn, für diesen Großen, ein Töten des Anderen. Einen Menschen beschämen gilt wie ein Mord. Denn man hat das Heiligste im Menschen beschämt, man hatte seine Neschama nicht berücksichtigt.

Für den Groben ist Mord tatsächlich nur das Töten eines anderen. Vom Groben wird nicht erwartet, daß er eine Neschama berücksichtigt. Wie soll er auch davon wissen? Er ist noch ganz am Anfang seines Weges. Mord ist dort ein richtig materieller Mord. Aber der Große, von dem so vieles abhängt, der sollte wissen und verstehen.

Ich verstand, während ich Rabinow zuhörte, auch das Bild. Die Schuhriemen. Die Schuhe sind doch dasjenige, womit der Mensch auf dieser Welt steht. Es ist das Fell vom Tier, es ist das, was seinem Körper in der Erscheinung entspricht. Man ist beschäftigt mit seiner materiellen Grundlage und läßt den anderen, der von uns abhängig ist, der mit seiner Frage kommt, warten. Erst muß ich doch meinen Beruf ausüben, muß ich doch mein Einkommen verdienen, mein Haus, dann erst kommst Du.

Eine Frau, gerade das, was dieser Welt entspricht, die Welt, die abhängig ist von uns, die auf uns wartet, in aller Bescheidenheit.

Wer ist die Welt? Doch wohl nicht allein die Menschen, sondern auch die Tiere, die Pflanzen. Ich besann mich darauf, wie ich immer verlegen wurde, immer eine gewisse Befangenheit empfand, wenn ich Tieren gegenüberstand, wie ich sogar Bäumen oder Blumen gegenüber etwas empfand wie eine Scheu, daß sie ausgerechnet von mir abhängig waren, vielleicht auf mich warteten. Sie waren so einfach, so bescheiden, so still. Wer war ich, der sich frei bewegen konnte? Eine Gottheit ihnen gegenüber!

Ich erkannte in der Geschichte mich selbst und überlegte, wie oft ich nicht dem Verlangen der Gesellschaft Folge geleistet hatte, studiert hatte, mich wichtig gemacht hatte. Eben sehr komplizierte Schuhsenkel, die ich ziemlich sorgsam zu binden wünschte.

Mir fiel eine Geschichte ein, die mir meine Mutter, als ich noch ein kleines Kind war, erzählt hatte.

Drei mußten einen Fluß überqueren. Ein Kosak, ein Bauer und ein Jude. Der Kosak hatte große Mühe, sich seiner Stiefel zu entledigen. Bis er alle Knöpfe und Riemen geöffnet hatte, war es zu spät geworden.

Der Bauer hatte es wohl etwas leichter mit seinem Schuhwerk. Dennoch dauerte es auch bei ihm noch zu lange. Nur der Jude, der seine Schuhe mit Leichtigkeit abstreifte, gelangte an das andere Ufer. Die beiden ersten wurden von wilden Tieren zerrissen.

Jetzt verstand ich, was diese einfache Geschichte zu bedeuten hatte. Man hat in diesem Leben den Strom der Zeit zu überqueren. Diejenigen, die mit ihrem Gegenwartsleben stark beschäftigt waren, kamen einfach nicht auf die andere Seite des Lebens; sie erkannten nicht die andere Wirklichkeit. Nur wer leichtes Schuhwerk trug, den das Hiesige nicht derart behinderte, der es relativieren konnte, nur der gelangte hinüber.

So war also jener Weise allzu lange mit dieser seiner Welt hier beschäftigt. Das bedeutete, daß diese Welt ihn dann töten konnte. Der Römer ist der, der dem Menschen hier den Tod bringt. Er ist der große Henker.

Nicht geradezu im Sinne des materiellen Tötens. Das Gefangenwerden im Sinne des Römers, im einseitigen Leben, das nur die eine Wirklichkeit kennt, bedeutet schon von ihm getötet zu sein. Wer das andere Leben nicht erreichen, den Strom also nicht überqueren kann, der wird vom Römer getötet. Es sind die wilden Tiere, die einen dann zerreißen. Wirkliches Leben gibt es nur für den, der beide Seiten kennt und miteinander verbindet.

So hatte also dieser Weise sein Leben verwirkt, weil er zu sehr beschäftigt war mit seinen Schuhen. Warum hatte er auch solche komplizierten Schuhe!

Ich verstand, und diese Geschichte wurde mir ein Leitmotiv in meinem weiteren Leben. *Alles* andere ist wichtiger! Laß dich nicht ablenken von Spielereien wie dem Schnüren deiner Stiefel. Sie sollen nur sehr leicht und einfach sein. Mit einer Bewegung anzuziehen und mit einer Bewegung abzustreifen.

Dieses Leben kann wie ein Sumpf werden, ein Sumpf, der hinabzieht. Ich erinnerte mich an Geschichten von Dämonen, die bei Sümpfen hausten und die Menschen dort hineinlockten, damit sie versanken. Man kann in diesem Leben versinken. Es locken verführerische Gestalten, schöne Versprechungen, es locken Lust und Leidenschaft. Und inzwischen vergißt man ganz und gar der Anderen, die auf uns warten. Die da stehen und nicht fassen können, daß wir sie stehen lassen. Sie vielleicht nicht einmal bemerken.

Rabinow verwies auch auf Moses. Eine kleine, unwichtige Fahrlässigkeit. Er hatte, anstatt zum Felsen zu sprechen, ihn mit dem Stab geschlagen, so wie ihn Gott das erste Mal geheißen hatte. Bei anderen würde doch so etwas nicht gezählt werden. Hier aber bedeutete es, daß Moses nicht das Gelobte Land betreten würde, trotz seines Flehens. Rabinow gab als Bild: Bei solchen Großen schaut Gott wie durch ein Mikroskop. Was bei anderen gar nicht beachtet wird, ist hier plötzlich sichtbar und entscheidend. Die Vergehen der anderen sind so groß, daß sie gar nicht unter das Mikroskop kommen, die sieht man schon von weitem.

Ich bedachte, daß es doch nicht einfach eine Art Willkür des Himmels sein konnte, daß der Auserwählte, der Große, mit solch strengen Maßstäben gemessen wurde. Er sollte dem Großen, der doch schon so vieles tut, eher verzeihen, ihm Verständnis entgegenbringen, ihn jedenfalls nicht noch strenger behandeln als die anderen.

Es sollte doch einen Sinn haben. Gerade Moses Tod tönt wie ein Unrecht, eine Grausamkeit, wie eine Willkürhandlung des Allmächtigen. Und ich wußte, daß es das nicht sein konnte.

War hier nicht die sogenannte Sünde des Großen eine Rettung für die Welt? Hat eigentlich nicht immer Sünde auch eine andere Seite? Denn ist nicht auch die Sünde irgendwie in den Plan Gottes miteinbezogen?

Man sagt doch, die Bibel sei schon von vor der Schöpfung. Das bedeutet, in der großen Weisheit und Liebe dieser Mitteilung, daß auch schon das Nehmen vom Baume der Erkenntnis zum Plan gehört. Denn wenn der Mensch das nicht täte, dann wäre die Geschichte doch mit dem Wohnen im Paradies zuende. Der Mensch wäre nicht sterblich geworden, die Väter brauchten gar nicht zu kommen, alles wäre einfach schon dort abgeschlossen.

Es wolle also sagen, daß die Geschichte mit der Schlange und ihr Ausgang im Plane Gottes schon beschlossen war, daß er es jedenfalls gewußt hatte. Mit der Sünde steht es also nicht so einfach. Die Sünde scheint dem Anderen Leben schenken zu wollen: Leben eben hier, in dieser Welt.

Und Moses Sünde bedeutet, daß er eben der Führer bleibt beim Zuge durch die Wüste. Daß es ihn immer geben wird und daß es ihn immer gibt. Und da der Zug durch die Wüste doch unser Leben in der Welt der Gegenwart darstellt, in der Wirklichkeit von Raum und Zeit, der Wirklichkeit der Kausalität, der Entwicklung, so will das sagen, daß Moses Stehen gegenüber dem Felsen, woraus das Wasser fließt, die Grundlage unseres Seins in dieser Welt ist.

Gerade weil *er* es tat, konnte das so werden. Diese Sünden sind keine Vergehen im Sinne des eigenen Vorteils. Hier sündigt er um anderer willen. Ist aber dann nicht schon das Geborenwerden in diese Welt die Ur-Sünde? Und wird dann nicht auch gesagt, daß das Hören auf die Schlange identisch sei mit der sexuellen Tat? Das heißt aber schon, daß ohne dieses Hören auf die Schlange wir überhaupt nicht gewesen wären. Und Gott segnet doch den Menschen und sagt ihm: »Seid fruchtbar und mehret euch!«

Paradox! Aber wie gewaltig. Es tut weh, und doch tue ich es. Um der anderen willen. Um der anderen willen werde ich alles tun, was mir auch geschehe.

Ist das nicht auch, was so oft in alten Geschichten erzählt wird? Daß Große sogar anbieten, ihren Anteil am ewigen Leben zu opfern, wenn dabei nur andere glücklich werden. Sogar, um anderen einen Tag der Freude zu bereiten.

Wozu tun sie das? Doch gerade eben, damit diese glücklichen Anderen dem Himmel danken durch ihre Freude. Also um des Himmels willen tun sie es. Und der Himmel nimmt ihr Opfer, ihren Anteil am ewigen Leben an!

Ist da nicht doch ein Zusammentreffen? Ist dieses Opfer nicht eben die andere Seite des Dankes, der Freude? Gibt es überhaupt Freude ohne ein Opfer? Wie kam die Welt überhaupt zustande? Doch auch durch ein Opfer? Und ist unser Paradox nicht nur deshalb ein Paradox, weil wir das Schenken und das Empfangen trennen? In der Einheit ist doch das Schenken und Empfangen das gleiche Geschehen. In der Einheit des Lebens gibt es nicht diese Trennung, die eben, weil sie als Trennung gesehen wird, das Tragische hervorbringt. In alten Worten sind Geben und Empfangen in der Sprache denn auch identisch.

Also, mein Leben ist identisch mit Moses Opfer. Sein Opfer heißt Sünde, wie des Urmenschen Opfer, dort in der anderen Wirklichkeit, Grundlage unseres Lebens ist. Nicht unseres Todes. Denn wo Leben ist, ist doch von selber auch dessen Gegensatz, woran es gemessen werden kann und wodurch es also überhaupt erst existieren kann, gerade der Tod. Ohne den Begriff Tod gäbe es nicht den Begriff Leben.

Für den Menschen, der Gott nahe ist, gelten diese Maßstäbe der Auserwählung. Sein Handeln um des Anderen willen ist seine Sünde, und es ist die Grundlage zum Leben des Anderen. Denn Moses heißt doch der von Sünden Reine, der mit Gott von Angesicht zu Angesicht spricht, der bescheidenste trotzdem unter den Menschen. Es muß schön sein, um Anderer willen zu sündigen. Um seinen Anteil an das ewige Leben zu verwirken, damit der Andere dem Himmel danke. Um dann zu erfahren, daß alles doch eins ist, daß der Gebende dennoch derselbe ist wie der Empfangende. Sind nicht das Auge und das von ihm gesehene Objekt eine Einheit? Dennoch besteht es, weil ich es anschaue.

Das Haus mit den Fenstern. Offen sein und Freude. Eine entscheidende Begegnung läßt mich nach dem Sinn von Verwandtschaft fragen.

Rabinow erzählte auch, nach 3. Mose 14, von den Häusern, die aussätzig werden. Es seien die Menschen, diese Häuser, es sei deren Leben.

Die Häuser sollten aber Fenster haben. Nur dann gelten diese Dinge. Ein Mensch, der nicht in sein Leben das Licht von außerhalb einfallen läßt, gilt nicht als Mensch, für ihn gelten nicht die Gesetze des Lebens.

Jeder Mensch verstehe, daß er Außenwelt hereinlassen müsse, daß dieses eben Grund seines Lebens ist. Die Fenster sind bestimmend für das Haus.

Ich verstand, daß dieses Haus dann auch konsequent diese Fenster haben müsse. Die ganze Welt, das All, müsse hineinschauen können. Damit erst kommt das Licht in unser Leben. Es bedeutete aber auch, daß man die andere Wirklichkeit hereinlassen muß. Es bedeutet, daß man eben mit der Welt ein Offensein zu bilden hatte. Damit erfülle sich doch erst die Einheit der Schöpfung. Wenn man sich abschließe, so grenze man die Welt ein, verliere man den Sinn des Seins. Denn das Sein ist das ganze Sein, das ganze Sein leuchte herein, und selber strahle man hinaus in das ganze Sein. So ist man in der Einheit. Ein Haus ist erst ein Haus, wenn es diese Fenster gibt. Ein Mensch in seiner Welt heißt erst Mensch, wenn er diese Offenheit aufweist.

Ich war freudig erregt, als Rabinow zuende gesprochen hatte. Ich wußte, dieser Samstagnachmittag war eine Sternstunde meines Lebens.

Rabinow erzählte noch manches an der nun folgenden dritten Sabbatmahlzeit, welche von den Männern an einem langen Tisch eingenommen wurde. Ein Stück Brot, ein Stückchen Fisch, dazu etwas Bier oder Wein. Hauptspeise bei dieser Mahlzeit ist aber das Erzählen von den Geheimnissen der Schöpfung. Meistens ist keiner imstande, irgend etwas von dieser Hauptspeise zu bieten. Dieses Mal aber war Rabinow da, und er erzählte von innigen Geheimnissen.

Ich weiß nicht, ob die Männer, wohl 15 oder 20 an der Zahl, ihn verstanden. Wohl aber erinnere ich mich noch, wie alle still und erregt waren. Wie wenn sie die Größe der Stunde verspürten.

Tief beeindruckt verließ ich nach Beendigung des Sabbats das Bethaus. Es war ein schöner Sommerabend, und der Kurort Scheveningen wimmelte von Menschen, die sich ans Meer begeben wollten. Ich empfand große Distanz zu all diesem Geschehen. Wie weit war mir diese Welt jetzt. Ja, danach hatte ich mich immer gesehnt. Ich wußte jetzt, wie ich selber "lernen" konnte. Voller Begeisterung begab ich mich auf den Weg nach Hause.

Da begegnete mir eine lustige Gesellschaft, ja, das waren die vom Kreise der Bekannten und Verwandten meiner Eltern. Jetzt war ich, zwar zu ihrem Ärger, etwas geworden in der Welt! Ich war doch Assistent am Niederländischen Ökonomischen Institut, ich hatte also eine "Position" in der Welt, die für sie die einzige war. In dieser Welt lebten sie doch auch ihren Zionismus. "Eine öffentlich-rechtlich gesicherte Heimstätte in Palästina". Die Welt hatte es anzuerkennen. Das genügte denen. Der Himmel war ihnen genauso ein Ärgernis, wie ich es war. Aber nun hatte ich doch auch etwas aus ihrer Welt. Und vor allem, ich müßte jetzt doch ein Einkommen haben, und da gab es keinen Grund mehr, mich zu meiden. Es konnte jetzt doch nichts kosten.

Sie sahen mich, umringten mich halb spöttisch, halb freundlich, rissen ihre Witze über meine "Frömmigkeit", ob der Hut nun wirklich so wichtig sei, ob es nicht Läuse unter dem Hute gab, ob ich tatsächlich nichts in der Tasche trüge. Sie gingen jetzt aus und hatten Geld in der Tasche, Sabbat oder nicht.

Ich glaube, diese Begegnung war vom Himmel so arrangiert. Die Äußersten waren zu weit auseinander. Ein Ekel überkam mich, auch eine Wut. Dieses Ungeziefer, diese Spötter, die Blöden.

Ich beherrschte mich jedoch, antwortete kurz und sachlich. Manche schauten doch in ihrer Dummheit nicht unfreundlich drein. Aber ich empfand die Distanz. Wirklich unüberbrückbar. Das nannte sich also auch Juden. Aber konnte man sie auf einen Nenner bringen mit Rabinow und seinen Zuhörern, obwohl diese Zuhörer zum größten Teile doch auch reichlich beschränkt waren? Sie wußten doch aber noch, was die Freude an der Thora bedeutet. Sie saßen doch dort zusammen und freuten sich an dieser Intimität.

Es wurde mir klar, daß man Juden ganz bestimmt nicht nach den biologischen Grundsätzen klassifizieren konnte. Obwohl das Biologische doch existierte und prägte. Es gab aber noch etwas anderes. Diese Leute hier waren mir fremd, wesensfremd. Obwohl sie sogar, wenn auch weitläufig, verwandt mit mir waren. Ich spürte nur die Fremdheit, Abneigung, und ich spürte von der anderen Seite das gleiche. Nur war es dort auch Feindschaft, Haß.

An diesem unvergeßlichen Abend — ich erinnere mich noch deutlich des Ortes der Begegnung — wußte ich, daß es ein großer Fehler sei, eine Zusammengehörigkeit nach Rasse, Volk oder Sprache zu konstruieren. Vielleicht eine körperliche Verwandtschaft. Was sagte sie aber aus? Im Menschen entschied doch etwas ganz anderes.

Was bedeutete also meine körperliche Herkunft? Manche dieser Leute hatten zum Teil dieselben Ahnen wie ich. Lebten diese Ahnen in ihnen auch? Kaum denkbar.

Woher stammten sie denn? Und wenn ich mich so anders fühlte und wußte, daß jeder Mensch seinen Teil doch auch von Gott verliehen bekommt, dann mußte dieser Teil bei mir derart verschieden sein von dem dieser anderen, daß auch der Ahnenteil seine ganz andere Färbung erhielt. Ich war überzeugt, daß dieser dritte Teil bei ihnen eben das entscheidend Andere hervorbrachte. Wie kann man aber Rassen, Völker und Sprachen nach diesem unmeßbaren, ja unermeßlichen Teil ordnen? Doch wohl kaum, oder überhaupt nicht.

Erleichtert ging ich weiter. Die Gruppe ging lachend, laut, übermütig ihres Weges. Gebückte Gestalten, aus dem Bethaus kommend, eilten rasch nach Hause. Für sie sollte jetzt die neue Woche anfangen. Ich glaube, ich spürte, wie sie noch Rabinows Worte und Anwesenheit mit sich trugen.

Wenn ein Bescheidener etwas von der Welt braucht.

Etwas mehr als ein halbes Jahr später, es war im März 1933, war Rabinow, aus Hamburg kommend, unerwartet wieder in Scheveningen. Jetzt nicht als Kurgast, sondern als Flüchtling aus Nazi-Deutschland.

An einem eiskalten Abend wurde ich gerufen. Man war damals schon gewohnt, plötzlich gerufen zu werden, weil irgendein deutscher Flüchtling in Schwierigkeiten steckte. Meist waren es Schwierigkeiten mit der Aufenthaltsgenehmigung. Die holländischen Behörden wollten nicht zuviele Fremde aufnehmen. Es war eine schwere Krisenzeit, die Wirtschaft stagnierte, die Arbeitslosigkeit nahm ständig zu. Und diese Flüchtlinge konnten nicht zurück, konnten meist auch nicht weiter, weil jedes Land an genau denselben wirtschaftlichen Schwierigkeiten krankte.

Ich war beeindruckt, als ich beim armen jüdischen Lehrer Schächter Rabinow sitzen sah. Merkwürdig, wie der Glanz eines Menschen schwindet, wenn er etwas braucht, wenn seine Anwesenheit Schwierigkeiten für andere verursachen könnte. Nicht ich fand es lästig, im Gegenteil, aber er tat mir leid, da ich wußte, wie abhängig von menschlicher Hilfe er jetzt war. Und es scheint Rabinow jedenfalls gedrückt zu haben, daß er jetzt, wie man so sagt, anderen zur Last fiel.

Seine Frage war kurz und deutlich. Ob er hier in Scheveningen eine Stelle bekommen könne als religiöser Führer dieser ostjüdischen Gruppe, oder sonst einfach als Lehrer, der privaten Unterricht in den jüdischen Wissenschaften geben könnte.

Ich zog Kalman Lindenbaum bei, der gerade im Haag wohnte, da er nach seinen zwei Jahren "Jeschiwa" (Talmud-Hochschule) in Tels, Litauen, jetzt an der Universität Leyden Physik studierte. Kalman war bei jener Samstagnachmittag-Predigt zugegen gewesen, und auch er war hell begeistert. Wir phantasierten damals beide, wie herrlich schön es gewesen wäre, wenn so ein Mensch wie Rabinow in unserer Nähe wohnen würde, man mit ihm sprechen, bei ihm studieren könnte.

Kalman kam sogleich, und wir fingen an, die Möglichkeiten zu erwägen. Man müßte ein wenig Sicherheit haben. Einige Leute müßten sich zu monatlichen Beiträgen verpflichten. Ich wollte schon gleich alles, was ich an Gehalt am Institut bekam und nicht für den unmittelbaren Lebensunterhalt brauchte, als festen Beitrag dazulegen. Was Rabinow als Minimum sich dachte, war äußerst gering.

Wir machten uns nun auf die Suche, und bald stellte sich heraus, daß die Leute, die so begeistert gewesen waren, als er als Kurgast da war, plötzlich allerlei Bedenken äußerten. Sie hätten kein Geld, hieß es, obwohl wir wußten, daß sie für eigene Bedürfnisse sehr viel verbrauchten und über Liegenschaften und anderen Besitz verfügten. Was solle das kleine Scheveningen mit solch einem großen Mann. Der passe doch nur in eine große, berühmte Gemeinde. Er würde den paar anderen Lehrern Konkurrenz machen. Wer wolle auf die Dauer für ihn garantieren, die Gemeinschaft bröckele doch ab. Kurzum, es stellte sich heraus, daß es nicht ging. Außer meiner Zusage ergab sich kein einziger Beitrag. Sogar der Sohn reicher Eltern, sogar Kalman meinte, sein Vater würde nichts beisteuern. Seine Eltern wohnten seit 1930 in Antwerpen, die Wirtschaftskrise bot allen eine gute Ausrede.

Es war entmutigend. Wenn ich nur ein wenig mehr verdient hätte. Es war aber mein erstes Jahr am Institut, und mein Gehalt war noch, wie das bei wissenschaftlichen Instituten so ist, ziemlich gering. Ich erklärte Rabinow meine Lage. Er tröstete mich. Es sei gut zu wissen, daß man niemals auf Menschen bauen solle. Und schließlich wisse man ja auch nicht, welche Schwierigkeiten diese Menschen im Verborgenen doch noch hätten. Oft war nur die Fassade reich und dahinter wohnte die Armut. Und es solle eben so sein, sonst wäre es nicht so.

Kalman riet ihm, es in Antwerpen, wo große jüdische Gemeinden bestanden, zu versuchen. Und dieser Versuch gelang denn auch. Er erhielt bei der orthodoxen Gemeinde eine Stelle als Rabbiner. Ich besuchte ihn dort später. Aber Rabinow war sehr unzufrieden. Er konnte einfach die Grobheit und Dummheit dieser Antwerpener Juden nicht verstehen. Ihre Geldsucht, ihre Prunksucht, die fortwährenden inneren Streitigkeiten. Er wollte fort.

Antwerpen hatte gewiß auch ganz besondere Juden. Es war aber eine ziemlich junge jüdische Gemeinschaft, erst richtig entstanden in den ersten Jahren dieses Jahrhunderts. Der Kampf ums Dasein war hart. Juden, die dorthin kamen, waren die wirtschaftlich Initiativen, also oft auch die Harten. Man nannte es mit Stolz "Klein-Amerika". Und so war es auch. Die stille, bescheidene und gescheite kleine Gemeinschaft, die Rabinow in Hamburg hatte bilden können, war etwas Einmaliges. Das gab es nicht wieder.

Rabinow siedelte noch vor dem Kriege nach London über. Das war seine Lebensrettung. Er ist Jahre nach dem Krieg dort gestorben. Ich sah ihn nach meinem letzten Besuch bei ihm in Antwerpen, etwa 1936, nicht wieder. Ich weiß aber, daß die Begegnung mit ihm, gerade während jener Sommerwochen von 1932 in Scheveningen für meine Entwicklung im Verständnis des alten jüdischen Wissens sehr wichtig war. Und nochmals, ich weiß gar nicht, ob Rabinow das gleiche in den Dingen sah, wie ich damals. Das macht aber nichts. Die Art, wie er sprach, wie er erzählte und wie er war, hat diese Wirkung bei mir gehabt. Das steht für mich fest.

Ich verstehe nicht, wie Juden den großen Schatz ihrer Überlieferung verkennen, und ich stehe dabei ziemlich einsam. Und bei den Orthodoxen ist "Lernen" und "Leben" sehr oft gespalten. Eben weil sie den Sinn des Talmud und der anderen heiligen Überlieferungen nicht verstehen.

Dann war da der Masel. Auch ihm habe ich manches zu verdanken. Im Gegensatz zu Rabinow war Masel ein unansehnlicher, auf den ersten Blick für viele vielleicht sogar ein etwas abstoßender Mann. Bartlos und unrasiert, das Gesicht eine Mischung von Maus, Kaninchen und Maulwurf. Das Benehmen gehemmt.

Und dann die vielen merkwürdigen Geschichten um ihn herum. Sein Domizil war in Argentinien, es hieß, er wohne in Buenos Aires. Aber er verbrachte jedes Jahr mehrere Monate, manchmal sogar die meiste Zeit in Antwerpen. Dort lebte seine verheiratete Schwester. Niemand aber wußte, wo er in Argentinien wohnte, wie er so lange von dort fort sein konnte und wovon er lebte. Denn er war ein wohlhabender Mann, der mit seinem Geld viel Gutes tat.

Es wurde gemunkelt, er sei dort Notar, und sein Büro bringe ihm viel ein. Andere arbeiteten dort für ihn, und er könne in der Welt herumreisen, das heißt in Antwerpen leben. Nein, sagten darauf andere, die gern böse Geschichten verbreiten, er sei ein Mädchenhändler, daher sei er in Europa. Er kaufe hier die Mädchen ein und liefere sie eben dann nach diesen Zentren der Wollust, nach Rio und nach Buenos Aires. Masel selber sprach nie von seinen Einkünften, von einem Beruf überhaupt. Er erzählte nur vom "heiligen Sohar", mit einer etwas mauschelnden Stimme, undeutlich, oft sogar unverständlich, sich immer nah zu den Hörenden neigend, was auch schon unangenehm war. Ein unauffälliger, unansehnlicher Mann, dessen Anwesenheit ganz im Gegensatz zur strahlenden Rabinows stand.

Ich lernte ihn auf der Hochzeit von Kalman Lindenbaum kennen. Kalman heiratete eine arme Nichte, sehr zum Entsetzen seiner Eltern, die immer von einer Dollarprinzessin für ihren blendenden Sohn geträumt hatten. Sie war nicht nur arm, sondern auch nicht besonders hübsch, war aber ein stilles, ganz gescheites Persönchen. Es war Anfang des Jahres 1935, ich lebte in einer Phase, wo ich mich tatsächlich allein und unverstanden fühlte. Gerade dort unverstanden, wo ich so gerne hätte sprechen und erzählen mögen, von Wundern der Schöpfung, von der Lenkung des Himmels. Ich war so erfüllt davon.

Es wäre aber ungerecht zu sagen, es sei keine schöne Zeit für mich gewesen. Ich hatte viele Gespräche, war bis über die Ohren mit jüdisch-politischen und allgemein-jüdischen Angelegenheiten beschäftigt. Am Institut galt ich als einer der besten Wissenschaftler, in Wien erlebte ich vieles an Einsicht und Erkenntnis, erlebte ich die Großstadt in einer ihrer schönsten Formen.

Aber vielleicht war ich darum einsam, weil eben das Geheimnis der anderen Wirklichkeit überall unerwähnt blieb oder nur beiläufig berührt wurde und ich durch mein stilles, eigenes, aber überaus emsiges Studium der Thora, ihrer schriftlichen und mündlichen Überlieferung, so ganz in Flammen stand durch eben diese Begegnung mit der anderen Wirklichkeit. Und niemand sah das alles, niemand schien es zu interessieren. Man nannte es bei mir, wenn man es bemerkte, ein interessantes Hobby, und man glaubte, es sei "ganz nützlich", man könne vielleicht später einmal ein Buch darüber schreiben oder in diesem Fach Dozent werden. Meist aber fand man es befremdend, beunruhigend. Ich sei doch ein anerkannter Wissenschaftler auf dem Gebiete der Volkswirtschaft und der Statistik, man sei ganz stolz auf meine Erfolge. Was wolle ich also mit diesen alten Dingen aus primitiven Zeiten, gut für gewisse östliche Rabbiner, die entweder davon lebten oder sich im Rausch diesen sogenannten Geheimnissen ergaben, weil sie das eben nun einmal mochten, weil das ihre Abnormalität war. Gescheite Rabbiner beschäftigten sich dagegen mit sozialen Fragen, mit Politik, mit Gemeindeangelegenheiten. Ein Nationalökonom und Mystik!

Sie nannten es Mystik, und Mystik war für sie eigentlich etwas Unanständiges. Mystiker mußte man finanziell unterstützen, sie waren Parasiten, die betteln kamen. Was täten die Mystiker ohne die Bankiers, die Fabrikanten, Großkaufleute? Die sollten erst einmal selber arbeiten, dann verginge ihnen schon ihre Mystik.

Ich sah die Reaktionen und dachte, es sei besser, man schweige, schließlich gibt es das Wort von den Perlen und den Säuen.

Man glaube nicht, die orthodoxen Juden hätten einen anderen Blick für diese Dinge. Jedenfalls die westlich-orthodoxen, also alles, was diesseits der Grenze Polens oder Ungarns lebte, hielt die Mystik für etwas Unnützes. Wenn sie im Talmud-Studium an Stellen kamen, die klar auf etwas Anderes hindeuteten, auf die "Agadetes", dann überflogen sie dieselben nur ganz rasch, übersetzten sie kaum. Und man ging erst wieder mit Gründlichkeit weiter, sobald scharfsinnige juristische Fragen auftauchten.

Nicht daß der Talmud im Wesen Juristerei wäre. Man studiert ihn aber sehr oft nur an der Oberfläche, und dort drückt sich eben die große Harmonie des Lebens in Gesetzen aus, also auch in juristischen Gesetzen. Aber die Oberfläche! Wer möchte nicht, wenn er diese große Harmonie im Gesetzlichen erfährt, weiter in das Haus hinein, in die Hallen, in die himmlischen Paläste, die so ganz selbstverständlich hier in uns und zwischen uns da sind. Die Feinde Gottes verbannen den Himmel immer wieder weit weg und immer weiter weg. Sie wollen hier unten nicht von seiner Anwesenheit gestört werden.

So studieren die westlichen jüdischen Orthodoxen den Talmud aus Vergnügen an der gesetzlichen Harmonie. Und weil sie es aus diesem Grund tun, kommen sie gar nicht auf die Idee, daß das nur das Äußere ist. Von Sehnsucht zum Anderen rede ich gar nicht. Das wäre auch wohl zuviel verlangt. Und so ist ihnen etwas anderes im Talmud einfach abstrus. Für sie ist er ein Gebäude voller gescheiter Auffassungen, voller Lebensweisheit, vor allem praktischer, gesunder Lebensmöglichkeiten. Anderes wollen sie gar nicht darin sehen, sie schämen sich dessen sogar.

Die sogenannten Ostjuden sind im allgemeinen der gleichen Auffassung. Nur gibt es dort auch andere. Und diese anderen sind dort dennoch geachtet. Ein "Baal Mekubbel" (ein Kenner der Kabbala) wird mit Scheu betrachtet und mit einer gewissen Achtung.

Man weiß aber, daß er eine Ausnahme ist. Und die sogenannt "Großen" sind diejenigen mit dem "scharfen Kopf", mit dem "eisernen Kopf". Das will sagen, es sind die scharfsinnigen, die mit dem gewaltigen Gedächtnis, welche mit ihrem logischen, kausal gerichteten Verstand durch den ganzen Stoff spazieren gehen, die kombinieren können, Widersprüche aufspüren, um sie dann wieder zu lösen. Ein "Baal Mekubbel" dagegen ist wohl eine akzeptierte Erscheinung, er würde aber kaum in Betracht kommen als Führer einer Gemeinschaft.

Wohl erzählt man sich von Großen, welche im Geheimen auch Eingeweihte waren. Das liebt das Volk. Das heißt, das liebte das Volk im Osten. Im Westen würden sie, wenn man es wüßte, nicht geduldet. Im Westen studieren jüdisch-orthodoxe Gelehrte den Sohar, wie ein Anatom eine Leiche. Und rufen: »Schau mal, da ist die Leber, so ist sie nun, und das ist ihre Funktion. Nützlich, nicht wahr?«

Aber der Sohar berührt sie sonst nicht weiter. So wie der Anatom beim Sezieren einer Leiche kühl bleibt. Daß hier der Ausdruck eines Menschen sei, etwas aus einer anderen Welt hier Erscheinendes, das würde er mit einem wissenschaftlich-verärgerten Achselzucken abtun.

Es war also nicht so, daß ich keine "frommen", d.h. orthodoxen, besser gesagt: "orthopraxen" Juden damals um mich herum hatte. In Scheveningen gab es mehrere Hundert, in Antwerpen, mit der Bahn zweieinhalb Stunden von Scheveningen, mehrere Tausend, in allen Schattierungen des Chassidismus und der litauischen Orthodoxie. In Polen, Ungarn und Rumänien, in Wien und in der Tschechoslowakei gab es einige Millionen! Und es herrschte ein reger Verkehr, wenn auch lange nicht so, wie der Verkehr heutzutage zu sein pflegt, wo es aber diese Menschen nicht mehr gibt.

Gerade das Wissen darum, daß alle diese Leute da waren und ich dennoch niemand hatte, um mit ihm zu sprechen, das brachte mich fast zur Verzweiflung. Von diesen Leuten hatte ich so viel erwartet. Sie waren aber auf diesem Gebiet auch beschränkt, sie waren mit ihren Händeln, mit ihrem fast ins Masochistische gehenden Hang nach immer strengeren Vorschriften und Verboten so ganz unwissend um die große Freiheit des Himmels um uns herum und uns durchdringend. Sie waren so damit beschäftigt, zu erklären, ja aufdringlich zu erklären, daß *sie* recht hätten mit irgendeiner Vorschrift, und andere nicht. Und die anderen wiederum regten sich auf, weil sie wieder etwas anderes verbieten wollten, welches die andere Seite, vielleicht gerade deshalb, wiederum erlaubte.

Und dabei bedachte keiner, daß man Gott *lieben* sollte, mit ganzem Herzen, mit dem ganzen Leben, mit allen Möglichkeiten, daß man fortwährend davon sprechen sollte, in Ruhe, in Liebe, in Hingabe. Und nicht in Aufregung, in neurotischem Zwang, böse, boshaft, den anderen verdammend. Wirklich den anderen verdammend, weil er eine Vorschrift anders verstand. Man bedenke, beide legten sie streng und orthodox aus. Nur der eine wollte zeigen, daß er noch strenger war als der andere.

Diese Menschen waren dabei raffinierte Geschäftsleute, dabei auch ganz hart dem orthodoxen Gemeindemitglied gegenüber, man gönnte den anderen keinen Cent Gewinn, versuchte ihn völlig auszunutzen und ließ den Armen arm. Und man wollte vor allem nicht in seiner Privatsphäre gestört werden.

Mit Erstaunen sah ich, wie den armen jüdischen Krämern in Scheveningen von reichen Hausfrauen der Preis gedrückt wurde. Wie in einer Art Sport, um sich selber zu beweisen, was man dabei erreichen konnte. Und die Männer drückten die Abgaben an den Bethaus-Diener, an den Thora-Vorleser, und fuhren doch selber mit ihren Familien in teure Kurorte.

Ich rede gar nicht von dem, was unter Götzendienst verstanden wird. Denn sie hatten ihre Götter. Der eine verehrte den scharfen Verstand, der zweite die Geschäftswelt, der dritte das Studium, die Politik, die Reichen, Häuser, Gemeinden, Rebbes. Wirklich Gott persönlich dienen, sich freuen, dem Vater gegenüber zu stehen, wie selten sah man das. Und dann meistens nur, wenn materielle und technische Mittel nichts mehr halfen. Das lebendige immer-mit-Gott-Sein, ihn kennen als liebenden Vater, uns ganz nahe, das war sehr rar.

Das Schicksal schickt einen Verborgenen. Man erkennt sich durch das Brot und den Wein. Das Vorher und Nachher, das es nicht gibt. Der Sinn des Gewachsenen entsteht erst nachdem es gepflückt ist. Erst die Zusammenhänge errichten die Einheit. Talmud und Kabbala. Der Weg wird klarer.

Diese Einsamkeit drückte mich. Ich wagte nicht, von meinen Träumen, von meiner Sehnsucht zu sprechen. In dieser Stimmung stand ich bei einer kleinen Gruppe im Saal, wo der Hochzeitsempfang stattfand. Der mir unbekannte Masel stand, sagen wir: zufällig, auch dabei. Ich weiß nicht mehr, wie sich die Gruppe von etwa fünf Leuten formierte. Man steht so im Saal herum, bald in dieser, bald in jener Gruppe, dann wieder steht man allein. Da höre ich einen dürftig gekleideten Mann in halb verschluckten Worten sprechen: »Man sagt beim Brotsegen nicht, wie bei anderen derartigen Speisen, ,,gelobt seist du, der Herr usw., der die Erdfrucht erschaffen hat", sondern eigentlich unlogisch, ,,der das Brot aus der Erde hervorgehen läßt". Und wo wächst Brot? Der Mensch macht doch das Brot. Aber gerade deshalb wird so gesagt. Das Brot ist eben schon von vorher da. Nur wir meinen, wir machten es. Das Brot, das ist das Geheimnis.«

Als ob er spürte, daß ich ganz speziell aufmerke, wandte er sich direkt an mich. Ich hatte mich nämlich schon früher mit der Gefangenschaft des Menschen im kausalen Denken beschäftigt. Die Wirklichkeit ist nicht nur kausal. Das Kausale ist die eine Seite, das Akausale eben die andere Säule. Das Brot ist schon da. Wie alles im Leibe, im Leben, schon da ist. Nur wir bilden uns ein, wir verursachen es, es sei von uns abhängig, oder jedenfalls von irgendeiner an der Zeit gemessenen kausalen Entwicklung. Ich reagierte mit einigen Worten demgemäß. Ich weiß nicht, was er davon verstand. Jedenfalls aber hörte er das Prinzip heraus und sagte nun:

»Tatsächlich. Es heißt doch auch, es gebe kein Vorher und Nachher in der Thora. Alles ist in Einem da.«

»Und deshalb steht an der anderen Seite das Vorher und Nachher.

Es gibt nicht das alles in Einem, wenn es nicht verstanden werden könnte als alles nacheinander, also alles im Getrennten.«

Der Mann lächelte, und nun hatte sein Gesicht etwas sehr Liebes.

»Richtig, richtig«, sagte er, »es gibt hier junge Leute, und so werden Sie auch verstehen, warum beim Wein ausgerechnet gesagt wird "der die Frucht des Weinstocks erschafft", und jetzt nicht zum Beispiel "der den Wein aus der Erde hervorkommen läßt". Warum beim Brot so und beim Wein so? Beim Brot kann der Mensch sich einbilden, er hätte es selbst gemacht, es zeigt das Ende der Entwicklung an. Beim Wein sagt man das gleiche, was man auch von der Traube sagt, als noch gar nichts an ihr getan, sie noch nicht getreten, noch nicht weiter bearbeitet wurde. Und doch hat man manches tun müssen, bis es zu Wein wurde. Beim Wein ist es aber anders. Beim Wein kann man betrunken werden, aber man kann ihn heiligen dadurch, daß man eben nicht von ihm betrunken wird. Das ist gewaltig. Man kann im Wein das Heilige erkennen. Der Weinstock, der Weingarten, das enthält alles ein großes Geheimnis. Zusammen mit dem Brot ist es das Geheimnis der Mahlzeit. Das Brot ist wie *diese* Welt, der Wein wie die andere. Diese Welt gibt die Einbildung, die andere könnte den Rausch verursachen.«

Ich dachte sogleich: Eigentlich hat alles erst seinen Sinn, nachdem es von der Erde weggenommen wird. Der Sinn ist nicht das Hiersein und Hierbleiben. Das gäbe nur einen Fäulnisprozeß. Man freut sich, daß es wachst, man pflegt es gut. Aber der Sinn wird doch erst nachher erfüllt. Mit dem Leben ist es genauso. Hier aber gilt das Nachher auch schon im Leben. Denn der Mensch lebt doch auch in der anderen Wirklichkeit, und dort gibt es weder vorher noch nachher. Also der Sinn des Lebens kann erst erkannt werden, wenn man aus dem Bereich des Zeitlichen und Räumlichen des Gesetzes, also in der Form vor allem des Naturgesetzes, hinaustritt, das Leben erweitert in den Bereich des Akausalen, dort, wo es kein Vorher und Nachher gibt, kein Neben und Nacheinander, sondern wo alles in Einem ist. Das ist der Bereich, wo die Früchte bereits geerntet sind, erst dort fängt unser wahres Tun an.

In der Sprache der Kabbala sagte ich nur:
»Das alles dreht sich um den Tikkun (Tikkun ist das Erhöhen der Dinge durch den Menschen, wenn der Mensch den Sinn der Dinge erkennt und danach handelt). Wie man ihn versteht.«
Der Kontakt war hergestellt. Masel schaute mich immer interessierter an. Er erzählte weiter, in Andeutungen, für mich genügte es schon. Da war ein Mensch mit derselben Sehnsucht, mit einem enormen Wissen. Er sprach inspiriert, deshalb nur mit halben Sätzen und halben Worten, fast unverständlich. Die Worte überstürzten sich bei ihm. Der Mund konnte nicht mitkommen, der Strom war zu heftig.

Er sprach vom Tikkun, vom Pesach (Passah), von der Sukka (Laubhütte). Die anderen waren schon längst aus der Gruppe ausgeschieden. Wir standen allein, und er redete auf mich ein, als ob ich der einzige wäre, der ihn verstehen konnte.

Die Hochzeit verlangte aber von uns, daß wir uns zu anderen Orten im Saale begaben. Inzwischen hörte ich vom Bräutigam, wer dieser Mann war. Kalman freute sich, daß ich überrascht war. Es wurde später, Masel war verschwunden. Wohl mit dem Zug nach Antwerpen abgereist.

Am anderen Abend aber, als ich bei Bekannten zu Besuch war, klingelte es, Masel stand vor der Tür, er fragte nach mir. Ich trat hinaus, und er fing gleich wieder an. Wir spazierten längere Zeit auf der Straße auf und ab. Ich fragte ihn, ob er noch etwas in Scheveningen zu erledigen hätte. Nein, sagte er, er sei nur zu mir gekommen. Er hätte gespürt, daß ich "verstehe". Gäbe es ein besseres Geschäft, als mit einem, der versteht, über diese Dinge zu sprechen? Er fahre morgen früh wieder zurück. Er hoffe aber, wir redeten noch weiter miteinander.

Und so sahen wir uns in den kommenden Jahren noch mehrfach. Nicht allzu oft freilich, denn das Leben forderte mich auf verschiedenen Gebieten auf, das Leben riß mich mit. Masel hingegen lebte ruhig in Antwerpen während des größten Teils des Jahres. Er gründete in einem kleinen Ort bei Antwerpen, nahe der holländischen

Grenze, in Heide, eine "Jeschiwa". Er versuchte das Studium dort so zu gestalten, daß etwas von diesen seinen Gedanken und seinem Wissen dort auch in den Unterricht einfließen konnte. Es blieb aber nur bei diesem Versuch. Denn es zeigte sich die Schwierigkeit, die ich bald auch bei Masel selber gespürt hatte: Alle diese Mitteilungen hatten kein System, es fehlte ihnen der große Zusammenhang, der Zusammenhang, den das Leben, die Schöpfung, die Natur, doch auch hatten, und der allem diesen herrlichen Sinn gab. Wie kann es Einheit geben, sagte ich damals oft, wenn man nicht die Zusammenhänge sieht.

Es fehlte diesen Leuten aber das, was ich das philosophische Denken nannte, das Exakt-Wissenschaftliche. Wenn sie schon Zusammenhänge im juristischen Aspekt des Talmuds sahen, dann vergaßen sie, daß das Juristische wiederum Zusammenhänge mit den anderen Aspekten des Lebens haben sollte, daß erst, wenn die Einheit da war, man aufhören würde, Fragen zu stellen.

Ich sah die Mängel in der jüdisch-religiösen Erziehung jetzt klar. Alles war zufällig, anekdotisch. Man erzählte schöne Geschichten, prachtvolle Gleichnisse, rührende Begebenheiten. Aber wo war das Ganze, wo war die Einheit? Und es hieß doch so einprägsam: "Höre, Israel, der Herr unser Gott, der Herr ist Einer."

Es war wie eine Vielgötterei, diese Verzettelung. Wo blieb die Sehnsucht nach der Einheit?

Doch tat Masel sehr viel Gutes mit dieser Jeschiwa in Heide. Sie erhielt sich bis 1940, bis die Nazis einmarschierten. Masel konnte noch während der ersten Besetzungszeit nach Argentinien zurückkehren. Er war neutraler Ausländer. Ich sah ihn noch im Juli 1940, nach der Kapitulation Hollands, Belgiens und Frankreichs. Er zeigte Verachtung für die schlappe Art der Verteidigung der westlichen Länder.

»Wer etwas vom Leben weiß, hält durch. Schöne Motive für die holländische Übergabe nach vier Tagen schon. Weil die Deutschen die Städte bombardiert haben! Was sollten sie sonst tun? Es ist doch ein Krieg. Dann fängt man besser nicht an. Und macht nicht erst große Worte. Es zeigt die Hohlheit dieser ganzen Kultur. Es werden schwere Zeiten für Europa kommen. Für solche Länder gibt es keine Zukunft.«,

»Es sind überhaupt keine Länder«, fügte Schapira, das Haupt der Jeschiwa, hinzu.

Ich protestierte ein wenig, war ich doch so ganz als ein Westler aufgewachsen, als holländischer junger Mann. Ich wußte aber, daß sie recht hatten. Diese Welt des Westens wußte nichts vom Sinn des Daseins. Deshalb gaben sie dem Teufel gleich nach. Der Teufel sucht sich solche Menschen.

Für mich hat Masel sehr viel bedeutet. Wiederum waren es nicht so sehr die Gespräche, die etwas bei mir aufbauten. Wie ich schon erwähnt habe, ich erkannte ziemlich bald, was Masel fehlte. Eben das klare, reine, in Ganzheiten sich bewegende Denken. Er wußte nicht einmal, daß es ihm fehlte.

Aber die Menge der Mitteilungen und Hinweise aus dem Sohar und aus anderen kabbalistischen Schriften, die Verbindung zwischen Talmud und Kabbala, das ganze Gebiet des Midrasch, das neu für mich aufleuchtete, das alles gab mir einen kräftigen Anstoß, selber weiterzudenken, und vor allem, selber die Zusammenhänge und die Einheit des Lebens zu suchen.

Es waren oft wirkliche Kostbarkeiten, die aus Masels Mund perlten, und sie blieben mir bis heute. Deshalb war es nicht wichtig, ob Masel mir eine Gesamtkonzeption vermittelte. Ich glaube, jeder Mensch muß diese Gesamtkonzeption auf seine Art doch immer selbst finden, in seinem Namen. Sonst wäre man unecht, wäre man nur eine Kopie des anderen, käme gerade die unmenschliche Uniformität, die langweilige Einförmigkeit.

Dank Masel dehnte ich jetzt mein Studium und meine Träume auf dieses ganze Gebiet der Mündlichen Überlieferung aus. Kabbala heißt doch sowohl übergeben wie auch empfangen. Und das ist es in

Einem. Man gibt und empfängt, man empfängt und man gibt. Ich spürte jetzt, wie der Strom der Inspiration zu fließen begann.

Die Verbindung mit dem Talmud bedeutete eigentlich auch die Verbindung mit dem Alltag, aber jetzt nicht mehr mit dem grauen Alltag, sondern mit dem in allen Einzelheiten leuchtenden, blitzenden, von Farben schillernden. Denn der Talmud zeigte, wenn man den Schlüssel zu ihm durch die Überlieferung hatte, was jedes Ding bedeutete. Daß also alles, was hier erschien, Ausdruck ist vom Sein in der verborgenen, in der unermeßlichen Wirklichkeit. Das Hier entspricht dem Dort, und das Dort ist genauso fundiert durch das Hier, wie das Hier durch das Dort.

Es erwuchs eine mächtige, alles überwältigende, überzeugende Einheit. Jedes Ding wurde nun wichtig. Jeder Mensch, die ganze Schöpfung. Und das wurde es auch tatsächlich. Es wurde das in der täglichen Lebenserfahrung, bis ins Kleinste.

Masel sah manches schon genau so, jedenfalls mit *seinen* Augen. Aber er kapierte, was er sah.

Ob Masel aber meinen Gedankengängen, meinen Gefühlen, folgen konnte, frage ich mich. Er hatte, wie viele dieser Art von orthodoxen Juden, ein etwas unglückliches Gefühl, alle diese nicht-jüdischen Wissenschaften und Philosophien nicht zu verstehen, nicht verstehen zu können. Sie hatten zu viel Respekt vor diesem Komplex, den sie merkwürdigerweise "nicht-jüdisch" nannten. Als ob man solch eine Trennung in der Schöpfung machen könnte. Ein merkwürdiger Minderwertigkeitskomplex, der sich in der Abwehr dann zu einer Art von Trotz umwandelte.

Diese Abgrenzung von der Welt gibt diesem orthodoxen Judentum etwas Halbes, etwas Gespaltenes. So wie die nicht-orthodoxen Juden die andere Hälfte haben und deshalb auch nur halbe, also gespaltene Menschen sind. Und so wie die Welt heute überhaupt nur die eine oder die andere Hälfte anerkennt. Man steht dem Judentum, das eigentlich der Besitzer dieser anderen, dieser jenseitigen Wirklichkeit ist, in diesem Sinne ganz fremd gegenüber. Deshalb ist man froh, so plötzlich einen Staat Israel zu entdecken, wo die Juden also doch genau so sind wie die anderen. Das eigentliche Land Israel, dieses Wissen vom Jenseits, dieses Regieren des Reservoirs der anderen Wirklichkeit, davon weiß man heute eigentlich kaum. Und dennoch ist das das eigentliche Land Israel, der Hebräer ist der Jenseitige, wie der Name es schon sagt (siehe "Die Rolle Esther"). Die hebräische Sprache ist die Sprache vom Jenseits. Deshalb ist sie auch solch eine merkwürdige, solch eine einzigartige Sprache. Sie erzählt und zählt, sie ist jenseitig und diesseitig, sie ist im Gesetz, und sie ist in der Freiheit.

Diese Verbindung beider Wirklichkeiten ist das Überraschende, das Lebenspendende, das Ewigkeitsvermittelnde.

Wie Masel das alles auch selber sah, ich weiß jedenfalls, daß er die Begegnung bedeutete, die meinem Denken und Träumen diesen Weg wies. Ob er das beabsichtigte oder nicht, er war selber als Persönlichkeit derart begeistert und wahrhaftig, daß dies alles durch ihn aus der Begegnung hervortrat. Sind solche Menschen auf unserem Wege nicht die Botschafter des Himmels, die den weiteren Weg zeigen und uns auch manchmal ein Stück weit begleiten? Dann sind sie doch wirklich die Engel unserer Träume.

Gedanken über die menschliche Herkunft. Das Tun als Brücke zwischen zwei Welten. Thora und Halacha, die Weisheit und der Weg. Verantwortung und Schuldgefühle.

> Die Lehre des Herrn ist vollkommen,
> sie erquickt die Seele.
> Das Zeugnis des Herrn ist beglaubigt,
> es macht weise den Einfältigen.
> Die Einsetzungen des Herrn sind richtig
> sie erfreuen das Herz
> Die Gebote des Herrn sind lauter
> sie erleuchten die Augen
> Die Erfurcht des Herrn ist rein
> sie besteht ewig
> Die Rechte des Herrn sind Wahrheit
> Sie sind insgesamt gerecht.

Ja, Begegnungen. Sie sind wie Samenkörner, die uns treffen. Wie ist der Boden, worauf sie fallen? Ich empfing sie stets gern, mit Lust. Mich freuten und belebten Begegnungen. Ich träumte sie weiter, viel weiter. Das Dunkel der Traumwelt ist wie das Dunkel der Erde, worin die Saat keimt. Dort bilden sich die Wurzeln, die das später Erwachsende fortwährend neu inspirieren, ihm Nahrung zukommen lassen. Menschen begegnen sich nicht wie tote Materie. Und wer von uns weiß, was Steine einander zu erzählen haben? Atmet nicht alles den Geist der Schöpfung?

Ich muß zu den Begegnungen doch auch die mit meinem Großvater zählen. Obwohl ich schon von ihr sprach, ich habe noch nicht erwähnt, was sie mir für mein Leben bedeutete. Ich frage mich dabei auch, inwiefern ich bei ihm die biologische Abstammung spürte. Und da muß ich sagen, daß ich sie kaum oder gar nicht bemerkte. Gewiß, er war mir besonders lieb, weil ich mir durch ihn die Jugend und die Umgebung meiner Mutter vorstellen konnte, ihre früheren Geschichten jetzt mehr Leben und Umrahmung erhielten. Ich konnte mir das Leben der Städtchen, der jüdischen Städtchen, besser vorstellen, ich konnte mir ihre Weisen und ihre Blöden vor Augen stellen, ich hörte sie reden, lachen, singen. Daß ich mich aber persönlich mit all dem irgendwie nahe verbunden fühlte, nein, das war es gewiß nicht. Im Gegenteil, ich fühlte mich fremder und fremder, und ich fragte mich, was mir denn fehlte. War ich zu eingebildet? Auch diese Frage mußte ich verneinen. Denn ich fühlte mich eher verlassen und suchte doch eben menschlichen Anschluß. Und dabei war ich bereit, manches zu opfern. Wenn ich nur Verbindung mit Menschen gewann, die mir in ihren Überzeugungen und in ihrem Verhalten das Erleben eines Sinnes aufzeigen würden. Es blieb aber ein Wunsch; man war weiterhin einsam.

Es wurde mir, im Verkehr mit meinem Großvater, immer klarer, daß der dritte Teil der Herkunft, also das, was vom Himmel dem Menschen wird, manchmal der wichtigste ist, und ich sah ein, daß bei mir der väterliche und der mütterliche Teil eigentlich nur sehr geringen Einfluß hatten. Ich ähnelte ihnen weder äußerlich noch in meinen Charaktereigenschaften, ich war im Gegenteil so vollkommen anders, daß schon meine Eltern oft, obwohl sie es anders wünschten, behaupteten, ich sei ein Fremder. Vor allem meiner Mutter, die in mir ihren Großvater Fischl wiederfinden wollte, tat es weh. Ich sei gar kein richtiger Jude, meinte sie dann, und als ich mich aber dennoch ganz konsequent an die jüdische Überlieferung hielt, meinte sie, ich täte es aus anderen Gründen. Sie verstand nicht, daß ich kein Verlangen hatte nach der Intimität der Sippe. Ach, ich hatte es schon, fand aber meine Sippe nicht.

Der Großvater beeindruckte mich einfach als Persönlichkeit, und nicht weil er gerade mein Großvater war. Ich mochte seine Bescheidenheit, sein scheues Gemüt, sein betontes Understatement. Dies öffnete schon viele Tore zu mir. Denn ich sah auch bald, welch immenses Wissen er hatte. Wissen zwar auf fast ausschließlich talmudischem Gebiet, es reichte aber für das ganze Leben. Ich bewunderte auch sein Verständnis für andere, seinen klaren Blick auf vielen Gebieten.

Unsere Gespräche bewegten sich oft um die Bedeutung des Tuns. Und das war gerade in jenen Jahren für mich ein entscheidendes Thema. Ich spürte die fürchterliche Leere des sogenannten "grauen Alltags". Und ich empfand die Sinnlosigkeit eines Tuns ohne Verbindung zur anderen Wirklichkeit.

Durch unsere Unterhaltungen im Laufe der Jahre — der Großvater war vom Sommer 1933 an bis im Januar 1943 fast fortwährend in meiner Nähe — wurde mir immer deutlicher, daß alles, was in unserer Gegenwart spielt, also in der zeit-räumlichen Wirklichkeit, Entsprechung sein muß von dem, was in der eben nicht zeit-räumlichen Wirklichkeit anwesend ist. Diese beiden Wirklichkeiten sind eine Einheit. Hier, ich nannte es "unten", spielt alles sich ab in Bewegung, im Tun, dort, und das nannte ich dann "oben", ist alles in Ruhe, in Harmonie. Dort ist der Garten Eden, hier heißt es nun Exil.

Und der Mensch lebt gar nicht im Exil, wenn er eben diese andere Wirklichkeit in seinem Leben, in seinem Dasein erkennt. Erst dann ist er ein ganzer Mensch. Erst dann ist gerade sein Wichtigstes, sein Haupt, dabei. Nicht nur als Sitz des Verstandes, sondern auch als Sitz einer Welt des Akausalen. Gewiß, der Verstand spielt immer mit. Jetzt aber der von jenseits inspirierte Verstand, die Vernunft, die einem aus diesem Reservoir des Ewigen kommt.

Ich unterschied jetzt klarer zwischen dem naturwissenschaftlichen Denken, das bewußt nur Daten aus dem Bereich des Meßbaren anerkennt, und der Weisheit, die eben alles Menschliche berücksichtigt. Wenn man also das menschliche Tun nur aus sogenannt nützlichen Momenten erklärt und begründet, sei es psychologisch, hygienisch oder moralisch, dann trennt man im Menschen sein Leben entzwei. Und die Erklärung bleibt in der Luft hängen. Man müsse eben, um der Wahrheit willen, um der ganzen Wirklichkeit willen, den *ganzen* Menschen annehmen. Sonst wäre Wissenschaft nur Pseudowissenschaft, und jedenfalls keine Weisheit.

Es fing bei mir an zu dämmern. Wenn dieser ganze Komplex, der sich so minutiös mit dem menschlichen Tun beschäftigt, eben diese auf Thora und Talmud gegründete Halacha, nun wirklich die Entsprechungen enthielt aus der jenseitigen Wirklichkeit des jetzigen, des immerwährenden Menschen, dann lag dort das Geheimnis des Lebens verborgen.

Die Thora also wäre dann Ausdruck der nichtkausalen Wirklichkeit. Deshalb dann auch die These: »Es gebe kein Vorher und Nachher in der Thora.« Deshalb könne man auch nicht die Mitteilungen in der Thora ohne weiteres "hier unten" anwenden. Deshalb hieße es, »Auge um Auge« und »Zahn um Zahn«, sowie auch »Seele um Seele«, seien nicht wörtlich unten zu nehmen. Und wer das tue, sei ein Unwissender, ein Tor. Er verstehe nicht, daß die Thora ein verzehrendes Feuer sei, das nur in seiner Heiligkeit erfahren werden könne. Und daß es darum ginge, die Entsprechungen für das Diesseits zu finden. Das Diesseits fordere eben Sanftmut, Geduld, Verständnis. Denn "unten" gebe es doch einen fortwährenden Zeitstrom, unendlich viele Momente, Phasen, und der Mensch sei nur verantwortlich für die kleine, begrenzte Phase. Während er aber dennoch beeinflußt ist von vielen früheren Phasen, aus seiner Jugend, durch Vererbung, durch Erziehung, Milieu. Wie kann man da schon urteilen? Nur wenn der Mensch alles überblicken und sich alles vergegenwärtigen könnte, ließe er sich als Totalität beurteilen. Wer aber überblickt alles, wer steht über Erbmasse, über Milieu, über Erziehung?

Wirkt diese andere Wirklichkeit im Menschen aber auch? Verursacht diese ihm die Schuldgefühle, die Vorwürfe? Und verlangt der Mensch nicht auch nach *dieser* Wirklichkeit beurteilt zu werden? Tut man ihm nicht gerade als Mensch Unrecht, wenn man ihn nur nach diesen kausalen Zusammenhängen erkennt?

So oder so, es ist die Spannung des Paradoxons. Das ist eben der Mensch. Damals erklärte ich es mir, daß die Welt nur nach dem Äußeren urteilen darf. Eben, weil sie nicht anders kann. Daß aber der Mensch selber sich ganz sehen solle, seinen Kampf als ganzer, als richtiger Mensch, auszukämpfen hätte.

Der Weg des Menschen ist auch ein sich Nähern. Die 400 als kausaler Zwang, die 500 als die Freiheit.

Der Tempelberg hatte 500 Ellen zu 500 Ellen.
Der Tempelberg hatte 5 Tore.
Der Vorsteher des Tempelberges machte eine Runde bei allen Wachen, und brennende Fackeln vor ihm, und wenn ein Wachtmann nicht aufstand und zu ihm sprach »Friede mit dir, Aufseher des Tempelberges« so wußte er, daß er schlafe und schlug ihn mit seinem Stocke. Er hatte auch das Recht, ihm sein Gewand zu verbrennen. Die Anderen fragten dann: Was ist das für ein Lärm im Tempelhofe? — Es ist das Geschrei eines Leviten, der geprügelt wird, und seine Kleider werden verbrannt, weil er bei der Wache geschlafen hat.

Mir wurde in diesem Zusammenhang auch die Bedeutung des "Korban" klar. Man übersetzt "korban" fast immer mit "Opfer". Das Wort aber enthält den Begriff des Sich-nährens. In diesem Falle: das Gott-näher-bringen seiner eigenen Existenz.

Ich sah ein, wie der ganze ausführliche Korban-Komplex eben das Eintreten in die andere Wirklichkeit bedeutete. Deshalb wurde der Tempelberg mit 500 als Maß angegeben. Weil eben mit der 400 der Begriff des Unendlichen ausgedrückt wird in der Welt der absoluten Werte der Zahlen. Der Mensch geht im Diesseitigen unter in der 400, im unendlichen Raum, in der unendlichen Zeit. Das Diesseitige ist deshalb rund, ohne Anfang und ohne Ende. So zeigt alles in Zeit und Raum sich mit Rundungen. Der Winkel ist nur mathematisch anwesend, er bedeutet eigentlich eine Null, und diese existiert eben nicht in Zeit und Raum.

Das Exil in Ägypten, das 400 dauert, bedeutet also die Gefangenschaft im Diesseits. Jeder Mensch lebt in dieser Gefangenschaft, ist dem Zwang der Fron in Ägypten unterworfen, solange er nicht "erlöst" ist. Die 500 ist eine andere Welt. Deshalb also heißt es, Himmel und Erde seien 500 auseinander. Man kann den Himmel nicht erreichen mit den Maßen des Diesseits. Man geht dann nur im Unendlichen verloren. Der Himmel kann nur mit ganz anderen Daten gefunden werden. Eben mit dem Durchbruch in die andere Wirklichkeit des Menschen. So hat auch der "Baum des Lebens" einen Umfang von 500. Auch um damit darzustellen, daß man, rechnend mit der Kausalität, ihn niemals finden würde. Die kausale Reihe geht bis zur 400, bis dorthin gibt es hier sichtbare Zeichen. Das will sagen, daß der Begriff der 500 außerhalb der Kausalität steht. Daß man ihn also nur mit der anderen Wirklichkeit im Menschen erfassen könne.

Das Areal des Tempels ist das Gebiet der anderen Wirklichkeit. Das bedeutet die 500. Das heißt also auch, daß man den Tempel nicht in dieser unteren Wirklichkeit finden könne. Man müsse eben die Entsprechung unten verstehen. Unten bedeutet es, daß der Mensch diese Trennung bei sich selber durchbrechen müsse, will er den Tempel betreten. Wenn er das "unten" tut, tritt er "oben" in den Tempel ein, der dort dann auch in dieser anderen Welt auf dem Gebiete, das 500 mißt, gebaut ist.

Entsprechungen also, von unten nach oben und von oben nach unten. Von der Bewegung in die Ruhe, von der Harmonie in den Weg.

Wenn also der Mensch seine Schuld spürt, weil etwas geschieht, was wohl kausal entschuldigt werden kann, aber ihn als ganzen Menschen doch unbefriedigt läßt, sogar bedrückt macht, dann bringe er sein "Korban". Das heißt dann, er begebe sich in die andere Wirklichkeit, nehme seine ganze Existenz aus dem Diesseitigen mit, und sei dort.

Beim Korban, beim Tier, das eben diese hiesige Existenz ausdrückt, wird dann der Blutkreislauf durchschnitten. Das will dann sagen, der Kreis des Unendlichen, worin man gefangen ist durch sein nur kausales Denken, wird durchschnitten, seine Existenz wird mit den Ecken des Altars, mit den nur mathematisch existierenden Winkeln konfrontiert. Dort empfindet er die Erlösung. Denn dort verbindet er Diesseits und Jenseits.

Grundlegend, entscheidend ist, daß er wieder zurückkehrt in das Leben. Er bleibe nicht dort in einer Art mystischer Versenkung, in einer egoistischen Einsiedelei, sondern verbinde nun sein Leben von oben mit dem Leben von unten.

Er geht ein und aus, und jeden Tag ist das Korban, immerwährend. Er näht die beiden Wirklichkeiten aneinander, Stich um Stich. Das ist eben der Weg des Menschen.

Die Schuld des Menschen ist kein irgendwie zu Bestimmendes, zu Messendes oder zu Wägendes, sie ist immer da, weil der Mensch immer im Paradox der beiden Wirklichkeiten lebt. Sie äußert sich in des Menschen Ungeduld, in seiner Unlust, aber auch in seiner Erwartung, in seiner Hoffnung. Sie ist eben das Bewegende. Dadurch geht er seinen Weg, dadurch und damit näht er beide Welten fortwährend aneinander, mit seinem Gehen. Sein Gehen unten baut die Harmonie so, wie sie oben immerwährend ist, außerhalb von Zeit und Raum, außerhalb jeder Kausalität.

Unten gibt es nur, weil es ein Oben gibt. Kopf und Füße sind das, was sie sind, weil das eine das andere bestimmt. Ruhe kann nur sein, weil sie durch Bewegung erfahren werden kann. Der Weg und das Zuhausesein sind das gleiche. In der einen Wirklichkeit heißt es der Weg, in der anderen ist es das Zuhause.

Ich glaube wiederum nicht, daß mein Großvater selber auch solche Überlegungen für sich machte. Was weiß man, was den Anderen bewegt. Ich glaube auch nicht, daß er mich diesbezüglich verstand. Manchmal, wenn ich von diesen Entsprechungen sprach, leuchtete plötzlich sein Auge voller Freude auf, wie bei einem Wiedererkennen. Andererseits sah ich, wie bei ihm alles selbstverständlicher war. Er tat eben. Sein Denken, seine Überlegungen bewegten sich innerhalb dieser Selbstverständlichkeit. Es bemühte ihn, wie viele andere seiner Welt, kaum. Der Sinn des Seins sei eben dieses Tun, wie die Halacha es tradierte. Alles andere ergab sich daraus.

Aber es ergab sich eben nicht. Denn viele dieser Leute, und es waren doch strikt und ehrlich nach dieser Halacha lebende, waren oft in ihrer Weltsicht sehr beschränkt, waren auch im Umgang miteinander kleinlich, waren zu geschäftstüchtig. Sie waren auch nicht imstande, eine Schau weiterzugeben. Es zeigte sich bei ihren Kindern, die nicht ahnten, welche Reichtümer dieser Komplex des Judentums enthielt. Und sie warfen alles fort, wurden langweilige und gelangweilte Nationalisten, Politiker, einseitige Naturwissenschaftler.

Auch das "Lernen" ist ein Tun. Die "Geschichten der Hilfe". Die Begegnung mit dem Großvater. Engel verbinden die Welten.

> Denn seine Engel wird er dir entbieten,
> um dich auf allen deinen Wegen zu behüten.
> Auf Händen werden sie dich tragen,
> auf daß sich dein Fuß an keinem Steine verletze.

Der Großvater las gerne jüdische philosophische Werke. Als er ab November 1938 bei uns in Scheveningen wohnte, studierte er bei mir eifrig Jizchak Arama's "Akedath Jizchak". Ich wußte aber schon, auf welchem Gebiet diese Werke sich bewegten, es gab keine Antwort mehr auf die Fragen dieser Zeit. Und diese unsere Zeit war gewaltig. Sie rief nach ihr gemäßen Entsprechungen. Auf diesen Gedanken kam aber keiner. Man genoß die Ausführungen des Aristoteles und glaubte, das Alpha und Omega alles Wissens damit zu besitzen, war sich aber gar nicht bewußt, daß sie von Aristoteles stammten, sondern meinte, es seien alles fromme jüdische Gedanken, in großer Weisheit aus der Thora geschöpft.

Es war mir, als ob alles erstarrt wäre, und niemand um seine Lähmung wußte. Die Welt aber zog. Gott ging mit der Welt seinen Weg weiter, und niemand konnte sich dem entziehen. Nur, wenn man nicht mitgehen konnte, wurde man eben verzerrt.

Doch war die Welt dieser braven, frommen Menschen eine intime, warme. Manchmal sehnte ich mich nach dieser Wärme. Dann aber sagte ich mir, sie lebten einfach in einer Art Naturreservat. Schließlich darf man nicht erstarren, der Weg geht doch immer weiter. Die Folgen der Erstarrung sah man doch. Ganze Generationen fielen ab, wie für das Judentum verdorrte Früchte. Die Enkel dieses Großvaters waren alle schon weit weg. Ich war die einzige Ausnahme, und ich fühlte mich kaum als Enkel, kaum verwandt. Ich glaubte fast, daß es der dritte Teil meiner Herkunft war, der mich belebte, der mich glücklich machte, erregt, freudig, unruhig, voller Phantasie, voller Einfälle. Ich schaute auf Verwandte und Abstammung wie auf eine mir etwas fremde Landschaft.

Und es tat mir leid. Ich suchte meine Zugehörigkeit, fand mich unausstehlich, eingebildet, und war wiederum doch stolz und glücklich. Nicht weil ich den Anschluß nicht fand, wohl aber weil eine große Erwartung blieb, eine Erwartung, die mir den Weg zu einem großen Erlebnis eröffnete. Leider aber auch ein sehr einsames Erlebnis.

Im gemeinsamen Studieren in den Jahren 1933 bis 1935, dann wiederum vom Winter 1936 bis in den Sommer 1937 und schließlich vom November 1938 bis zum Januar 1943, suchte ich vor allem mir alles klar zu machen, was mit dem Korban zusammenhängt, die Entsprechungen für das Leben, das jetzt geführt wurde, zu finden. Die beiden Wirklichkeiten also zu verbinden. Auch suchte ich die Entsprechungen zu erkunden beim Sabbat, dem Tag, an dem alles vollkommen ist, dem Tag, der als Einer den anderen Tagen gegenüberstand. Wozu waren die anderen Tage da? Zum Ermessen der Größe des Vollkommenen? Einfach wiederum der Weg gegenüber der Ruhe?

Ich ging mit Schärfe nun auch auf alle Details ein, und mein Großvater hatte helle Freude an meinem Scharfsinn. Ich aber wollte nur alles bis in die letzte Konsequenz wissen, damit mir die Entsprechungen auch stimmten! Und das verstand der Großvater auch. Lächelnd sagte er:

»Wenn Du das herausbekommst, kommt eine neue Welt. Wozu lebt man denn sonst? Wir aber bewahren alles ganz haargenau, damit wir sagen können: ,,Hier, da habt ihr alles, wir waren die Schatzhüter und haben ihn treu bewahrt." Wer weiß, wann das kommt. Wir bewahren den Schatz, indem wir ihn in unser Tun hineinlegen. Das ist der beste Weg, ihn zu schützen, dort ist er unvergänglich, im Tun gerade. Wir lernen alles genau, damit durch unsere Worte und unsere Diskussionen alles verwirklicht wird. Hypothetische Fälle. Aber sie hätten sein können, und durch unsere Gespräche *sind* sie da.«

»Ob man das je herausbekommen kann«, meinte ich ein wenig zögernd, »vielleicht muß man sich nur danach sehnen, dann kommt es schon. Ich glaube, es ist kein Denkprozeß, sondern vielmehr eine Lebenspraxis. Durch das Tun kommt die Einsicht. Wenn man sich beim

Tun nur auch danach sehnt. Das heißt wohl, "das Tun um des Himmels willen". Wenn ich suche, so ist es nur ein Sehnen, und ich glaube, das genügt. Man soll nur daran glauben, daß alles, aber auch alles hier nur sein kann, weil es eben eine Entsprechung dessen ist, was das Wort der Thora sagt. Dieses Wort ist das große Wunder vom Jenseits, das hineinblitzt in unser Diesseits.«

Stunden um Stunden studierten wir zusammen, Traktat nach Traktat. Der Großvater strahlte, daß er jemanden gefunden hatte, mit dem er auf diese Art "lernen" konnte.

Als er später bei uns wohnte, liebte er es, am Ende des Sabbats, wenn die neue Woche anfing, eine Geschichte zu erzählen. Er nannte sie "Maasses von der Jeschue", was soviel heißt wie "Geschichten von der Hilfe".

Es waren meist einfache Begebenheiten, wo immer wieder aus einer Not, verursacht durch das Böse, eine plötzliche, sogar nicht mehr zu erwartende Hilfe zustande kam.

Er begründete diesen Brauch mit der Mitteilung, daß doch nach diesem siebten Tag einmal die Zeit des Messias hereinbrechen werde, ebenfalls aus Not befreiend, ebenfalls unerwartet über die Welt kommend. Gleich nach dem Ende des Sabbat ist man sich auch der Anwesenheit des Propheten Elia bewußt, des Verkünders des Messias. Auch er zeige sich, indem er unerwartete Rettungen zustande bringe.

Ich empfand diese Geschichten im gleichen Sinne als Entsprechungen. Mit diesen Geschichten lebt man eben hier diesen Durchbruch, man bestätigt ihn hier, man erfüllt ihn hier. Sie wurden mir sehr wichtig. Ich wußte schon, wie innig gewollte Geschichten schließlich sich hier auch ausdrücken. Die andere Wirklichkeit sucht gerne einen Weg, sich hier zu zeigen. Denn dieses sich Zeigen bedeutet doch Freude bereiten, und um Freude zu bereiten, ist doch diese Welt gemacht worden. Wenn ich schon Freude machen will, wie würde das dann nicht im Plane Gottes liegen, dachte ich mir immer.

Ein wenig schüchtern kam der Großvater dann immer am Ende des Sabbat zu uns, und, so wie er war, mit bescheidener Stimme deutete er an, er wolle jetzt doch wieder eine "Maasse von der Jeschue" erzählen. Jeder konnte die Geschichten verstehen, und für jeden hatten sie ihre eigene Bedeutung. Es war mit ihnen wie mit dem Manna, das den Geschmack annahm, den man sich gerade wünschte. Wo er sie her hatte, weiß ich nicht. Hie und da fand ich einige seiner Geschichten in Sammlungen wieder. Wahrscheinlich gab es eine alte Tradition, die diese Geschichten, vielleicht sogar angepaßt an neue Situationen, immer wieder erzählen ließ.

Als sich dann später bei mir diese andere Wirklichkeit voll in meinem Leben zeigte, eine Wende in meinem Leben brachte, eigentlich ein neues Leben bringend, nannte ich die Hefte, worin ich dieses Neue aufschrieb, ganz kurz, kaum im Telegramm-Stil, die "Maasses von der Jeschue". Es waren zwar in diesem Falle keine Geschichten, es waren jedoch Mitteilungen über das ganze Gebiet der Entsprechungen, die für mich die Bedeutung jenes neuen Tages hatten, an dem der Messias König der Welt ist. Denn ich hatte die Überzeugung, daß es gerade das war, was ich stets gesucht hatte, wonach ich mich gesehnt hatte. Daß hier jedenfalls der Strom eines neuen Lichtes sich kundtat. Der Strom wurde breiter und breiter, er verband das eine Meer mit dem anderen, er verband die eine Wirklichkeit mit der anderen. Und es ging hinein und hinaus, es zuckte hin und her. Für mich war Wirklichkeit geworden, wonach ich mich gesehnt hatte. Wenn ich auch damit vielleicht einsamer stand denn je, es machte mich traurig um die anderen, selber war ich aber glücklich und ruhig, ich wußte, ich hatte gesehen, ich hatte gehört.

Das ist aber ein Geschehen aus späterer Zeit. Es nahm im Sommer 1945 seinen Anfang, und es hat sich seither ununterbrochen fortgesetzt. Das wurden also meine "Maasses von der Jeschue", Vollbringung einer großen Rettung in einer Lage, wo diese Art von Hilfe kaum mehr zu erwarten war.

Kehren wir aber zu meinem Großvater zurück. Von ihm lernte ich vor allem die große Kraft und Wirkung einer ungekünstelten, unbewußten, selbstverständlichen Bescheidenheit. Auch in seinem Wissen. Er redete nie davon. Aber er wußte immens viel.

Ich erinnere mich noch, es war an meinem Hochzeitstag im November 1936, wie einige wirklich gelehrte, fromme Juden auf ihre etwas laute Art ein talmudisches Problem diskutierten. Ich hörte kaum zu, denn diese Art Diskussionen interessierten mich wenig. Es ging meistens darum, daß man ein Problem kreierte, um es dann irgendwie zu lösen. Es geht dabei zuweilen sehr heftig und aggressiv zu.

Man verstehe mich recht. Diese Diskussionen haben ihren Sinn. Wie ich schon sagte, ist es wichtig, daß alle möglichen Situationen durchgesprochen werden, denn damit werden sie belebt, entstehen sie, damit wird die Welt erfüllt. Gerade diese kaum vorkommenden Situationen sollen auf diesem Wege Wahrheit werden. Mich stört dabei nur, daß man sie bespricht wie Schach-Probleme oder wie irgendein mathematisches Problem. Man ist sich zu wenig bewußt, daß es sich um die Verbindung handelt, daß das Leben das Ganze ist, das Problem hier und die Lösung dort.

Nun gut, man sprach heftig aufeinander ein, wälzte schwere Talmud-Folianten und andere Bücher, zitierte hier, blätterte dort, fuchtelte mit den Händen. Es ist dies eine schöne Freude während der Mahlzeit, es gibt der Mahlzeit ihre Weihe, nicht nur die Nahrung wird aufgenommen, auch andere Sphären begegnen sich, es wird geklärt, geläutert.

Aber man kam nicht aus dem Widerspruch heraus, Meinung prallte auf Meinung. Der Großvater saß still, etwas zusammengeduckt da. Er hatte sich nicht in die Diskussion eingemischt. Man konnte meinen, er sei ein Unwissender. Ich dachte, daß er ebenso wenig zuhörte wie ich und nur amüsiert darauf wartete, wer nun schließlich recht bekommen würde. Ich hatte für mich schon eine Partei gewählt. Ich wußte aber, daß eben erst noch eine Schlüsselposition zu klären sei.

Da plötzlich ertönt die Stimme des Großvaters. Etwas blechern, leise.

»Schaut dort und dort« — er nannte den Traktat, und wie der Brauch ist, die Seite und den Kommentar — »dort ist diese ganze Frage schon gelöst.«

Stille, Verwunderung. Man greift den Band, blättert, liest und staunt. Geraune, Blicke.

»Ja, er hat recht. Es ist alles klar«, sagt man, etwas betroffen. Es war mir, als ob viele Leute in einem Zimmer laut geschrien hätten, daß man doch Licht machen solle, und jeder hätte Theorien über das Licht dargeboten. Und plötzlich sagt dann einer: »Da ist doch der Schalter, dann habt ihr Licht.«

So war seine Art; still, unauffällig, zurückgezogen. Ich wußte, meiner Mutter hatte das nicht ganz gefallen. Sie hätte ihn mehr glänzen sehen wollen, wie die Verwandten ihrer Mutter. Er war aber ein überaus Stiller.

In dieser Art lebte er auch bei uns. Man sah ihn kaum. Er saß in seinem Zimmer und studierte, den ganzen Tag. Obwohl er damals schon 84 Jahre alt war, sein Auge war scharf, und der Verstand vollkommen klar, sogar sehr klar, die Gesundheit war selbstverständlich. Er aß ganz wenig, wußte aber eine gute Frucht sehr zu loben, mit Begeisterung.

Genauso lebte er auch die fast zwei Monate im Lager Westerbork. Ich war damals nicht dort, aber meine Frau erzählte mir später von seinem Leben in diesem Lager. Im März 1943 wurde er aus diesem Lager in das Lager Treblinka versetzt, wo man ihn tötete.

Er hat mir viel gegeben mit seiner Begeisterung und mir viel bedeutet. Ich achtete ihn vor allem wegen seiner so selbstverständlichen Bescheidenheit, seiner Stille und Ruhe. Deshalb sprach das Andere in ihm so stark, deshalb konnte ich durch die vielen Stunden mit ihm die Entsprechungen spüren, die Entsprechungen, die ich suchte, weil das Leben sonst unverständlich und sinnlos gewesen wäre.

Seine Person verdeckte die andere Wirklichkeit eben nicht. Wenn man das Wort Person als Maske verstehen will, kann man sagen, daß diese Maske bei ihm durchsichtig war. Man spürte die andere Wirklichkeit, wo es kein Vorher und Nachher gibt. Das hat mir sehr viel gegeben. Und wenn ich auch weiß, daß schließlich ich selber das alles suchte, und daß es sich mir selber ergab, die Begegnung mit ihm hat mir neue Richtungen gezeigt. So kommen Menschen zueinander, man hat hier die Saat zu streuen, jeder, beim anderen geht sie auf oder nicht. Es hängt von der Beschaffenheit des Bodens ab, es hängt davon ab, wie der andere ist, wie er das Gewächs betreut, bewässert, ob die Sonne scheint. Begegnungen sind Befruchtungen. Wo man auch herkommt, in dieser Welt, wo wir leben, der Welt, die stets "die Gegenwart" heißt, baut sich die Harmonie der anderen Wirklichkeit durch die Begegnungen. Viel und viel mehr steckt in diesen Begegnungen als das nur äußerlich Sichtbare. Welten kommen mit einem jeden mit, eben Welten aus anderen Wirklichkeiten.

Und diese anderen Wirklichkeiten zeigen die andere Herkunft eines jeden. Wenn man sich dort begegnet, ist es gleichgültig, ob man in der Welt von Zeit und Raum verwandt heißt oder nicht. Deshalb sagt man doch auch, ein Lehrer sei mehr als ein Vater. Und doch ist der Vater die Entsprechung hier für den Lehrer dort. Wenn es jedenfalls ein Lehrer "von dort" ist.

Aber wie kann man diese Dinge vergleichen. Die andere Wirklichkeit kennt nicht unsere Maßstäbe, sie hat andere Eigenschaften.

Gut ist es, wenn bei Begegnungen diese andere Wirklichkeit spricht. Denn dort eben ist der Mensch im Bilde Gottes. Dort begegnet man sich selber in den Begegnungen hier unten. Die Verwandtschaft zeigt sich dort in ganz anderem Sinne. Vielleicht ist eben dort der dritte Teil der Herkunft des Menschen bestimmend.

Und doch ist die Begegnung hier bestimmend für das Erkennen dort. So spürte ich einmal bei einem Händedruck, einfach während der gegenseitigen Vorstellung, plötzlich diese andere Wirklichkeit und eine ganz intensive Verwandtschaft. Es war, als ob Engel um uns herum rauschten. Und ich wußte hier unten einfach gar nichts von der Person, die sich vorstellte.

Das Untere entspricht aber dem Oberen, auf Erden geschieht, was im Himmel geschieht. Und mit unserem Leben verbinden wir Erde und Himmel.

In den Begegnungen begegnet man Gott. Deshalb schätze man sie und versuche durch alles hindurch, die heiligen Funken zu erkennen. Wie wäre sonst Leben möglich, wenn nicht dieser Funke aus dem Jenseits jeder Sache innewohnte?

Engel heißen im Hebräischen auch Boten. Denn sie verbinden die beiden Wirklichkeiten. Sie kommen "hinunter", und sie gehen "hinauf". Damit verbinden sie.

Das Wort für Welt im Hebräischen, *Olam,* könnte man genauso gut mit Wirklichkeit übersetzen. Die Engel verbinden die Welten. Sie sind die Boten hinauf und hinab. Wer sie erkennt, weiß von der anderen Wirklichkeit. Sonst blieben sie irgendwelche Phantome in Zeit und Raum. In Zeit und Raum finden sie ihre Entsprechungen. Eben das sind die Begegnungen, wo man beim anderen dieses Andere spürt, nicht nur sein äußeres Aussehen, seinen "smile", die Grimasse, welche jeder Maske anhaftet. So kann ein Händedruck Entscheidendes aussagen, eben wenn man von dieser anderen Wirklichkeit im Menschen weiß.

Studentenleben und wissenschaftliche Institute bringen keinen Frieden, die Sehnsucht bleibt. Der arme Schuster.

Der gewohnte Bahnhofbetrieb. Ich liebe Bahnhöfe, ihren Geruch, ihre Geräusche. Die Menschen sind auf dem Wege, und sind sie nicht eigentlich ihr ganzes Leben unterwegs? Manchmal hat man viel Gepäck, manchmal reist man leicht.

Ich hatte in Wien eine "gemischte" Zeit in diesen dreißiger Jahren. Es hieß, es ginge mir gut, und von der Warte des Normalen wäre kaum Kritik möglich gewesen. Ich erlebte das Dasein eines erfolgreichen Studenten, war Assistent und dazu noch wissenschaftlicher Mitarbeiter eines bekannten Institutes. Einladungen in Gesellschaften, mehrere Mütter sehnten sich danach, meine Schwiegermutter zu werden, Sorgen schien ich nicht zu kennen. Unter solchen Umständen hat ein junger Mann von 24 Jahren keine Sorgen. Man spielt dann eben das Spiel des Sorglosen.

Doch drückte mich manches; und ich gab es mir zu und redete es mir immer wieder auch aus. Bei allem Genuß des schönen Lebens ekelte mich diese ganze Art des Lebens an, bei der es sich nur um das

Äußere drehte. Es hieß immer: »Was werden die anderen dazu sagen?« Man lebte, damit andere einen bewunderten, besser noch, einen beneideten. Es war ein Spiel mit bestimmten Regeln. Bewunderung gebührte einem z. B., wenn man irgendeinen Posten an der Universität erhielt, oder wenn man eine Schauspielerin seine Freundin nennen konnte. Man diskutierte die Launen der Professoren, erzählte sich Witze über sie, rühmte sich seiner eigenen Heldentaten trotz oder gerade wegen dieser Professoren-Launen. Es war ganz alltäglich, wenn man einem Kollegen irgendwie das Bein stellen konnte, um seine Position zu erlangen oder sein Mädchen.

Und was man Wissenschaft nannte, das bestand aus raffiniertem Nachahmen. Man tue eben, als ob es neu und originell sei, aber man hüte sich, Neues zu bringen, denn das bedeutet den Tod als Wissenschaftler.

Nach diesen Regeln ging das Spiel, und wer mitspielte, vergaß darüber die ganze Welt. Das war dann eben seine Welt, seine Wirklichkeit. "Fad", sagte man in Wien und meinte arge Langeweile. Es war auch alles sehr, sehr fad. Wieviele Selbstmorde gab es nicht, gerade auch in diesen Kreisen. Sinnloses Ende eines sinnlosen Lebens.

Dazu kam die drückende Armut der Krisenjahre, die in Wien besonders hart waren. Dieses alberne Spiel mit der Armut als Kulisse war ganz besonders drückend.

Dennoch war ich dabei. Ich sagte schon, es war ein gemischtes Leben. Mir machte nur Freude, daß ich auch das konnte. Denn manchmal dachte ich, es gehöre eine besondere Veranlagung dazu, eine besondere Kraft. Ich sah aber, daß dieses eben fast jeder kann. Und daß ich wie jeder war, freute mich nun.

Jetzt aber sollte ich auf Reisen gehen. Von Wien aus besuchte ich Budapest, Bratislava, Belgrad, Prag, bereiste ich diese Nachbarländer während meiner Aufenthalte in diesen Städten. Und nun ging es weiter nach Norden, nun stand eine Reise nach Warschau bevor.

Das Wiener Institut bereitete diese Reisen für mich vor. Ich sollte dort Methoden studieren und Berichte schreiben über meine Erfahrungen. Ein sehr treuer, bescheidener Mitarbeiter am Institut, Dr. Zrzavy, hatte nun auch den Aufenthalt in Warschau für mich geregelt. Bis auf die Schlafwagenkarte und das Hotel in Warschau.

Was ich bei all diesen Reisen dem Institut gegenüber verschwieg, war, daß mich vor allem das Leben der Juden in diesen östlichen Ländern interessierte. Ich erwartete damals immer noch etwas ganz Besonderes im jüdischen Osten zu entdecken, irgendeinen hervorragenden Weisen, der mich in meiner Einsamkeit und in meiner Sehnsucht verstehen würde.

Denn bei all dem schönen Leben im wirklich wundervollen Wien blieb mein Verlangen unvermindert. Das Institut hatte keine Nachteile aus dieser meiner Sehnsucht. Denn es bekam alles, was man erwartete, und ich wurde gelobt ob meiner Resultate und Berichte.

Von Warschau und Polen stellte ich mir nun etwas ganz Besonderes vor. War dort nicht das Zentrum des Chassidismus, gab es dort nicht die vielen frommen jüdischen Städte und Städtchen? Ich hatte schon manches darüber gelesen, nichts aber befriedigte mich. Ich suchte nicht nur die Folklore, die unausrottbare Armut, ich suchte die Seele, die andere Wirklichkeit dieser Menschen dort, und ich glaubte, es würde dieses Mal gelingen. Budapest, Pressburg, Brünn, Prag, hatten es nicht gebracht. Eine kurze, private Reise durch Galizien hatte mich nur mit einer erschreckenden Armut konfrontiert. Ich vergesse nie die Schusterwerkstatt, wo ich meine sich lösende Schuhsohle befestigen lassen wollte.

Ein kleiner jüdischer Schuster, im Souterrain. Ich stieg die paar Stufen hinab. Ein niedriger Raum, vielleicht 16 Quadratmeter. Dort hatte der Schuster seine Werkstatt. Und dort hausten zugleich seine Frau, seine Mutter, eine Schwiegermutter, ich glaube auch einige Tanten, und ungefähr zehn Kinder. Dort aß man, schlief man, war man krank, stritt, raufte. Und der Geruch! Und dann solche dumpfen, lieben Leute, bescheiden, achselzuckend, als ich sie ausfragte und sie mir ihre Verhältnisse darlegten. Ich schämte mich ob meines Geldes, und ich hatte bestimmt nicht zuviel. Kapital besaß ich niemals, und mein Einkommen war für westliche Verhältnisse ganz recht, hier aber ein immenser Reichtum.

So tat ich dort, was ich schon öfters in meinem Leben getan habe, ich gab den Leuten alles, was ich bei mir hatte und konnte nun nur noch meine Rückfahrkarte nach Wien benutzen. Da habe ich während der Reise dann Hunger gelitten, und wie! Es tat mir aber gut. Bewußt, ganz bewußt gab ich ihnen alles hin. Die Überlegung, noch ein paar Zloty für meine Verpflegung zurückzubehalten, wies ich gleich zurück.

Die Leute waren völlig verdattert. Sie erhielten in ihren Augen ein Vermögen. Ich weiß wirklich nicht, wieviel ich ihnen gab, ich hatte es einfach nicht gezählt, denn ich leerte mein Portefeuille vollständig. Es müssen wohl 500 Gulden, dem Werte nach, gewesen sein. Für diese Leute etwas Unvorstellbares.

Als sie anfingen, mir zu danken, die Hände mit ihren nassen Mündern und Nasen abzuküssen, sagte ich einfach:

»Irrtum, Irrtum! Nicht mir — Ihr bekommt es alles vom Himmel.«

Denn ich freute mich nur, wenn Menschen dem Himmel dankten und ich Zeuge dessen sein konnte. Weil sie ja nicht einsahen, daß alles dennoch gut ist, wie es hier auch aussehen mag. Ich deckte eben nur auf, wie es in Wahrheit sei.

Meine Worte brachten hier aber eine peinliche Verwirrung. Denn nun stammelten sie ganz entsetzt:

»Das ist Elijohu ha-Nowi", das heißt, sie hielten mich für den Propheten Elia, der doch immer solche Freude, solche unerwartete Freude, bringt.

Beschämt beeilte ich mich, davon zu kommen. Ich wagte nicht einmal zurück zu schauen. Dachte nur freudig: »Blöd, jetzt habe ich nicht einmal Geld für das Tram zum Bahnhof.«

Eine merkwürdige Anhäufung von Zufällen. Ich ahne etwas Bedeutsames und will es dennoch nicht wissen.

Jetzt also ging es nach Warschau, und dort könnte ich mehrere Wochen verbringen. Netter Kerl, der Zrzavy, daß er alles so ausgezeichnet geregelt hat. Und besonders nett, daß er jetzt auch am Eingang gewartet hat, um mir noch einen Reiseführer von Warschau zu geben.

»Macht nichts, stellen Sie sich vor, da begegne ich in der Halle einem Kameraden aus dem Krieg. Seit 1916 nicht mehr gesehen, dachte, er sei gefallen, ein Tscheche, und er ist da und bringt mir eine ganz freudige Nachricht. Stellen Sie sich vor, mein Lehrer, von dem ich überhaupt alles habe, was ein Mensch nur haben kann, lebt auch, in Rußland. Er ist dort mit Koltschak gewesen, hat dort geheiratet und ist glücklich! Das alles höre ich vor kaum fünf Minuten. Also es hat sich gelohnt, Ihnen diesen Warschau-Baedeker zu bringen.«

Zufall! Merkwürdig. Mir war auf dem Weg zum Bahnhof auch etwas derartiges passiert, wenn auch in viel geringerem Maße.

Der Taxifahrer hatte mich nämlich erkannt, er habe mich, als ich das erste Mal nach Wien kam, in die Wohlmutstraße gefahren. Ich hätte ihm erzählt, ich sei als Kind, im Jahr 1916, aus Wien abgefahren und jetzt nach genau 17 Jahren sei ich nun wieder da.

»Jetzt fahren Sie wieder zurück nach Rotterdam?«

»Ach, das wissen Sie alles noch? Verzeihen Sie, ich erkenne Menschen schlecht. Aber ich fahre nur für etwa einen Monat weg, nach Warschau diesmal.«

»Im Krieg sollte ich auch nach Warschau. Unser Regiment kam aber nie so weit. Wir blieben irgendwo in einem kleinen Nest stecken, an einem Fluß, ich weiß nicht mehr, wie dieser Dreck hieß.«

Beim Aussteigen drängte sich ein Gepäckträger heran. In Wien herrschte damals Armut, und jeder wollte doch ein paar Groschen verdienen. Obwohl ich nur einen Koffer habe und meine Aktenmappe, will ich ihn verdienen lassen. Also übergebe ich ihm Koffer und Mappe. Macht doch doppelten Tarif. Und mehr Trinkgeld.

Der Mann humpelt neben mir her.

»Jetzt fahren Sie wieder ab? Ich habe Ihnen doch mit den Koffern geholfen, damals am Westbahnhof. Weiß genau, wann es war, Juli 33. Ich habe den Herrn zum Taxi geführt. Sind ein großzügiger Herr, haben mir reichlich Trinkgeld gegeben. Vergeß ich nie. Zuhause sagte ich:»Wie ein Engel. Gibt mir da zehn Schilling für die paar Koffer.« Und wie wir die brauchten, o je, wie wir die damals brauchten. Schad, daß solche Herren wieder fortfahren.«

»Merkwürdig, der Taxi-Fahrer war der gleiche wie damals und jetzt auch noch Sie. Obwohl ich doch damals am Westbahnhof ankam. Aber ich fahre nur kurz fort. Wie geht es Ihnen jetzt? Ich meine finanziell.«

»Geht schon. Ich war ganz glücklich, als ich den Herrn sah. Aber geben Sie mir nicht wieder so viel. Na ja, wenn Sie es haben, brauchen könnte ich es schon.«

Ich erinnerte mich, wie ich diesem Mann damals, vor zwei Jahren, zehn Schillinge gegeben hatte, weil ich einfach mein Entree in Wien mit einer guten Tat antreten wollte. Ich hatte mich ein wenig geschämt, ich war doch noch ein junger Mann, und dieser Träger war wohl zumindest ein Fünfziger.

Komisch, daß ausgerechnet diese beiden, ganz unabhängig von einander, mich jetzt begleiteten. Soll der nur wieder einen Zehner haben. Sonst geht es für irgendeinen Blödsinn weg.

Der Mann dankte, zog die Mütze ab, suchte meinen Platz im Schlafwagen auf.

»Sie sind ein guter Mensch, gute Taten werden belohnt.«

»Ach was, ich bin jung und allein. Das Geld können Sie besser gebrauchen. Wollte, ich wäre ein guter Mensch. Dann lebte ich aber ganz anders. Diese Welt macht einen aber so schwach und dumm.«

»Da hat der Herr aber recht. So etwas hat der Kapuziner im Stephansdom auch gesagt. Der kann aber predigen! Wissen Sie, was er gesagt hat: ,,Die auf Reisen gehen glauben, sie kennen das Ziel. Der liebe Herrgott aber führt sie dorthin, wo er weiß, daß ihr Ziel ist." Ich denke oft daran, wenn die Leute hier auf Reisen gehen. Die kommen schon dort an, wohin sie wollen, aber die Reisen im Leben, da weiß man halt nicht.«

»Diese moderne Welt hat uns die Überraschung genommen. Alles ist organisiert. Ich fahre nach Warschau, und der Zug kommt dort laut Fahrplan morgen Nachmittag an. Gut, daß es noch die Lebensreise gibt. Ihr Kapuziner hat ganz recht.«

»Sagen Sie nur nicht zu sicher, daß dieser Zug fahrplanmäßig in Warschau eintreffen wird. Da kennen Sie die polnische Wirtschaft eben nicht. Bei denen klappt es nie.«

»Also doch gut, doch noch eine Chance für Überraschungen.«

»Das möchte ich mir verbitten« — scharf kommt die Stimme eines Schnauzbärtigen aus dem Hintergrund. »Ich muß ganz genau um diese Zeit in Warschau sein. Das ist ein internationaler Zug, und der kommt schon rechtzeitig an. Ich fahre jeden Monat, schon seit Jahren. Höchstens zwanzig Minuten Verspätung. Wir haben es den Polen schon beigebracht.«

»Schon gut, ich muß auch rechtzeitig dort sein.«

Ich dachte an den Sabbat. Ich hatte berechnet, daß ich noch genügend Zeit hatte, das Hotel zu erreichen, dort alles zu erledigen, mich zu baden und umzukleiden, und ich hatte schon in Erfahrung gebracht, welche chassidische Betstube ich besuchen würde und wo ich in einem jüdischen Restaurant essen könnte. Es reichte durchaus, und ich war mit dem militärisch schnarrenden Schnauz einverstanden. Wir würden also das Schlaf-Coupé miteinander teilen.

Gegenüber stand ein anderer Zug, auch mit Schlafwagen. Ich sah eine Frau das Bett richten. Eine schöne, mütterliche Frau. Ihre Bewegungen, die Kissen und Decken zu ordnen, zeigten Routine. Eine schöne Mutter deckt zu. Ich dachte an meine eigene Mutter, und wie wir im Juli 1916 aus Wien abgereist waren. Jetzt fuhr ich in anderer Richtung. Schön, aber so allein, immer so allein.

Ich fliehe diese Gesellschaft, wo doch so viele mich mögen, mich sogar umschwärmen. Aber was mögen sie nun schon an mir? Doch nur dieses zu nichts verpflichtende Spiel in der Gesellschaft, dieses dumme und harte Spiel. Wer weiß schon von etwas anderem?

Doch gemütlich, solch ein Schlafwagen, wie ein Zuhause. Der Zug auf dem Parallelgeleise fährt jetzt ab. Oder fahren wir? Ist doch egal. Alles eben bewegt sich, und alles steht still. Die Bewegung ist Entsprechung im Diesseits von der Ruhe im Jenseits, philosophiere ich.

Im Korridor Bewegung. Gepäckträger, nein, nicht meiner. Eine Dame mit viel Gepäck. Auch eine hübsche Frau. Diese Wienerinnen haben eben etwas Undefinierbares. Nicht das, was der Schnitzler "die süßen Mädels" nannte; der Schnitzler gehörte wohl zu denen, die Mädels konsumieren wie ich Schokolade. Zerbrochene Herzen sind nur lästig für den Lebemann. Mädels sollen kein Herz haben, einfach wie Puppen sein. Doch hat Gott sie auch als Menschen erschaffen. Schad um die Schwierigkeiten, die darum den Schnitzler-Helden begegneten.

Die Frau schaut hinein. Nein, geht nicht, hier sind nur Herren zugelassen. Gleich wird die Türe geschlossen, und man kann nicht mehr zu uns hineinschauen.

Aber die Frau schaut meinen schnauzbärtigen Nachbarn an, ihr Blick zeigt Erkennen, zeigt ein schönes Lächeln. Wirklich hübsch sieht sie aus.

Jetzt steckt sie ihren Kopf zu uns herein, im Gang stauen sich Gepäckträger und Koffer.

»Jesses Maria, der Friedrich, Du bist es doch? Kennst mich nicht mehr?«

Ich schaue sie befremdet an. Schielt sie dermaßen, daß ich glaubte, sie meinen den Schnauz? Aber sie hat doch den anderen im Auge. Der heißt also auch Friedrich. Er wird kaum auch Weinreb heißen.

Jetzt erkennt er sie auch. Erst starrt er noch, doch dann erhebt er sich, breitet seine Arme aus, und sie stürzen aufeinander zu.

Ein Abend voller Begegnungen. Zrzavy's alter Kamerad, der Taxifahrer, der Gepäckträger. Ein merkwürdiger Anfang dieser Warschau-Reise. Das nennt man wohl Zufall. Aber solch eine Häufung von Zufällen wirkt schon etwas beängstigend.

Die beiden haben sich also auch schon viele Jahre nicht gesehen. Ich erfahre noch, daß es eine Jugendliebe beiderseits gewesen war. Sie war in Chile gewesen, verheiratet und geschieden. Und er war noch ledig.

»Eben auf Dich gewartet. Daß Du aber da bist? Wie wußtest Du, daß ich jetzt in Wien wohne?«

»Wußte ich doch nicht, Du Dummer. Ich habe noch in Hannover nachgefragt, und niemand hatte eine Ahnung, wo Du stecken könntest. Ich dachte, Du seiest längst Familienvater. Ich bin doch nur auf der Durchreise hier. Komme aus Rom und fahre nach Prag.«

»Fahren wir beide!«

Großes Glück, Freude. Kondukteure halfen, das Gepäck des Schnauzbarts Friedrich — ich versuchte noch seinen Namen auf den Gepäckanhängern zu buchstabieren, doch meine Augen reichten nicht so weit — in ein anderes Abteil zu befördern. Mich sahen die beiden Glücklichen überhaupt nicht. Jetzt war ich allein im Abteil für zwei. Mir war es schon recht.

Dieser Friedrich kam also trotz seiner preußischen Pünktlichkeit nicht nach Warschau, sondern mit seiner Geliebten nach Prag. Trotz Ordnung und Fahrplan. Zum Glück kann also Liebe doch noch westliche Planung stören. Keine "polnische Wirtschaft". Gut, daß es noch so etwas wie Liebe in der Welt gibt. Und vor allem Begegnungen.

Es wurde mir etwas bange ob dieses Andrangs von Zufällen. Dieses allgemeine Wiedererkennen. Als ob da oben ein lächelnder Lenker säße und seinen Spaß daran hat, den Menschen ab und zu zu zeigen, daß trotz all ihrer Langweiligkeit und Phantasielosigkeit er die Lenkung innehat, zusammenbringt und auseinandergehen läßt, alles nach seinem Plan. Er wollte ihnen zeigen, daß es mehr gibt, als sich diese trockenen Wissenschaftler auch nur träumen lassen könnten.

War für mich durch die Begegnung mit dem Taxi-Fahrer und dem Gepäckträger vom Abend meiner Ankunft vor zwei Jahren jetzt ein Ziel erreicht mit dieser Reise nach Warschau? Bekam mein

Wien-Aufenthalt jetzt seinen Sinn? Ich erinnere mich der Rufe der Zeitungs-Austräger, als ich noch in Wien wohnte, als Vier- oder Fünfjähriger: »Warschau gefallen! Warschau gefallen!«
Die Straße war plötzlich voller Stimmen. Erregung, Freude, Angst, Spannung. Damals hatte ich wohl zum ersten Mal bewußt den Namen Warschau gehört. Und jetzt fuhr ich dorthin.

Ungeplante Eisenbahnfahrt bringt mich an unbekannten Ort. Ich werde dort aber erwartet, und jetzt wird es mir doch zuviel.

Wohl etwas zuviel an Zufällen, überlegte ich. Alles schon ganz schön, aber ein wenig fürchtete ich mich, als ob ich den Odem einer anderen Welt durch all das Geschehen hier verspürte. Man will nun einmal nicht gerne der anderen Welt auffallen. Das gibt Verpflichtungen, und der Mensch schläft doch gerne weiter, als ob diese eine Wirklichkeit nie aufhören würde.

Eine unruhige Nacht. Der Zug hält oft und lange, Geschrei auf den Bahnhöfen, der Waggon wird hin- und herrangiert, angekoppelt und abgekoppelt. Ich schlief kaum, trotz des Alleinbesitzes dieses Schlafwagenabteils.

Vormittags hieß es umsteigen. Jetzt in einen normalen Waggon. Polen, mit für mich unverständlicher Sprache. In einem glaubte ich einen Juden zu erkennen, doch er achtete nicht auf mich. Mit einem Juden hätte ich mich auf Jiddisch verständigen können. Der Mann trug sich aber wie ein Pole, und ich ließ es dabei bewenden.

Es schien doch etwas los zu sein. Der Zug hielt öfters lange auf freiem Feld, fuhr manchmal sogar ganze Strecken zurück. Und vor allem, wir passierten Städtchen, die gar nicht im Fahrplan standen. War ich vielleicht falsch umgestiegen? Der polnische Kondukteur aber hatte meine Fahrkarte begutachtet, hatte genickt, als ich zum Überfluß noch "Warschau?" sagte, also muß es doch stimmen. "Polnische Wirtschaft" dachte ich. Die drucken einen Fahrplan, die Züge fahren aber frei umher. Eigentlich doch wohl menschlich, diese

Freiheit. Die Landschaft aber gefiel mir weniger. Gar nicht menschlich. Geradezu öde, langweilig.

Dann schon lieber Zufälle, auch wenn sie es einem kalt über den Rücken laufen lassen, als dieses dumme Umherfahren. Ich muß nun schließlich doch klar wissen, was eigentlich los ist. Denn die großen Städte auf der Strecke nach Warschau erschienen überhaupt nicht, und schließlich sollte ich doch rechtzeitig in Warschau ankommen, um den Sabbat vorzubereiten. Und am Sabbat wollte ich unbedingt *nicht* fahren. Das war mir noch nie in meinem Leben passiert.

Da niemand im Abteil auf mein Deutsch reagiert, beschließe ich, mich in einem anderen Abteil umzusehen. In Polen gibt es doch zehn Prozent Juden, also müßten im Zug doch auch Juden mitfahren. Warschau hatte sogar über dreißig Prozent Juden, sagte die Statistik. Und wenn dieser Zug nach Warschau fährt, müssen doch auch Juden darin sein.

Die Polen in meinem Abteil starrten einfach aus dem Fenster, zuckten kaum die Achseln, wenn ich auf sie einredete. Jetzt aber fand ich Leute, die wie Juden aussahen. Und zwar "moderne", also nicht in der polnisch-jüdischen Tracht, aber ich dachte, ihr Äußeres verrate doch, daß sie Juden seien.

Ich hatte mich getäuscht, es waren keine Juden, aber sie sprachen Deutsch. Auf meine Frage, ob denn keine Juden in diesem Zug mitführen, sagten sie, die meisten führen eben in der untersten Klasse, sie suchten nun einmal überall das Billigste zu bekommen. Die sagten sich, auch die dritte Klasse komme schließlich am Ziel an, wozu sollten sie also mehr bezahlen. Und eben deshalb hätten ja die Juden soviel Geld.

Es schockierte mich, diesen blöden Antisemitismus anzuhören. Was sie denn seien, fragte ich.

»Volksdeutsche. Die haben uns einfach annektiert 1918. Aber das wird bald anders. Die Polen brauchen uns. Ohne uns können sie einfach nichts. Diesen riesigen östlichen Raum werden wir schon zivilisieren. Deutsche Technik, deutsche Ordnung.«

Der eine kam aus Krakau, war früher also Österreicher, und das hieß für ihn eben Deutscher. Der andere stammte aus Posen, war also, wie er es nannte, "Vollblut-Deutscher". Sie waren höflich, man kann sagen, zivilisiert, bestechend durch gute Manieren, aber grob und dumm in ihrem Denken und in ihren Ansichten.

Ich hatte keine Lust, mit ihnen zu diskutieren. Die waren einfach zu blöd. Ich hatte in diesen Jahren, bei Reisen in Deutschland und beim Beobachten der zahlreichen österreichischen Nazis, auch an der Universität, bereits die Erfahrung gemacht, daß das Böse unsäglich dumm ist. Ich prägte damals den Satz — in Anlehnung an das bekannte Buch über die Jesuiten: »Macht und Geheimnis der Dummheit.« Ich sah im deutschen Nationalsozialismus eben die Konzentration dieser Dummheit. Nur Dummheit kann so böse sein.

Doch fragte ich, ob dieser Zug wirklich nach Warschau fahre, und wann er dort wohl ankomme. Denn fahrplanmäßig usw., usw.

»Ach, die haben wieder irgendeine Umleitung. Das ist bei denen gang und gäbe. Wir kommen schon an. Das Merkwürdige ist, daß dieser Zug doch irgendwann einmal in Warschau eintreffen wird. Darauf möchte ich mit Ihnen wetten. In Warschau trinken wir dann einen.«

»Ja, aber wissen Sie denn, wie weit wir noch von Warschau entfernt sind? Ich sollte dort spätestens gegen sechs Uhr eintreffen. Der Zug sollte doch schon um drei dort sein!«

»Das vergessen Sie lieber. Wenn wir um Mitternacht dort sind, dann können wir uns noch freuen.«

»Aber jetzt übertreibst Du«, meinte der Andere, »um zehn sind wir dort. Darauf will ich wetten — wenn nicht sogar schon um neun.«

Sie stritten jetzt miteinander. Für mich wäre acht schon zu spät, also galt es etwas zu unternehmen. Verdammt unangenehm. Man soll eben nicht am Freitag irgendwo ankommen. Immer kann etwas passieren. Was soll ich nun tun?

Da der Zug öfters an ganz kleinen Orten anhielt, nicht etwa, um Reisende ein- oder aussteigen zu lassen, sondern weil ein Signal die Weiterfahrt blockierte, beschloß ich, bei irgendeinem solchen Halt einfach auszusteigen. Ich würde dann den Sabbat eben dort verbringen, und wenn es doch eine Bahnlinie und eine Station gab, würde ich am Sonntag schon wieder weiterreisen können. Übrigens hieß es, daß die Juden in Polen oft in solchen kleinen Orten wohnten, also könnte es sich dabei noch ergeben, daß ich in solch einem jüdischen Städtchen den Sabbat begehen würde. Wäre sogar ganz interessant.

Also stellte ich mich mit Koffer und Mappe an die Türe und wartete auf einen Halt an irgendeiner Station. Wenn ich schnell machte, würde ich ohne Gefahr aussteigen können. Auch wenn der Zug noch etwas außerhalb eines Bahnhofes hielte. Das Stückchen zum Bahnhof würde ich schon zu Fuß zurücklegen können.

Das erste Städtchen gefiel mir nicht. Lärmende Bauern riefen zum Zug herauf. Es war mir unsympathisch. Das zweite Mal wollte ich gerade aussteigen, als der Zug sich schon wieder in Bewegung setzte. Jetzt mußte ich mich beeilen. Denn vielleicht hält er jetzt bis Warschau überhaupt nicht mehr, oder nur in einem dichten Wald oder in der Steppe. Jetzt fährt er schnell, also vorläufig keine Chance. Doch, wieder ein Stopp, dieses Nest macht einen sympathischen Eindruck. Ich öffne die Türe. Aber jetzt erscheint ausgerechnet der Kondukteur, zieht mich zurück. Er zeigt auf die Stirn und sagt sogar deutsch: »Verboten!« Schaut mich an und sagt, wiederum auf Deutsch: »Gefährlich!«

Inzwischen steht der Zug, und ich hätte ganz bequem aus- und wieder einsteigen können. Der Kondukteur hat jetzt aber ein Lebensziel gefunden: mich bewachen. Und redet, heftig gestikulierend, polnisch auf mich ein.

Ich versuche es mit dem Worte »Sabbat« und »Schabbes«, schließlich gibt es doch in Polen über drei Millionen Juden. Jetzt zeigt er wieder auf die Stirne. International verständliches Zeichen.

Um mich von ihm zu lösen, begebe mich in mein Abteil zurück. Die Polen schauen mich an, als ob der Verlorene Sohn heimgekehrt wäre, sagen aber wiederum kein Wort.

Jetzt werde ich überraschend aussteigen. Heraus aus dem Abteil, zur Tür rennen, Koffer mitschleifen und dann nichts als hinaus. Doch der Zug fährt und fährt. Langsam, schnell, quälend langsam, aber doch noch viel zu schnell, um einen Sprung zu wagen. Übrigens: jetzt ist wieder Wald da.

Ich werde unsicher. Sogar wenn er an einem Bahnhof hält, wage ich es nicht auszusteigen. Denn es ist eben kein offizieller Halt. Die Kondukteurs-Uniform hat mich eingeschüchtert. Und ich finde auch den Ort nicht sympathisch.

Es ist sechs — höchste Zeit. Spätestens um sieben muß hier der Sabbat anfangen. Uniform, offiziell — jetzt macht es mir nichts mehr. Ich werde eine List anwenden, ich werde mich mit dem Kondukteur schlagen. Denn schließlich ist es ihre Schuld, daß der Zug solche Faxen macht.

Ein ganz nettes, winziges Städtchen wird im Tempo von 30 Stundenkilometer passiert. Schade, das hätte mir gefallen. Jetzt stehen wir einige Kilometer außerhalb, in einem Wald. Und jetzt fährt dieser vermaledeite Zug auch noch rückwärts! Welchen Sinn soll das nun wieder haben?

Die Lokomotive stößt rußgeschwärzten Rauch aus, hüllt den ganzen Zug damit ein und stößt ihn zurück. Sogar die Polen zucken jetzt über diesen Blödsinn die Achseln. Rauch, Ruß wie Wolken. Da sind wir aber wieder zurück in diesem sympathischen Städtchen. Nur noch vielleicht hundert Meter zum Bahnhof. Und jetzt steht er. Die Lokomotive schreit, gibt laute Signale. Ich gehe gemächlich zur Türe — dort steht der Kondukteur!

Was ist da nun wieder los? Er nimmt meinen Koffer, öffnet die Türe, steigt aus und bedeutet mir, ebenfalls auszusteigen. Er zeigt auf den Bahnhof in der Ferne, gibt mir die Hand, steigt wieder ein.

Jetzt pufft die Lokomotive, der Zug setzt sich in Bewegung und fährt weiter. Jetzt Richtung "normal". Die Geschwindigkeit ist sogar sehr hübsch.

Merkwürdig. Da stehe ich nun. Fast halb sieben. Wer hätte das gedacht. Der Zrzavy glaubt, ich sei nun in Warschau. Und ich weiß nicht einmal, wie dieses Nest hier heißt. Das also ist nun einmal *kein* Zufall. Das ist einfach ein Blödsinn.

Ich stolpere über die Geleise zum Bahnhof. Kleines Gebäude,

Holz, Perron aus faulendem Holz. Die Schuhe sind kotig geworden. Schon meine Eltern hatten mir erzählt, in Polen sei immer "Blotte", und das bedeute "Kot". Das stimmt also. Die ganze Geschichte finde ich unangenehm, eben wie "Blotte".

Am Bahnhof ist man über mein Erscheinen vom Geleise her gar nicht erstaunt. Es scheint ein Sammelplatz für Müßiggänger. Vielleicht fungiert dieses unansehnliche Häuschen auch als eine Art Börse oder Markt.

Draußen stehen noch mehr Leute. Jetzt sehe ich auch Juden, schon feierlich für den Sabbat gekleidet. Ich werde also jedenfalls diesen Tag hier verbringen können. Ob dieses Nest wohl auch ein Hotel haben mag, eine bessere Art Herberge? Ist mir letztlich egal, ich bin bereit, überall zu übernachten, wenn ich nur den Sabbat, wie es jetzt aussieht, unter dieser Art Juden verbringen kann.

Ich gehe auf einige jüdische Jungen zu. Auf Jiddisch frage ich: »Scholem Aleichem« (der allgemeine jüdische Gruß. Wörtlich bedeutet er: »Friede mit Euch.«) Könnt Ihr mir sagen, ob es hier ein Hotel gibt, und wo man am Sabbat essen kann?«

Sie schauen mich an. Meine Bekleidung verrät den Außenstehenden, den Datsch. Aber sie antworten gleich:

»Alechem Scholem! Sehen Sie dort, die Straße hinunter, dieses weiße Haus mit dem Stockwerk? Das ist das Hotel. Dort können Sie auch den Sabbat verbringen. Die Schul (Synagoge) ist etwas weiter hinunter. In einer Stunde ist Schabbes.«

Ich danke und gehe die Straße hinunter. Ich beeile mich, will mich noch baden und umziehen, muß im Hotel, das natürlich ein jüdisches sein wird, auch noch alles wegen den Mahlzeiten regeln.

Die Straße ist dreckig. Gänse und Hühner laufen frei herum. Aus einer kleinen Seitengasse kommen sogar einige grunzende Schweine. Die Mehrzahl der Leute sind Juden, aber es gibt auch polnische Bauern und einige polnische Frauen. Die Häuser sind sämtlich niedrig, nur Parterre, aus Holz und Lehm. Es ist offensichtlich die Hauptstraße, ich sehe, daß es einige Läden gibt, die aber schon geschlossen sind oder gerade schließen. Die Seitengassen sind kurz, noch unansehnlicher, noch ärmer, mit noch mehr Hühnern und Gänsen.

Die Leute schauen mich ein wenig verwundert an. Wo kommt der wohl her? Denn ein Zug hat jetzt hier nicht angehalten, und hier kommt höchstens ein Zug pro Tag, wenn überhaupt, denke ich mir. Also einfach vom Himmel gefallen, dieser Fremde. Ich komme mir wie im Traume vor.

Es ist nicht weit, höchstens hundert oder hundertfünfzig Meter.

Ein kleiner Platz. Wird wohl der "Markt" heißen. Jetzt sehe ich das Hotel vor mir. Ich schätze, daß es drei oder vier Gästezimmer hat, höchstens. Für dieses Städtchen freilich ein großes Gebäude, für andere Verhältnisse ein kleines Haus. Daneben steht noch ein anderes weißes Haus, ebenfalls mit einem Stockwerk über dem Parterre. Es steht etwas zurück, war darum vom Bahnhof her nicht auszumachen gewesen.

Vor diesem anderen weißen Haus stehen aber viele Juden. Die Männer schon schön für den Sabbat gekleidet, mit glänzenden schwarzen seidenen Kaftanen, alle fast mit dem festlichen Streimel, der Pelzmütze aus Zobelschwänzen. Frauen, nur wenige, auch schon feierlich angezogen, Tücher über dem Kopf. Es riecht nach Wasser und Seife, ein frischer, angenehmer Geruch.

Man sieht mich ankommen. Ich gehe mit schnellem Schritt und will mich nicht aufhalten lassen. Man schaut aber ein wenig verwundert, will mich natürlich fragen, woher ich so plötzlich komme, als ein Fremder in diesem kleinen Ort.

So sage ich zu allen: »Scholem aleichem" und frage nur:

»Ist das hier die Schul?«

»Aleichem Scholem! Von wo kommen Sie? Die Schul ist dort weiter unten. Hier wohnt der Rebbe. Sie können auch hier beten. Wo werden Sie am Sabbat essen?«

»Das ist doch ein Hotel hier? Da gibt's doch sicher auch zu essen?«

»Vielleicht wird Sie jemand einladen. Von wo sind Sie?«

Es stehen da wohl fünfzig oder sogar mehr Männer, alle um den Eingang des Hauses herum.

Ein Mann kommt von dort heraus, blickt sich um, sieht mich und macht eine Miene, als ob er gerade mich gesucht habe, drängt sich durch die Menge zu mir heran, gibt mir die Hand mit einem flüchtigen Gruß, und sagt:

»Der Rebbe wartet auf Sie. Kommen Sie doch. Warum so spät?«

Der Mann hat das Äußere eines tüchtigen Geschäftsmannes, eines Menschen, der viel zu tun hat und gewohnt ist, alles rasch zu erledigen. Ich verstehe, daß er der Gabbe ist. (Ein Gabbe ist der Mann, der für den Rebbe alle organisatorischen Angelegenheiten erledigt. Er regelt die Besuche, verwaltet die Gelder, kurzum, er ist der Mann für den ganzen, oft großen Betrieb solch eines Rebbe-Hofes.) Er ist aber diesmal leider im Irrtum. Denn der Rebbe erwartet natürlich einen anderen.

»Verzeihen Sie, ich kenne den Rebbe nicht, weiß nicht einmal, wie er heißt, weiß nicht einmal, wie dieser Ort hier heißt. Ich wollte gerade ins Hotel, um mich für den Schabbes rechtzeitig vorzubereiten. Jedenfalls erwartet der Rebbe nicht mich, sondern einen anderen. Sie sind wirklich im Irrtum.«

Ich redete dies und wohl noch mehr, weil der Gabbe mit einer Miene, als ob ich ihn in seinem Vorhaben, in seinem eiligen und dringenden Vorhaben, störe, mich am Revers gepackt hatte und mich mitziehen wollte. Ich redete so viel, weil die Umstehenden ebenfalls protestierten. Sie warteten hier schon so lange, manche von ihnen hätten den Rebbe wohl auch sehen wollen, und wozu muß jetzt dieser Datsch, also dieser nicht zu uns Gehörende, zuerst hinein? Das sei doch ungerecht. Ob er wohl meine, daß dieser Datsch ihm Geld dafür geben werde? Schau, der hat doch keinen Bart, trägt keine Peies (das bedeutet Schläfenlocken), also laß doch den. Der kann den Rebben ja später einmal besuchen. Sie warten hier schon so lange und hätten dringende Anliegen.

Es half alles nichts. Dieser Gabbe war ein selbstbewußter, zielstrebiger Mann, und ich ein sehr ermüdeter, von der langen, aufregenden Reise zermürbter, schüchterner junger Mann, und so stand ich, ich weiß nicht mehr, wie es genau vor sich gegangen war, eine Minute später in einem nicht eben großen, niederen Zimmer, wo ein älterer Mann an einem einfachen Tisch saß.

Ich war verwirrt. Man bedenke, es waren noch nicht ganze fünf Minuten verstrichen, seit ich am Bahnhöfchen, wenn man es überhaupt so nennen will, die Jungen nach dem Weg zum Hotel gefragt hatte, ich war noch erregt über das plötzliche, etwas merkwürdige Ende dieser Warschau-Reise, und nun war ich in ein Zimmer hineingedrängt worden, in das ich gar nicht hatte hinein wollen. Es kam mir wie verlorene Zeit vor, weil sich doch bald herausstellen würde, daß ich gar nicht hier sein sollte, und weil ich die Zeit für die Sabbat-Vorbereitungen brauchte, und jetzt dieser alte Rebbe vor mir, der mich anblickte und mir zum Gruß die Hand reichte.

»Setz Dich doch, Fischl, wir haben noch Zeit. Es ist schon alles für den Sabbat hier für Dich vorbereitet. Du wirst einige Zeit mein Gast sein. Es wird mir eine große Ehre sein, gerade Dich hier zu haben.«

Nun heißen viele Juden Fischl, und der Schnauz in Wien hieß doch auch Friedrich. Ich muß also jetzt, wo ich diesem ruhigen Manne gegenüberstehe, endlich diesen Irrtum bereinigen.

Doch muß ich sagen, es war mir schon die ganze Zeit über ein wenig unheimlich gewesen. Um ganz ehrlich zu sein, schon seit dieser Zug zurückgestampft war, rückwärts fuhr unter lautem Pfeifen und Heulen, und vor allem seit der Kondukteur mich so emsig hinausexpediert hatte und ich in diesem Städtchen dem Hotel zugeeilt war, überkam mich ein starkes Gefühl von etwas Außergewöhnlichen.

Auf einmal fielen Zrzavy's Begegnung, der Taxi-Fahrer, der Gepäckträger, der Schnauz-Friedrich mit seiner wiedergefundenen Liebe zusammen mit meinem jetzigen Erleben. Es war ein Ganzes, etwas spukhaft und doch wiederum erschütternd, weil ich eine andere Welt hineinblitzen spürte in unsere so geordnete, so stimmende Welt. Als ob etwas mitteilen wollte, daß es noch ganz anders stimme, als wir glauben, daß es noch viel großartiger und schöner, ungemein herrlicher wäre.

Es war mir schon, als ob ich etwas erwarte, etwas noch Unbestimmtes, aber zugleich etwas ganz Großes. Und deshalb ließ ich mich auch vom Gabben zerren und in das Zimmer hineinstoßen. Deshalb gab es bei mir auch ein "Aha", als er meinen Namen nannte und erwähnte, er erwartete mich schon. Äußerlich, logisch, dachte ich immer noch ein wenig verärgert an die gestörte Warschau-Reise, an die kurze Zeit, die mir für die Sabbat-Vorbereitung bliebe, wollte ich allein sein, allein für mich — aber gleichzeitig jauchzte etwas anderes in mir: Das Leben sei also doch nicht so eintönig und langweilig, es gäbe doch noch etwas ganz anderes in diesem selben Leben, meine lange Sehnsucht werde nun endlich doch einmal erhört. Und doch sagte es noch, und ich hörte mich sprechen:

»Verzeihen Sie, ich heiße zufällig auch Fischl, es liegt hier aber eine Verwechslung vor. Ich wollte doch gar nicht zu Ihnen, ich wußte ja nicht einmal von Ihrer Existenz.«

Er ließ mich nicht ausreden, hob ein wenig wie abwehrend die rechte Hand.

»Laß das doch, Du weißt es doch besser, Du wolltest ja doch hierher kommen. Vielleicht hast Du Dir dabei nicht genau diesen Ort vorgestellt. Wenn wir uns aber sehen, dann wird der Ort der Begegnung schon vom Himmel bestimmt. Der Himmel weiß, warum Du hierher kamst, Efraim Fischl Jehoschua, Sohn des David Zwi, jetzt aus Wien, wohnhaft in Holland, abstammend von so vielen Ahnen hier und, wie jeder hier Geborene, auch abstammend vom Vater im Himmel. Laß doch diesen törichten Widerstand, woran Du selber nicht glaubst. Muß ich Dir denn erst erzählen, daß alles gelenkt und geführt wird? Auch wenn ein Zug hier hält, der gar nicht hier vorbeifahren sollte, geschweige denn halten mußte? Nimm das doch an. Was rede ich, *Du* weißt das ja, und Du nimmst es ja auch an.«

Es ist mir wie in einem Traum. Der Himmel ist ganz nah, und er vereinigt sich mit unserer Welt. Ich höre wiederum die Geschichte der wiedergefundenen Schriften.

Ich staune noch immer, aber doch schon auf ganz andere Art. Ich fühle mich in eine andere Welt aufgenommen, wie wenn man sich in ein behagliches Bett legt, oder wie man in eine Traumwelt hineingleitet. Es protestierte zwar noch etwas in mir, aber es protestierte schon mit einem Lächeln, als wenn man zu sich sagte: »Also mach schon. Du willst es ja, nun schick dich schon drein. Es ist dir ja sogar ganz wohl dabei.«

»Es wird schon so sein, wie Sie sagen. Aber wissen Sie, der Zug war doch schon hier vorübergefahren, und der Kondukteur hatte mich vorher nicht aussteigen lassen, als ich es wollte, sogar mit Gewalt hat er es verhindert. Und dann ist der Zug plötzlich rückwärts gefahren, um ein Stückchen vor dem Bahnhof hier Halt zu machen. Und auf einmal ist dieser selbe Kondukteur voller Dienstfertigkeit, hilft mir hinaus, ja drängt mich sogar beinahe, hier auszusteigen. Und Sie behaupten, Sie hätten mich erwartet.«

»Was weiß ich von Zügen und von Kondukteuren, der Himmel führt hier zusammen, der Himmel wählt mal den und mal jenen. Was wissen wir, wer dieser Kondukteur ist? Hier heißt er Kondukteur, und vielleicht Jan oder Ivan, hier ist etwas in unseren Zeiten eine Eisenbahn. Früher wäre es eine Kutsche gewesen, und in zwanzig Jahren fliegt man mit Flugzeugen. Was Du sagst, zeigt nur, wie genau der Fahrplan oben ist, und wie genau er eingehalten wird. Ein Zug fährt also sogar rückwärts, um Dich ans Ziel zu bringen! Wer weiß, vielleicht bedeutet es, daß man auch einmal zurückgehen muß in seinem Leben, und nicht nur immer vorwärts. Ich weiß nur, diesen Sabbat ist bei mir zu Gast dieser Efraim Fischl, und deshalb habe ich alles für Dich vorbereitet. Wie Du kommst, ist doch nicht meine Sache. Mein Glaube an den Himmel ist groß genug, dies dem Himmel zu überlassen. Wenn Gott diese ganze große Welt zusammenhält, und wenn er sogar jedem kleinsten Tiere seine Nahrung gibt und seine Spanne Zeit, um hier zu erscheinen, dann bringt er Dich schon auch hierher. Wenn auch kein Zug hier hält. Du wärest schon auch zu Fuß gekommen, oder mit dem Pferd, oder auch einfach vom Himmel. Kommen aber würdest Du, denn die Zeit dazu war eben da.«

»Ich staune, und doch glaube ich es auch ganz einfach. Wie wissen Sie aber, wie ich heiße und woher ich komme? Ich habe das doch hier noch niemandem erzählt, und niemand hat vor mir hier sein können, um überhaupt meine Ankunft zu melden. Ich bin rasch gegangen, und schon gleich kommt Ihr Gabbe heraus und ruft mich hinein. Das ist doch nicht auch vom Himmel gelenkt, da haben Sie doch einiges gewußt. Allein schon meinen genauen Namen. Und daß ich gerade jetzt kommen würde.«

»Glaube nur nicht, daß ich etwas mit Zauberei zu tun hätte. Das tun vielleicht die Götzendiener, und so sehen sie auch aus. Wir zwingen den Himmel nicht. Denn der Mensch ist so groß gemacht wie ein göttliches Wesen. Er ist so groß gemacht, daß er es sogar mit dem Himmel aufnehmen könnte. Aber das ist nicht der Sinn seines Seins. Die Schlange in ihm will das, und sie will sich nicht stören lassen. Sie beißt, wenn man sie stört. Deshalb behütet Gott die Zadikim. Sonst würde die Schlange sie zugrunde richten. Zauberkünste also oder, wie man heute auch sagt, technisches Können, das alles liegt mir fern. Ich wußte es einfach, es kam mir wie der Atem, wie der Schlaf. Heute, um die Mittagszeit, sage ich zu meiner Mariam, meiner Frau, »es kommt ein Gast aus der Ferne zu uns auf den Schabbes, und er wird hier einige Wochen bleiben, so Gott will. Bereite ihm einen Platz neben mir vor. Ich habe mit ihm zu reden.« Das kommt mir so, wahrscheinlich weil ich mich nach einem Menschen sehne, mit dem ich zusammen lernen will, man ist doch so allein, und dann begegnet mir der Himmel. Schön ist es bei uns, daß der Himmel einem jeden Moment begegnen kann, nicht so ausgesuchte Momente, wo wir uns speziell darauf vorzubereiten haben oder uns darauf einstellen müßten. Unser Leben ist den ganzen Tag und die ganze Nacht auf Gott eingestellt, bei allem, was wir tun, und so geschieht es uns auch bei jeder Verrichtung, jeden Augenblick. Wir sind ganz und immer für Gott da, und das bedeutet, wie in einem Spiegel, daß Gott immer auch bei uns ist. Das ist doch schon der Sinn dessen, daß alles in unserem Leben auf den Himmel eingestellt ist. Damit vereinigen wir diese Welt mit der anderen.«

»Aber der Name, diese Details, ist Ihnen das auch so gekommen? Das ist doch fast so überwältigend wie die Sache mit diesem Kondukteur und dieser Umleitung. Wie kamen Sie auf den Namen?«

»Ich werde es Dir sagen. Aber setz Dich doch erst einmal. Du willst doch jetzt nicht mehr davonrennen? So höre also: Ich bin aus Kopycincy, ich weiß nicht, ob dieser Name Dir etwas sagt. Jedenfalls, es ist ein Ort in Ost-Galizien, ganz nahe an der russischen Grenze. Und dort hat sich etwas ganz Erstaunliches zugetragen, vor etwa 80 Jahren. Da hat ein junger Mann, in Deinem Alter vielleicht, aber schon mit Frau und Kind, einige Schriften hinterlassen, welche zeigten, daß er ein Wissen hatte, wovon wir nicht einmal ahnten, daß es ein solches geben könnte. Sie waren einfach zu schwer und zu hoch oder zu tief für uns. Und dieser junge Mann wurde, mit seiner Frau, vom Himmel wieder zurückgenommen. Was wissen wir. Die Zeit war wohl noch nicht reif. Das Kind aber, ein Säugling noch, blieb zurück und wurde anderswo erzogen. Was weiß man schon, warum, viele werden ganz abgeschnitten, und was wissen wir, wozu, zu welchem anderen, verborgenen Zweck, in anderen Welten. Nun hat man sich, als ich vor einigen Wochen in Kopycincy war, beim Tisch des Rebben — ich bin ein Geschwisterkind — davon erzählt. Der Kopycincyer Rebbe wußte, daß ein Enkel dieses so jung dahingegangenen David Zwi eine Tochter aus einem uns verwandten Hause geheiratet hatte, und daß der Erstgeborene dort eben den Namen Efraim Fischl Jehoschua trage und sein Vater den Namen seines so früh zurückgenommenen Großvaters. Ich habe noch Deinen Urgroßvater gekannt, dessen Namen Du nun trägst. Wir sprachen davon und sagten, wie es in den heutigen Zeiten nun einmal ist: »Und doch ist alles wieder ins Verborgene gerückt. Denn diese Enkel wissen natürlich von nichts, das werden eingebildete Herren Doktoren, es geht doch alles verloren. Nein, diese alten Zeiten kommen nicht mehr wieder. Wenn wir nur etwas wüßten von dem, was dieser junge David

Zwi gewußt hat, als er diese Gedanken aufschrieb. Er hat uns für zu groß gehalten, er hat angenommen, wir wüßten es, und in Wirklichkeit wußten wir es nicht und verstehen kaum etwas von diesem Wunderbaren, das er aufgeschrieben hat.« So redeten wir, und ein wenig traurig gingen wir wieder auseinander. Da plötzlich, als ich einem meiner Schüler — Du wirst ihn bei mir sehen — von der Sehnsucht sprach, der Sehnsucht nach dem Geheimnis der Thora, kam mir diese Geschichte, und ich sah plötzlich Dich vor mir, gerade Dich, wie Du die Verbindung suchst, die Verbindung mit dem Himmel, und da sprach ich: »Paß auf, daß Du niemals ungerecht bist, wenn Du Dir Gedanken über einen Menschen machst. Denn wir kennen nur sein Äußeres, seine Sehnsucht aber ist entscheidend. Das heißt, er will den Weg gehen, und nur darauf sollten wir achten.« Und da antwortete dieser Schüler: »Rebbe, jeder sehnt sich doch, sonst ist er doch gar kein Mensch.« Und ich antwortete: »Das ist eben das, woran wir den Menschen erkennen können, ob er sich noch nach dem Himmel, nach dem Vaterhause, sehnt.« Bei diesem Gespräch wurde mir klar, ich weiß nicht wie, daß ich Dir begegnen würde. Ich wußte nicht, wann und wie. Bis ich heute auf einmal das meiner Mariam sagte, da wußte ich, weil ich es sagte, daß Du kommen würdest. Und gerade als Du wahrscheinlich draußen ankamst, spürte ich, Du seist da, und ich schickte Reb Elje hinaus, Dich zu mir zu bringen. Was weiß ich von Zügen und von Kondukteuren. Ich wußte nur, Du kämest jetzt aus Wien und Du lebest sonst in einem Lande Holland, sogar in einer Stadt Rotterdam. Wie ich Dir schon sagte, jeden Moment sollen wir Gott uns gegenüber wissen. Und dann spricht Gott auch zu uns. Ohne daß wir darum riefen oder es verlangten. Unser Leben ist so, daß wir wie ein Gefäß sind, das bereit ist, den eingegossenen Wein zu empfangen. Wenn wir dafür offen sind und wir immer alles um des Himmels willen tun, dann werden uns diese Worte und dieses Wissen eingegossen.«

Merkwürdig. Wiederum diese rätselhafte Geschichte! Diese Geschichte, die mein Großvater mir vor zwei Jahren erzählt hatte, wofür es keine Belege gab, diese halb legendenhafte Geschichte. Selbstverständlich, wenn der Rebbe aus Kopycincy stammte, mußte ihm diese Begebenheit nicht unbekannt sein. Die Art, wie er mir sein Wissen über mich erklärte, gefiel mir auch. Ich hatte gegen jede Art von Magie eine tiefe Abneigung, wie ich auch alles Technische nicht mochte, ich sogar hilflos, ungeschickt allem Technischen gegenüber stehe. Sobald ein Ritual einen technischen Charakter annimmt und etwas bezweckt, ist es mir auch schon widerwärtig. Das war doch eben mein fortwährendes Suchen nach einem Sinn des Alltags. Denn das war dann doch das ganze Leben, dieser Alltag, und man konnte das Leben doch nicht spalten. Es ist etwas Ganzes, ist untrennbar. Wenn man etwas vom Leben abzweigt, blutet es sich zutode.

Ich nickte und erklärte, daß ich schon etwas von dieser Geschichte wußte, und vor allem sagte ich, daß ich tatsächlich eigentlich nur aus Sehnsucht bestehe, Sehnsucht einfach auch nach Hause, des Vaters Hause, wo alles sei, Mutter, Ahnen, Bekannte, Freunde, wo alles unbeschwert da sei, ungestört, ohne irgendwelche Schlacken.

»Ich will Dir noch etwas dazu sagen. Als ich mit meinem Schüler sprach und ich Dich ganz klar erkannte, obwohl ich doch gar nicht wußte, wo Du Dich aufhieltest und wie Du aussiehst — ich sah Dich eben nur im Bilde dieser Sehnsucht —, und diese Flamme erkenne ich jetzt bei Dir auch, da sah ich Dich, in einem Buche lesend, und ich wußte den Namen des Verfassers und die Stelle, wo Du beim Lesen gerade warst, und ich spürte, daß Du gerade mit dem Autor nicht einig gingst, weil Du gerade das spürtest in seinen Ausführungen, was ich Magie nannte. Du hast das Buch dann weggelegt und bist nach Wien abgefahren. Stimmt das? Der Mann hieß Matterling, und die Stelle, war es nicht eine Seite 265, und handelte es sich dort nicht um die Anwendung von mathematischen Errungenschaften für die Welt? Und Du hättest doch den Schritt erwartet in die Erkenntnis hinein und nicht in eine Technik. Das ist eben Deine Auserwählung. Wer den Nutzen sucht, den vertreibst Du. Wie die Völker von Kanaan vertrieben werden müssen. Immer wieder und immer noch.«

Es war mit freudig zumute. So sollte man die Dinge wissen. Ja, ich hatte, bevor ich dieses Mal nach Wien fuhr, noch Maeterlinck gelesen, und es hatte mich enttäuscht und geärgert, daß auch er nicht durchbrach, sondern sich selbstgefällig schmeichelte mit seinen Einsichten, daß er nicht den entscheidenden Schritt unternehmen konnte. Ich hatte mich über die "Proceedings" der "Society for Psychical Research" geärgert, über all diese Leute, die etwas interessant fanden, ohne erschüttert zu sein. Ob die Seite stimmte, wußte ich natürlich nicht. Wenn aber schon so vieles richtig war, dann mußte es wohl auch stimmen.

Das Wachsein und das verlorene Paradies.

Wir gingen ins Haus, und dort war schon helle Sabbatfreude. Nebenan versammelten sich Männer, ich sah viele, zu den Sabbat-Eingangsgebeten. Rasch hatte ich noch gebadet und mich umgezogen. Es war wie in einem Traum. Lebte ich, wachte ich? Es gab Momente, wo ich es selbst nicht wußte.

Der Rebbe blieb in seinem Zimmer und hörte durch die offene Türe den Gebeten im großen Raum nebenan zu. Er bat mich, bei ihm zu stehen. Ich war verwirrt, jetzt auch noch müde, hörte kaum zu.

Als ich dann ins Zimmer mit dem langen gedeckten Tisch und den vielen Kerzen trat, näherte sich mir die Rebbezin, von der ich nun schon wußte, daß sie Mariam hieß. Sie war ein bescheidenes Wesen, aber voller Würde. Entgegen der Gewohnheit, daß Frauen nicht unnütz mit Männern reden, sagte sie mir:

»Der Rebbe hat sich sehr über seinen angesehenen Gast gefreut. Eben ein Ness (Wunder), daß Sie eingetroffen sind. Wenn wir nur mehr an diese Wunder glauben würden. Dann würde Moschiach auch da sein. Aber man glaubt eben nicht wirklich, das ist die große Sünde. Man glaubt nicht, daß wir in einer großen Zeit leben, und wie kann der Moschiach dann erscheinen. Er ist gewiß schon da, nur kann er sich nicht zeigen, weil man eben zu klein ist. Sie sitzen da neben dem Rebben, ich habe angeordnet, daß man Ihnen besonders gutes Essen gibt. Für Sie wird es auch ein großer Tag sein, so eine lange Reise und so eine unerwartete Ankunft.«

Die Leute, viele Gäste waren da, bestaunten mich, den Bartlosen, den Fremden, an diesem Ehrenplatz. Ich weiß nicht mehr, was weiter geschah. Ich war müde, erschöpft, fühlte mich aber sehr wohl, wie verwöhnt. Ich hörte die Leute reden, hörte den Rebben erzählen, doch verstand ich vor Müdigkeit nicht, was er sagte. Es ging ziemlich laut zu, es kamen fortwährend neue Leute dazu, man gab mir die Hand zum Gruß, trank mit mir "le-chaim", "zum Leben", das ist wie "zum Wohl". Der Rebbe schaute mich jedesmal liebevoll an, schob mir Speisen zu und nahm Speisen von meinem Teller auf den seinen, aber er verschonte mich auch mit Fragen, denn er sah, wie erschöpft ich war. Doch werde ich diesen Freitagabend niemals vergessen können.

Anderntags war ich, nach einem langen und tiefen Schlaf, ziemlich ausgeruht und munter. Merkwürdigerweise wurde ich damit auch kritischer. Und das freute mich sogar. Gestern war ich zu müde, sagte ich mir, jetzt will ich mal ganz ruhig beobachten. Doch zugleich spürte ich den Unsinn dieser Denkart. Schließlich war doch gestern all dies geschehen, warum will ich es, wenn ich mich nun so recht wach fühle, gar nicht mehr wahrhaben. Ist dieses Wachsein nicht vielleicht ein Abgeschlossensein für Anderes, für eine Welt, die den Menschen erst richtig zum Menschen macht? Warum wird dann aber der Mensch wach, und warum nennt man den Tag nun einmal das Klare, das Ideale? Die Nacht ist doch voller Irrtümer, voller Wahnvorstellungen, sie ist doch auch die Zeit des Spuks und der Dämonen. Der Mensch wird aber durch den Tag hochmütig, er glaubt, nur das Äußere, das was das Licht zeigt, sei ausschlaggebend, und etwas Verborgenes gebe es nicht. Ist der Tag nicht wie das Paradies, wo der Mensch auch meint, er sei selber Gott? Gibt der Tag nicht dem Menschen die Einseitigkeit des sichtbaren Diesseitigen, und verdeckt er ihm nicht das Verborgene? Verbirgt Gott sich nicht selber eben wegen dieser Einseitigkeit des Menschen? Vom Menschen wird erwartet, daß er trotz dieser verführerischen Tageshelle sich auch um das Verborgene kümmert. Ist denn nicht die ganze Vergangenheit dieses Verborgene und die ganze Zukunft? Sind das nicht Unendlichkeiten, Unermeßlichkeiten, und ist nicht die Gegenwart, die helle, meßbare Gegenwart, ein Nichts dieser Unendlichkeit gegenüber?

Für das Unsichtbare aufzukommen, bedeutet eine für das Diesseitige nutzlose Tat. Aber entscheiden nicht eben diese nutzlosen Taten? Ekelte mich in meinem Studium in Rotterdam und in Wien nicht gerade das "Nützliche" so an? Es machte alles so langweilig, so berechenbar. Ist aber Liebe nicht gerade dort am schönsten, wo sie sich nicht berechnen läßt?

So überlegte ich während des ganzen Morgengebetes. Ich stand neben dem Rebben. So wollte er es.

Und als wir uns zusammen zu Tisch begaben, sagte er mir:

»Nicht wahr, alles handelt sich darum, daß der Mensch anders handeln kann, als man von ihm erwartet. Er kann besser tun oder böser. Das hat nur der Mensch. Das heißt seine Freiheit.«

»Und wenn er böse ist, trägt er seine Sünde. Auch das ist seine Freiheit«, entgegnete ich.

»Wer weiß, zu welchen großen Dingen das Böse führt? Es heißt doch, auch der Satan und die Penina hätten durch ihr Auftreten Gutes bewirkt. (Traktat Baba Bathra 16a) Durch Peninas Quälereien hat Channa gebetet und den Samuel bekommen. Durch den Satan kam Hiob zum Gespräch mit Gott. Und doch soll der Mensch das Böse meiden. Das Böse kommt schon zu ihm. Es ist eines der Geheimnisse der Schöpfung. So wie die Speise auch Teile enthält, die der Mensch wieder ausscheidet. Hätte nicht gleich alles so sein können, daß man beim Essen alles aufnehmen kann? So gibt es auch das Einatmen und das Ausatmen. Das Böse mischt sich ein, weil es durch die Begegnung mit dem Menschen erlöst wird. Wenn wir es ausscheiden, befreien wir es, erlösen wir es. Also wenn wir bei Begegnungen in unserem Handeln es meiden. Wir nehmen von der Begegnung das Gute und scheiden das Böse aus. Und doch geschieht auch Böses, und der Mensch hat die Freiheit, es zu tun. Man kann sagen, es ist mit einkalkuliert, daß der Mensch so handeln würde.«

»Wenn er nicht vom Baum der Erkenntnis nimmt, geht doch die

ganze Geschichte der Bibel nicht weiter. Er tut es doch immer wieder, er nimmt.«

»Und gerade wenn es ihm gut geht, gerade im Paradies, gerade wenn es heller Tag ist, wenn er alles hat. Dann vergißt er das Verborgene, das im Dunkel ist. Und Gott erschafft doch gerade das Dunkel, und zwar damit aus dem Dunkel das Licht komme. Aus der Krankheit kommt die Gesundheit, aus der Verwirrung die Klarheit. Und in dieser Klarheit sündigt er wieder, und so geht es weiter.«

»Ich hatte den ganzen Vormittag darüber nachgedacht.«

»Ich weiß, ich weiß. Ich scheine auszusprechen, was andere denken. Die Leute glauben, ich kennte ihr Denken. Ich kenne es aber nicht, aber weil ich sie liebe, weil ich die Thora liebe, sprechen sich durch mich die Gedanken der Menschen aus. Daran sieht man wieder, wie vieles um uns herum ist und in uns ist. Weißt Du, es freut mich immer, wenn ich so etwas bemerke. Es zeigt, daß ich tatsächlich mit beiden Seiten verbunden bin. Obwohl die eine Seite der Gegensatz zur anderen ist. Gerade das ist das Wunder des Lebens, und es bedeutet, daß die Gegensätze in Wirklichkeit doch keine Gegensätze sind. Da ist das Geheimnis der Einheit Gottes. Und weißt Du, oft kommen mehrere Leute zu mir, nach einer Ansprache, und jeder meint, ich hätte seine Gedanken erraten. Keiner weiß vom andern, jeder glaubt, ich hätte mich an ihn gewendet. Das zeigt mir dann, daß es gut ist, sehr gut ist.«

Das kranke Kind und die zu heilende Mutter.

> Ich glaub' an Wunder! — Glaube ich an Wunder?
> Mein Glaube, dran zu glauben, ist nur Plunder.
> Dran wirklich glaubend, könnte Mauern ich
> Durchschreiten — so wie Spinnweb, so wie Zunder!

Während des Essens kommt eine Frau herein, mit einem etwa dreijährigen Kind im Arm. Sie erzählt dem Rebben, das Kind sei krank, und der Arzt hätte ihr geraten, sich sofort in die nächste Stadt zu begeben, wo das Kind operiert werden müsse, denn es habe eine Blinddarmentzündung. Aufschub sei lebensgefährlich. Wie solle sie nun, am Sabbat, hinreisen? Der Rebbe möge ihr nun die beste Reise-Gelegenheit empfehlen. Ein Zug ginge nicht. Es gebe nur die Wahl zwischen einem Auto und Pferd und Wagen. Oder wisse der Rebbe etwas anderes?

»Laß das Kind nur hier, bei Dir. Und spende dreißig Zloty für die Talmud-Schule. Es wird ihm mit Gottes Hilfe bald besser gehen. Spende überhaupt hie und da. Das Fieber wird sich legen.«

Er legte seine Hand auf das Haupt des Kindes. Die Frau ging zufrieden hinweg.

Ich war ziemlich schockiert. Trotz meiner Kritik an der Einseitigkeit der Naturwissenschaft fand ich doch, daß man gewisse Errungenschaften wohl schätzen sollte und sie als einen Segen auch anwenden müsse. Das Kind könnte doch sterben. Und was hat das Kind davon, wenn seine Mutter für gute Zwecke Geld spendet?

Ich brachte diese Einwände vor, sogar einigermaßen erregt.

»Ich versteh Dich schon, Du mußt auch so sprechen. Aber wisse, ein jeder Mensch ist verschieden und Länder und Völker sind verschieden, und auch die Zeiten sind verschieden. Wir machen oft den Fehler, eine bestimmte Facette des Lebens zu verallgemeinern. Hier kommt die Heilung durch gute Taten. Das heißt, das spüre ich schon, was man zu tun hat. Manchmal schicke ich die Leute selber zum Arzt. Meistens aber nicht. Das will nicht sagen, daß hier bei uns keine Leute mehr sterben, oder daß sie nicht krank sind, aber es sterben hier nicht mehr als anderswo und es sind nicht mehr krank. Nicht der Arzt oder die Technik bringen die Heilung, genauso wenig wie ich sie bringe. Wir öffnen nur die Pforten der Heilung. Bei den anderen ist es auf ihrem Weg, und das ist nicht unser Weg. Wir sind unmittelbarer zu Gott, wir sehen den Zusammenhang anders. Die da draußen reden sich ein, *sie* heilten. Wir wissen aber, daß Gott heilt, und wir wissen, daß Gutes tun die Tore der Genesung weit auftut. Wir vertrauen darauf. Das Kind ist krank durch die Mutter. Das kann man zwar nicht beweisen, aber das weiß ich dennoch. Wenn die Mutter spendet, wird es ihr leichter und besser, das Kind spürt das und kann gesund werden.«

Ich verstand ihn schon. Dennoch brachte mich dieses vollständige Relativieren der Naturwissenschaften auf. Wenn das alles so wenig Sinn hatte, wozu dann dieser große Aufwand, diese langen Studien, diese Wichtigtuerei.

Das Kind war übrigens nach einigen Tagen wieder vollkommen gesund. Eine Fehldiagnose des Arztes? Ein Wunder? Nein, ich glaube, es handelt sich um zwei verschiedenartige Welten. Jede Welt hat ihre eigenen Gesetze. Man bleibt in seiner Welt. Diese Welten hatten also doch ihren Sinn. Wo bleibt dann aber die Einheit der Menschheit?

Sie liegt wahrscheinlich nicht dort, wo wir sie, im Äußeren, physisch oder psychisch, suchen. Etwas anderes verbindet die Menschen.

Ich blieb einige Wochen dort. Sie schienen mir wie ein ganzes Leben, und doch wußte und erlebte ich, wie schnell sie vorübergingen.

Die Gespräche berührten mancherlei Gebiete. Wenn man mich fragen würde, welche Weisheiten ich dort gelernt hätte, dann ist schon diese Fragestellung unrealistisch. Denn man lernt nirgendwo Weisheiten. Man hört Worte, und diese Worte versenken sich in unser Verborgenes, wie Saat in die Erde. Und es hängt von dieser Erde ab, und ob der Himmel Sonnenschein und Regen gibt, ob die Saat aufgeht. Doch dann ist der Ertrag unser.

So haben die Worte des Rebben bestimmt bei mir gewirkt. Aber nicht in dem Sinne, daß ich seine Gedankengänge nachahmte. Es wuchsen bei mir Gedanken und Überlegungen, von denen ich überzeugt bin, daß dieser Rebbe sie gar nicht hatte, aber dennoch wuchsen sie bei mir durch unsere Gespräche. Ich kleidete sie anders ein, ich formulierte sie anders, ich konnte andere Vergleiche machen, ich wußte vieles von den Gedanken der Welt, von denen er bewußt keine Ahnung hatte. Es war wie bei den anderen, die meine anderen Begegnungen bedeuteten. Ich konnte nie richtig empfinden, was genau sie dachten und wußten, und sie konnten auch meinen Gedanken nicht folgen.

Der kausal denkende Mensch und der Kanaaniter. Gesetz und Freiheit. Israel und die Völker. Das Leben mit der Halacha. Der Messias ist unberechenbar. Die Eroberung von Kanaan.

Einmal, an einem Sabbat-Nachmittag, spazierten wir an einem kleinen Fluß entlang. Obstbäume säumten den Weg. Und überall herrschte Frieden. Es schien, als ob der Sabbat die ganze Welt umhüllte. Einige treue Chassidim folgten uns. Ich hörte sie gedämpft miteinander reden. Alles kam mir wie außerhalb des Zeitgeschehens vor. Als ob ich schon früher und immer so gegangen wäre, als ob diese Stimmen schon immer da gewesen wären und immer da sein würden. Fast vergaß ich, wer ich war und wo ich war.

Es war von den Kanaanitern die Rede. Weil jemand bei Tisch behauptet hatte, die Deutschen seien Kanaan. Der Rebbe hatte die Hände ablehnend erhoben, die Behauptung damit in Frage stellend. Er hatte aber auch keine andere Auffassung geäußert.

Jetzt, auf dem Wege, sprach er zu mir davon. Eigentlich war es eher eine Art Selbstgespräch, zu dessen Zeugen er mich machte.

»Man kann doch in dieser, unserer Welt nicht von den Völkern der Bibel sprechen. Diese sind alle in der anderen Welt, wo auch der Tempel ist, mit dem Dienst und den Priestern und Leviten, die dazu gehören. Das ist die Verwüstung, daß diese beiden Welten sich getrennt haben. Wir sind eben "wie Witwen", unser Herr ist jenseits.

Die Völker sind jetzt das Gemisch, das in uns ist, verborgen in uns. So wie die ganze jenseitige Welt in uns verborgen ist. Das bedeutet Nebukadnezar, König von Babel. Er ist der große Vermischer, weil er auch der ist, der die andere Welt wegnimmt.

So sind alle Völker jetzt in uns. Der Kanaaniter ist groß durch den Zauber der Logik. Es ist die Magie des Rationalismus. Deshalb bedeutet Kanaani doch auch Kaufmann. Der Kaufmann handelt nur, weil man ihm Veranlassung dazu gibt. Sein Tun ist wie das Tun der Naturgesetze. Die Welt nun, lebend wie diese Art Menschen, ist die Welt der Kanaaniter. Es kann sein, daß die Deutschen diese Krankheit in besonderem Maße haben, aber ich glaube, im Grunde sind heute alle so. Sie streiten untereinander, wie die sieben Völker von Kanaan sich streiten. Aber Israel stehen sie alle als Feinde gegenüber. Denn in Israel hassen sie eben den Menschen, der nicht wie ein Kaufmann denkt und lebt, der sich nicht dem Kausalen unterwirft. Israel lebt durch Wunder. Deshalb hassen sie uns, und vor allem fürchten sie uns. Ich habe gehört, sie schreien immer: "Die Juden sind unser Unglück". Wie Bileam prophezeien sie. Denn sie haben recht. Sie fürchten sich vor dem Menschen, der den Messias erwartet. Der Messias ist die Verkörperung des Unrationalen im höchsten Grade.

Aber wer ist heute rein Kanaan? Doch fast niemand. Und wer kann sich rein Israel nennen? Es wird einen solchen Menschen schon geben, vielleicht sogar einige. Aber rein, das heißt *nur* Israel? Eine Mischung ist in allen, sage ich Dir. Das heißt eben das Exil, Mischung, gefangen sein unter den Anderen, unter den Vielen.

Und unsere Juden studieren diese Wissenschaften. Das ist die Infektion des Kanaani, eine Epidemie ist es geworden. Eltern sind stolz, wenn ihre Kinder den Doktor machen.«

Dieser ganze Komplex interessierte mich stark. Ich hatte mich schon des öfteren mit der Frage beschäftigt, was die Juden eigentlich in der Welt zu bedeuten hätten. Mir war schon längst klar geworden, daß Juden nicht besser oder schlechter waren als andere Menschen, auch nicht gescheiter oder dümmer. Es gab gewiß bestimmte Eigenarten, diese waren aber nicht moralischer oder intellektueller Art. Das wäre dann also ein Grund, die Assimilation der Juden zu fördern. Wieviel einfacher wäre es, wenn es nur Menschen gäbe, und nicht noch die Einteilung in Religionen, Rassen, Völker. Aber dennoch wußte ich genauso klar, daß es einen tiefen Sinn hatte, wenn es Juden gab, wie auch Christen, Deutsche und Inder, Neger und Araber. Wenn aber in jedem Menschen schon alle Völker lebten, er ein Gemisch dieser Völker war, was bedeuteten dann die einzelnen Völker? Die Realität zeigte doch, daß sie da waren, und daß alle ihre Eigenart hatten und ihre Verschiedenheiten. So wie innerhalb eines Volkes oder einer Religion ebenfalls die größte Verschiedenheit herrschte.

»Und doch gibt es Juden«, sagte ich, »und diese sind doch auch zu einem bestimmten Schicksal erwählt. Wenn sie sich auch dagegen wehren, eine Stimme hat doch einmal gesagt: ,,Du und du wirst Jude, und du und du wirst es nicht." Was bedeutet es nun, daß neben dieser Vielheit in jedem Menschen doch noch, wenn auch nicht ganz klar und nicht ganz rein, die Verschiedenheit und Vielheit der Völker und der Menschen nebeneinander existiert?«

Während ich diese Frage stellte, kam mir selber auch schon die Antwort. Es war das Paradox. Das eine konnte nur existieren, weil es an seiner Gegenseite gemessen wurde. Das eine kann nur wahr sein, weil das andere die Gegenseite zeigt. Und umgekehrt gilt es genauso.

So ist es doch auch mit Gesetz und Freiheit. Das Gesetz kann nur gemessen werden an der Freiheit; so gibt es das Meßbare und das Unmeßbare. In jedem Menschen ist die ganze Welt, und jeder Mensch ist nur ein winziger Teil der Welt. Und gilt das Gleiche nicht auch in der Zeit? Weil jeder Mensch nur einen relativ kleinen Zeitabschnitt lebt, ist er ewig. Denn das eine braucht das andere. Zusammen erst bilden sie die Möglichkeit einer Frucht. Ihr Kind ist eben das als unmöglich Erachtete.

Konnte Abraham deshalb kaum glauben, daß dieser Sohn kommen würde? Heißt der Sohn deshalb Isaak, "der zum Lachen Auffordernde"? Weil es doch lächerlich ist, daß aus diesem Paradox eine Frucht hervorgehen kann.

Juden seien also schon einfach deshalb da, weil es in jedem Menschen Israel gebe. Und aus diesem Grund mußten Juden genauso leben, wie es Israel zu leben paßt, nämlich als Gegenseite zu allem "Normalen", als derjenige und dasjenige, welches die Welt von Kanaan erobern und besetzen wird.

Je mehr der Jude auf der einen Seite entsprechend dem Jüdischen lebt, desto besser wird in *jedem Menschen* in seinem Gemisch die Facette Israel leuchten und ihn führen. Und wie der Jude jüdisch leben kann, ist also gerade deshalb schon eine irrationale Sache, weil der Jude selber überhaupt das Irrationale, das Akausale ist. Und eine irrationale Sache will also sagen, sie komme aus einer anderen Wirklichkeit. Also die Thora ist die Quelle, wo das Verhalten des Menschen Israel als Schöpfung dasteht. Und die Halacha hat die Entsprechungen dieses Irrationalen, dieses Zeitlosen, in der Welt von Zeit und Raum dargelegt. Und die Halacha kennt diese Entsprechungen ebenfalls, wie es heißt, vom Sinai. Also auch aus der Welt des Irrationalen.

So lebt der Jude also vollkommen aus einer anderen Welt in dieser unteren Welt. Deshalb ist er hier fremd, ist er wie ein Gast. Und er soll das ganz exakt so leben und erleben. Denn damit kann in jedem Menschen, aber dann auch wirklich in jedem Menschen, auch im Juden also, die Facette Israel ihre Bestimmung erfüllen. Denn das eine Äußere bestimmt dann das andere, das Äußere der Gegenseite.

Diese Facette Israel, wie ich es hier nenne, ist im Menschen dasjenige, das also dem Rationalen, dem Kaufmann, gegenübersteht. Kanaan fürchtet und haßt Israel. Und Israel ist sich bewußt, daß es auf akausalem, auf irrationalem Wege Kanaan erobern wird. Allein so, gewiß nicht auf kausalem, auf rationalem Wege.

Der Mensch braucht in seinem Gemisch das reine Israel. Auch der Jude als Mensch braucht es. Für mich wurde auf diesem Spaziergang klar, warum ich als Jude exakt nach diesem irrationalen Wege zu leben hatte. Daß ich als Jude geboren war, auch das war bestimmt.

Jeder Mensch hat seine Wurzeln im Jenseits, im Verborgenen. Das Warum ist nicht zu erklären. Das wäre dann rational. Nur der Kanaani will diese Dinge erklären, und er kommt dadurch zu unsinnigen Schlüssen; Unsinn aber führt zu Mord.

»Damit wir nicht vergessen, daß es eine Menschheit gibt«, antwortete der Rebbe zu meiner Freude und Überraschung. »Denn sonst könnte man in seiner Isolation selbstgenügsam werden. Wir sehen dieses und jenes und haben immer wieder Fragen. Und Fragen sind die treibende Kraft auf dem Wege. Der Weg aber führt zur Einheit.«

»Wir sehen aber doch gerade im Judentum solche starken Kräfte zur Isolation. Die Fragen werden dann also nicht gestellt. Denn der Sinn des Weges ist doch die Einheit? Ich sehe aber auch die Gefahren ein. Denn ein Aufheben der Isolation würde bedeuten, Verbindung mit den Kräften des Kanaaniters. Und davor wird doch gewarnt. Das ist doch wie eine ansteckende Krankheit. Andererseits gibt es doch aber in jedem Menschen mehr oder weniger diesen Teil Israel. Das heißt, im Menschen des Exils, nach Nebukadnezar also. Und es gilt doch, diesen Teil zu stärken, damit er überall herrsche. Der Messias ist doch der König der ganzen Welt. Dann wird eben der Kanaaniter vertrieben. In jedem Menschen also auch.«

»Ich verstehe, ich verstehe. Du hast vollkommen recht. Wer wagt es aber, hinauszugehen, wenn draußen die Pest wütet? Wir müssen eben warten. Wir sind noch zu schwach, zu anfällig für die Krankheit. Du siehst doch, man will die Söhne zu Herren Doktoren machen. Noch schlimmer sogar, wie es in Deutschland ist, dort werden sie sogar Doktor-Rabbiner! Man muß einfach abwarten.«

»Ist das nicht wiederum kausal gedacht? Wartet man da nicht auf einen gescheiten Moment? Ist aber nicht gerade das Hervortreten Israels a-kausal? Wie das Kommen des Messias? Das ist doch eben deshalb auch prinzipiell-unberechenbar. Berechenbar wäre gegen die Person des Messias.«

»Du hast ganz recht. Du kannst so sprechen. Du hast den Kanaani kennengelernt, und Du hast ihn erkannt. In seinen Schwächen und in seiner Schönheit. Israel erbt doch das Land Kanaan. Das heißt, alles Schöne aus der Welt der Gesetze, was dort gebaut und gedacht wurde, fällt uns einfach zu. Vielleicht bist Du dazu gekommen, dazu in diese Welt geboren. Du kannst hinausgehen. Rahab, die Hure, verbirgt doch die Kundschafter Kaleb und Pinchas. Und sie erfahren, wie schwach Kanaan ist, wie ausgehöhlt es ist. Jehoschua schickt doch diese Kundschafter nach Kanaan. Du hast das Gleiche getan, Du hast mir doch schon so manches davon erzählt. Und Du hast auch erfahren, wie schwach und morsch es ist, und zugleich wie schön. Dieses Erbgut ist uns versprochen. In jedem Menschen wird das so sein, daß er Kanaan erobert und beerbt.«

»Weil doch aber in jedem Menschen auch dieses Stückchen Israel lebt, erwarten viele eben diesen Einbruch in die Welt von Kanaan. Sie sehnen sich innigst danach. Sie irren umher, und deshalb soll doch gerade von diesem Überrest Israel denen die Hand gereicht werden.«

»Wir sprechen aber nicht ihre Sprache. Du kennst Dich in allen diesen Sprachen aus. Du kannst es ihnen darlegen, daß sie es verstehen. Mich und unsere Leute hier würden sie nicht richtig verstehen. Nicht das, worum es sich handelt. Gewiß ist es eine Notwendigkeit, ihnen die Hand zu reichen. Und wie ich Dich kenne, ohne Hochmut, in aller Bescheidenheit. Denn jeder Mensch, der hier nicht aus Israel ist und der sich nach diesen Dingen sehnt, steht noch höher als der Hohepriester. Vielleicht kannst Du diesen Täuschungen und Verirrungen ein Ende bereiten. Die Zeit könnte reif dazu sein. Gerade wie Du sagst, man soll nicht berechnen. Dich hat das Schicksal zu diesen Dingen gebracht. Wer weiß schon, wozu, und wer Du eigentlich bist. Du hast es richtig verstanden, nach beiden Seiten. Ich glaube, Dein Weg wird sein, die Grenzen auf beiden Seiten zu durchbrechen. Wer weiß, vielleicht bist Du deshalb hierher gekommen.«

Ich freute mich ob dieser Aufgabe. Denn sie war mir sehr lieb. Zugleich aber spürte ich auch die Folgen einer solchen Position. Man würde dann weder hier noch dort zuhause sein. Es bedeutete also wiederum Einsamkeit.

Merkwürdig, der Alte spürte wieder einmal meine Gedanken.

»Eine schöne, große Aufgabe, aber eine folgenschwere. Denn

dann kannst Du zum Beispiel kein Rebbe werden. Du kannst zu keiner Gemeinschaft in dieser Welt gehören, weder zu einer der unseren, noch zu einer der anderen. Du stehst an der Grenze. Aber Dir wird die Gemeinschaft gehören der anderen Welt, wenn die beiden Äußersten sich gefunden haben, wenn der Weg gegangen ist. Du wirst das Hier opfern, um es dort von beiden Seiten zu erhalten. Ein schönes Leben, groß, aber schwer. Nicht schwer im bösen Sinne. Schwer, um stolz darauf zu sein. Eine Erwählung also. Nicht kausal also. So kommen wir zum Ausgangspunkt zurück. Also überschreite die Grenze, erobere Kanaan. Das soll sogar am Sabbat geschehen.«

Mir blieb aus diesem Gespräch das Gefühl, daß ich also wohl einsam bleiben würde. Und ich suchte gerade so intensiv Anschluß, Menschen, die mich nicht nur verstehen würden, sondern die mich auch lieben würden. Jetzt würde ich ein Fremder bleiben, nach beiden Seiten. Freude bereiten und mich darob freuen. Aber wer würde mir Freude bereiten, mir, dem Fremden?

Immer, wenn ich dieses erfahre, und wie oft erfahre ich es nicht, denke ich an diesen Spaziergang. Sogar der Rebbe wurde mir auf einmal fremd. Schickte er mich nicht fort, die Grenze zu überschreiten? Er selber sprach nicht diese verschiedenen Sprachen, er blieb bei den Seinen. Und Israel und die Völker, das gab es auf jedem Gebiet. Nirgends durfte ein Streifen zurückbleiben, denn die ganze Welt ist entweder Kanaan oder Israel, überall kann man diese beiden Extreme erkennen. Diese Position — ich sah, daß sie die einzige war, die meiner Bestimmung gemäß, mir Frieden schenkte — blieb mein Schicksal. Ich liebte nach beiden Seiten, wurde aber von keiner der beiden als zugehörig empfunden, und wenn auch als Erzähler akzeptiert, als nicht richtig zugehörig innerlich eigentlich abgelehnt. Respektiert, bewundert, aber doch als Fremder empfunden. Diese Einsamkeit, ich weiß nicht, ob andere sie in diesem Maße kennen, blieb als einziger ständiger Weggenosse bei mir. Bis heute.

Das Kommen der Erlösung als irrationales Geschehen. Exil und Dummheit, gegenüber Erlösung und Einsicht.

So viele Gespräche gab es. Es würde ein Buch, wenn ich sie alle auf diese Art beschriebe. Doch will ich noch einiges hier näher erörtern.
Ein grauer Tag. Wir sitzen in der Stube, wo ich am bewußten Freitagnachmittag zum ersten Male eintrat. Der Rebbe wollte, daß ich Zeuge sei bei seinen Gesprächen mit anderen. Diese Anderen hatten meist private Anliegen. Sie verlangten Heilung von gewissen Qualen, sie wollten noch einen Sohn, sie erbaten bessere Geschäfte. Oder sie hatten Streit mit dem Nachbarn oder mit Verwandten um eine Erbschaft. Ich bewunderte seine Geduld. Wie er nur allein schon zuhörte!
Als die Letzten gegangen waren, seufzte er ein wenig.
»Streitigkeiten und Egoismus wie überall. Manchmal denke ich mir, ist das das auserwählte Volk? Wie kommen sie auf alle diese Schliche? Und doch habe ich sie alle überaus lieb. Denn ihre Dummheit ist nichts anderes als ein Zeichen des Exils. Der Egoismus ist ein Zeichen der Gefangenschaft. Man ist beengt, fürchtet sich, und in seiner Angst zerstampft und zertritt man seinen Nächsten. Es sind alles Kinder in Not, sie sind nicht schuldig. Es ist ein Sinn des Exils, daß die Welt dumm ist, besessen vom Geiste der Dummheit. Wenn wir klagen über den hinweggenommenen Tempel, jammern wir eigentlich auch um diese beschränkten, streitsüchtigen, raffinierten Menschen. Die Krone ist ihnen genommen, sie sind Bettler. Arm an Einsicht, arm an Liebe, arm an Freude. Die Krone ist eben fort.«
»Das heißt also, daß die Erlösung sich zeigen wird, indem die Menschen Einsicht haben, Liebe spenden, sich freuen, nicht mehr streiten, nicht mehr gemein sind. So sieht dann eigentlich das Reich des Messias aus. Das ist etwas anderes als eine politische Macht. Eine politische Macht kann von Menschen gegründet werden. Aber Einsicht, Liebe, Freude ist etwas, das dem Menschen kommen muß. Das erwächst auf irrationale Art. Man kann nie durch Erziehung oder durch Propaganda die Menschen zu diesen Einsichten führen. Das ist

eben, was mich immer stört bei diesen sogenannten messianischen Träumen. Als ob man sich den Messias verdienen könnte oder ihn durch politische Machenschaften zur Übernahme der Regierung zwingen könnte. Genauso wie die Dummheit im Exil keine Schuld ist, ist die Einsicht bei der Erlösung keine Errungenschaft.«

»Da liegt eben der große Fehler. Weil man die Thora nicht versteht, weil man sie entweiht. Man tut, als ob die Erlösung aus Ägypten vergleichbar wäre mit einer heutigen politischen oder militärischen Befreiung. Bei einer heutigen Befreiung bleiben die Menschen gleich dumm und gleich unglücklich. Gemeinheit, Krankheit und Not gehen einfach weiter. Man hat einige Tage einen Siegestaumel, wie der Rausch eines Betrunkenen. Doch dann kommt der Alltag wieder mit allen seinen Niederträchtigkeiten. Aber bei der Befreiung aus Ägypten ist jeder glücklich. Er *bleibt* glücklich, er bleibt befreit. Deshalb heißt es doch auch, daß es im Lande der Erlösung keine Krankheit gibt, keinen Tod, keinen Feind. Das heißt: absolut keinen. Die Geschichte in der Thora ist eine außerzeitliche, sie gehört einer anderen Wirklichkeit an. Dort *ist* der Mensch glücklich, dort *hat* er Einsicht, Freude, Liebe. Hier und jetzt ist es nur etwas Äußerliches, was sich ändert. Und das ist Betrug. Die Schlange paradiert auch immer mit diesen äußeren Erfolgen. Damit fängt sie den Menschen, den logisch denkenden Menschen. Nicht den irrational handelnden Menschen. Der läßt sich nicht betören. Die Schlange, das ist unsere Ambition, unser Ehrgeiz, unser Sich-zeigen-wollen vor anderen. Eigentlich will man dann tun, als ob man in Wirklichkeit Gott sei, nur aus Versehen oder mangelndem Interesse es nicht geworden sei. Aber man beurteilt Gott, man analysiert ihn. Deshalb sind das alles menschliche Konstruktionen, was man heute Erlösung nennt. Der Zionismus ist die große Sünde heute. Er ist der Kämpfer gegen den Messias. Er will rational, gescheit, eine Erlösung erzwingen, er will sie konstruieren.«

»Ich habe die Geschichte gehört, wie man einem Weisen meldete, der Messias sei gekommen. Dieser aber, der den Messias Tag für Tag erwartete, steckte seinen Kopf aus dem Fenster, atmete die Luft ein und sprach: „Nein, es ist alles noch das Gleiche, er ist nicht gekommen." Das weist auf dasselbe hin. Die Welt wird anders, aber nicht durch uns. Und doch glaube ich, daß unser Tun dabei einen verborgenen Sinn hat. Denn schließlich tut der Mensch doch, und dort liegt doch ein großes, ein gewaltiges Geheimnis.«

»Recht, recht! Aber wo sind die Wurzeln unseres Handelns? Doch auch jenseits! Unser Handeln und das Kommen des Messias gehören zusammen, weil sie einander gegenüberstehen. Von hier aus kann nichts erklärt werden. Hier drehen wir uns mit unseren Erklärungen im Kreise herum. Wie die Geschichte vom Huhn und dem Ei. Nein, jenseits liegt die Quelle. Den Brunnen verstopfen die Diener des Abimelech. Wir graben diese Brunnen aber wieder auf. Nur aus der Thora und aus der Gemara kann man die Gründe kennenlernen. Und dann erkennt man, daß sie irrational sind. Man steckt den Kopf aus dem Fenster und erkennt, es ist noch immer die gleiche Welt. Man sollte sich sehr in acht nehmen vor Betrug. Der Satan kommt auch und rechnet, erklärt. Alles ist aber eine Sache der Erfahrung, des Empfindens. Den Messias kann man allein von der anderen Seite her verstehen.«

Ich hatte gelernt, daß die weltlichen Wissenschaften einseitig waren, daß die Politik auf diesen Grundlagen deshalb nie ein menschliches Ziel erreichen könnte, daß die Ideale, welche sich auf der Grundlage dieser Wissenschaften gebildet hatten, mechanistische Konstruktionen sein mußten. Es handelte sich darum, einen Einbruch Israels in Kanaan zustande zu bringen. Und das galt für jeden Menschen, auch für mich. Denn ich studierte doch in der Welt der Kaufleute, der Wechsler. Ich studierte kausales Wissen. Und dieses sah die Welt wie einen Betrieb, den Menschen wie eine Fabrik.

Und jetzt hatte ich diesen Ort zu verlassen, wo mir das alles in konzentrierter Form klar geworden war. Zurückkehren in die Welt, um dort als Fremdling zu leben. Ich hatte mich aber dort schon längst als solcher gefühlt. Der Unterschied war nun aber groß. Ich suchte dort nichts mehr, ich wußte, *diese* Welt *kann* die Lösung nicht bringen. Im Gegenteil, sie wartete auf eine Erlösung, auf eine

Befreiung, sie wartete auf das Erwachen des Menschen zu seiner anderen Wirklichkeit, auf das, was man Israel im Menschen nennen konnte. Und dazu sollte das Israel auf der anderen Seite, dort wo es als Gesondertes vorkam, ganz klar und eindeutig dieses Leben des Irrationalen, des Akausalen leben. Nicht erklärbar, nicht motivierbar, sondern einfach nur leben. Aber konsequent leben.

Die Frau bereitet die Mahlzeit zu, sie deckt den Tisch und ist die Königin. Erst über das Traumstädtchen kann die Welt der Gegenwart erkannt und betreten werden.

Gott sprach: »Mein Angesicht zu sehen, glücken
kann niemand. Schau mir nach nur mit Entzücken!«
Gott ging vorbei und Moses sah — die Welt...
Und er begriff: Die Welt ist Gottes Rücken!

Der Abschied fiel schwer. Die Rebbezin Mariam versorgte mich mit Nahrung, als ob ich Wochen auf Reisen sein würde. Und es waren nur Stunden bis Warschau. Sie erklärte mir aber, daß sie mir von allem etwas mitgeben wolle, von allem, was ich dort während dieser Wochen gegessen hatte. Denn, sagte sie, das was ihr Mann gegeben hatte an Verborgenem, das gebe sie als Sichtbares. Das eine entspreche dem anderen. Das sei das Geheimnis des Essens, und das wäre auch die Bedeutung des Weiblichen. Sie koche, sie bereite zu, und damit tue sie auf der irdischen Ebene, was der Mann auf der verborgenen tue. So seien Mann und Frau auch verbunden, das sei ein Geheimnis der Ehe.

Wie sie das so genau wisse? Ach, das brauche man nicht zu wissen, das sei eben so. Wenn Mann und Frau zueinander paßten, also einen "Siwuk" bildeten (Siwuk bedeutet ein Paar, das vollkommen zusammenpaßt, das für einander bestimmt ist), dann geschehe das eben von selber. Das könne man nicht berechnen und auch nicht erklären. So koche sie aber, in diesem Bewußtsein, so bewirte sie ihre Gäste. Und so gebe sie mir von allem etwas mit, damit ich nicht nur auf der einen Ebene nicht vergesse, was wir besprochen hatten, sondern auch noch davon mit meinem Leib esse. Das gehe dann zusammen, und so werde es bleiben.

Der Rebbe gab mir das Geleit zum Bahnhöfchen. Er beteuerte wiederholt, so vieles von mir gelernt zu haben. Doch, sagte er, als ich ihn etwas erstaunt anblickte, ich hätte ihm das Auge für die Welt, für alle Menschen geöffnet. Es lebe dort also doch so manches, man solle auch dem zuhören. Und ich habe ihn zu Gedanken und Worten inspiriert, die er sonst bestimmt nie gehabt hätte.

»Mit wem soll ich hier schon reden. Es sind liebe Leute, aber, wir leben eben im Exil. Du warst mir ein Gast aus der Welt der Erlösung. Und dann komme die Erleuchtung doch von selber — das sind doch Deine eigenen Worte. Sie kam mir, und damit habe ich Dich erkannt. Wir begegnen uns, wenn auch weit von hier, in anderen Welten. So sind wir uns doch auch hier begegnet.«

Ich konnte nicht viel reden und brachte nur dummes Zeug heraus, ich weiß überhaupt nicht mehr, was ich zum Abschied sagte. Jedenfalls werde ich von einer "vollkommenen Erlösung" gesprochen haben. Das ist so der Brauch bei solch einem Abschied.

Und so verschwand der Bahnhof, verschwanden die Häuschen, der Wald, wo wir auf der Hinreise plötzlich rückwärts fuhren. Es war ein Bummelzug, immer wieder stand er still. Doch jetzt war es ein Dienstag, also durfte sich der Zug von mir aus noch einiges an Umleitungen erlauben, um am Freitagnachmittag in Warschau zu sein. Er kam aber noch am gleichen Tag dort an.

Jener Ort, wie ein Traum war er mir. Wozu soll ich ihn nennen. Er wird dann plötzlich so dumm, so nichtssagend. Mir war er heilig, und Namen von Heiligem spricht man nicht aus. Er liegt da zwischen Kozienice, Deblin, Maciejowice, Trojanow, Zelechow, Laskarzew, im Südosten von Warschau. Was macht es auch aus. Jetzt sind aus allen diesen Orten die Juden fort, ausgewandert in eine andere Welt, ein Auszug aus Ägypten. Wirklich, sie wanderten in die jenseitige Welt ein, und dort sind sie nun. Ich weiß es! Und wir wollen diese Grenzen sprengen, den Fluß, der die Grenze bildet, überschreiten.

War dies alles ein Traum? Meinetwegen. Man nenne es, wie man will. Wer sagt, daß ein Traum als jenseitiges Erlebnis nicht wirklicher ist als diese fortwährend davonfließende Gegenwarts-Wirklichkeit?

Ich hatte mir aber zwei, wie man so sagt, konkrete Erinnerungen aufbewahrt. Damit ich Traum und Wirklichkeit doch verbinden könnte.

Erstens gelang es mir, die Fahrkarte als ein "Souvenir" aufzuheben. Im Jahre 1943 aber haben Holländer, die verschiedene mir kostbare Erinnerungen aufbewahren sollten, alles verkauft, was Geld einbringen konnte, und das andere einfach vernichtet. Sie nahmen an, daß ich wohl niemals zurückkehren würde. Sie waren aber zu voreilig. Sie wußten nicht, daß ich eben Grenzen zu überschreiten hatte, und so auch diese Grenze, die mich dem Tode auslieferte, durchbrechen konnte. Sie waren sehr erschrocken, als ich dann doch zurückkehrte. Und sie haben sich bis heute nicht von diesem Schrecken erholt. Die Fahrkarte war mir aber während dieser fast acht Jahre eine teure Erinnerung.

Zweitens hatte ich einen Reisegefährten aus diesem Ort. Damit zeigte er an, daß dieser Ort doch auch in dieser Welt liegt.

Ein etwas komischer Reisegefährte. Denn er wollte mir, dem Gebildeten, über den im Ort während dieser Wochen natürlich viele Gerüchte und Mutmaßungen, Hypothesen und Spekulationen kursierten, zeigen, daß auch Juden aus einem solchen Nest wußten, was Bildung sei. Und das drückte sich unter anderem vor allem darin aus, daß er "Deutsch" sprach. Nicht Jiddisch, sondern eben "Deutsch". Jedenfalls, was bei ihm als Deutsch galt.

Da die Juden aus dem jiddischen Sprachbereich im allgemeinen nicht "Deutsch", sondern "Daitsch" sagten, wollte er beweisen, daß er sehr wohl gebildet sei, und so gab es bei ihm einfach kein "ei" oder "ai", sondern nur ein "eu".

Also wünschte er mir "scheene Feuertage", und er "feuerte" den Sabbat. Als ich ihm, da er stolz erklärte, Kaufmann zu sein, erzählte, wie mein Vater in seinem holländischen Exil auch "Feuerzeuge" für deutsche Firmen verkaufte, sagte ich in der Verwirrung "Feierzeige". Bis heute "feuere" ich also, wenn ich mich lustig mache, die Feste. So sahen also die Chassidim dieses Rebben auch aus.

Trotz seiner Klagen über ihre Dummheit und Streitsucht liebte er sie alle. Sie waren schließlich Königskinder im Exil. Was will man dann schon. Und so liebte ich sie auch. Denn trotz allem waren sie doch imstande, diesem Städtchen etwas Intimes, Heimisches, etwas

Geborgenheit zu geben. Und seit damals liebe ich alle Menschen noch mehr als vorher. Denn sind sie nicht alle, fast ohne Ausnahme, im Exil? Sie können nichts für ihre Dummheit und Gemeinheit. Sie wissen eben nicht, was sie tun. So wie sie auch nichts dafür können, wenn sie, beim Messias, alle gescheit und lieb und gut sind. Der Sinn des Lebens liegt nicht bei Schuld oder Lohn. Der Sinn des Lebens ist die Sehnsucht, der Traum der anderen Welt, die Hingabe, das Vertrauen. Damit werden Grenzen überschritten.

Als ich später in Wien meinem Großvater von dieser Begegnung erzählte, sagte er:

»Ach der, der ist doch einer unserer Verwandten. Ich weiß, aus Kopycincy. Dort lebt er jetzt? Wohin man schon verschlagen wird! Ja, der Krieg hat alles durcheinander gebracht. Er muß mein Alter haben, vielleicht ein paar Jahre jünger. Aus diesem Geschlecht sind Große hervorgegangen. Er muß, nach dem, was Du erzählst, ein Großer in der Thora sein. Ja, solche gibt es noch. Sie werden bleiben. Der Überrest von Israel.«

Der Großvater sprach nicht viel, jedenfalls machte er keine großen Worte. Aber ich sah, daß er beeindruckt war. Und das tat mir wiederum gut.

Wie ein Traum blieb mir das Erlebnis im Städtchen. War es wirklich eine Insel aus dem Jenseits, hier wie einer der Funken lebend, und damit dieser ganzen Welt hier Farbe und Sinn verleihend? Und gibt es nicht überall wieder Menschen, die Funken eines großen Lichtes sind, eines Lichtes, das verhüllt wurde, weil es zu stark war, um von Wesen, die die Ewigkeit nur in unzählbaren Zeit-Abschnitten erleben, ertragen zu werden? Alle diese Funken zusammen, die unendlich vielen, in den unendlich vielen Zeitabschnitten beisammen, bilden wiederum dieses große Licht. Am Ende, wenn alles sich erfüllt haben wird, was jetzt noch Bewegung ist, was jetzt noch Weg heißt, wird dieses große Licht wieder in seiner Fülle erscheinen. »Dann wird das Licht des Mondes sein wie das Licht der Sonne und wie das Licht der sieben Tage der Schöpfung.«

Es ist gut, solche Traum-Orte zeigen die Anwesenheit der anderen Welt hier. Auch wenn dort der Zustand des Exils herrscht, weil sie eben verbannt sind, in dieser Welt zu leben, umhüllt und verdüstert von dieser Welt, verdummt und verkrüppelt von dieser Welt, so sind sie doch erquickende Inseln.

Ich erinnere mich, wie wir am Ende eines Sabbats einige Minuten draußen über die Straße gingen. Es war dunkel, Straßenlaternen gab es nicht, nur die Sterne funkelten. Und aus den Häusern drang Gesang. Hier das bekannte "Hamawdil ben kodesch lechol" ("Der unterscheidet zwischen dem Heiligen und dem Profanen"), dort das Lied vom Propheten Elia. Man war beisammen und wußte, daß man trotz aller Uneinigkeiten doch wie eine Familie war. Unsere Füße knarrten im sandigen Boden.

»Es ist gut, hier zu sein. Wir sagen doch, Polen bedeute im Hebräischen Po-lin, und das heißt "hier übernachte". Wenn die Nacht zu Ende sein wird, werden wir auch das hier verlassen. Und doch werden wir uns hierher sehnen. Immer, was wir auch hier erlebt haben an Schwierigkeiten und an Bösem.«

Wie grell war der Unterschied zwischen dieser Traumwelt in meinem Traumstädtchen und der so aufgeregten, gehetzten Welt, die diese Art von kleinen Städtchen, ebenso wie diese Art von Menschen umgibt, sie gefangen hält. Und wie langweilig ist eigentlich diese Welt, alles ist doch dort so "hunds-egal", wie man damals an der Universität in Wien so oft zu hören bekam.

Eine Welt voller Farben, voller Abwechslung, und dennoch geht jeder dort an Langeweile zugrunde, an Sinnlosigkeit. Die Schlange bekommt Staub zu fressen, und Staub hat eben keinen Geschmack. Der Mensch, der dieses Schlangen-Dasein für sein Leben wählt, weil er eben nicht bereit ist, die Einheit auch in seinem Leben anzuerkennen, weil er nur das akzeptiert, was seine Zeit-Raum-Sinne ihm mitteilen, und die andere Wirklichkeit, obwohl sie genauso Teil seines Seins ist, ablehnt — dieser Mensch also hat das Schicksal des Staub-Fressens, er erhält die Langeweile.

Braucht der sich langweilende Mensch den Hochmut, um sich doch einen Sinn seines Lebens einzureden? Baut er nicht eben deshalb diese komplizierte Gesellschaft, um dann wenigstens "Sinn zu spielen"? Aber auch das Spiel langweilt ihn. Man kann das alles an Kindern studieren und braucht es nur auf die Erwachsenen-Welt zu übertragen.

Solch eine Kompensation seiner Unsicherheits-Gefühle, seines Sich-verloren-Fühlens, seines Sich-sinnlos-Fühlens ist auch die Politik. Dort ist die Wichtigtuerei geradezu perfekt. Wie Kinder ihre Spielregeln haben, so spielt es sich in der Politik. Nur Menschen, die von der Thora nichts wissen, die von der Herrlichkeit des Lebens nichts wissen, brauchen Politik. Sie ist ein ausgezeichneter, ein vorzüglicher "Tranquilizer".

Und weil der einseitig auf die Gegenwart ausgerichtete Mensch sich unglücklich fühlt, ist er aggressiv. Er beneidet den Ausgeglichenen, der beide Wirklichkeiten kennt. Der Hinkende gönnt dem harmonisch Gehenden seinen Gang nicht. Es sticht ihn, und er verfolgt und verleumdet ihn. Deshalb wurden diese Traumstädtchen auch vernichtet, deshalb duldet man nicht das Leben eines von der anderen Wirklichkeit Wissenden. Esau beneidet den Jakob, der immer umherjagende Esau geht an seinem Ärger über die Existenz Jakobs fast zugrunde. Das ist in jedem Menschen so, in einem jeden ringt Esau mit Jakob.

Frauen und Knechte als Entsprechungen. Gegenwart, Zukunft und Vergangenheit. Diese und die kommende Welt.

> Der Gipfel ist ein Gipfel durch den Berg.
> Trotz großen Kopfes bleibt ein Zwerg ein Zwerg.
> Nichts Großes gibt's, das nicht auf Großem fußt:
> So wie der Mann ist, ist des Mannes Werk.

Auch das war mir immer deutlicher geworden. Die Thora enthält die Welt der anderen Wirklichkeit. Die Thora ist eine geträumte Offenbarung. Es geht darum, die Entsprechungen für die Welt der Gegenwart zu finden. Aber auch diese sind gezeigt worden. Denn wer könnte sicher gehen, wenn es sich um die Verbindung beider Wirklichkeiten handelt. Mit der Kenntnis dieser Verbindungen kann man überhaupt nur das Eine auf das Andere beziehen.

Die "Frau" in der Thora ist in der Entsprechung in unserer zeiträumlichen Welt das Erscheinende. Dieses soll untergeordnet sein dem Verborgenen. Der "Mann" ist das Verborgene im Menschen. Deshalb wird das hebräische Wort für männlich gleich geschrieben wie das Wort für "Erinnerung" (beide als s-ch-r, als sajin, chaf, resch). Die Erinnerung ist eben das Nicht-konkrete, es ist das sich der Zeit und dem Raum Entziehende. Vergangenheit ist zeitlos, wie auch Zukunft. Gegenwart ist der nicht existierende Schnittpunkt zwischen Vergangenheit und Zukunft. Und doch nennen wir Gegenwart die einzige Wirklichkeit. Nichts ist unwirklicher, wie diese sich unseren Sinnen zeigende Welt. Wir können das sogar schon naturwissenschaftlich beweisen. Dennoch hält man an diesem Trug fest. Vor allem in Politik und Gesellschaft.

Politologie und Soziologie sind denn auch Wissenschaften des sich im Spiel betäubenden, unglücklichen, aggressiven Menschen.

Die Wirklichkeit des Zeitlosen, des Akausalen, sei Herr über die Wirklichkeit des Erscheinenden. Das ganze Leben enthält nach beiden Seiten die Entsprechungen.

So steht es auch mit den Knechten in der Thora. Genauso wenig wie man die Frau in unserer Welt behandeln kann nach dem, was dort von der Frau für das Zeitlose gesagt wird, genauso wenig kann und darf man hier das "Auge um Auge" und das "Zahn um Zahn" anwenden. Man suche vielmehr die Entsprechungen dieser Werte. Und das gilt auch für den Knecht. Knecht wird der, der sich in dieses Leben der beiden Wirklichkeiten nicht einordnen kann. Er wird abhängig vom Herrn, der das wohl lebt. Auch im Menschen selber gibt es das Verhältnis zwischen Herr und Knecht.

Auf gleiche Art kann man in der zeiträumlichen Wirklichkeit keinen Tempel bauen. Erst für den Menschen beider Welten existiert der Tempel. Aber er ist dort gebaut, in der anderen Wirklichkeit, in der Wirklichkeit der Thora.

Wenn alles erfüllt ist und das verborgene Licht überall strahlen wird, wenn beide Wirklichkeiten als eine Einheit da sein werden, als Eins-Sein und Eins-Werden in einem, dann gelten andere Naturgesetze, weil dann auch diese auf beiden Seiten erkannt werden. Und nur dann und erst dann, kann man von einem Tempel auch hier sprechen. Die Juden sprechen von der "olam hase", und man übersetzt das mit "diese Welt" und der "olam habba", das heißt "die kommende Welt". Das Versprechen und die Erwartung verheißen die Herrschaft über *beide* Welten. Jetzt gibt es für die Welt als Ganzes nur das Entweder-Oder. Entweder gibt es "diese Welt" oder "die kommende". Im Menschen aber können jetzt schon beide zugleich da sein. So sagt man, wer Thora lernt, lebt in dieser und in der kommenden Welt. Diese kommende Welt nenne ich hier lieber die andere Wirklichkeit. Das versteht man heute besser.

Das Städtchen träumte. Diese Welt hier war ihm eben fremd, feindselig. Man sprach nicht die gleiche Sprache, hatte mir der Rebbe schon offen und klar, wenn auch etwas verschämt und schüchtern, gesagt. Damit hatte er den Bruch zwischen beiden Wirklichkeiten, jedenfalls dort, wo sie sich in dieser Welt begegneten, zwischen diesen Chassidim und allen anderen, sogar einschließlich der meisten anderen Juden, zugegeben. Und er hatte auch ein "Non possumus" ausgesprochen. Die Geste zu mir hinüber, ich könnte, ich sollte sogar hinüber, von hierher dorthin, und zu gleicher Zeit von dort hierher, zeigte nochmals die verzweifelte Lage. Auf beiden Seiten.

Die anderen sahen den Chassidismus als eine Art Naturreservat, warauf man sentimental und gerührt hinabblicken konnte, worüber man bei Buber oder Bloch (Chaim Bloch) nachlesen konnte. Am liebsten im Sinne des Vergangenen. Heute heißt es doch degeneriert. Denn heute empfindet man es als störend. Man wird nicht gerne beim Spiel gestört.

Umgekehrt, die Chassidim sahen die Welt wie eine seltsame Landschaft, von Wilden bewohnt. Man mußte sich mit diesen Wilden vertragen, man mußte mit ihnen auskommen. Man machte Geschäfte, man besuchte ihre Ärzte und Anwälte, wenn es nicht anders ging, aber im übrigen hieß es, ihnen auszuweichen, nicht zu engen Kontakt mit ihnen zu pflegen. Denn die anderen hätten doch nur böse Absichten. Und im besten Falle waren sie dumm und ohne Einsicht. Die wenigen Ausnahmen — mit Anerkennung spricht man im Jiddischen von einem "anständigen Goi" — waren eben wenige. Und sogar diese "Anständigen" werden bei der Masse in ihrem Erkenntnisniveau nicht gerade hoch eingestuft.

Natürlich stand der Rebbe diesen Fremden ganz anders gegenüber. Gewiß, er sprach nicht ihre Sprache, aber er hatte Respekt vor jedem Menschen, und großen Respekt vor Menschen, die auch suchten, die sich sehnten. Gläubige Menschen waren ihm heilig. Da kannte er keine Unterschiede.

Ich weiß noch, mit welcher Inbrunst er die mir schon bekannte Geschichte erzählte von Moses und dem einfältigen Ehepaar.

Die Geschichte vom gläubigen, einfältigen Ehepaar.

Es war einmal ein Ehepaar, und es liebte Gott über alle Maßen. Es wollte Gott Gutes tun, ihm Geschenke bringen. Und so bauten sie an einer Stelle im Walde einen Altar, und dort brachten sie Gott ihre Geschenke dar.

Sie brachten schöne Kleider und sprachen: »Lieber Gott, hier hast

Du das Schönste zum Anziehen. Du brauchst jetzt nicht mehr zu frieren, Du brauchst Dich im Himmel auch nicht vor Deinen Heerscharen zu schämen.«

Und sie brachten die herrlichsten, die köstlichsten Speisen. Und jedes Mal sprachen sie Gott zu, priesen das gute Essen, die frischen Früchte, die besten Getränke.

Ein Strolch aber hauste nicht weit von dieser Stelle. Er sah das alles geschehen, hörte auch ihre Reden. Und sobald sie gegangen waren, kam er hervor und nahm Kleidung und Speisen an sich, und hatte so ein gutes, fettes Leben.

Da das brave Ehepaar nun immer sah, wie Kleidung und Nahrung genommen waren, meinten sie, daß Gott es alles wirklich brauchte, und sie freuten sich sehr. So lebte alles glücklich und zufrieden.

Moses aber, der, wie es so seine Gewohnheit war, dem Treiben der Menschen zusah und sich ob der Naivität dieses Paares ärgerte, hielt es nicht mehr aus, und eines Tages brach er aus seinem Versteck hervor, schrie die beiden an und wies ihnen ihre Dummheit nach.

»Braucht Gott denn Kleidung, braucht Gott Nahrung, ihr Toren? Schaut, hier, ein Räuber, er nimmt das alles an sich. Er hat ein schönes Leben damit gehabt.«

Das Ehepaar zog sich, beschämt und aufs tiefste enttäuscht, zurück. Sie hatten alles falsch gemacht, ihr Leben mit einem Trugbild verbracht. Der große Lehrer Moses selber hatte sie darob abgekanzelt. Er hatte gesagt, er mit seinem großen Wissen, sie seien Toren. Traurig gingen sie hinweg. Niemand sah sie wieder.

Da kam aber Gottes Stimme vom Himmel, verärgert, aufgebracht, und Er rief Moses zu:

»Du hast mich um meine treuesten Diener gebracht, Du Moses! Ist nicht die Absicht entscheidend, die Hingabe? Kann überhaupt ein Mensch ahnen, was ich brauche oder nicht brauche? Ich sage dir, ich brauche das Herz des Menschen, seinen reinen Glauben. Nicht seine Überlegungen, seine Gebilde, nicht die Produkte seiner Vernunft. Ich sage dir, Moses, ich sehne mich nach der Liebe des Menschen. Wie ein Mann sich nach der Liebe und der Hingabe einer geliebten Frau sehnt. So sehne ich mich nach der Liebe der Menschen. Da bin ich eifersüchtig. Denn ich suche die Vereinigung mit dem Menschen. Und jetzt hast du, mit deinen Vernunftgründen mir diese Geliebten abspenstig gemacht. Sollen sie etwa mit deiner Vernunft sich verehelichen? Schau, sogar dieser Räuber hat mir jedesmal gedankt, als er die Geschenke für sich nahm. Auch ihn hast du jetzt traurig gemacht. Siehst du, Vernunft zerstört die Welt. Du hast 49 Tore der Einsicht durchschritten. Der nach dir kommt, der Jehoschua, wird auch das 50. Tor durchschreiten. Dort lernt man die Kraft der Liebe, wie sie sich auch ausdrückt. Dort gibt es nicht die Maßstäbe von Gut und Besser, dort ist alles unermeßlich, denn dort herrscht die Freiheit der Liebe.«

Er erzählte diese Geschichte, mit seinen eigenen Variationen, — und es freute mich, als ich sah, daß er der Geschichte sein eigenes Leben gab, gerade weil er Menschen liebte — nachdem bei Tisch von einem der Teilnehmer an der Mahlzeit etwas Unglimpfliches über einen Dorfpfarrer gesagt worden war. Erschreckt erhob der Rebbe die Hände, seine Gebärde, wenn er etwas entrüstet ablehnte.

»Glaubt nur nicht, daß das Christentum etwa falsch sei! Es stammt aus der guten Wurzel, und es gehört zur Wahrheit. Das Christentum hat der Welt Gott gebracht, es hat die Thora als heilige Offenbarung erkannt. Unsere Großen erkennen es an als wahren Dienst. Es ist töricht, darüber zu urteilen, ohne es näher zu kennen. Es ist nicht unser Weg, wie unser Weg nicht ihr Weg ist. Aber er führt zu Gott, und Gott freut sich, wenn Menschen ihn suchen. Dann finden sie unerwartete Geschenke. So wie ein Mann seiner geliebten Frau Geschenke auf den Weg legt, damit sie sich freut. Glaubt nur nicht, daß ihr den einzigen Weg kennt. Von allen Seiten nähert sich der Mensch Gott. Und Gott freut sich nach allen Seiten.«

Und er erzählte als Beispiel eine Geschichte vom Baal-Schem.

Die Geschichte vom Kutscher. Christentum in der Sicht des Rebben.

> Das zähl ich zu dem Seltsamsten auf Erden,
> Wie Gläubige sich oftmals so gebärden,
> Als wär' es in der Tat besonders wichtig,
> Daß sie nur ja ganz sicher selig werden!

»Einst fuhr der heilige Baal-Schem-Tow mit einigen Schülern in ein benachbartes Städtchen. Der Weg führte durch einen dichten Wald. Der gewohnte Kutscher war verhindert, also wurde der Wagen von einem anderen gelenkt.

Als sie schon fast im Walde waren, hieß ihn der Baal-Schem plötzlich umkehren. Die Schüler waren gewohnt, ihren Meister in allem gewähren zu lassen. Er wisse schon, was er tue. Vielleicht war noch etwas Wichtiges im eigenen Städtchen zu erledigen, und der Baal-Schem hatte es auf dem Wege in seiner Heiligkeit erfahren.

Zu Hause gebot er aber nur, doch den gewohnten Kutscher zu holen. Sobald dieser erschien, begann die Reise aufs neue.

Jetzt staunten die Schüler. War der andere Fuhrmann nicht gut? Er hatte doch die Pferde ganz tüchtig gelenkt, und die Reise war doch rasch vonstatten gegangen, der Wagen fuhr leicht und gut.

,,Ich werde euch jetzt eine Lehre erteilen", sagte der Baal-Schem, ,,hört nur gut zu und wisset es für euer Leben. Mit diesem Fuhrmann hier fahre ich nun schon seit langer Zeit. Ich habe Vertrauen zu ihm. Denn ein Fuhrmann ist sehr wichtig im Leben, er fährt uns von Ort zu Ort, und der Weg führt oft durch dichten Wald, wo sich Räuber und Wegelagerer verstecken. Und wenn ihr mich fragt, wie ich nun Vertrauen zu ihm bekam, da man doch mit seinem Fuhrmann nie lange Gespräche führen kann, weil er ja auf den Weg und auf die Pferde zu achten hat, er auch ganz andere Gedanken im Kopf hat wie wir, so werde ich es euch jetzt erklären. Ich sah nämlich, wie der Fuhrmann vor jedem Kreuzesbild, wie so manche da die Straße säumen, einen frommen Gruß entbot. Niemals ließ er eines unbeachtet. Das gab mir Vertrauen. Denn der Fuhrmann, der uns den Weg fährt, soll Gott achten. Wie er ihm auch dient, er soll ihm dienen. Er soll wissen, daß es einen Gott gibt im Himmel, womit die Erde sich verbinde. Nun aber, der Fuhrmann, den wir heute zuerst hatten, beachtete diese Kreuzesbilder überhaupt nicht. Er fuhr an allen einfach vorbei. Solch ein Fuhrmann aber ist mir unheimlich, mit dem fahre ich nicht durch einen Wald. Das bedeutet Gefahr für das Leben. Besser, man fährt dann zurück und beginnt die Reise von neuem. Schaut, wie dieser Fuhrmann ein jedes Kreuz grüßt. Mit dem können wir ruhig fahren."

So hat der Baal-Schem gehandelt, und diese Geschichte ist uns überliefert worden«, fuhr der Rebbe fort, die Stimme ein wenig hebend, da einige Leute, trotz der Ehrfurcht vor ihm hörbar murrten und etwas Spöttisches um ihren Mund spielte.

»Verstehet, nicht umsonst wählte der Baal-Schem das Beispiel vom nicht-jüdischen Fuhrmann. Wir leben in einer Welt der Anderen. So wie wir hier unter Polen, und der Baal-Schem unter Ruthenen. Das sind unsere Fuhrleute. So wie unsere körperliche Erscheinung uns durch die Zeit fährt. Dieser Körper ist der Andere. Wir werden durch ihn und von ihm gefahren. Was wären wir ohne diesen Körper? Der Körper hat so seine eigene Art, Gott zu suchen und zu dienen. Er hat aber, als Körper, schon recht. Denn der Körper wird selber geführt. So wie wir sind, so ist unser Körper. So wie Israel ist, so ist die Welt um uns herum. Der Körper kann nichts dafür, *wir* sind verantwortlich. Die Neschama kommt vor Gericht. Kinder, wir sollten Vorsicht üben mit diesen Urteilen über die Welt. Gewiß, die Welt ist oft dumm. Fragen wir uns aber, ob wir diese Welt genug geliebt haben. Hier handelt es sich nicht darum, wer recht hat. Im Sinne des Körperlichen gibt es nicht ein Recht-haben. Da hat jeder, und jeder für sich, recht. Wie jeder Mensch anders ist. Er ist eben anders erschaffen. Dafür kann er nichts. Die Neschama aber, die reine, die wird Verantwortung und Rechenschaft ablegen am großen Tag. Die Neschama aber hat ihre Wohnung in der anderen Welt.

Er schaute mich während dieser Geschichte an, obwohl ich an seiner Seite saß, und er dazu seinen Kopf drehen mußte. Wir hatten kurz vorher vom Christentum gesprochen, und ich hatte ihm erzählt, wie ich das Neue Testament sah. Auch da hatte er gesagt, er kenne es nicht, hätte es nie in Händen gehabt, kenne eben nicht die Sprache der anderen. Man müsse dazu auch das Denken der anderen, der Völker, kennen, der Griechen, der Römer, der Russen, Polen, Deutschen usw. Und er fühle sich nicht in der Lage, dies alles zu studieren. Er glaube auch, die Zeit sei bisher nicht reif dazu gewesen. Das zeige sich schon an der Gehässigkeit, mit der die Völker Israel behandelten, wie sie es verfolgten, Lügen über es verbreiteten. Sogar die Großen der Völker hätten im allgemeinen nicht anders gehandelt. Israel müsse deshalb verborgen bleiben. Das sei die einzige Möglichkeit für seinen Fortbestand, zum lebendig Bewahren der ganzen Thora, der schriftlichen wie der mündlichen, nur so konnte man die Thora leben, sie tun.

Aber auf meine Ausführungen reagierte er mit eben der Bestätigung, daß es ein Unrecht sei, das Christentum als eine Irrlehre zu betrachten, da schon so viele Weise erklärt hätten, es sei wahr, nur daß die Praxis zeige, daß man vom wahren Kern abgewichen sei, daß man sich Gebilde konstruiert habe. Aber das verringere nicht Größe und Bedeutung des Christentums an sich.

»So darf man nicht sprechen. Denn schau, was würde man vom Judentum sagen, wenn man auf das Leben so vieler Juden hinwiese, wenn man Reform-, liberales Judentum oder Zionismus als Beispiele für die Bedeutung der Thora und der Halacha anführen wollte. Wir sollen die anderen mit gleichen Maßstäben messen.«

Wie bei den Wissenschaften meinte er auch in bezug auf das Christentum, es wäre jetzt vielleicht der Zeitpunkt nicht mehr fern, sich mit diesen Menschen auszusprechen.

Ich muß sagen, ich trat als eifriger Anwalt für diese anderen auf, erzählte von den Werken der Großen, von Augustinus, von Thomas von Aquin, von Niklaus Cues, von Jakob Böhme, erzählte auch von den Schwächen, von den Zeichen der Todkrankheit der modernen Theologie. Er nickte dazu.

»Wenn man so steht wie Du, kann man es auch hier versuchen. Bedenke aber, das Umhüllende hat die Neigung, das Verborgene ersticken zu lassen. Es hat als Naturgesetz die Kraft, die sich immer ausbreiten will, die alles erobern will. Man muß aufpassen; die werden, ohne böse Absicht, denn es ist eben Natur in ihnen, uns anhören, um das herauszuhören, was ihnen als Waffe dienen kann, um uns dann mit diesen Waffen zu erobern. Also das Innere nach außen zu bringen, das Verborgene zu vergewaltigen. Es ist ihre Lust, ihre Natur. So wie die Katze Vögel frißt. Man muß ihnen erst klar machen, was das Verborgene ist, was der Hebräer bedeutet, wie das Äußere nur durch das Verborgene existieren kann, so wie das Innere nur durch seine Umhüllung hier erscheinen kann. Erst dann, wenn ihnen diese Zweiheit klar wird, kann man mit ihnen wie mit Brüdern reden. Sie sollen verstehen, daß wir bis ins letzte Detail alles haargenau hier leben müssen, damit sie überhaupt gesund existieren können. Daß sie also anders sind. Nicht besser oder schlechter, sondern einander gegenüber wie die beiden "jod" im "aleph". Sie müssen verstehen, was es bedeutet im "Ha-asinu" (das sogenannte Lied Mose, am Ende des 5. Buches Mose), wo gesagt wird, daß das Gebiet der Völker, ihre Grenzen, bestimmt sind nach der Zahl von Israel. Damit meint man nicht ihre Länder hier, sondern ihre Existenz in der Welt. Die Zahl ist etwas Exaktes. Die Zahl von Israel ist unser bis ins Letzte treue Leben der ganzen Thora. Zahl ist exakt, bis ins Milligramm, bis in den "60. Teil" (ein Maß der Halacha). Ihr Leben wird bestimmt durch unser Verhalten. Und sie speisen uns, sie beschützen uns. Wie der Körper die Seele.«

»Deshalb sagt man doch auch, Israel bete für das Wohl der Völker, bei denen es im Exil lebt. Das bedeutet ja, daß man durch sein Leben den Körper nach seinem großen Wert schätze und ebenso die Welt, in der man lebt. Das ist doch nicht nur die Gebetsformel, wovon manche meinen, man spreche sie, um die Völker ein wenig zu beschwichtigen, ihnen zu zeigen, wir seien doch ebenso gute Nationalisten für ihr Land wie sie«, fügte ich noch hinzu.

Er fand das selbstverständlich. Und ich verstand seinen Einwand, ja seine Angst vor nicht von Anfang an gut abgeschirmten Gesprächen mit Menschen aus der Welt des Christentums. In einem anderen Sinne galt das eigentlich für alle Gespräche mit anderen, ob es nun

Naturwissenschaftler, amerikanische Kapitalisten, Inder, Mohammedaner, Buddhisten, Zionisten oder Sozialisten waren. Überall würde man nur mit einem selbstverständlichen Imperialismus Eroberungsgedanken haben, Annektionsabsichten. Einbruch in das Verborgene, um es zu entweihen. Nichtverständnis des Paradoxes in der Schöpfung, und deshalb Zerstörung der Einheit in Sein und Werden. Nukleus und Elektronen-Ringe bilden beide die Grundlage des Erscheinenden. So wie die Elementarteilchen Materie sind und zugleich wiederum nicht Materie.

»Unter diesen Absicherungen gegen die Gewalt dieser Naturgesetze soll man vielleicht anfangen, sich ihnen zu nähern. Bisher nähert man sich nur im Handel, in der Politik, in der Wissenschaft. Also nur dort, wo Israel nicht Israel ist. Das ist bisher das einzige, was die Emanzipation erreicht hat. Also Ärger nach beiden Seiten. Sie wollen diese Juden nicht, und wir wollen diese Art der Assimilation nicht. Deshalb müßte sich vielleicht das wirkliche Israel, das jenseitige, ihnen nähern. Allen, die dort stehen. Nur so werden Himmel und Erde verbunden.«

Er wurde still, neigte den Kopf ein wenig.

»Ja, es kommen neue Zeiten, eine neue Welt. Vielleicht reden wir deshalb hier miteinander. Wenn Du aufpaßt, und das wirst Du schon, sogar mehr als ich es könnte, — denn Du weißt genau, was dort los ist und wo wir stehen —, solltest Du vielleicht sogar auch hier durchbrechen. Zu den anderen hinüber, um sie aufmerksam zu machen auf diese Tatsache des Spiegelbildes, um sie zu erwecken und zu erfreuen. Denn sie sind natürlich lustlos und traurig. Diese jetzige Welt ist genauso eine Gefahr für das Christentum wie für uns. Jetzt könnte man sich finden. Die heutige Welt kennt ihre Wurzel nicht mehr, sie sehnt sich daher auch nicht mehr. Die schlimmste Strafe für das Sich-abwenden vom Himmel ist das Verlorengehen der Sehnsucht nach ihm. Denn nur mit dieser Sehnsucht kann man leben. Sonst ist das Leben doch nicht zu ertragen. Es beweist, daß es die Sehnsucht und die Hingabe braucht. Nur die Freude zeigt, daß man auf dem richtigen Weg ist. Diese Freude kennt die heutige Welt nicht mehr.

Ob es nun die Nazis sind oder die Bolschewiken, Wissenschaftler oder Politiker. Sie kennen den Lärm des Rausches. Wie beim Kalb, das dann erscheint, wenn man die Gewißheit der anderen Wirklichkeit verliert. Dann tanzt und schreit man, aber sinnlos. Vielleicht bringst Du ihnen Freude.«

Harmonie führt zur Erkenntnis, und Erkenntnis führt zur Liebe.

Ja, es war alles wie ein Traum. Das Städtchen, die Gespräche, das spätere Nachdenken darüber. Und dieses Empfinden wie von einem Traum wurde noch verstärkt, als alles, was dort lebte, verschwand. Als ob es niemals dort gewesen wäre, also doch nur ein Traumgeschehen.

Wir gingen den Fluß entlang, diesmal allein. Einige Zeit herrschte Schweigen zwischen uns. Man hörte nur das Wasser und weit entfernt Hühner und Hunde.

»Die Hühner werden geschlachtet. Sie wollen es nicht. Hast Du schon mal gesehen, wie sie sich sträuben? Alles will leben, und doch geht alles hinweg. Warum ist man so ängstlich, von hier fortzugehen? Es steht doch geschrieben, daß sogar Pflanzen sich sträuben. Gewiß, ich glaube, auch Steine haben Schmerzen, wenn man sie behaut. Berge tanzen vor Gott, Bäume jauchzen, Sonne und Mond reden. Alles hat Gefühl, hat Leben. Und es will hier leben und wehrt sich gegen den Tod, trauert zumindest um ihn. Und doch hat alles seine Bestimmung erst nach dem Tod. Der Weizen wird geschnitten. Das ist unsere Trauerzeit. Es bedeutet doch, der Mensch wird von der Erde abgeschnitten. So wie alles abgeschnitten wird. Doch erst nach der Ernte fängt der Weg zum Brote an. Auch die Hühner, die wir von ferne gackern hören, finden ihre Bestimmung nach ihrem Tod. Sie werden Teil des Menschen, und dazu sind sie da. Eigentlich sollten sie sich danach sehnen. Vielleicht aber tun sie es auch, und nur etwas anderes in ihnen widersetzt sich dem. Das was weiter will, eigentlich zurückwill, ist die Neschama. Das, was bleiben will, ist die Umhüllung. Israel

will nach Hause. Das Andere will bleiben. Will nichts vom Zuhause wissen. In jeder Sache sollten wir diese Neschama, den heiligen Funken, erkennen. Dadurch kann alles überhaupt erst hier erscheinen. Das Verborgene trägt das Sichtbare. Und weil in allem dieser Funke des verborgenen Lichtes lebt, ist alles für uns heilig. Deshalb verbeugen wir uns vor allem in der Schöpfung. Auch die Fliege lebt durch diesen Funken, auch der Stein, jeder Baum, alle Blumen.

Wie wunderbar ist dann aber alles. Wenn wir ein Ding, was es auch sei, respektlos behandeln, beleidigen wir diesen Funken. Wenn ein Gegenstand von einem Menschen geformt wurde, ist sogar vom Funken des betreffenden Menschen Licht eingegangen in diesen Gegenstand. Deshalb vernichte man nichts, was je gemacht wurde.

Aber auch einen Hund soll man nicht beleidigen. Wer weiß, was der Hund hier mitzuteilen hat, wozu er da ist. Glaube mir, wenn man Erkenntnis hat, hat man auch Barmherzigkeit. Und Erkenntnis bricht auf, wenn man die Pracht der Schöpfung kennenlernt. Ihre Harmonie, ihre Wunder.

Bedenke, wieviel es braucht, solch eine Blume zu bilden, mit allen ihren Fasern, ihren Windungen, ihrem Atem, ihrem Duft, ihren Farben, diesen kleinsten Zäcklein an ihren Blättern. Und das alles paßt zusammen mit allem anderen in der Schöpfung. Eins ins andere.

Wenn Gott das schon so großartig zusammengefügt hat, bis ins Kleinste, würde er dann nicht erst recht das Wichtigste, das Schicksal der Welt, das Schicksal des Lebens, der Menschen, bis ins kleinste Detail zusammenfügen? Wer daran zweifelt, leugnet eigentlich Gottes Schöpfung! Sollte Gott sich mit diesen für den Menschen fernen Dingen beschäftigt und alles so genau geordnet und geregelt haben, seine Kinder aber dem Grausamen ausgeliefert haben? Nein, die Schöpfung ist Gewähr dafür, daß auch, und gerade das Schicksal der Menschen bis ins Kleinste nur im Sinne der Liebe, der freudigen Überraschung, gebildet ist.

Frohe Botschaft! Engel heißen doch Boten. Und alles, was hier erscheint, hat doch seinen Engel. Jede Blume, jeder Grashalm. Wenn hierfür schon die Engel kommen, wieviel mehr noch zum Menschen.

Diese Engel lenken das Geschick des Menschen. Gott schickt seine Boten. Erkennen wir doch seine Boten.«

Eindrücklich blieb mir nicht nur diese Aufforderung, vor der ganzen Kreatur Liebe und Respekt zu haben. Das hatte ich wohl schon von jeher. Aber diese Verbindung, — dieses Wahrnehmen der Harmonie, der Zusammenhänge also, wodurch dann die Erkenntnis kommen würde, wodurch von selber dann die Liebe, die Barmherzigkeit erwüchse, diese Verbindung zeigte eben eine Einheit auf, durch die erst der Sinn des Lebens erfüllt werden könnte.

Diese drei Facetten des menschlichen Handelns, diese Grundlagen des menschlichen Seins, fand ich bei meiner nächsten Begegnung in überbordender Fülle. Ich empfand auch, wie sie eigentlich die Brücke bilden konnte von der Welt des Traumes in die Welt der hiesigen Wirklichkeit. Denn wie lebt man hier den Traum? Mit anderen Worten, wie wird der Traum gedeutet?

Eine wichtige Eigenschaft des Führers sei seine eigene Unruhe, seine eigene Beweglichkeit. Begegnung mit Nathan Birnbaum.

Der van Dijck-Saal im Haag. Etwa hundert Leute sind anwesend, fast alles Juden. Dr. Nathan Birnbaum wird sprechen. Der Name hat einen guten, bekannten Klang. Man wußte, er war einer der Gründer, fast einer der Vorläufer des Zionismus gewesen, hatte sich dann aber von Herzl abgewandt, war über einer Suche nach nationaler Identität für das Judentum, wobei er das Ost-Judentum — wie das Wort Zionismus ein von Birnbaum kreierter Name — als westlich Denkender und Ausgebildeter entdeckte, zum Gläubigen geworden. War zur jüdisch-orthodoxen Organisation, der "Agudat Israel" (bedeutet "Verband Israel", eine 1912 gegründete politische Bewegung, die sich in Opposition zum Zionismus stellte) gestoßen, deren Generalsekretär er kurze Zeit war, hatte eine gewisse Rolle in dieser, damals ziemlich großen Partei gespielt, hatte dort aber wiederum weitergehende Forderungen gestellt, sich dabei Menschen vorgestellt, die zum richtigen Begriff Israel aufsteigen würden, — er nannte sie "Aulim", die Aufsteigenden — wurde aber von den Politikern in der Agudat Israel nicht verstanden, schließlich sogar praktisch totgeschwiegen oder mitleidig belächelt, und hatte sich nun auch von dort distanziert, ohne übrigens selber den Austritt zu geben. Wir kannten seine Schriften, im allgemeinen keine dicken Bücher, leidenschaftlich geschrieben, wir hatten sie auch leidenschaftlich gelesen. "Gottes Volk", "Im Dienste der Verheißung", "Vom Freigeist zum Gläubigen", "Vor dem Wandersturm", frühere Aufsätze in seinen "Gesammelten Schriften" und in "Um die Ewigkeit", wir schwärmten von seinem Sohn, dem Dichter und Maler Uriel, rezitierten dessen Gedichte.

Dieser große Mann faszinierte mich vor allem durch seine Unstetigkeit, durch seine Unruhe. Ich gedachte oft der alten Umschreibung der Art des Priesters. Der Priester sei nämlich derjenige, der durch seine eigene Unruhe den anderen Unruhe bringe. Denn der Weg des Menschen bedürfe doch der Unruhe, der Bewegung. Erstarrung sei das Schlimmste, was dem Menschen in dieser Welt begegnen könne. Des Menschen Leben fließe wie die Zeit, wie ein Strom, allein so könne er seinen Weg gehen. Den Weg, der ihn aus dem Extrem der absoluten Gefangenschaft ins andere Äußerste, der absoluten Freiheit, führe. Deshalb seien die Führer auf diesem Wege des Menschen diejenigen mit dem Namen Levi, denn dieser Name bedeute doch "Begleitung", Begleitung, Führung, eben auf diesem Wege, den man den Weg durch die Wüste nennt. Denn der Sinn des Lebens ist nicht das Verbleiben in dieser irdischen Wirklichkeit. Der Weg ist eben nur eine Art Zerreißprobe für die Spannung zwischen diesen beiden Extremen. Und diese Extreme zeigen sich in allem, was das Leben und die Welt erfüllt.

Ich hatte Birnbaum kurz vorher, im Herbst des Jahres 1932, kennengelernt. Es war am Vorabend des Versöhnungstages, des "Jom Kippur". Als er aus einem Vorraum des chassidischen Bethauses in Scheveningen heraustrat, im langen weißen Kittel, mit der weißen Mütze und mit seinem wallenden weißen Bart, als er so erschien in seiner majestätischen Gestalt, dachte ich: Das ist ein König, ein Hohepriester.

Gewiß, ich wußte schon, daß es Birnbaum sei, ich hatte sogar schon kurz mit ihm gesprochen, jetzt aber sah ich erst den Glanz der Majestät. Viele andere trugen ebenfalls diesen weißen Kittel, die weiße Mütze und hatten Bärte, auch weiße. Es war eben aber auch dieses Andere dabei, dieses Unbeschreibliche. Hier tritt eine andere Welt ein, dies hier ist wichtig, ist entscheidend.

Der damaligen jüdisch-orthodoxen Jugend, insofern sie nicht verbürgerlicht oder zionistisch, das heißt nationalistisch verblödet war, bedeutete Birnbaum einen Begriff. Er hatte alle Phasen durchgemacht, er war Materialist gewesen, Freigeist, wie es so schön hieß, er war Zionist gewesen, überall blieb er der Suchende, der Fordernde, der sich Sehnende, mit unerbittlicher Ehrlichkeit. Und schließlich war er doch zu "uns" gestoßen, zur jüdischen Orthodoxie. Daß er auch hier unruhig blieb, jetzt schon sogar im hohen Alter, als fast Siebzigjähriger, konnte uns nur erfreuen. Junge Leute spüren den Strom der Zeit noch stärker. Die Älteren hätten gerne ihr Ziel in diesem Leben schon erreicht und tun, als ob der Strom erstarrt sei. Das sind diejenigen, die in der Wüste bleiben, die das verheißene Land nicht erreichen, die den Glauben nicht haben. Und ohne Glauben gibt es keinen Mut, nur dummen Wagemut, nur durch Rausch hervorgerufenes Draufgängertum.

So freuten wir uns an diesem frischen, jugendlichen Birnbaum. Denn was vor allem mich so anzog, war die Tatsache, daß Birnbaum in dieser, dieser unteren, hiesigen Welt, in dieser Gegenwart, versuchte, Judentum zum Leben zu bringen. Nicht eine isolierte Traumwelt, und auch nicht eine Schizophrenie, wobei man, wie ein anderer Jüdisch-Orthodoxer sagte, mit dem einen Auge ins Gebetbuch schaute und mit dem anderen in der Zeitung die Aktien-Kurse durchflog. Daß der Zionismus nicht etwas Jüdisches war, war uns schon im Jugendverein klar geworden. Also zählten wir ihn schon gar nicht mehr mit als eine jüdische Möglichkeit. Aus dem Judentum waren schon des öfteren Ströme hervorgebrochen, die irgendwo anders weiterlebten oder in einer anderen Welt aufgingen, sich assimilierten und nicht mehr wiederzufinden waren. Eines der Ziele der Zionisten war, die Juden als Volk den anderen Völkern gleich zu machen. Also, "ein normales Volk" zu werden. Und für mich war Judentum nur existent als abnormal, als non-konformistisch, eben als das eine Äußerste, dem alles andere gegenüberstand. So war der Begriff Israel im Menschen auch dasjenige, was nicht assimiliert werden konnte, wenn nicht der ganze Mensch dadurch zugrundegehen sollte.

Ich hatte mich schon daran gewöhnt, gegenüber dem Zionismus nicht mehr aggressiv zu denken. Er war für meine Gefühle viel eher eine Krankheit, eine Seuche, die das Judentum in den verschiedenen Zeiten heimsuchte, ich hatte Mitleid mit diesen Menschen, die sich für ein Ideal begeisterten, von dem sie erst zu spät bemerken würden, daß es dem Leben das Schönste genommen hatte, nämlich den köstlichen himmlischen Geschmack. Die Schlange verspricht das Allerschönste, ihre Ausführungen sind logisch in Ordnung, nur, sie bringt schließlich die tödliche Langeweile, die Unlust, und damit die Flucht in den aggressiven oder den passiven Rausch.

Also Birnbaum war für mich ein Rätsel, aber ein vielversprechendes, eine Hoffnung. Dieser Mann suchte also auch, voller Unruhe. Er hatte studiert, war aber nicht verbürgerlicht, hatte nicht seine Kanzlei als Rechtsanwalt eröffnet, sondern lebte "von nichts", wie man achselzuckend so sagte, — er lebte für einen Sinn des Judentums. Er glaubte noch an den persönlichen Messias, und er suchte wahrscheinlich die Einheit zwischen den beiden Wirklichkeiten, eben auch zwischen Israel und der Welt. Und so sah er aus, königlich, gewaltig, lieb und streng, gerecht. Das konnte nur Hoffnung, gute Hoffnung erwecken.

Mit einigen jungen Leuten, so auch mit dem gerade aus Litauen nach Holland zurückgekehrten Lindenbaum, hatten wir eine Art Präsidium gebildet, und saßen nun auf dem Podium des van Dijck-Saales. Birnbaum hatte sich zum Rednerpult begeben, sein Referat begonnen. Er war ein vorsichtiger, bedächtiger Redner, aber einer mit überzeugender Kraft. Seine Persönlichkeit sprach mit, und das spürte man.

Die Zuhörer stammten aus verschiedenen jüdischen Richtungen. Für Zionisten war Birnbaum etwas Nostalgisches. Schließlich hatte er noch die beiden ersten Zionistenkongresse als bekannter Politiker mitgemacht, war mit Herzl befreundet gewesen. Für farblose, ein wenig entwurzelte Ostjuden war er Erinnerung an seinen Kampf um sie in der alten österreichisch-ungarischen Monarchie und bekannt für seinen Einsatz zu gunsten der jiddischen Sprache und einer jiddischen Kultur, für die Agudisten war er der Stolz, daß solch ein "Gebildeter" schließlich doch zu ihnen gefunden hatte. Und andere, viele andere, kamen einfach, um diesen bekannten, ja berühmten Mann zu sehen und zu hören.

Deshalb war das Thema für die meisten nicht so wichtig. Birnbaum sprach über die krisenhafte Lage des Judentums, eben weil es keinen Ort in der Welt finden könne und zugleich auch keinen Sinn in seinem eigenen Leben. Er wies auf den allseitigen geistigen Abfall hin, auf die Leere, den Nihilismus, und den Opportunismus.

In den ersten Reihen saßen einige "schöne" Jungen. Pomadisiert, eingebildet, alles besser wissend, bei den in der Nähe sitzenden Mädchen Eindruck machen wollend. Sie grinsten, tuschelten, zeigten, daß sie natürlich weit überlegen waren, daß dieser alte Herr jedenfalls die moderne Jugend nicht verstehen konnte, daß er von komischen, längst überholten Dingen sprach. Wahrscheinlich hörten sie überhaupt nicht zu, und waren nur da, um ihren pomadeglänzenden Scheitel vor den Mädchen glänzen zu lassen.

Ich hatte vom Podium her die Unaufmerksamkeit, die sich in einer etwas spöttischen Unruhe äußerte, bereits bemerkt. Wenn man aber weiter nicht hinsah, störte sie nicht. Der ganze Saal war, bis auf wenige Ausnahmen, so beim Thema, daß ihm kaum etwas davon auffallen würde. Birnbaum selber, weiter links von mir vor dem Rednerpult, konnte ich nicht sehen. Seinen Ausführungen folgte ich aber gespannt.

Plötzlich höre ich ihn, ohne Unterbrechung in seinem Ton, aber scharf und böse sagen:

»Ihr Schafsköpfe hier vorne mit euren dummen Fratzen, was wollt ihr schon verstehen! Ihr habt doch kein Gehirn im Kopf, nur Grütze habt ihr! Keiner braucht euch, wer hat euch gerufen?!«

Und dann ging er einfach in seinem Referat weiter. Die Schafsköpfe grinsten, jetzt aber doch beschämt. Denn solche schönen Jungen sind meist unglaublich feige.

Mir imponierte aber Birnbaums Gradlinigkeit sehr. Er schmeichelte seinen Zuhörern nicht. Er redete nicht, was die Masse erwartete. Er sagte geradeaus, was er als wichtig empfand, unberührt von dem, was man eventuell davon denken würde. Und ich wußte, dieser Mann hat Mut, er kennt die Schwierigkeiten, er handelt nach dem, was gerecht ist. Das ist wahre Liebe.

Es dauerte noch Jahre, bis ich Birnbaum näher kennenlernte. Im Frühjahr 1933 kam er, der Nazis wegen, aus Berlin nach Holland. Erst nach Rotterdam, dann schon bald nach Scheveningen.

Gewiß begegnete ich ihm öfters, und jedes Gespräch mit ihm war interessant, in vielerlei Hinsicht. Aber zu intimen, privaten Gesprächen kam es vorerst nicht. Ich war zuviel unterwegs, lebte hauptsächlich in Rotterdam oder Wien, und kam nur gelegentlich für ein Wochenende nach Scheveningen. Dann war es mir auch nicht immer möglich, Birnbaum zu besuchen.

Ein holländischer Freund, ein merkwürdiger holländischer Jude, Henri van Leeuwen, versuchte immer wieder, mich mit Birnbaum zusammenzubringen. Er selber, 22 Jahre älter als ich, kannte ihn schon von früher. Er war ebenfalls aus einem verschlafenen, bürgerlichen Milieu, über die Phasen Lebemann, materialistischer Kaufmann, mit Christentum liebäugelnder Sucher, über Zionismus und überhaupt Nihilismus, zum Denken gekommen. Ein Rotterdamer Rabbiner Cohen machte ihn auf das religiöse Judentum aufmerksam, und so fand er, schon in den zwanziger Jahren, Birnbaum. Und Birnbaum blieb bei ihm das Große. Bis heute!

Er wurde ein Birnbaum-Propagandist. Weil er selber ein ehrlicher Sucher war, schließlich auch versuchte, orthodox-jüdisch zu leben, blieb er ein ziemlicher Nonkonformist. Von der holländisch-jüdischen Gemeinschaft etwas belächelt — wer tut nun so etwas, und wer glaubt dann auch noch daran — von der ostjüdischen Gemeinschaft, weil er schließlich in jüdischen Dingen ziemlich unwissend geblieben war — nicht aufgenommen, und ebenfalls nur etwas mitleidig belächelt, — "dieser Narr meint es noch ernst" — blieb er eine Randfigur. Deshalb aber ein warmer, lieber Mensch. Übrigens auch mit eben den Schwierigkeiten, die solche Menschen mit sich selber auszutragen haben, weil sie eben ernst wollen und doch nicht immer ernst können. Die eine Seite zieht, die andere aber auch. Aber van Leeuwen blieb doch schließlich sich selber treu, wurde damit ein Außenseiter, ein Einsamer. Einer der ganz wenigen holländischen Juden, die ahnten, was Judentum eigentlich bedeuten könnte, und die konsequent versuchten, das zu leben.

Durch van Leeuwen kam Birnbaum nach Holland. Weil Birnbaum eben "von nichts" lebte, war der übrigens nicht sehr reiche, aber doch wohlhabende van Leeuwen für ihn die wichtigste Quelle zur materiellen Existenz. Er finanzierte auch Birnbaums Versuche, mit seinen Gedanken in der jüdischen Öffentlichkeit durchzudringen. Davon aber lieber weiter unten.

Der wahre Chassidismus und Bubers einseitige Interpretation. Das Lernen und das Tun. Das mystische Erlebnis.

Der richtige Kontakt mit Birnbaum entstand erst nach meinem polnischen Abenteuer, und zwar im Sommer 1935. Weil wir uns schon aus vielen Unterhaltungen kannten, und weil ich den Eindruck hatte, daß Birnbaum mich ebenfalls schätzte, bei mir erkannte, was ich suchte und wie ich die Welt erfuhr, war der Einstieg in intime, wirklich tiefgehende, alles berührende Gespräche leicht und reibungslos. Es sah aus, als ob es von selber so zustandekam.

Mich hatte die Begegnung mit dem Rebbe ziemlich aufgewühlt. Ich wußte, daß er nicht der einzige seiner Art war, daß es im europäischen Osten gewiß noch andere geben mußte. Mit diesem hatte mich das Schicksal zusammengeführt. Ich verstand aber, daß er Ausdruck einer ganzen Kultur war, einer Kultur, die mich faszinierte, weil sie eben genau das enthielt, jedenfalls in ihren Quellen, was ich suchte und wovon ich überzeugt war, daß die Welt es brauchte, daß die Welt darauf wartete. Das hatte mir das Studium der Philosophen, der Naturwissenschaftler, von Menschen auch wie Maeterlinck, Berdjajew, Maritain, klar gemacht. Immer sagte ich mir: »Wenn diese Leute, diese ehrlichen Sucher, nur eine Ahnung gehabt hätten von diesen Quellen und den Schlüssel zur Eröffnung, das heißt zum Verständnis dieser Quellen hätten, dann wäre für die Welt das große Ereignis eingetreten. Dann ist der verlorene Sohn, der umherirrende Königssohn, zu Hause. Dann freut sich die ganze himmlische Familie.«

Ich kannte Bubers Bücher. Die wichtigsten waren damals schon längst erschienen. Aber Buber beschrieb die Chassidim, verdeutschte einmalig schön ihre Aussprüche, doch er ging nicht auf die Quellen ein. Sein Werk "Königtum Gottes" zeigte nur, daß er selber keine blasse Ahnung von diesen Quellen hatte. Obwohl der ganze Chassidismus allein auf ihnen fußte. Deshalb verstand Buber nur die eine Seite des Chasidismus, die Seite, welche nicht das Thora-Lernen als Zentrum kennt. Und diesen Chassidismus gibt es, — leider für Buber — nun einmal nicht. Der Chassidismus kennt beide Seiten als eine unverbrüchliche Einheit. Mystisches Erlebnis *und* tiefe Erkenntnis der erscheinenden Welt. Eben, was ich nannte: Diese und die andere Wirklichkeit.

Buber spricht fast nur von dieser mystischen Seite. Deshalb verstehen richtige Chassidim Bubers Bücher nicht. Entweder sie werden böse oder sie meinen, es gehe nicht um sie, es handele sich um irgendeine Phantasiewelt. Und deshalb verstehen sentimentalitätsbedürftige Pfarrer oder vom Vagen schwärmende Leute Buber wohl. Weil sie eben die Welt nicht verstehen.

Birnbaum mochte Buber nicht, und ich verstand seit 1935 noch klarer denn je, warum er ihn nicht mochte.

Birnbaum war es ernst. Er hatte nicht das Bedürfnis, jüdische Städtchen süß zu beschreiben. Die Zeit war zu wichtig, es ging ums Ganze.

Ich spürte deshalb auch, daß es um beide Welten ging, um die des "Lernens" und um die der Halacha, des Tuns, die das Tun so ernst nimmt, daß man es wissenschaftlich-exakt erkennen muß. Denn um des Tuns willen ist doch diese Welt des Weges da. Der Weg ist doch das Tun, — Bewegung bedeutet Tun. Was aber ist Tun?

Buber redet schön, deshalb weiß er nichts vom Weg, von der Halacha. Will auch nichts von ihr wissen. Er tut einfach, als ob sie nicht da wäre, und daß ausgerechnet der Chassidismus die Halacha nicht so ernst nimmt. Kein Wunder, daß Buber bei protestantischen, aber auch bei katholischen Theologen Mode geworden ist. Auch das liberale Judentum, ein böser Name, denn wenn es schon liberal ist, jüdisch ist es keinesfalls, hat Buber gern.

Für den Chassidismus ist aber vom Baal-Schem bis zum Rebbe heute in New York und in Israel, das "Lernen" der Ausgangspunkt, ist die exakte Realisierung der Halacha die Grundvoraussetzung dafür, überhaupt Jude genannt zu werden, und ist das mystische Erlebnis eine für jedermann heilige und deshalb geheime, private Sache. Denn so wie das Thora-Lernen — die Schriftliche *und* die Mündliche Thora mit ihrem riesigen Komplex von Talmud und Midrasch — und das Leben nach der Halacha allgemein geübt werden können, sogar müssen, so ist das mystische Erlebnis wie der Fingerabdruck, für jeden seine intime, heilige Sache. Erst so bekommen das Lernen und das Leben des Weges ihren Sinn, und nur durch dieses Lernen und Leben ist das mystische Erlebnis überhaupt glaubhaft. Nicht für andere, sondern an erster Stelle für einen selber.

Nun spricht man im Chassidismus nicht vom "mystischen Erlebnis". Man hat Angst vor solchen Worten. Man hat vor allem Angst vor Trennungen. Trennungen rufen Dämonen auf. »Gott behüte«, rede nicht davon.

Der große, so schwer beladene Ruf, das »Höre, Israel, der Herr unser Gott, der Herr ist Einer!« ist keine Art nationale Phrase. Das alles ist heiliger Ernst. Der Herr, Adonai, der mit dem Tetragramm geschriebene, unaussprechliche Name, ist Gott nach seiner Seite der Barmherzigkeit. Der Geduld also, des Langmutes, der Liebe, der

Gnade. Und Elohim, einfach mit Gott übersetzt, aber alle Namen Gottes enthaltend, ist Gott nach seiner Seite der Gerechtigkeit. Also auch als Richter, als Herr des Gesetzes, als Behaupter und Erhalter der Harmonie der Schöpfung. Für den Menschen also zwei einander ausschließende Seiten, also Paradoxe.

Und daher ruft man aus: »Der Herr ist unser Gott«, »Der Herr (also Adonai) ist Elohim!« Man schreit es hinaus: »Es ist Einer, er ist Einer.« Wieviele Namen er auch hat, und er hat unendlich viele Namen, — im Absoluten heißt das "Siebzig" Namen — er ist Einer, er ist Einer! Hört auf mit euren gescheiten Analysen und Erklärungen, ihr endet doch immer im Paradoxen, in einer Zweiheit. Deshalb rufe ich aus: »Er ist Einer!«

Das bedeutet also auch: Die beiden Wirklichkeiten sind eine. Die beiden Welten sind eine. Das Verborgene und das Sichtbare, es ist eines. Das offenbare, alltägliche Tun und das mystische Erlebnis, es ist eines und dasselbe!

Ein Chassid wird denn auch erstaunt fragen, was das bedeutet: »Mystisches Erlebnis«. Das Übergießen der Hände vor und nach der Mahlzeit ist für ihn mystisches Erlebnis — ja wirklich: mystisches Erlebnis. Denn Erlebnis ist kein Gerede. Reden kann Schwindel sein, Betrug, Selbstbetrug. Erlebnis aber ist Erlebnis, ist Leben. Das ist der Leib des Menschen, daß er erlebt. Das ist sein Leben.

Das Geheimnis des Haares. Die Unvollkommenheit der Sprache. Die List mit dem Munde und die Wahrheit des Tuns.

Eine alte Erklärung sagt, dort wo der Mensch ewig ist, schaut er durch alle Zeit hindurch, ist er überall, wo Raum ist; denn er füllt die ganze Schöpfung. Das große Licht der Schöpfung geht bei ihm ein und aus.

Aber dort, wo der Mensch sich auf dem Weg befindet, dort, wo dieses große Licht verborgen ist, lebt er in dem, was man Gegenwart nennt, lebt er also in unendlich vielen Phasen. Und er sieht nur den

Moment der jeweiligen Gegenwart, und er ist nur an dem Ort, wo er sich in dieser Gegenwartssituation befindet.

Wo nun, in seinem Ewigkeitsbilde, die Sicht durch Zeit und Raum ist, an seinem Scheitel, dort wächst nun Haar. Und wo sein Leben in Ewigkeiten ist, dort lebt er auf seinem Wege zur Einswerdung in den unzähligen Generationen. In seinem Ewigkeitsbild ist das der Ort, wo im Zeitbild die Geschlechtsorgane erscheinen. Auch diese Stelle zeigt sich dadurch, daß dort Haar wächst. Und wo das Tun des Menschen in seinem Ewigkeitsbild einmalig und entscheidend ist, dort ist im Zeitbild der Ort, wo die Arme zum Tun erscheinen. Und in den Achselhöhlen wächst ebenfalls Haar.

Der Mensch im Zeitbild möchte dies Haar gern bedecken. Denn es zeigt seine Unzulänglichkeit, es zeigt die paradoxale Situation im Menschen selber. Der Mensch weiß, daß sein Ursprung, daß seine Hauptsache, sein Ewigkeitsbild ist. Er schämt sich, daß er nicht ewig lebt, daß die Generationen allein dieses Leben durch Zeit und Raum erst verwirklichen können. Alle Generationen, alle diese Milliarden Menschen zusammen. Das ist die Ursache seiner Scham.

Er schämt sich auch der Unzulänglichkeit seines Handelns, der Mühsal dabei, des erst nach langer Dauer zustandekommenden Erfolges. Und er bedeckt die Haare seiner Achselhöhlen.

Das alte Judentum kennt auch den Brauch, das Haupt zu bedecken. Denn sonst würde es heißen, derjenige, der es nicht bedeckt, lebe nach dem Prinzip, daß er die Sicht durch Zeit und Raum, die sein Ewigkeitsbild besitzt, auch hier hat. Er spielt schon in der Gegenwart das Spiel des Als-ob. Er tut und redet sich ein, daß er alles kann, alles verstehen, alles erfahren kann. Er baut sich dazu Instrumente, er züchtet magisches Tun, um doch in der Zeit zu spielen, als ob er Zeit und Raum beherrschen könne. Man nennt im alten Judentum den barhäuptig Gehenden einen frechen Menschen.

All das Haar wird bedeckt. Nur nicht das Haar des Bartes! Warum gerade das nicht? Warum heißt ein Weiser im Hebräischen "Bart", "Saken"? Saken ist auch "Ältester", aber vor allem im Sinne eines

Weisen, eines Einsichtigen. Ein Achtzehnjähriger kann ein "Saken" sein.

Hier ist ein Geheimnis des Wortes. Das Wort kann, weil der Weg zur Einswerdung begangen wird, wie das große Licht, nicht vollkommen sein. Es wird erst durch den Weg vollkommen. Am Ende des Weges ist das Wort wie das Licht wieder vollkommen. Es fehlt, wie man auch sagt, ein Buchstabe. Es gibt im Hebräischen 22 Zeichen, aber eigentlich gibt es noch ein dreiundzwanzigstes. Dieses aber ist verborgen. Viele Wörter können einfach nicht gebildet werden, weil dazu der 23. Buchstabe nötig wäre. Einst aber, am Ende des Weges, kommt er. Der Weg wäre einfach nicht möglich, wenn das Licht vollkommen wäre. Der Weg ist doch eben die Freude der Einswerdung. Dazu ist also erst die Unvollkommenheit, und die Freude ist das Zustandekommen der Vollkommenheit.

Und doch ist die Sprache da. Man kann mit dem Wort überzeugen. Man kann mit dem Worte Menschen einfangen. Deshalb wird Esau auch "zajid be-fiw", "Jäger mit dem Munde" genannt. Schön reden, weinen, bezeugen, und schon hat die List gesiegt.

Das ist der Grund, weshalb der Weise den Bart zeigt. Er sagt: »Schau her, hier ist Haar. Das, was ich sage, kann nie vollkommen sein, kann nicht alles erklären. Erwarte also vom Reden nicht zuviel. Es hat Grenzen. Eben die Grenzen des Gegenwärtigen. Es gibt aber ein Jenseitiges. Es drückt sich für uns aus in den Empfindungen Vergangenheit und Zukunft. Dieses Jenseitige könnte nur erklärt werden mit diesem fehlenden 23. Buchstaben. Also schau auf das Tun.«

Auch Moses beruft sich auf seine schwere Zunge. Seine Sprache ist gehemmt, seine Lippen waren verbrannt. Er antwortet Gott, er könne doch Israel nicht mit Worten überzeugen. Gott selber habe doch seine Lippen verbrennen lassen. Er habe die Vollkommenheit der Sprache zurückgenommen.

Deshalb spricht Gott: »Aaron, dein Bruder, er geht dir entgegen, er wird für dich sprechen.«

Wo aber spricht Aaron? Es wird nirgends vermerkt. Doch, sagt man, Aaron spricht! Denn er hat doch den Dienst, die "Awoda". Und dieser Dienst ist *das Tun* beim Korban. Damit der Mensch sich Gott nähere, sich bei Gott erkenne, den Kreis, der ihn gefangenhält, durchschneidet, *tut* der Priester. Das *Tun* ist hier die Möglichkeit, das unvollkommene Wort zu kompensieren. Das Tun enthält das Geheimnis des Vollkommenen. Das Tun, es ist öffentlich, gegenwärtig, und mit ihm kommt das Verborgene mit.

Deshalb kennt der Chassidismus nicht eine mystische Versenkung als einen besonderen Akt. Das wäre Trennung von der Einheit, damit macht man Vielgötterei. Im Tun ist schon das Geheimnis. Und jeder erlebt durch sein Tun dieses Geheimnis. Das mystische Erleben zeigt sich im Alltag, in allen Handlungen. Es ist Norm, ist das Normale. Eine Trennung zwischen grauem Alltag und mystischem Erlebnis ist ein Greuel. *Das* ist Götzendienst.

Und schön-Reden ist deshalb verdächtig. Wer schön tut, weiß, daß das Tun schon das Geheimnis verdeckt. Deshalb tue man bescheiden, nicht mit Nachdruck, mache kein Aufhebens davon.

Der Versuch, Gegenwart mit Vergangenheit und Zukunft zu verbinden, als Versuch, zwei Welten zu vereinigen.

Ich hatte also das deutliche Gefühl, nach meinem Aufenthalt im Traumstädtchen, daß es wichtig sei, von allerhöchster Wichtigkeit, diese beiden Welten jetzt zueinander zu bringen.

Die Welt, wo die Quellen noch gelebt wurden, hatte keine Verbindung mit der Welt, welche ehrlich suchte, aber von diesen Quellen keine Ahnung hatte. Jedenfalls, wenn sie von diesen Quellen wußte, kannte sie sie nur durch Textkritiker, Historiker, nicht aber von lebendigen Menschen, die das Leben erkannten. Man sezierte die Quellen wie man einen Körper untersucht. Der Mensch, der diesen Körper bildet, interessiert nicht. Denn der Mensch enthält auch noch die andere Wirklichkeit. Beim Körper kann man spielen, daß es nur diese eine, sichtbare Wirklichkeit gibt. So wie Virchow einmal gesagt haben soll, er wäre beim Sezieren von Menschen niemals der Seele dieser Menschen begegnet. Das sind die richtigen Wissenschaftler. Sie sind arrogant, weil sie eigentlich herausschreien müßten, wie jämmerlich ihnen alles erscheint.

Ich erkannte die tragische Situation. Wie konnte man das zusammenbringen?

Da glaubte ich, daß es vielleicht doch Juden geben würde, welche gleich mir beide Seiten kannten und beide Seiten gleich ernst nahmen, und die dadurch die Brücke bilden könnten. Ich hatte schon in mehreren Gesprächen und Kontakten mit Nicht-Juden und sogar mit Großen aus ihren Reihen, die Schwierigkeiten, wenn nicht die Unmöglichkeit erfahren, von ihnen Zutritt und Verständnis für diesen Reichtum zu erwarten. Es war nicht so sehr die sprachliche Schwierigkeit, es war das Fehlen des Lebens in diesen Traditionsformen.

Ich sah, daß auch Juden, die nicht im Sinne dieses "Lernens" und dieser Halacha lebten, diese Quellen entweder mißverstanden, sie also auch sezierten und klassifizierten, oder sich überhaupt nicht für sie interessierten. Hier zeigte sich die Bedeutung der Einheit zwischen Tun und mystischem Erleben.

Also handelte es sich um Juden, die noch so lebten und die zugleich die Welt der Gegenwarts-Wirklichkeit durch und durch kannten. Ich dachte an den alten Ausspruch, daß ein Weiser alle 70 Sprachen und alle 70 Wissenschaften kennen solle. Das bedeutete eine klare Forderung, die Sprachen der Welt, das heißt das Denken und Leben der Welt, vollkommen zu beherrschen.

Obwohl ich schon wußte, daß Birnbaum selber nur eine geringe Kenntnis dieser Quellen hatte, — er war erst als etwa 50jähriger zum orthodoxen Judentum gestoßen, war also nicht mehr imstande, all das Wissen, das man in jungen Jahren leicht aufnimmt, noch nachzuholen — so wußte ich doch, daß er das Problem erfaßte und vor allem, daß er nach der Halacha lebte. Und die Kraft der Tat war mir schon bewußt. Was er also durch das Studium der Thora nicht mehr erreichen konnte, das Tun würde ihm schon die Kräfte verleihen, hier die Brücke zu schlagen. Schließlich konnten andere dann von ihrem Lernen und ihren Erfahrungen erzählen. Dann konnte man doch dieses Riesen-Reservoir, das die fünf Millionen Ostjuden bildeten, öffnen. Es würde dort genügend große Menschen gegeben. Einer aber, der auch die westliche Welt, also die Gegenwart kannte, mußte es unternehmen. Denn er würde beide Seiten kennen und verstehen.

So kam es also zu den Gesprächen mit Birnbaum. Ich erwartete, daß er mich verstehen würde, und ich wußte, daß wir einander sehr mochten. Von anderen hörte ich, daß er viel von mir hielt, und ich sah in ihm den wirklich großen Menschen, den königlichen, den weisen, den ehrlichen.

Die Vorbedingungen waren also gut. Dazu kam, daß Birnbaum, gerade weil er solch ein großer Mensch war, ziemlich einsam lebte. Verkannt, unverstanden. Weil Birnbaum Politik verabscheute, stand er schon außerhalb aller jüdischen Politik, wurde von den Politikern deshalb nicht ernst genommen, man sprach abschätzig vom "Alten" im Sinne des nicht mehr zählenden, und man fürchtete seine große Persönlichkeit, seine Einsicht und seine Wahrheitsliebe. So war dieser lebhafte, interessierte, intelligente junge Mann, der ich damals war, für ihn eine Freude. Er sagte mir schon bald, er hätte in seinem Leben noch nie mit einem Menschen so intim und so ausführlich sprechen können wie mit mir.

Und auf meiner Seite war alles auch voller Sehnsucht nach Kontakt mit einem solchen Menschen. Ich war noch viel einsamer, ich war schon früh enttäuscht, weil ich nirgends einen finden konnte, der auch nur einigermaßen Ahnung hatte von der Situation in der Welt und sich für den Sinn des Lebens interessierte und vor allem auch Kenntnis und Einsicht hatte in beide Seiten, in beide Wirklichkeiten. Die Gespräche mit dem Rebben verhalfen mir zu dem Entschluß: »Und jetzt fährst du nach Scheveningen, triffst einige wichtige Entscheidungen und fängst mit Birnbaum intensive Gespräche an. Jetzt, bevor es zu spät ist. In der Welt droht jetzt ein Hitler, das bedeutet, man muß von unserer Seite her jetzt den Kampf aufnehmen. Das eine hängt mit dem anderen zusammen.«

Man kann sagen: Ein wenig überheblich. Doch glaube ich, daß solch eine Schlußfolgerung nicht gerecht wäre. Jeder Mensch sucht eine Bedeutung in seinem Leben, und jeder Mensch träumt von Großem. Ohne Verantwortung hat das Leben keinen Sinn. Und hier handelte es sich nicht darum, berühmt zu werden, auch nicht darum, etwas zu organisieren, nicht um Politik oder Popularität. Es blieb alles doch im Bereiche des Persönlichen. Ich glaubte einfach an die Bedeutung des Verborgenen. Wenn nur die Absicht gut und rein ist, nicht eigennützig, denn das bedeutet Abgrenzung von anderen, bedeutet Trennung. Ich glaubte, daß das eigene Interesse und das der anderen eine Einheit bildeten. Kein Mensch tut etwas, durch das er nicht seine Erwartungen für das eigene Leben ebenfalls erfüllt sieht. Wenn es auch nur Freude für ihn selbst bedeutet.

Aber bei Birnbaum war die Bereitschaft die gleiche. Auch er suchte und erwartete einen Durchbruch, und auch er hoffte auf die Genugtuung eines Sieges. Wenn nicht jetzt und gleich, dann doch jedenfalls irgendwann einmal. Er hatte Geduld gelernt. Sein Glaube war groß.

Die Aufsteigenden in Birnbaums Sicht.
Erkenntnis und Barmherzigkeit.

Birnbaum hatte eine Konzeption von den praktischen Notwendigkeiten, womit das orthodoxe Judentum aus seiner Erstarrung, die katastrophal zu werden drohte, zu erlösen wäre. Er hatte davon in seinen späteren Schriften gesprochen (in "Gottes Volk", in "Worte der Aufsteigenden" und im Referat über die "Aulim"). In unseren Gesprächen erhielt sie klarere Formen, und ich selber verarbeitete sie in meinen Vorstellungen, verband sie mit Wissen, das ich schon von anderswoher hatte. Meine Gesprächsbeiträge wurden von Birnbaum geschätzt. Deshalb glaube ich, sie hier so darstellen zu dürfen, wie sie sich bei mir entwickelten.

Birnbaum hatte die Überzeugung, daß die Art, wie das jüdische Wissen gelehrt und weitergegeben wurde, in der so stark veränderten Welt nicht mehr genügte, daß sie sogar zu falschen Schlüssen führen könnte. Auch er hatte bemerkt, daß das alte Griechische einfach als jüdisch genommen wurde, daß man sich überhaupt um die Welt und um

Weltanschauungen nicht kümmerte. Das Tun hatte zu einer selbstverständlich nicht gemeinten Einseitigkeit geführt, indem man überhaupt nicht mehr am Sinn dieses Tuns interessiert war, am Sinn des Lebens überhaupt. Was darüber bekannt war, war derart kindisch, unklar, sogar unwahr, daß Menschen mit solchen Vorstellungen über die Welt auch in ihrem Tun nicht das erreichen würden, was das Tun eben bezweckte, nämlich dem Menschen die Einheit der beiden Wirklichkeiten zu bringen.

Das Tun setzt einen würdigen, gescheiten, interessierten Menschen voraus. Sonst wird es vom Menschen getrennt, könnte auch ein Roboter zum Tun abgerichtet werden. Der Mensch, der den Weg geht, freut sich, die Bedeutung der Landschaft auf diesem Weg in die Welt der Freiheit kennenzulernen. Der Weg wurde ihm doch als ein Geschenk gegeben, Gott bringt das Opfer der Schöpfung, damit der Mensch sich auf seinem Wege zur Einswerdung freue. Und nun geht der Mensch mit geschlossenen Augen, sagt nur: »Das darf man nicht«, oder: »Das muß man tun.«

Die tuenden Juden waren aber gescheit im kasuistischen Spiel mit talmudischen Problemen, sie waren gescheit in ihren Geschäften, sie waren gescheit in den Ambitionen ihrer Gemeindepolitik. Sonst waren sie erstaunliche Analphabeten auf philosophischem Gebiet.

Man kann also nicht ein Judentum, das in der Welt einen Sinn hat, erwarten, wenn diejenigen, die die Thora kannten und nach der Halacha lebten, keine Erkenntnis vom Sinn des Lebens hatten. Birnbaums Forderung stimmt also hier vollkommen mit dem überein, was ich schon selber als wichtige Voraussetzung erwartete. Wir fanden uns deshalb auch schon bald in dieser Übereinstimmung. Er nannte diese Forderung "Da-ath", das hebräische Wort für "Erkenntnis".

Das zweite Fazit seiner Forderungen faßte er im Begriffe "Rachamim", also Barmherzigkeit, Güte zusammen. In unseren Gesprächen erhielt es etwas andere Umrisse. Birnbaum aber stimmte ihnen vollkommen bei.

Das Verhältnis zwischen den Menschen sollte nicht auf gegenseitigen Leistungen beruhen, sondern auf der selbstverständlichen Hingabe des einen für den anderen. Dazu sollte die Erziehung neu aufgebaut werden. Denn schließlich ist eine derartige Haltung an sich schon in Übereinstimmung mit dem Judentum. Aber im Laufe der Zeiten hatte man das Geschäftliche, das Nützliche, überbetont. Man hatte gelernt, sich dort nicht einzumischen, wo Unrecht geschah, man nannte diese Lebensweise von Eltern und Erziehern "gescheit". Das hieß, sie hielten lieber ihr eigenes Gewand sauber, weil es befleckt werden könnte, wenn man sich dafür einsetzte, Unrecht zu bekämpfen. Ob das nun juristisches, soziales oder physisches Unrecht betraf.

Man lebte in Gruppen, und nur was der Gruppe diente, war gut. Die andere Gruppe konnte ruhig zugrunde gehen, man sah es oft sogar mit Schadenfreude an.

Diese Gruppen aber sollten nicht nur für das orthodoxe Judentum gelten, man sollte sich für alle Juden interessieren, und nicht nur für Juden, sondern für alle Menschen der Welt. Rachamim war nicht wahr, solange Menschen ausgeschlossen werden konnten. Es sollte da keine Grenzen geben.

Wenn man bedenkt, wie stark das orthodoxe Judentum sich isoliert hatte, wie wenig sie andere jüdische Gruppen interessierten, die Nicht-Juden überhaupt außerhalb ihres Denkens blieben, höchstens als potenzielle Gefahr gesehen wurden, da muß man sich eingestehen, daß Birnbaums Forderungen hier einer Revolution gleichkamen.

Rachamim erstreckte sich aber nicht allein auf Menschen, auch Tiere und Pflanzen sollte man als Lebewesen mit Respekt behandeln. Nur Liebe zur ganzen Kreatur konnte dem Judentum bewußt machen, wozu es lebte, was der Begriff Israel im Menschen überhaupt bedeutete. Wenn bei Israel kein Rachamim herrschte, dann könne es überhaupt als solches nicht funktionieren. Da-ath ohne Rachamim existiert nicht, ebenso wie Rachamim ohne Da-ath keinen Bestand hat.

Wir besprachen die vielen praktischen Möglichkeiten und Konsequenzen. Einige Beispiele seien hier angeführt.

Das Schächten im Sinne der Barmherzigkeit. Das Ganze und das Zerrissene. Der Kreis und die Wiederkehr. Die Welt dem Menschen untertan, will auf des Menschen große Verantwortung hinweisen.

> Des Schauderns Tiefe hast du dann ertaucht,
> Wenn du bedenkst, von Gott uns eingehaucht
> Sei unser Leben — daß es sinnlos wäre,
> Wenn nicht für Gott: Und daß uns Gott nicht braucht!

Ein wichtiger Punkt war das "Schächten", das Schlachten nach altem jüdischen Brauch. Rachamim also den Tieren gegenüber.

Wir waren uns darüber einig, daß das Schlachten von Tieren nur für Konsumation, also zum Genuß des Essens, im Widerspruch zum Rachamim stehe. Das gelte für jede Art des Schlachtens. Es komme da gar nicht auf humanere oder inhumanere Arten des Tötens an, es blieb immer ein Töten, ein Blutvergießen.

Dem stand gegenüber, daß das Ziel des auf Erden erscheinenden Lebens nicht dieses Leben hier sei. Denn Getreide wird geschnitten, damit Brot daraus gemacht werden kann. Man läßt es nicht faulen. Das wäre gerade gegen den Sinn der Schöpfung. Früchte werden aus dem selben Grunde gepflückt, Oliven gepreßt. Was der Mensch nicht aß, nahmen wieder die Tiere. In der Natur schien alles mit allem verbunden zu sein durch Nahrung, Dünger, Atmung.

Tiere fraßen andere Tiere. Wenn das nicht geschehen würde, dann ginge die Welt einfach unter. Als Beispiele besprachen wir, wie die ganze Erde innerhalb eines einzigen Jahres von einer viele Meter hohen Schicht von Fliegen begraben würde, wenn Fliegen nicht von anderen Tieren getötet würden.

Man könne also den Sinn des Lebens nicht verstehen, wenn man ihn nur hier, in dieser Wirklichkeit, suchen würde. Das führe zu Sentimentalität. Alles zeige eben auf einen Sinn hin, jenseits dieser Wirklichkeit.

Deshalb gibt es tausendfach mehr Eier als daraus ausschlüpfende Tiere, gibt es millionenfach mehr Saat als wirklich heranwächst. Es zeigt, wie diese Welt nur einer der Aspekte des Lebens ist.

In diesem Sinne wäre also das Essen von Tierfleisch der Erscheinung der Schöpfung gemäß.

Der Mensch könne aber nichts tun, ohne von einem Sinn zu wissen. Sonst handle er "nicht-menschlich". Wissen um den Sinn verlange schon sein Suchen nach Erkenntnis, nach Da-ath. Er solle also auch nicht essen, ohne den Sinn davon zu verstehen.

Das hebräische Wort für essen, "achol", wird gelesen als eine Verbindung von "allem" mit dem "Einen" (geschrieben als 1-20-30, wobei 20-30 "alles" bedeutet, das Aleph als "Eins", die Einheit). Es bedeutet also, daß etwas, wenn es von einem anderen aufgenommen wird, dadurch mit der Einheit verbunden wird. Das Aufnehmende ist wie die Einheit gegenüber dem Aufgenommenen. Das Aufnehmende steht der absoluten Einheit näher als das Aufgenommene. Sonst heißt es "taref", und dann bedeutet es "zerreißen", also gerade das Gegenteil. Ein wildes Tier "zerreißt". Aber auch ein Mensch, der vom Tier ißt, kann "terefa", also "Zerrissenes" essen. Und das geschieht, wenn das Tier nicht wirklich "geschlachtet" ist.

Das Schlachten hängt mit dem "Korban", man übersetzt es mit "Opfer", zusammen. Ich habe aber schon beschrieben, daß korban eigentlich vom Wort "nähern" kommt. Ein Korban bedeutet, daß der Mensch seine hier erscheinende Existenz Gott näher bringt, seinem Ursprung also. Der Weg zur Einswerdung ist ein Korban.

Bei diesem Gott-näherbringen der menschlichen Existenz kommt eine Phase, in der der Kreis, der den Menschen gefangen hält, durchbrochen wird. Dies entspricht dem Durchschneiden der Halsader beim Tiere. Denn alles ist doch nur Entsprechung, das eine vom anderen. Das dann frei hervorströmende Blut wird vom Priester aufgefangen, und dieser gibt ihm neue Begegnungen, mit Welten, die es zuvor nicht ahnen konnte, weil es eben noch im Kreise gefangen war. Das Blut ist die "Nefesch", ist das "Leben".

Das Essen von Tieren fällt also unter den Begriff des Korban. So wie man selber sich Gott nähert, sich ihm nähert mit seiner ganzen Existenz, mit der ganzen Welt, in der man lebt, so ist auch die

Begegnung mit der Nahrung in dieser Welt einer der Aspekte dieses Korban.

Alles kommt und geht hier. Alles Leben kommt von außerhalb und geht wieder dorthin. Auch der Mensch kommt und geht. Auch des Menschen Bestimmung ist nicht diese eine Wirklichkeit. Die Zeit macht aus ihm ein Korban. Wohin geht er? In die andere Wirklichkeit. Was ist diese andere Wirklichkeit? Man kann sie mit den Maßen unserer Welt nicht beschreiben. Sie ist eben akausal, unmeßbar, unermeßlich, zeitlos. Aber sie ist, weil diese Welt hier als ihr Gegensatz sie schon voraussetzt. In unserer Sprache und in unserem Denken.

Das Tier kommt und geht auch. Es hat das gleiche Schicksal wie alles Leben, das hier erscheint. Geht es aber den Weg des Korban? Das heißt, begegnet es dem Menschen, der diesen Weg geht und es mitnimmt? Denn nicht jeder Mensch geht mit seiner Existenz zu seinem Ursprung, zu seinem "Vater". Mancher entwickelt sich eben gerne von ihm fort, er baut sich eine Welt eigener Maßstäbe. Dieser "zerreißt" seine Existenz. Er bringt sie nicht zur Einheit, er bringt sie zu immer weiter entwickelter Vielheit. Diese Vielheit ist das Zerrissene.

Nirgends wird dem Menschen gesagt, er *solle* Tiere essen. Wenn er aber ein Korban bringt, weiß er, daß er das bringen soll, was seine Erscheinung in dieser Welt ist. Das ist das, was man "Tier" nennt. Nach dem Untergang der Welt in der Überflutung mit der Zeit (über die Sintflut siehe "Bauplan"), wobei sie in Zeit "ertrinkt", unsichtbar wird, weil die Zeit sie überdeckt, heißt es, der Mensch könne jetzt auch das Tier essen. Es bedeutet, nach diesem Urgeschehen begegnet der Mensch seiner eigenen Existenz und nimmt sie in sich auf. Es entsteht der Kreis auch hier, so wie an dieser Stelle, nach der Sintflut, gesprochen wird vom Kreislauf der Jahreszeiten, von allem, was durch seinen Gegensatz im Kreis geht. So erscheint als Zeichen auch der Kreis des Regenbogens. Zeichen, daß diese Welt vom Wasser, von der Zeit, beschützt wird. Die Zeit verteilt das Leben auf unendlich viele Phasen. Was in der einen Phase nicht eingesehen wird, kann in der nächsten zustandekommen, was in der einen falsch gemacht wurde, kann in der nächsten korrigiert, wiedergutgemacht werden. Das Leben kann nicht in dieser Welt nach einem Geschehen zu einem gewissen Moment beurteilt werden. Denn im nächsten Augenblick kann alles wieder vom Menschen anders gesehen oder getan werden. Der "Bogen" schützt die Welt, dieser Kreis ist die Garantie, daß diese Welt bestehen bleibt.

Und dazu gehört auch, daß der Mensch, dasjenige was in unserer Erscheinung hier wie auf einem Tier reitet, dieses Tier nun auch selber in sich aufnimmt. Er vermischt sich mit dem Tier. Diese Vermischung ist seine Erscheinung in der Zeit, in dem, was wir Gegenwart nennen.

Als Entsprechung ißt nun der Mensch Tiere und ekelt sich nicht davor, ist es ihm kein Abscheu. Denn es bedeutet, daß er selber als Gegenwart diese Mischung ist. Nicht das Tier ißt den Menschen, sondern der Mensch das Tier. Das erste wäre "Terefa", "Zerrissenes", und es bedeutet also auch, daß wenn ein Mensch ein Tier ißt, während er selber nicht den Weg des "Korban" geht, er "Terefa" ißt, also daß es dann so ist, als ob ein Tier das andere verschlingt.

Wie aber steht der Mensch nun diesem Tier gegenüber? Er steht ihm so gegenüber, wie er überhaupt dem Leben gegenübersteht. Er kann seine Haltung nicht auf einen speziellen Fall ausrichten, das wäre Heuchelei. So wie er ist, so verhält er sich.

Wenn er Respekt hat vor dem Leben, in allen seinen Äußerungen, dann wird er auch dem Tier mit Respekt begegnen. Das bedeutet, daß er beim Schlachten des Tieres nicht nur die Technik des Schlachtens nach Vorschriften verrichtet, denn dann hätte er dem Ganzen seinen Sinn genommen. Er soll wissen, daß es sich dabei um ein Korban handelt. In seinem eigenen Leben, und daß er nur dann das Tier aufnehmen kann.

Und er wird dann wissen, daß das Tier kein Gegenstand, keine Sache ist, kein wirtschaftlicher Wert, sondern ein Lebewesen. Vor Gottes Thron stehen Tiere, der Stier, der Löwe, der Adler und der Mensch. Ein Lebewesen mit einem Geheimnis, mit dem Verborgenen. Er wird dann dieses Leben auch mit Ehrfurcht behandeln.

Deshalb heißt es, der Schächter sei ein sanftmütiger Mensch, ein

Mensch, der die Thora kennt. Und das Schlachttier soll vom Menschen gegessen werden, welcher selber den Weg des Korban geht.

So gibt es Juden, welche kaum Fleisch essen wollen, weil sie sagen, es sei eine große Sache, Fleisch zu essen. Es sei die Frage, ob man selber so sei, daß man es zu tun vermöge. Und diese Juden sind eben sehr sanfte, weise, große Menschen. Denen würde es unmöglich sein, Fleisch nur des Geschmacks oder seines Nährwerts wegen zu essen.

Die Praxis ist heute und war schon damals, als ich dieses Thema besprach, leider meistens eine ganz andere. Tiere werden geschlachtet aus geschäftlichen Gründen auf der einen und aus Genußgründen, ja sogar bloßen Rauschgründen, auf der anderen Seite. Das Schlachten geschieht am laufenden Band, ohne weitere Besinnung. Nur die Technik wird angewandt.

Die Behandlung des Tieres ist demgemäß. Es ist ein Gegenstand und als Lebewesen nur noch etwas, das jetzt zum Konsum bereit gemacht werden muß. Man stößt, man ist roh. Das alles ist gegen das Prinzip des Rachamim. Rachamim mit allen Geschöpfen.

Der Mensch ist König der Welt. Die Welt, das Leben, sind seine Untertanen. Er ist für sie verantwortlich. So wie er lebt, so geht es den Untertanen. Was der König tut, tut sein Reich. So heißt es in diesem Wissen der anderen Wirklichkeit immer vom König. Wenn beim Menschen Frieden herrscht, herrscht Frieden auch in der Schöpfung. Der Messias erlöst die Welt aus Zwang, auch aus dem Zwang der Dummheit. Mit dem Messias kommt der Frieden für alle Geschöpfe. Wolf und Lamm sind zusammen. Auch *im* Menschen bedeutet es, daß Wolf und Lamm beieinander sind. Wenn sie in ihm zusammensein können, dann werden sie überall, auch dort, wo es wie außerhalb aussieht, zusammensein.

Aus dieser Sicht verlange das Schlachten an erster Stelle Menschen, die wissen, was sie tun und denen die Welt nicht dazu da ist, um durch sie sich irgendeinem Rausch zu überlassen. Die Welt lebt und ist da, sie wartet auf den Menschen als ihren König. Deshalb sei es unsinnig, von humanen und nicht-humanen Schlacht-Methoden zu sprechen. Das Benützen des Tieres zur Befriedigung von blinden

Genüssen sei an sich schon nicht human. Und wenn das Judentum Erscheinung sei vom Begriff Israel, dann sei es schon gar nicht zu dulden, daß im Judentum genauso "für den Konsum" geschlachtet werde. Denn dieser Zweck des Schlachtens bringe es schon mit sich, daß mit dem Tiere roh, unmenschlich umgegangen wird.

Rachamim müsse schon veranlassen, daß man sich um die Natur in menschlicher Weise annimmt, um Tiere, um Pflanzen, um die ganze Landschaft. Gerade weil Tiere oder Pflanzen sich nicht dankbar erweisen könnten, wäre dort Rachamim am reinsten. Es könne keine Gegenleistungen erwarten.

Es gehe also nicht um die bekannten Streitfragen. Sie alle erkennen das Tier nicht in seinem Wesen. Meistens handele es sich um den Eindruck auf den Menschen, ob der Mensch es mehr oder weniger blutig empfinde. Später dachte ich an das "humane" Töten in den Gaskammern, wobei die Opfer meist bis zuletzt nicht einmal wußten, was mit ihnen geschehen werde. Auch bis hierher entspricht das eine dem anderen.

Schließlich töte Gott doch alle Menschen. Human oder nicht-human? Die Menschen sterben in der Welt der Zeit. Der Todesengel, der Bote Gottes, der den Tod exekutiert, ist wie der Schlächter. Es ist nicht der Tod des Tieres, der uns bewegen soll, sondern das Warum und Wozu. Wie der Mensch auch seinen Tod als ein Geschehen in der Welt der Zeit akzeptiert, sich aber fragt: Warum ist der Tod, wozu ist das Leben?

Alles kehre also zu Da-ath zurück. Wie erlangt man Einsicht, Erkenntnis, wer lehrt es und wen interessiert es?

Soziale Fragen. Der Kaufmann und seine Gesetze. Gesetz unten entspricht der Freiheit oben.

Viel sprachen wir über Rachamim. Auch den Menschen gegenüber herrsche Rachamim. Wir analysierten ehrlich und in aller Offenheit, wie es sich nun damit im Judentum verhielt. Im Judentum als dem

Ausdruck des Begriffes Israel in einer jeden menschlichen Erscheinung.

Wir fanden aber viel Unehrliches, viel Heuchelei. Sollte man den schwachen Menschen entschuldigen? Wäre das nicht ein Aufgeben der Erwartung, wäre das nicht eine Beleidigung des Menschen als Bild Gottes? Wir fanden viel Gerede über die Notwendigkeit, Gutes zu tun, aber nur wenig Verwirklichung.

Es scheint dem Menschen ein Bedürfnis zu sein, viel über das zu sprechen und zu schreiben, wovon er weiß, daß er selber darin versagt. So wird viel über soziale Gerechtigkeit geredet, über die Vorzüge der jüdischen Haltung auf diesem Gebiet.

Was aber ist zu sagen von orthodoxen Juden, die ihre ebenfalls orthodoxen Angestellten ausbeuteten, weil diese Angestellten dann am Sabbat nicht zu arbeiten brauchten? Erst als die sozialistischen Gewerkschaften eingriffen, wurde diesem Übel Einhalt geboten. Was soll man sagen von den raffinierten, listigen Auswegen, um doch Geld mit Zinsen verleihen zu können? Während es sich doch um das Prinzip handelt, daß dem anderen geholfen werde, ohne daß er dafür auch nur danke zu sagen braucht. Nun aber wird aus dem Geldverleih ein Geschäft gemacht.

Überhaupt, das Geschäftemachen interessierte uns sehr. Denn es züchtete eine Mentalität, wonach für alles ein Preis gelte und daß nichts geschenkt werden könnte. Wie der Kaufmann oft auch fragt: »Warum soll ich ihm etwas schenken?« Und er drückt beim Einkauf den Preis und erhöht ihn beim Verkauf. Dies führe auch zu der Ansicht, daß man mit dem Himmel verhandeln könne. Während doch der Himmel Liebe und Gnade kenne und Glauben und Hingabe erwarte.

Das Gebet des Kaufmanns ist wie sein Leben. Er erwartet den Lohn. Dazu quält er sich ab. Und die Beispiele, die er gibt, sind Beispiele im Sinne von: »Dem Guten geht es gut, der Böse wird bestraft.« Und er weiß nicht, daß der Lohn der guten Tat die gute Tat ist, und der der bösen Tat die böse Tat. Er glaubt, daß der Himmel dieselben Kausaliätsgesetze anerkenne, welche die irdische Wirklichkeit bestimmen.

Im Judentum herrschte oft Härte von einem zum anderen. Da machte das orthodoxe Judentum keine Ausnahme. Und war es nicht lächerlich und beschämend, daß es jüdische sozialistische Bewegungen, sogar jüdisch-orthodoxe, geben mußte, um Arbeitgeber in die Schranken zu weisen? Hatte das Judentum nicht in sich selber diese Disziplin?

Je mehr wir darüber sprachen, desto mehr sahen wir, daß nur Menschen mit Einsicht in den Sinn des Lebens imstande wären, auf allen Gebieten von selber als Menschen zu handeln. Daß es dann auch keiner Gesetze bedürfe. Denn wenn der Mensch gezwungen wird, Gutes zu tun, dann will er sich dem widersetzen, und erzwungenes Gutes ist kein Gutes. Es kann nützlich sein, das schon. Aber Nutzen ist eben ein kaufmännischer Begriff.

Ich erzählte Birnbaum vom Worte "Kanaani", das auch Kaufmann bedeute, weil der Kanaaniter durch seinen Namen kaufmännisch denkt und handelt, und dieser Kanaaniter eben aus unserer Welt vertrieben werden muß.

Gesetze sind Instrumente der Welt der Gegenwart. Aber die andere Wirklichkeit ist die der Freiheit. Erlösung kommt aus der anderen Welt zu uns. Der Messias wird in dieser Welt geboren, wird aber von Gott her gesandt. Der Erlöser bringt Befreiung vom Zwang. Das will nicht sagen, daß nun das Chaos eintritt. Es bedeutet nur, daß das Leben in Freiheit genau die gleiche Harmonie darstellt, die erst als die Welt der Gesetze empfunden wurde. Nur tut man alles voll Freude und in Freiheit, man tut es, weil man nicht anders kann.

Die Gesetze sind nicht dazu da, um den Menschen irgendwie zu zwingen oder zu quälen. Sie sind vielmehr dazu da, um hier zu zeigen, was dort ist. In der unteren Wirklichkeit entspricht das Gesetz, auch das Naturgesetz, der Harmonie der Freiheit in der oberen Wirklichkeit.

Die "Mizwoth" — Mizwa ist das Wort in der Einzahl — werden meist mit "Gebote" übersetzt, bedeuten aber auch "gute Tat". Und das Wort ist dem Laut nach dem Worte "zawa" verwandt. "Zawe" ist auch "befehlen", "gebieten". "Zawa" aber bedeutet ein Heer. Die himmlischen Heerscharen, "Zewaoth" — man spricht doch auch vom "Herrn Zebaoth" — entsprechen nun den "Geboten". Wer die Mizwoth befolgt, lebt in Übereinstimmung mit dem Leben der himmlischen Heerscharen. Sie sind die obere Freiheit, denen das untere Gesetz entspricht. Wer hier unten Gesetze aufheben will, ist ein Tor. Er bringt nur Chaos, Unbändigkeit, Willkür, Machtmißbrauch. Wer unten himmlische Gesetze aufheben will, verursacht eine Schwemme von irdischen Gesetzen. So wie die Natur durch Gesetze ihr Leben leben kann, ihre Harmonie und Schönheit zeigt, so ist das ganze Leben hier eine Ordnung. Doch wer dieser Ordnung von der anderen Wirklichkeit her sich nähert, der erkennt die Freiheit, die Schönheit, die Freude.

Lebensformen und Harmonie.

Wie nun diesen neuen Menschen herbeibringen? Was ist seine Lebensform? Denn nur mit einer Theorie kann der Mensch nicht leben. Die Formen des Alltags töten jede Theorie oder machen sie zu einem toten Gebilde, mit dem man intellektuell spielen kann.

Und wer ist imstande, solch eine Lebensform zu verwirklichen? Die Welt leidet gerade unter dem Fehlen einer Lebensform, die in ihrem Ausdruck der Welt der anderen Wirklichkeit entspricht. Sie sucht deshalb Lebensformen, und weil sie nicht der anderen Wirklichkeit entsprechen, geht sie an Langeweile zugrunde. Sie sucht, glaubt, es sei der Kommunismus oder der Faschismus, der Zionismus oder der Sozialismus. Aber alle enden sie in Krieg, Unterdrückung, Untergang und Langeweile.

Genügt es, wenn im Judentum eine Lebensform wieder erwacht? Wenn das Judentum dem Israel im Menschen entspricht, dann würde es bedeuten, daß tatsächlich ein Erleben einer wahrhaftigen, richtigen Lebensform im Judentum, überall im Menschen dieses Israel erweckt wird, und der Mensch überall, durch dieses erweckte Israel, seine Lebensform findet, je nach Land und Herkunft, und daß damit dieser Mensch auch zur Einsicht kommt, nach ihr lebt, nach ihr handelt und durch dieses Handeln wiederum seine Einsicht vertieft.

Der Kodex, wie er sich im Judentum aus dem Talmud entwickelt hat, enthält zwar alle Entsprechungen, er läßt aber den Menschen frei in der Art, wie er alles erlebt und praktiziert. Mit anderen Worten, er erwartet, daß der Mensch, der sie ausübt, Mensch ist, wach ist, das Leben ernst nimmt, und deshalb sich fragt, was das alles bedeute. So wie man ein kostbares Geschenk von allen Seiten betrachtet, nicht nur die Verpackung.

Wenn dieser Kodex nur praktiziert wird, ohne Verständnis für seine Wunder, dann entsteht eben das, was das erschreckend Dumme im jüdischen Leben oftmals ist, dann wird das Mittel zum Zweck. Dann diskutiert und analysiert man die Oberfläche, das Äußere, da wird man gescheit, aber nicht religiös, da wird man raffiniert, aber nicht gläubig. Dann spielt man mit Geboten und Verboten und zeigt, daß diese an sich den Menschen nichts anhaben können. Denn die Juden, die diese Gebote so genau diskutieren, sind genauso beschränkt wie andere Leute, sie sind genauso hart, genauso egoistisch. Sie sind vielleicht raffinierter infolge des vielen Analysierens und Diskutierens. Sie glauben noch, daß dies ein Vorzug ist und sind noch stolz darauf.

Die Lebensform nun enthalte das dritte Prinzip in der Konzeption Birnbaums, nämlich das des "Tifereth". Dieser Begriff bedeutet Schönheit, Pracht, Harmonie.

Lebensform kann nur das sein, oder sie ist keine menschliche Lebensform. Ob es sich nun um Kult handelt oder um Baustil oder um Malerei, alles fällt unter den Begriff Tifereth. Sonst steht das Leben außerhalb dieser Tifereth. Und dann ist es unschön, unharmonisch, dann ist es abstoßend, oder langweilig, oder unecht. Dann gibt es eine Spaltung zwischen dem, was Glauben und dem, was Leben ist. Aus diesem Grunde war im Judentum die Schönheit des Lebens entschwunden. Gesetze waren Gesetze. Und Geschäfte waren Geschäfte. Ungläubige, Maskilim (Maskilim sind Aufgeklärte. Die Aufklärung hieß im Hebräischen Haskala. So nannten diese Aufgeklärten sich selber. Sie bedienten sich der hebräischen Sprache in der Absicht, diese Sprache zu säkularisieren. Wie es ihnen schließlich auch gelungen ist.) nannte man sie, lernten mit Vergnügen Talmud, einfach wegen des intellektuellen Genusses daran.

Birnbaum war entsetzt über das völlige Fehlen von Schönheit im jüdischen Leben. Es gab keinen Stil für den Synagogenbau. Man ahmte etwas Orientalisches nach, weil man, aus törichten Gründen, meinte, das Judentum sei eine orientalische Religion. Also wurden Moschee-Kuppeln eine angenehme Lösung. Aber einen eigenen Stil fand man nicht. Bis heute nicht. Es gab sogar kaum einen orthodox-jüdischen Architekten. Man überließ diese Beschäftigung den "Freien", selber hatte man keine Verbindung oder keine Beziehung zum Bauen.

Die jüdischen Häuser und Wohnungen entbehrten aller Ästhetik. Man war sehr oft bürgerlich eingerichtet, schablonenhaft. Der Geschmack entsprach dem Preis. Man suchte schwere, teure Möbelstücke, weil sie den Erfolg im kapitalistischen Konkurrenzkampf zeigten. Nach diesem Erfolg wurde die Ehrenhaftigkeit und die Würde beurteilt.

In den ärmeren Wohnungen, vor allem im Osten, war die Armut dazu noch unästhetisch. Man hatte keine Ahnung von Schönheit, von Harmonie. Gewiß, es gab schwere silberne Leuchter, sie standen aber in einer unharmonischen Umgebung. Was an Besitz da war, war häßlich, war Fabrikarbeit. Es fiel kaum jemandem ein, selber etwas zu machen, das schön sein und die Wohnung zieren konnte. Und wenn man schon so etwas machte, dann war es nur eine Kopie von Gegenständen, wie die anderen sie hatten, und wovon es hieß, daß man "so etwas haben müsse".

Seit dem 17. oder 18. Jahrhundert gab es kaum mehr Kultgegenstände, welche geschmackvoll gestaltet waren. Und sogar vorher war das selten. Und dann waren es ebenfalls Nachahmungen. Es gab einfach keinen jüdischen Stil, und was es davon gab, war eben nicht vielsagend.

So stand es auch mit der Kleidung. Es gab keine jüdische Tracht. Im Osten ahmte man entweder den russischen oder polnischen Kaufmann oder Bürger nach. Und weil man sich daran hielt, meinte man nach einiger Zeit, es sei eine jüdische Tracht. Ja, das tat man oft in orthodoxen Kreisen: Man blieb in der Kleidung konservativ. Man trug das, was eine vorhergehende Generation getragen hatte, nannte das nun jüdisch oder "fromm", man maß sogar die Frömmigkeit an der Art, wie man diese altmodische, nicht-jüdische Kleidung trug.

Schlimm äußerte sich das bei den Frauen. Frömmigkeit und unästhetisch sein wurden fast identisch. Frauen sollten eben unauffällig sein. Sie wurden aber oft auffällig durch häßliche, unharmonische Kleidung.

Und das alles äußerte sich so auf allen Gebieten. Schulen waren unpersönlich, nachgeahmt, nachlässig. Der Unterricht war dumm, läppisch, es wurde viel geschlagen. Man konnte sich nicht beklagen, wenn wache Geister davonliefen und die europäische Kultur entdeckten. Sie streiften die jüdischen Schulen ab und damit meist auch das ganze orthodoxe Judentum, oft das Judentum überhaupt.

Man spielte nicht-jüdische Spiele. Es gab keine orthodox-jüdische Literatur, keine Kunst, keine Musik. Was es an Musik gab, entlehnte viel von den anderen Kulturen. Viele chassidische Melodien zeigten die Verwandtschaft mit dem Russischen. Die Lieder der deutschen Juden waren stark deutsch-musikalisch gefärbt. Speziell jüdische Tänze gab es nicht. Und alles zusammen war nicht gerade sehr ästhetisch. Haltung, Gang, Interessen, Wissenschaft, das alles entbehrte der "Tifereth".

Konnte man sich das anlernen? War es nicht vielmehr eine Frage der ganzen Lebenseinstellung? Konnte man sagen, die orthodoxen Juden seien so weltfremd, daß sie auf diesen Gebieten keine Interessen hatten? Was war dann aber zu sagen von den Fabriken, von den Großunternehmen, Banken, die sie hatten? Diese waren doch nicht ein Zeichen von Weltfremdheit. Man fuhr gerne in Kurorte, gab dort viel Geld aus. Nein, es waren nicht gerade Asketen, diese Leute, auch nicht weltabgewandte Menschen. Man trieb heftig Gemeindepolitik, Synagogen-Politik, man stritt, baute, konspirierte, riß ab, man war sehr lebendig und lebhaft. Tifereth gab es aber nicht.

Man hatte auch kein Auge für die Natur. Es galt fast als eine Sünde, die Natur zu bewundern. Wozu hatte Gott sie gemacht? Mit all ihrer Pracht, mit all ihrer Feinheit? Um sie abzulehnen? Einfach nur dazu, um sich von ihr abzuwenden? Bedeutet das nicht ein Zeichen dafür, daß man an der ganzen Welt, an allen ihren Erscheinungen nicht teilnahm? Ja, man sprach einfach nicht die Sprache der Welt. War das aber ein Zeichen von Frömmigkeit? Bedeutet Isolierung Frömmigkeit? Wozu dann die Welt, die vielen Menschen, ihr Glück und ihr Leid?

Man wußte nichts von Kunst, von Literatur, von Malerei. Man wußte nichts vom Denken der Welt, von der Philosophie, der Psychologie. Was Aristoteles geschrieben hatte, kannten manche Weisen. Doch nicht unter dem Namen des Aristoteles. Weil in den alten Werken die Gedankengänge des Aristoteles meist einfach übernommen wurden, kannte man unbewußt und ungewollt diesen Philosophen. So wie einige Araber aus der spanischen Zeit, und auch diese nicht unter ihren Namen.

Birnbaum war überzeugt, daß die Brücke zur Welt nur geschlagen werden konnte von Menschen, denen Daath, Rachamim und Tifereth ernst war, die danach lebten. In diesem Sinne dachte er sich die "Aulim", die "Aufsteigenden".

Denn Birnbaum nahm das Judentum ernst, und er erwartete eben aus demselben eine Erneuerung für die Welt. Obwohl der Messias für ihn ausdrücklich eine große, göttliche Persönlichkeit war, sprach er auch von der messianischen Zeit. Und diese würde sich darin ausdrücken, daß die Wirklichkeit des Judentums sich treffen würde mit der Wirklichkeit der Welt. Diese Begegnung sei eben die Welt und die Zeit des Messias.

Auch für die Welt gelten die Begriffe Daath, Rachamim und Tifereth. Es versteht sich, daß Birnbaum hiermit nicht ein starres Schema meinte. Er wollte damit nur klarmachen, welche Gebiete des menschlichen Wesens aktiviert werden sollten, wo man bewußt leben sollte. Wenn jemand gegen Konstruktionen war, gegen politische Doktrinen, dann war es Birnbaum. Andererseits fühlte er aber auch, daß man den Menschen klar machen mußte, worum es ging.

Menschen nun, die nach diesen Begriffen lebten, könnten sich begegnen. Sie würden sich verstehen, sie würden ihre Herkunft bejahen, sie würdigen. Und dann könnte das jüdische Wissen über das Tun, das Mysterium der Tat, verstanden werden und würde es sein Spiegelbild vorfinden im Denken und Verstehen der Welt. Denn das Denken und das Handeln haben eine merkwürdige Verbindung untereinander. Ihre Wurzeln treffen sich in dieser anderen Welt. Dort ist beider Herkunft, dort trifft sich der Mensch in einer Welt der Einheit.

Religionsstifter sind die Einsamen. Das tragische Paradox vom Tunwollen. Die Lage der jüdischen Orthodoxie. Ihr und ich.

Die "Aufsteigenden" wären Menschen, die diesen Weg auf sich nähmen. Wenn auch dieser Weg für jeden Menschen der einzige wäre, wert, gegangen zu werden, die Menschen, welche es nun schon einsahen, sollten den Anfang machen. Nicht weiter reden, nicht weiter politisieren, sondern tun. Einfach damit anfangen.

Birnbaum dachte sich diesen Anfang, sofern er selber damit zu tun hatte, im Judentum. Er suchte aber Verbindungen mit anderen. Er wußte, daß erst etwas Sinnvolles da wäre, wenn von allen Seiten aufgehört würde mit der Rechthaberei. Das Gespräch könnte aber erst anfangen, wenn an beiden Seiten Hand angelegt würde beim Brückenbau. Die "Aulim" würden auf jüdischer Seite den Anfang machen.

Wo aber findet man solche Menschen. Hier fingen schon bald die Schwierigkeiten an. Denn wer spürte schon das Bedürfnis nach dieser Verbindung, wer wußte überhaupt von diesen Welten, von diesen Wirklichkeiten?

Die paar Leute, die sich in der Umgebung Birnbaums fanden, sonnten sich gern in der Nähe dieses Großen, es warf ein interessantes Licht auf sie. Sie waren aber weit von dem entfernt, was Birnbaum eigentlich meinte. Hier zeigte es sich wieder einmal, daß es keinen sichtbaren Weg gibt, etwas aus dem Bereich des Wesentlichen hier zu verwirklichen.

Sobald es irdische Angelegenheiten betraf, es seien geschäftliche oder politische, fand man immer Leute. Je simpler die Sache war, je phrasenhafter, desto leichter fand man sie. Sie bestürmten einen sogar. Wie massenhaft waren Organisationen wie die der Nazis oder ihrer politischen Gegner. Wenn nur die Emotionen der Menschen angefacht wurden, wenn sie schreien konnten, toben, marschieren, singen, bekam man sie. Wenn es Wahlen gab, Vorstandssitzungen, Intrigen, traf alles ein, was man nur wünschen konnte. War das nicht auch der Fall, wenn man, sogar nur geschichtlich gesehen, an Abraham dachte? Wo war seine Organisation? Sein Gegenspieler, der König Nimrod, hatte ein Staatsgefüge, eine Weltmacht. Dieser Nimrod war verschwunden. Nur Jäger kennen heute noch seinen Namen, obwohl Nimrod in diesem Sinne gar kein Jäger war. Nimrod ist verschwunden. Abraham, der Einzelne, der Einsame, er hat die Welt geprägt. So sieht man es immer wieder. Es zeigt sich sogar in der Projektion im Geschichtlichen.

Moses war ein Einsamer, die Propheten waren Verfolgte, sogar Könige wie David und Salomon standen allein. So ist auch das Christentum zustande gekommen. Man kann sagen, keiner von diesen, wie man das so schön ausdrückt, Religionsstiftern hat an etwas wie eine Religionsstiftung gedacht. Gerade weil sie nicht daran dachten, kam es. Wo ein Wille zwingt, geschieht nichts in diesem Sinne. Es kommt nur viel Lärm, es kommen Leid, Unglück, Tränen, es kommen Enttäuschungen. Manchmal sieht es für Jahre oder Jahrzehnte, manchmal für Jahrhunderte danach aus, als ob doch etwas würde, obwohl man auch seufzt, daß es was wird, am Ende geht es doch unter. Ist hier nicht auch ein Geheimnis verborgen? Hat dieser Einsame mit seinem Leben, mit seinem Tun, nicht Schleusen geöffnet, die sogar er nicht kannte? Ist nicht vielleicht gerade dieses Nichtwissen, dieses Nichtbezwecken, die größte Kraft zur Verwirklichung?

Denn Wissen und Bezwecken sind Dinge aus dieser Wirklichkeit, sind Angelegenheit der Welt der Kausalität. Die große Kraft ist aber in der Welt der Akausalität, ist in der anderen Wirklichkeit. Dort gelten Liebe, Glauben, Hingabe. Dort gilt eben die Sehnsucht, oft nur die verzweifelte Sehnsucht, und dann kommt es. Es kommt unerwartet, von ganz anderer Seite als man es vielleicht schon, ganz schwach, ein wenig erwartet hatte. Es kommt eben nur von dort, wo auch im Prinzip der Erlösung, in der Geschichte der Befreiung aus Ägypten (siehe dazu den "Bauplan"), gesagt wird: »Gott hat an euch gedacht.« Das heißt, es kommt akausal, nicht weil man es verdient hätte, oder erwirkt, oder erkämpft. Es kommt, in unseren Augen willkürlich. Alle Erlösungsversuche in Ägypten, so erzählt die Überlieferung, werden zu nichts, versanden oder enden in Katastrophen. Gott hat eben andere Maßstäbe. Und der Mensch, der seine andere Wirklichkeit findet, bemerkt, daß diese anderen Maßstäbe auch in ihm leben. Er hat nun das verständliche Gespräch mit Gott. Er hört Gott, kennt dessen Sprache, und Gott hört ihn, kennt seine Sprache.

Hier, mit Birnbaum und bei ihm, erkannte ich diese Lage. Es war wie eine Tragödie. Denn jeder Mensch will doch das hier verwirklichen, wovon er geträumt hat, und das er ernst nimmt. Er gibt doch sein Leben dafür hin. Und er sieht, wie andere vollen Erfolg haben, er aber hat nur Gegenkräfte, er lebt einsam, er wurde verlassen.

Ich will damit sagen, daß es keinen Unterschied gibt zwischen Menschen, die ein egoistisches, aggressives Ziel bezwecken und Menschen, die tatsächlich mit Liebe versuchen, Erlösung zu bringen. Beide wollen, sozusagen, gerne "das Reich" hier schon haben. Und ich glaube, das hat so seinen Sinn. Denn schließlich ist das Reich doch auch hier, wird doch diese Welt mit der anderen verbunden.

Man könnte sagen, Menschen mit dem groben Machtstreben, also Nimrod-Menschen, suchen dieses Reich unten und bekommen es meistens auch, wenn sie nur genügend konsequent rigoros sind. Sie verlieren es aber auch, denn unten folgt Phase auf Phase. Diejenigen aber, die das Reich in der Verbindung von beiden Wirklichkeiten suchen, verlieren erst das Reich unten, sie bekommen es überhaupt erst nicht. Dennoch hoffen sie darauf, sie fühlen es vollkommen richtig als ein Versprechen, bis sie bemerken, wie allein sie stehen. Dann erst könnte ihnen klar werden, daß sie das Reich unten lassen müssen, daß sie darauf verzichten müssen, um über das Reich oben diese Welt hier auch zu erlangen.

Es ist dasselbe, wie wenn man etwas verstehen will auf die Weise der naturwissenschaftlichen Methoden. Man bekommt Einsicht, freut sich darüber, bemerkt aber, daß Theorien auf Theorien folgen, daß diese Einsicht keinen Bestand hat. Wenn man aber diese Welt läßt, wenn man den Erfolg über sinnliche Wahrnehmungen erst einmal opfert und es wagt, aus der anderen Wirklichkeit heraus hier Einsicht zu erlangen, dann bemerkt man etwas ganz Besonderes. Dann hat man diese andere Wirklichkeit und die der Gegenwart. Dann hat man die Verbindung gefunden, hat man beide Reiche.

Es ist, als ob man erst seinen eigenen Ursprung kennenlernen müßte, um Einsicht zu erhalten in die Welt, in der man lebt. Man muß "den Vater im Himmel" richtig als seinen Vater erkennen, sich selber als "Kind Gottes" fühlen, um diese Welt hier zu verstehen.

Im Judentum heißt es, Israel opfere die "Olam hase", das heißt diese Welt, um über die "Olam ha-ba", das ist die kommende Welt, die andere Wirklichkeit, beide Welten zu erhalten. Birnbaum erhielt bis heute noch nicht diese Welt. Weil er spürte, daß sie auch ihm zugehören würde, weil er das Versprechen fühlte in seiner begeisterten Überzeugung, litt er darunter. Es ist die Ungeduld, hervorgerufen durch das Paradox.

In der Zentralrats-Sitzung der Agudat Israel in Frankfurt, im Jahre 1927, hielt er sein großes, bekanntes "Aulim-Referat". Er erzählte, wie man begeistert und gerührt war, wie der Präsident dieses orthodoxen Weltbundes ihm tief beeindruckt für diese, wie er sagte, historische Stunde dankte. Dann aber kam der Bruch.

Denn, o Schreck, die Abgeordneten bemerkten, daß er es ernst meinte, daß er wirklich eine Forderung stellte, daß jetzt durch diesen orthodox-jüdischen Weltbund ein Anfang gemacht werden sollte mit der Verwirklichung einer Aulim-Erziehung, daß man selber sich einsetzen müsse, so zu leben, so zu handeln und folglich so zu denken.

Ein jiddisches Sprichwort, ein "Wörtchen", sagt: »Der Narr meint es Emmes«, das heißt, »Der Narr meint es wirklich«. Das spürte man wahrscheinlich, nachdem man bemerkte, daß Birnbaum nicht nur zufrieden war mit seinem eindrucksvollen Referat und der allgemeinen Zustimmung, sondern daß er sagte: »Und jetzt, meine Herren, verlange ich, daß man sich von diesem Moment an auch genau daran hält. Ihr seid doch einverstanden? Nun denn, was ist jetzt im Wege?«

Man ist doch gewohnt, schöne Predigten zu hören. Christen sind immer begeistert von der Bergpredigt. Juden hören ebenfalls aus Midrasch und Agada und lassen sich gerne mit Worten geißeln. Es scheint dem Menschen gut zu tun. Aber danach leben? Wer ist denn so verrückt? Man berauscht sich an den schönen Worten, man zitiert sie, man bemerkt dabei aber kaum, daß man einfach nicht daran denkt, sie zu verwirklichen. Höchstens könnte man es von anderen erwarten, wenn es paßt, aber auch dann glaubt man nicht daran, daß der andere so leben würde. Man sagte es nur, um ihn zu ärgern.

So war auch die Reaktion Birnbaum gegenüber. Zwei Abgeordnete, aus Ländern, die relativ viel Geld spendeten für die Organisation, erhoben etwas verdutzt und schüchtern praktische Einwände. Man könne doch jetzt nicht im Judentum eine Art Orden einführen, einen Unterschied machen zwischen solchen und solchen Juden. Alle Juden seien doch verpflichtet, ordentlich zu leben. Diese "Aufsteigenden" würden einen gefährlichen Spaltpilz bilden. Was wolle man eigentlich, das Leben sei schon schwer genug.

Fort war die Begeisterung. Diese beiden Abgeordneten hatten die erlösenden Worte gesprochen. Schließlich war man doch Politiker, also praktischer Mensch, hatte man mit den Hunderttausenden zu tun, welche man vertrat. Es gab wichtigere Fragen, eben Fragen der Organisation, der Politik, der Comités. Und man beschloß, Birnbaums Ausführungen zur Kenntnis zu nehmen und weiter zu untersuchen. Man hat es natürlich dann "vergessen", vollkommen vergessen. Bis heute.

Und man wurde vorsichtiger mit Birnbaum. Dieser Mann wollte also tatsächlich eine Revolution, eine Lebensart im Sinne des Messianischen. Und man schlief gerade so nett, man hatte nun auch eben eine orthodoxe Organisation, die großen und berühmten Rabbiner taten sogar mit, man nahm teil an Wahlen, schrie an Massenversammlungen. Was wollte dieser Mann nun schon wieder? Man war stolz auf ihn, weil er doch vorher Zionist gewesen war und jetzt also bestätigte, daß sogar berühmte Zionisten ihren Fehler einsahen. Das war schon sehr wichtig. Damit hatte er eigentlich schon seine Schuldigkeit getan. Er sollte sich nicht einmischen in Angelegenheiten des jüdischen Lebens. Davon könne er ohnehin nicht viel verstehen. Er könne nicht so "lernen", wie sie es konnten. Und damit meinte man, Birnbaum habe nicht die Routine des Aufwerfens von Schwierigkeiten im Talmud-Studium, um sie dann zu lösen. Denn viel anderes enthielt diese Art "Lernens" nicht. Und Birnbaum hatte, abgesehen von seiner mangelnden Routine, auch kaum ein Interesse, sich auf diese Art mit der Thora zu befassen. Für ihn war sie wesentlich etwas anderes als Material zum Einsatz des Scharfsinns und des Gedächtnisses.

Birnbaum war tief enttäuscht. Vor allem um der Unaufrichtigkeit der Führer willen. Er sah ein, diese Art der Orthodoxie war nicht imstande, einen Durchbruch zu erringen. Sie war unfruchtbar, gelähmt, verdummt. Er beklagte sich über die vollkommene Weltfremdheit der "Großen" im Osten. Er befürchtete, auch sie seien dümmer als man sich vorstellen konnte. Sie seien primitiver, im falschen Sinne kindlicher. Er fürchtete, es stehe um ihr Wissen in Fragen des Lebens nicht zum Besten. Sie dächten nicht an einen Sinn des Lebens, sondern versuchten vielmehr nur, die Vorzüglichkeit des Judentums, und speziell des orthodoxen Judentums, zu beweisen.

»Welche Angst treibt sie dazu, dies immer wieder beweisen zu wollen. Fühlen sie sich so unsicher? Ein Mann wie Moses hat gegen die Juden gewettert, weil er sie liebte und an sie glaubte, und vor allem, weil er sicher und überzeugt war in seinem Umgang mit Gott«, sagte er in immer wiederkehrenden Ausbrüchen.

Birnbaum war scharf kritisch, weil er das Judentum ernst nahm. So entsetzte er sich auch über die deutsch-jüdische Orthodoxie. Er versuchte mir klar zu machen, daß diese eben die schlimmsten Eigenschaften des deutschen, sogenannten philosophischen Geistes in sich vereinigte, diesen Geist, von dem Heine schon prophezeit hatte, Europa solle sich hüten, wenn dieser Geist einmal losbrechen würde. Oft führte er aus, wie Hitler nichts anderes als die Konsequenz dieses Geistes darstelle. Und für das Judentum sei dieser deutsch-jüdisch-orthodoxe Geist genauso gefährlich.

Es kostete mich einige Mühe, mich von den Autoren dieser Richtung zu trennen. Obwohl sie mir noch nie viel gegeben hatten, sie waren die einzigen, die sich mit diesen Fragen befaßten, die doch, wenn auch zaghaft, nach dem Sinn des Lebens forschten. Ich sah aber ein, daß er mit seinem reinen Wesen auch da richtig sah. Die Führung der Aguda wurde von diesen deutschen Juden geprägt, und das "Vergessen" der "Aulim" war schließlich denn auch ihr Werk, sagen wir: ihre Politik.

Birnbaum hatte eben etwas, was ihn bei allen Politikern zum Opfer bestimmte. Er nahm das Leben ernst, und nichts irritiert Politiker ärger als das.

Er erzählte, wie schon Herzl ihn auf diesem Gebiet arg enttäuscht hatte.

»Er war nicht ehrlich, er war nicht aufrichtig. Ich will nicht mehr darüber sagen. Es genüge: er war ein Politiker. Und damit bringt man das Judentum nicht an seinen Ort, sondern damit kann man es nur zugrunde richten.«

Es war aber mehr. Herzl hatte ihn persönlich unwahrhaftig behandelt. Es zeugte für Birnbaums Größe, daß er die Einzelheiten nicht erwähnen wollte.

Was ich schon sagte, Birnbaum kannte nicht die Methoden dieser Welt. Er war kein Nimrod-Typus. Deshalb gelang es ihm nicht, hier auf diese Art Erfolge zu erringen. Er blieb immer der von der anderen Seite. Eines seiner Gedichte spricht denn auch von "Ihr und Ich".

Tragisch, fast komisch, wirkte dann auch der Versuch, dennoch eine Aulim-Gruppe aufzustellen. Außerhalb der Aguda, außerhalb jeder Organisation. Es bewies nur, daß so etwas nun einmal nicht geht. Von dieser Welt aus jedenfalls wird das nie gelingen. Für "Israel" gelten andere Gesetze.

Ich machte es, wenn auch mit Unlust und Unglauben, mit. Ich wollte ihn nicht enttäuschen. Wohl aber sagte ich ihm gegenüber meine Meinung. Er sah es ein, glaubte aber doch, man solle den Versuch unternehmen. Dann hätte man jedenfalls getan, was man könne. Ob es zum Erfolg führen würde, liege nicht bei uns. Wir hätten hier zu tun, ohne weitere Absichten damit zu verfolgen.

So kamen zehn bis zwanzig junge Männer zusammen. Aus Deutschland, Polen, Belgien und Holland. Jeder hatte seine eigenen Absichten und Einsichten. Von Birnbaums Gedanken verstanden vielleich drei etwas. Nach den Prinzipien der Aufsteigenden lebte aber keiner. Keiner dachte auch nur daran, das zu tun. Als Juden hatten sie ihre spitzfindigen Argumente, warum sie anders lebten. Sie beriefen sich auf ihr Elternhaus, auf die chassidische Richtung, welche sie als die ihrige anerkannten, auf Birnbaums ungenügendes technisches Wissen vom Judentum. Es war eine kümmerliche, dürftige Gruppe, die mit Birnbaums Tod im April 1937 von selber auseinanderfiel.

Ja, mit Birnbaums Tod kam es zu großen, feierlichen Kundgebungen. Mancher hatte da Gelegenheit, vor einem vollen Saal seine rührenden Geschichten herunterzulesen. Damit war aber alles auf dieser Welt endgültig zuende. Von einer anderen Welt her wird Birnbaums Leben bestimmt noch seine Wirkung entfalten. Vielleicht noch eine sehr große. Dann wird sie bedeutend und endgültig sein.

Das Gedicht „Ihr und Ich".
Ihr habt mir das Schwert aus den Händen gewunden,
Die Krone gerissen vom Königshaupt,
Ihr habt mir den Rücken krumm gebunden,
Den kecken, den siegenden Blick geraubt!

Ihr habt mich aus einsamer Höhe gestoßen,
In wimmelnde Tiefe hinabgedrängt,
Ihr habt meinen Stolz, den reinen und großen,
In Schmutz und Schlamm und Sumpf ertränkt!

Ihr habt mich gehalten in dunklen Verließen
Und habt mir gestohlen die jauchzende Welt,
Ihr habt mich betrogen ums Glückgenießen
Und habt mir den Sinn meines Lebens entstellt!

So will ich euch fluchen und will euch hassen! —
Doch nein! — Ich entkam ja der Schmach und Not;
Wohl könnt ihr's in eurem Dünkel nicht fassen,
Wie blutend Leben weiter loht:

Aus meinem Herzen hab ich gesogen
Viel sonnige Fäden so fein und fest,
Und hab mir daraus zusammengewoben
Ein neues, lauschiges Weltennest.

Aus meinem Geiste hab ich geschmiedet
Mir hurtig Krone und Schwert zugleich,
Nun zog ich aufrecht und glanzumfriedet
In meinem jungen Gedankenreich.

Und hole aus tiefen Seelenverstecken
Mein Wollen, den zeugenden Sturm, hervor,
Ich laß ihn wirbeln und laß ihn wecken
Aus Ahnen und Denken die Taten empor!...

So will ich euch segnen und will euch lieben,
So viel und so schwer ihr gesündigt an mir!
Denn ich bin das siegende Opfer geblieben
Und reueverfallene Henker ihr!

Birnbaum und der Zionismus. Die böse Macht der Presse. Massen-Kommunikation und Dämonie.

> Die Welt kann vor Bewunderung sich kaum fassen
> Der Juden — fast vergißt sie, sie zu hassen,
> Seit's "Israeli's" sind: Das heißt, seit endlich
> Die Welt die Juden hat, die in sie passen.

Unsere Gespräche bewegten sich auf vielen Gebieten. Ich möchte hier nur einige erwähnen. Gespräche über Themen, die mit diesen Aufzeichnungen zusammenhängen.

Birnbaum nahm dem Zionismus gegenüber eine unmißverständliche Haltung ein. Für ihn war Erlösung ein göttliches Eingreifen, wie man sich Gott auch immer vorstellte. Und Israel war für ihn "Gottes Volk". Eine kausal verständliche, politische Lösung eines "Judenproblems" war für ihn ein Unding. Damit nehme man dem Judentum sein Fundament, seinen Lebensnerv. Ein Weg zur Erlösung könne deshalb nur ein Weg zum Judentum sein. Und dazu brauche man eben nur ein lebendiges, wahrhaftiges Judentum. Das hat mit Nationalismus nichts zu tun. Der Zionismus war für ihn eben Heidentum in optima forma.

Ansiedlung mit Machtpolitik in Palästina, — damals kannte man noch nicht den Begriff "Israel" für diesen Staat — könne deshalb nie jüdisch sein, sei sogar unjüdisch, gefährlich. Sowohl für das körperliche Sein wie für das seelische.

»Ich weiß, ich werde darum gehaßt, man würde mich am liebsten sogar umbringen. Man wagt es nur nicht, weil mein Name noch sentimentale Verbindungen mit dem Anfang, mit Herzl, hat. Aber man hat alles getan, mich mundtod zu machen. In diesem Sinne haben sie mich umgebracht.«

»Aber Sie können doch ihre Gedanken verbreiten, Sie leben doch noch, Sie können reden, erzählen, argumentieren.«

»Das ist eben die Täuschung. Man muß die Welt sehen, wie sie heute ist. Gedanken gehen heute in die Welt über die Presse, über Verleger. Und Sie haben sicher schon bemerkt, daß von mir kein

Artikel gebracht wird, ich mußte also schon selber eine Zeitschrift gründen. Und nun wird sie überall bekämpft und boykottiert. Einen Verleger finde ich nicht, ich muß jetzt selber einen Verlag gründen. Warum? Es tut mir leid, es zu sagen, es ist aber wahr, die Presse steht stark unter dem Einfluß gewisser jüdischer Kreise. Und das sind heute eben zionistische Kreise. Nationalismus ist der große heutige Götze. Man braucht gar nicht finanziellen Einfluß auf die Presse zu haben. Wenn man denselben Kreisen angehört, dann genügt es schon. Und ich habe Beweise im Überfluß, daß es eine Art stiller Verabredung gibt, mich nicht zuzulassen. Jedenfalls nicht mit meinen Ideen. Gerne nehmen sie meinen Namen, wenn sie ihn brauchen können. Gegenüber meinen Ideen sind sie aber hart, konsequent und grausam. Es sind ungeschriebene Gesetze, diese Presse bildet einen Zusammenhang. Ich heiße alt, überholt, ohne Verständnis für die heutigen Nöte. Und man sagt mir höflich, mit irgendeiner Ausrede, daß es nicht gehe. Verleger können es nicht wagen, etwas von mir herauszugeben. Sie würden boykottiert. Mein Lieber, es ist leider wahr, diese Kreise beherrschen die öffentliche Meinung. Man kann als Jude heute nur zionistisch publizieren. Wenn ein Mann von Bedeutung etwas anderes möchte, so kommt er nicht heran.«

Es stimmte. Ich selber hatte schon 1934 meinen Namen und meine Adresse hergeben müssen, um die Herausgabe einer zweiwöchentlichen Zeitschrift "Der Ruf" zu ermöglichen. Ich, unbekannter Student und Assistent, weil kein anderer sich in Holland finden ließ, keiner es wollte oder wagte. Und ich erinnere mich der Drohbriefe, der sanften Versuche, ihn davon abzubringen, gerade jetzt frei über Palästina zu veröffentlichen.

Birnbaum sah das Araber-Problem schon längst voraus. Er empfand das ausschließliche Ansiedeln in Palästina auch als heidnisch. Er versuchte, auf andere Möglichkeiten aufmerksam zu machen. Er gründete den "Jüdischen Volksdienst", eine Organisation mit einem Sekretär und einer Schreibkraft. Er wollte aufzeigen, daß es andere Möglichkeiten gab als nur Palästina.

Die Zionisten aber empfanden jedes Ablenken von Palästina als

Verrat an der nationalen Sache. Und sie sagten es auch klar. Man besuchte ihn und drängte sanft oder hart, das doch sein zu lassen.

Es gab aber keine Diskussionsmöglichkeit. Der Zionismus kannte nur den materiellen Nationalismus, so wie er seit der Aufklärung in die Welt getreten war. Eine Mischung von Blut, Mystik, Land. Deshalb verstanden andere Nationalisten den Zionismus auch sogleich. So dachte man auch: Endlich einmal waren die Juden nicht so beängstigend andersartig. Endlich bewegten sie sich auch in dieser irdischen Wirklichkeit von Schweißfüßen, Textilien, Banken. Dieses andere Judentum war unheimlich wie der Tod. Dort, bei denen war auch der Messias. Man verfolgte sie und schlug sie tot, wie man es auch mit dem Messias machen würde, sobald er etwas anderes sein wollte als zeitlos oder ein Prediger.

Ich lernte, in der Praxis bei Birnbaum, die Macht der Presse, des Machens einer öffentlichen Meinung kennen. Ich sah, wie leicht das ging. Masse denkt nicht, Masse ist nur emotional, und man kann spielend leicht mit ihr umgehen, wenn man eben böse ist. Und böse ist man schnell, wenn man nur diese eine Wirklichkeit kennt. Dann ist das Böse eine Lebensbedingung. Böse ist man, wenn man nur das kausale Denken kennt, wenn man nur das Historische und Geographische berücksichtigt, wenn man nichts weiß von der anderen Wirklichkeit im Menschen und in der Welt, die auch dem Historischen erst einen ewigen Sinn gibt und dem Geographischen ein ewiges Dasein.

Noch stärker lernte ich das später kennen am Falle des bedeutendsten Sohnes Birnbaums, des Dichters und Malers, des wirklich großen Menschen Uriel Birnbaum. Er kam einfach nicht an, weil Presse und Verleger wie in einer stillschweigenden Übereinkunft, ihm den Zutritt zur Öffentlichkeit versperrten. Ich werde später noch manches von meinen Begegnungen mit ihm zu erzählen haben.

Das Rätsel des Christentums.
Unverständnis und Mißverständnis als Ursache des Weges.

> Ein Schreckbild, von ihm selber ausgeheckt,
> Ein der Bekehrung harrendes Objekt,
> Ein Abschnitt Historie ist er dem Christen —
> Den Juden selbst hat noch kein Christ entdeckt.

Wichtig waren auch unsere Gespräche über Judentum und Christentum. Wie bei allen anderen Begegnungen waren solche Gespräche für mich Anlaß, bei mir Erkenntnisse wachsen zu lassen. Und sie wuchsen im Laufe der kommenden Jahre, sogar Jahrzehnte. Es war aber bedeutsam, gerade damals, weil mich selber damals dieses Verhältnis zum Christentum beschäftigte, zum ersten Male sogar ausführlich beschäftigte.

Birnbaum war der erste orthodoxe Jude, der vollkommen frei und vorurteilslos dem Christentum gegenüberstand. Bisher hatte ich bei anderen nur ein verlegenes, etwas beschämtes Lächeln finden können, sobald man das Thema Christentum berührte. Ich sah, wie wenig man vom Christentum wußte, wie oberflächlich das wenige Wissen war, wie ungerecht und voreilig man urteilte. Was man den anderen vorwarf als ungerecht und befangen im Urteil über das Judentum, das tat man selber dem Christentum gegenüber. Komisch dabei war das Argument, die Christen täten es uns gegenüber doch auch nicht anders.

Aber Birnbaum nahm auch das ernst. Unser Gespräch darüber begann, als er einmal sagte:

»Richtiger Frömmigkeit kann man im Christentum wirklich begegnen. Unkomplizierter, nicht alles erklären wollender Religiosität. Hier sollten wir einsehen, daß es in der Welt eine Vorbereitung gibt, ein großes, heiliges Erwarten. O, wie scheußlich dumm sind die Juden, die das nicht einsehen wollen, die überhaupt vom Christentum nichts wissen wollen.«

Ich spürte, hier könnte ich einhaken. Denn für mich war dies alles schon selbstverständlich. Nur hatte ich mir immer den Kopf angeschlagen, wenn ich bei Juden davon anfing. Entweder fand man jede Religion rückständig oder man urteilte, ohne etwas zu wissen, als Selbstverständlichkeit, daß das Christentum nun einmal falsch sei, im Irrtum, eine Irrlehre. Und es war da natürlich sehr bequem, das Verhalten der Christenheit den Juden gegenüber als Beweis anzuführen.

Doch gab es Versuche auf jüdischer Seite, sich mit dem Christentum auseinanderzusetzen. Theologische Versuche, aber immerhin ehrlich gemeinte. Genau, wie wenn man zwei Theorien miteinander vergleicht, um dann den Schluß zu ziehen, daß die eigene Theorie doch weitaus die bessere sei. Als ob es beim Glauben oder bei der Religion so etwas wie besser oder schlechter geben könnte.

Ich hatte solche Vorträge über das Christentum von jüdischer Seite mitangehört. Und es war wirklich lehrreich. Denn da wurde klipp und klar dargelegt, daß die Geschichten im Neuen Testament unlogisch seien, daß sie historisch nicht zu beweisen waren, nicht stimmen konnten, daß es keine richtigen Zeugenaussagen waren und dergleichen mehr.

Mein Einwand, daß das sogenannte Alte Testament genauso unlogisch und unbeweisbar sei, daß es ebenfalls keine Zeugen für alle diese wunderbaren Berichte gab, wurde entrüstet zurückgewiesen. Denn das sei doch schließlich unsere Bibel, das könne man doch nicht vergleichen! Und Zeugen seien ja unsere Väter gewesen, die es weiter erzählt hätten, bis auf den heutigen Tag.

»Von den unbeweisbaren Wundern auch? Von all den Geschichten, die im Midrasch vorkommen, auch? Sind diese logisch und historisch bestimmbar?« wandte ich vorsichtig ein.

»Weil sie Zeugen waren, sind es für uns bewiesene Wunder.«

»Und ist Glauben etwas, was bewiesen werden muß? Ist Glauben nicht eben das Vertrauen, das Akzeptieren trotz allem, was ihm widerspricht?«

»Nein, für uns stimmt alles. Wir können alles logisch beweisen und erklären.«

»Und das räumt Ihr den anderen nicht ein? Können die nicht auf

gleiche Art sowohl glauben als auch versuchen, es logisch zu erklären?«
»Nein, das ist doch unvergleichbar. Bei denen stimmt es eben nicht. Wie kann man all diese Geschichten, die sie dort erzählen, glauben. Sie sind doch vollkommen unlogisch.«

So versandete jedes Gespräch auf diesem Gebiet. Sogar ein amerikanischer Reform-Rabbiner, also einer, dem das orthodoxe Judentum ein Greuel war, der das Judentum der Welt und der Zeit anpassen wollte, hatte in einem Gespräch mit mir nur die eine, immer wiederholte Antwort:

»Aber, was wollen Sie, das Christentum ist doch falsch, es kann doch gar nicht stimmen.«

Merkwürdig, es kam mir vor, als ob Handelsreisende ihre Ware anpriesen. Nur das Produkt, das sie zum Verkauf anboten, sei das beste, das andere könne dann also schon per definitionem nicht mehr das Richtige sein. Es gab hier nur ein Entweder-oder.

Und Glauben wurde vermischt mit Logik, mit Beweisen. Als ob diese nicht gerade dem Glauben jeden Boden entzogen.

Aber man hatte nie darüber nachgedacht, was Glauben eigentlich sei. Daß die Wahrheit des Glaubens eben diese Unbeweisbarkeit, eben diese Unlogik und Akausalität war. Man dachte doch viel über Geschäfte nach, über talmudischen "Pilpul", über Gemeinde- und politische Streitigkeiten. Zu wissen, was Glauben bedeutet, dazu hatte man keine Zeit und keine Muße.

Wenn man nun aber schon glauben würde. Doch war man durch und durch von der Logik und vom kausalen Denken durchtränkt. Man kannte den Aberglauben. Jedenfalls in diesen Kreisen war das, was Glauben bedeutet, noch nicht durchdacht.

Gewiß gab es viele Leute, auch im Judentum, die ähnlich glaubten. Aber dann dachten sie doch, daß nur sie es konnten, weil sie eben Juden waren. Die anderen hatten nicht diesen Ausgangspunkt, hatten nicht diese Herkunft, also wußten sie schon von Anfang an nicht, was Glauben sei.

Ich weiß, daß es auf christlicher Seite dem Judentum gegenüber genauso geht. Daß man im besten Falle hofft, daß ein Jude, sobald ihm die Augen für das Christentum aufgehen würden, den Glauben erfassen könnte. Daß er vorher verschlossen ist, ausgestoßen, fluchbeladen. Und daß ein Gespräch mit Christen genau zur gleichen Verzweiflung führt. Daß die Kleinlichkeit dort mindestens so ärgerlich und so entmutigend ist. Daß auch dort mit Beweisen, mit ihrer Art der Logik, gearbeitet wird.

Den Menschen sind wirklich die Augen verschlossen worden.

Deshalb wagte ich auch zuerst nicht, mit Birnbaum über dieses Thema zu sprechen. Ich suche nun nicht gerade Enttäuschungen, und ich hatte Birnbaum zu gern, um dieses Experiment mit ihm zu wagen. Nun er aber selber davon anfing, griff ich den Faden mit Freude auf. Schließlich war mein Wissen über die Welt aus einer christlichen Welt und aus ursprünglich christlichem Denken entsprungen. Wenn es auch heute nicht mehr so hieß. Diese Menschen hatten aus einer christlichen Kultur heraus so gedacht, sie hatten die Wahrheit gesucht, sie hatten sich gefreut und sie hatten gelitten.

Es zeigte sich, daß Birnbaum die gleichen Auffassungen hatte. Selber in Wien, in einer katholischen Stadt, aufgewachsen, hatte er, als ehrlich suchender Mensch, kompromißlos, auch das Katholische erlebt, und es hatte ihn tief beeindruckt.

Er sah das Problem dieser Zeit als Problem, ob sich der Glaube überhaupt gegenüber all diesem Ansturm des Wissens, der Universitäten behaupten würde.

Und ihm ging es nicht darum, ob das Judentum mehr recht hatte als das Christentum, sondern einfach darum, ob der Glaube in der Welt schließlich siegen würde oder der Materialismus, der Rationalismus. Und da standen Juden, Christen, Mohammedaner in einer Front. Er erzählte mir, wie in seinem Leben gerade für seine Wende Ibsens "Kaiser und Galiläer" entscheidend gewesen sei.

»Der Galiläer siegt endgültig. Lesen Sie doch dieses Stück. Man kann doch das Christentum nicht einfach nicht zur Kenntnis nehmen. Tun, als ob das ein Irrtum in der Geschichte sei. Man kann schon sprechen über das Christentum von Jesus und das von Paulus. Aber auch da muß man sich hüten vor voreiligen Schlußfolgerungen.«

»Stimmt. Ich glaube eigentlich, daß durch Paulus der Weg durch die Welt erst anfängt. Wenn es auch, vielleicht nur durch Mißverständnis, eine Art Sündenfall ist, es zu einem Sündenfall gekommen ist, dennoch hat dieser Sündenfall einen Sinn. So wie der Sündenfall im Paradies. Damit fängt auch der Weg erst an. Man spürt aber das Wieder-Zurückkehren. Man kann hier nicht sprechen von mehr oder weniger gut. Das alles wird von einer anderen Welt aus gelenkt. So wie diese Dinge bei uns auch aus einer anderen Welt gelenkt werden. Das eine entspricht immer dem andern. Was hier geschieht, geschieht dort.«

Birnbaum erzählte, wie er Verbindungen gesucht hatte, daß es aber sehr schwierig gewesen sei. Auf christlicher Seite denke man gleich an Mission, man hoffe nach solchen Gesprächen, daß er seine Fehler — schon wieder etwas Logisches — einsehen werde, und in den Schoß der Kirche aufgenommen werden möchte.

»Die anderen müssen auch lernen, müssen wohl noch manches erfahren. Sie haben doch keine Ahnung von den Reichtümern im Judentum, von den großen Mysterien bei uns. Nicht, weil wir es sind. Es ist nun einmal so. Wir sind an diese Stelle gestellt worden, das ist unser Schicksal. Auch das hat seine Erklärung und Motivierung anderswo. Aber wir stehen als Menschen auf demselben Boden. Der *Mensch* ist in das Bild Gottes geschaffen, nicht nur die Juden. Aber es wird schwer sein, nach beiden Seiten schwer, das alles klar zu machen. Ich sage Ihnen, ich wage schon kaum mehr, davon zu sprechen.«

»Es wird aber sein müssen. Einmal wird man anfangen müssen. Denn sonst bleibt jede Seite gefangen in sich selbst. Der Mensch muß hindurchbrechen. Er muß sein Recht im Diesseitigen aufgeben können, weil es eben nur ein relatives Recht ist, um das große Recht von beiden Seiten zu erhalten. Immer wieder gilt das gleiche Prinzip.«

Durch Birnbaum fühlte ich mich mit meinem Suchen nach einem intensiven und intimen Gespräch mit dem Christentum gestärkt. Ich wußte, daß also auf diesem Gebiet noch nichts geschehen war, von keiner der beiden Seiten. Aber das hieß dann nicht, daß man selber nicht anzufangen hatte. Jedenfalls wußte ich, daß gerade dieses immense Reservoir an empfangener Überlieferung, von dem das Christentum sich bewußt abgeschlossen hatte, sehr vieles enthielt, aus dem es überhaupt erst ein richtiges Leben gewinnen konnte, daß ich mir vornahm, dies alles einmal ernst und intensiv zu untersuchen. Vielleicht hatte sich das Christentum abgeschlossen, damit der Weg durch die Welt gegangen werden konnte. Jetzt ging dieser Weg vielleicht zu Ende, und traf man sich wieder.

Wahrhaftig, eine faszinierende Zeit. Hatte der Rebbe in meinem polnischen Traumstädtchen nicht das gleiche gesagt? Warum sollte ich nicht verbinden, wenn ich doch diese Wurzeln suchte? War die Sünde nicht gerade dies Zertrennen der Wurzeln? Die einen hatten den Weg, die anderen hatten das Zuhausesein. Und diese Wurzeln trennt der Mensch und verwüstet damit den Garten Gottes. Dann ist es also gut, wenn man die Wurzeln des Weges wieder zusammenfügt mit den Wurzeln des Zuhauseseins. Das Einswerden und das Einssein seien verbunden. Das Paradox ist die Grundlage unseres Lebens.

Begegnungen, Zufall und Engel. Engel verbinden die Welten, so wie sie die Menschen zusammenbringen.

Die Begegnung mit Birnbaum war für mich eine Konfrontation mit der Realität. Hier sprachen wir von Menschen, so wie sie sind, von Völkern, von Geschichte, Politik. Denn es ist so leicht, sich zu isolieren und sich dann in Träume zu verlieren. Dann fantasiert man sich eine Welt zusammen, so wie man sie gern hätte, und läßt diese Gegenwartswirklichkeit einfach sein. Immer schon war bei mir die Frage: Wie verbinde ich all das, was ich vom Wesentlichen weiß und vermute, mit dem Alltag?

Wozu diese ärgerliche Dummheit des Alltags, wozu diese dummen, eingebildeten, verantwortungslosen Menschen? Sind sie nicht wie die Vielheit der Natur, wie die vielen Gräser, Blumen, das

Unkraut, aber auch wie die Bäche und Flüsse, wie die Fliegen und Flöhe, wie die Störche und Schwalben? Alles zusammen hat einen Sinn, und jedes Einzelne ist nicht nur Teil dieses Ganzen, sondern enthält selber auch eine ganze Welt. Ohne Ende ist es, wenn man anfängt, jedes Ding mikroskopisch zu betrachten.

Man ist geneigt, alles Unangenehme, alles Störende, hinwegzuträumen. Man läßt es in seiner Welt nicht zu. Ist das nicht aber dasselbe, was der Vogel Strauß tut? Das Andere ist doch da, und es wirkt, es plagt, es tötet sogar. Aber es nährt auch, es bildet den Grund, worauf man lebt. Nicht nur das menschliche Tun ist von geheimnisträchtiger Bedeutung, auch das, was um den Menschen her geschieht. Wenn er als Mensch eigentlich den ganzen Raum einnimmt, so ist alles, was um ihn her geschieht, Teil von ihm selber. Er ist mit allem verbunden.

Begegnungen sind Schicksale. Sie werden uns geschickt, die andere Wirklichkeit, von woher sie kommen, kennt unsere Kausalität nicht. Deshalb sagen wir, es handle sich um Zufälle. Man könnte aber auch sagen, sie seien von der immerwährenden Harmonie der anderen Wirklichkeit ein Ausdruck in unserer Welt. Das Leben in der anderen Wirklichkeit hat sie gelenkt. Und es heißt doch, die Verbindungen zwischen beiden Welten würden von den Boten Gottes, von den Engeln, gelenkt. So ist eine Begegnung mit einem Menschen zugleich eine Begegnung mit einem Engel. Wenn man den Engel in dieser Begegnung erkennt. Es könnte auch heißen, wenn man nur auch die andere Wirklichkeit in dieser hier erkennt.

Wer nur in einer Wirklichkeit lebt, es tut nichts zur Sache, in welcher, kennt die Verbindung nicht. Verbindung ist Bewegung. Durch den Weg des Menschen entsteht die Verbindung. Viele Menschen sind aber in ihrem Leben erstarrt. Sie kennen keinen Weg. Sie glauben fortwährend, sie seien schon am Ziel, oder das Ziel sei etwas Statisches. Sie kennen nicht den fortwährenden Durchbruch.

Wer nur in einer Wirklichkeit lebt, kennt nicht die Engel. Wer das Paradox des Lebens nicht jeden Moment erleidet und jeden Moment zugleich auch beglückt wird, weil er eben in dem Paradox den Sinn des

Ganzen erkennt, der weiß nichts von den Engeln. Ob man sie nun so oder so nennt, wenn sie nur nicht zu Bildern erstarren. Man erkenne sie als die Boten zwischen den beiden Welten, als den Stachel des Kontrastes, als die Erwecker des Widerspruchs. Man erkenne sie als den Brückenschlag der Welten. Und so sind sie auch das Verbindende zwischen den Menschen. Wer in beiden Wirklichkeiten lebt, weiß, daß in jeder Begegnung ein Engel derjenige ist, der sie herbeigeführt hat. Wenn man das weiß, dann sage man ruhig: »Ach, wie zufällig, daß wir einander getroffen haben.«

Mit Birnbaum begegnete mir ganz deutlich ein Engel. Er zeigte mir, wie man dieser Welt hier einen Sinn geben konnte, geben mußte. Er zeigte, daß man sich nicht vor dieser Welt verstecken konnte. Daß Gott mit der Gegenwart eine Frage stellte, eine Forderung. Eine Frage aber auch im Sinne von: »Schau, wie schön diese Welt ist, wie vielfältig, wie herrlich das Leben ist. Du willst es doch genießen? Aber du willst dich von dieser schönen Welt, die ich für dich, auch für dich, erschaffen habe, zurückziehen? Du sagst, alles sei Tand, alles sei nur Verführung? Warum denn so ernst, willst du nicht jetzt lachen, dich einfach freuen? Bist du so ernst, weil du mir nicht traust, mir nicht glaubst?«

Man kann sich nicht in den Traum zurückziehen und diese Welt einfach ignorieren. Hier sah ich die große Schwäche der jüdischen Orthodoxie, sowie eigentlich fast jeder Orthodoxie. Es genügt nicht, daß man das eigene Tun als wichtig erkennt. Man sollte sich auch fragen, ob dieses eigene Tun sich auch mit den anderen Menschen beschäftigt, mit der Welt, mit der Natur. Denn wozu wären sie in dieser Vielfalt rings um uns herum da?

Birnbaum liebte diese Welt. Er erkannte die Familie, das Volk, die Menschheit. Sie gehörten alle zusammen. Eine Exklusivität gab es für ihn nicht. Sie würde das Ganze zerbrechen. Die Einheit stehe aber über allem, die Einheit lasse das Abspalten von Teilen nicht zu.

In diesem Sinne war ihm eine Familie bedeutsam. Er freute sich, wenn man dort lustig und fröhlich war. Und die Zugehörigkeit der Familie zum Volke als der größeren Familie war ihm selbstverständlich. Je weiter man aber kam, desto mehr Mißverständnisse waren zu erkennen. Die Einheit drohte in Gefahr zu geraten. Deshalb suche man das Vereinigende. Habt Liebe zueinander, singt und tanzt zusammen. Schließt nicht den einen oder anderen aus.

Die Völker aber sollten sich als Familie in der Menschheit spüren. Hier war die Möglichkeit der irrtümlichen Beurteilung größer. Wie in einer Familie jeder seinen Platz hat, so sollte es auch zwischen den Völkern sein. Denn der Mensch hat nur als eine Einheit Sinn. Man ist erst heil, man ist erst ganz, man ist erst gesund, wenn das der Fall ist.

Das selbstverständliche Tun. Der sichtbare und der verborgene Erfolg.
Die geheimnisvolle Kraft des Verborgenen.

> Die Welt zerstört wohl stets, was du gewollt.
> Verzweifelt klagest du, daß sie dir grollt.
> Jedoch entwaffnet schweigt dein Zorn auf sie
> Vor ihrem ahnungslosen Abendgold.

Dieses selbstverständliche diesseitige Tun machte ihn aber scheu vor jeder betonten Tat, sie sei kultisch oder religiös. Das ganze Leben sei eine Einheit, mit allem, was man hier tue.

Oft kamen Leute ihn besuchen. Sie kamen, den großen Mann mit seiner aufregenden Entwicklung anzustarren. Und sie erwarteten dann weise Worte, irgendwelche Aussprüche. Denn für diese Besucher war solch ein Besuch ein Höhepunkt ihres Lebens. Birnbaum jedoch verabscheute dieses Getue. Entweder man war fortwährend wach, oder man war es nicht. Auch im Nichtstun liege eine Bedeutung. Man bilde sich nicht ein, daß man immer bewußt hell sein konnte. Auch im Dummen könne man seine Bestimmung erfahren.

Es war wieder einmal solch ein Besuch da. Ein Mann erwartete allerlei mystische Aussprüche, vage, denn die könne man nach allen Seiten auslegen. Bewundernd flüsterte er mit anderen Besuchern und wies auf die "mystische Handbewegung" Birnbaums.

Natürlich dachte Birnbaum nicht an Mystik. Er wußte vom Geheimnis des Tuns überhaupt, und das genügte ihm. Und es ärgerte ihn, wie die Leute blöde Erwartungen hegten, sich von Mystischem zuflüsterten, während das Geheimnis doch offen da lag, um sie herum und in ihnen. Plötzlich ergriff er das Wort:

»Herr Weinreb, kommen Sie, spielen wir Ettel-Bettel.«

Ettel-Bettel ist ein Kinderspiel. Der eine nimmt einen zum Kreis gezogenen Faden, zwischen die ausgebreiteten Hände gespannt, um die vier Finger jeder Hand, und der andere übernimmt nun das Ganze in besonderer Weise, wodurch allerlei Figuren entstehen. Das Wort kommt aus dem Jiddischen, und dieses Spiel wird wohl in den östlichen Ländern allgemein bekannt sein. Es gibt Leute, die sehr kunstvolle Figuren zustandebringen. Ich konnte dieses Spiel schlecht, aber ich ging trotzdem auf Birnbaums Vorschlag ein, und so spielten wir vor den erstaunten Blicken der Bewunderer "Ettel-Bettel".

Aus Birnbaums Versuchen in diesem Leben wurde, wie man so sagt, nichts. Der Zionismus siegte, weil er die Massen hatte, weil er Politik betrieb. Dieser Zionismus wurde auch, so wie es dazu gehört, mit Erfolg gekrönt. Birnbaums Warnungen verhallten. Sie waren unpopulär, und vom Unpopulären spricht man nicht.

Aus den "Aufsteigenden" wurde auch nichts. Es waren einfach keine da, die wirklich ernsthaft wollten.

In der "Agudat Israel" wurde Birnbaum vergessen. Dieser orthodoxe Bund hat sich, schon in den 30er Jahren, den Umständen angepaßt. Er wandelte sich in eine Art orthodoxen Zionismus. Und da man in Israel fieberhaft Namen sucht, um Straßen zu benennen, gibt es natürlich auch eine Nathan-Birnbaum-Straße. Vielleicht sogar mehrere, und ich glaube, es gibt auch ein Stück Wald, das nach ihm benannt ist.

Als diese Aguda doch noch etwas tun wollte, nach Birnbaums Tod, und mich um ein Referat bat, am großen Kongreß über eine mögliche Verwirklichung von Birnbaums Ideen zu sprechen, zeigten sich bei den wenigen, die noch zu ihm hielten und bis zu seinem Tod sich seine Adepten nannten, soviele Mißverständnisse und Streitigkeiten, daß das Referat wohl gehalten wurde und auch sehr beeindruckte, daß aber niemand da war, um für die Verwirklichung etwas zu tun. Jeder hatte seine eigene Meinung, seine eigenen Ansichten, seine eigene Politik, und vor allem seinen eigenen brennenden Ehrgeiz. Lieber soll nichts geschehen, dachte man im stillen, wenn ich nicht eine Rolle dabei spiele. Und so wurde auch nichts daraus. Wenige Jahre später brach der Krieg aus, und man vergaß einfach die "Aulim", man vergaß Birnbaum, mit dem schillernden Erfolg der Politiker sank alles, was Birnbaum gedacht und getan, geliebt und erlitten hatte, ins Dunkel der Geschichte.

Was bedeutet das? Kann es nun wahr sein, daß alles von Birnbaum vergessen wurde? Wozu war sein Leben, wozu bin ich ihm begegnet? Ist alles einfach im Strom der Zeit untergegangen?

Dies ist eine überaus wichtige Frage, und von ihrer Beantwortung hängt jetzt alles ab. Denn besteht die Bedeutung eines Menschen in den Erfolgen, denen die Welt Beifall zollt? Auch diese gehen doch wieder unter. Man vergißt. Es dauert einige Zeit, denn die Welt mag das Schillern der Seifenblasen.

Als Birnbaum auf seinem Krankenbett, das sein Sterbebett werden sollte, in den letzten Monaten seines Lebens täglich stundenlang mit mir sprach, sagte er einmal:

»Sie werden doch das alles, was ich angefangen habe, weiterführen? Man muß die Leute zusammenhalten, man muß immer wieder versuchen, die Ideen zu verwirklichen.«

»Welche Leute? Sie wissen doch, es gibt sie kaum. Muß man unbedingt mit Menschen Ideen verwirklichen? Genügt es nicht, daß sie gedacht und ersehnt werden? Überlassen wir es dem Himmel, wie der sie verwirklichen wird. Ich meine, glauben wir einfach.«

Mit müden Augen, gequält, schaute er mich an. Ich sah aber, er verstand. Hatte er nicht oft selber Gleiches gesagt? Er hörte seinen eigenen Glauben jetzt von mir ausgesprochen. Und auch ich glaubte das schon seit langem. Nur war die menschliche Ungeduld des Herzens zu groß, sie wollte gleich den Erfolg sehen, sie wollte aber vor allem den logischen kausalen Zusammenhang sehen, wobei unsere Taten unsere Erfolge zeitigten.

»Wissen Sie, ich habe es Ihnen doch schon erzählt, es war dieser Traum, der mich zu Gott führte. Am Meere war ein Mann, er kam mir entgegen, und er sagte: "Wie du auch willst, Gott läßt seinen Willen doch geschehen, und dieser Wille ist auch für dich die Erlösung, gibt auch dir den Sinn deines Lebens." Dieser Mann, war er der Jonah? Und sagte er nicht, daß so der Wille des Menschen noch größer und schöner erfüllt wird, für ewig? Man sollte nur glauben. Mein Wille ist eben erst richtig dein Wille, und dein Wille ist meiner. Man sollte also vertrauen.«

Nach einer Pause fügte er hinzu:
»Wollt ihr, jedes Jahr, an meinem Sterbetag die Geschichte von Jonah lesen?«
»Den Traum haben Sie mir schon erzählt. Nur nicht diese Worte des Jonah. Der Jonah ist doch, nach einer Überlieferung, der Messias, Sohn des Joseph. Auf der Joseph-Seite ist es immer versteckt. Durch Glauben nur erfährt man, daß Gott den Willen des Menschen erfüllt, und daß dies eigentlich auch Gottes Wille ist. Wenn der Mensch sich nur sehnt nach dem Hause des Vaters. Das wird erfüllt.«
»Ich habe mich nach unserem Vater im Himmel gesehnt. Mit allem, was ich hatte. So wird es erfüllt werden.«

Daran dachte ich, als ich irdisch alles, was Birnbaum angestrebt hatte, zerstieben sah. Doch ich sah auch, wie sich bei mir etwas Neues auftat. Wie sich eine neue Erkenntnis und neue Einsicht durchsetzten. Ich spürte, wie es mir kam, ein immer breiterer Strom.

Anfänglich dachte ich, der Strom sei jetzt außergewöhnlich breit, und er fließe stark, und sein Wasser sei klar. Doch immer breiter wurde er, immer stärker und immer noch klarer. Und da spürte ich: »Das ist die Erfüllung. Das was hier quillt, ist etwas Überwältigendes, das bleibt, das ist ewig. Größeren Lohn gibt es nicht, herrlichere Freude existiert nicht. Hier öffnet sich eine neue Welt. Hier zeigt sich etwas, was nur in messianischen Zeiten sich zeigen kann.«

Es dauerte Jahre, bis ich das erfuhr, bis mir das klar wurde. Ich fühlte mich aber in diesem Sinne wirklich mit Birnbaum verbunden. Wenn auch Birnbaum selber gar nicht in dieser Richtung dachte, kaum wußte, daß es diese Erfahrungen gab, daß diese Erkenntnis möglich sei. Was er wollte, war dennoch das gleiche, wonach er sich sehnte, es war nicht von dem verschieden, wonach ich mich gesehnt hatte. Die Kraft unserer Begegnung aber hatte das erwirkt. Die Engel sprachen miteinander, und dort ist die Sprache nur eine.

Was machte es aus, ob Birnbaum im Sinne der weltlichen Popularität viele Anhänger hatte oder nicht? Er hatte praktisch gar keine. Ich hatte aber die Überzeugung, daß er weiterlebte in allem, was mir widerfuhr. Und daß dort Verwirklichung stattfand. Was bedeutet sonst menschliches Einander-Verstehen, Einander-Mögen?

Birnbaum hatte den Gedanken, das Judentum solle eine große Versammlung der Weisen einberufen, damit endlich einmal eine klare Sicht auf das Tun und auf das Wissen falle. Selbstverständlich dachte niemand daran, so etwas zu tun. Denn jeder hatte seine Gruppe, seine Auffassungen, man hütete sich davor, die Meinung anderer — und es handelte sich hier doch schließlich um orthodoxe Juden — ganz ernst zu nehmen. Es blieb also ein theoretischer, das will sagen, erfolgloser Ruf. Aber als mir später vieles immer klarer wurde hinsichtlich des Tuns und sich mir der Sinn der Halacha öffnete, dachte ich mir, das ist die große Versammlung: Hier wird gelehrt, hier entsteht die Einigkeit.

Bestimmt wird man sagen, ich sei mit diesen Behauptungen eingebildet, ich leide an Größenwahn. Es läßt mich gleichgültig. Für mich steht nämlich fest, daß alles, was sich mir seither zeigte, eine derartig gewaltige, unfaßbar schöne und klare Struktur enthielt, daß sie nur mit der Struktur der Schöpfung verglichen werden konnte. Und zwar mit Schöpfung im weitesten Sinne; auch der menschliche Geist, sein Herz, sein Gefühl, war mit einbegriffen. Es war ein Palast, wo das Materielle und das Entgegengesetzte zur gleichen Zeit Fundament und Bausteine waren. Dieses Wunder des harmonischen Zusammenhanges, bis ins Letzte, überzeugte mich. Sei es denn subjektiv, wenn man es nicht zur Kenntnis nehmen will, so lasse man es sein. Aber es *ist* so, und dieses Sein war überwältigend. Ich wußte, *das* bleibt, das wird sich schon auch in der Welt zeigen, das wird sich durchsetzen. Aber wahrscheinlich auf anderem Wege als wir irdisch und kausal uns vorstellen können. Ich wußte nur: Etwas Neues ist jetzt geboren worden.

Es brachte mir eine andere Schau der Welt und ihrer Verhältnisse. Und das war nicht die Folge einer Entwicklung, sondern sie stand am Anfang einer Entwicklung. Jedenfalls am Anfang einer Art neuer Bewertung der Dinge.

Birnbaum war, wenn er auch als großer Mensch anerkannt wurde und von vielen verehrt wurde, ein Einzelgänger, ein einsamer Mensch. Richtige Anhänger hatte er kaum, Schüler überhaupt nicht. Ich fragte mich, warum ich mich so zu ihm hingezogen fühlte, und es freute mich überaus, daß er mich so selbstverständlich als den einzigen nahm, der ihn verstand, und dem er alles von sich erzählen konnte.

Ruhm konnte es mir nicht bringen. Man schaute mich eher ein wenig befremdet an, mit dem Gefühl von "schon wieder hat der etwas anderes als normale Menschen", und ich wußte, daß ich dadurch in der organisierten jüdisch-orthodoxen Welt manches aufgeben müßte. Nun hatte ich freilich keine Ambitionen in dieser Richtung, aber daß es schwieriger werden mußte, dort irgendetwas durchzukämpfen, war mir klar. Ich fühlte mich aber sehr wohl in meiner Lage und habe sie keinen Moment bereut.

Es blieb aber die Frage: Warum hatte, unter so vielen, denen es durchaus auch möglich gewesen wäre, gerade ich mich diesem Menschen so hingegeben, und warum fühlte ich mich verantwortlich, fast verpflichtet, zu ihm zu stehen. Nicht nur während seines Lebens hier, sondern bis auf den heutigen Tag. War es der Einsame, der mich anzog, war es der Verkannte, der Beleidigte, der in Armut lebte? Machte das seine Größe wahrhaftiger, war es sein Spotten über den Ruhm und doch wiederum sein Hoffen darauf, daß man ihn einmal doch erkennen würde? Suchte ich gerade den, den die anderen nicht verstanden? Oder identifizierte ich mich sogar mit ihm?

Ich dachte an den Rebben. Auch dieser war ein Einzelgänger. Unter den Chassidim im Osten kaum oder gar nicht bekannt. Er war nicht einer der berühmten, mit Tausenden, ja mit Hunderttausenden von Anhängern, in der ganzen jüdischen Welt bekannt. Er hatte in seinem Städtchen einige Hundert arme Leute, die nur ihn hatten, es gab dort eben keinen anderen. Und Schüler hatte er auch nicht. Gewiß, einige Männer "lernten" bei ihm. Aber mit einem etwas wehmütigen Lächeln hatte er mir gesagt:

»Ob sie verstehen, worum es sich handelt, glaube ich zwar nicht, aber es ist gut, daß sie lernen. Man weiß nie, wie es doch noch wirkt. Wenn nicht auf sie, vielleicht auf die Welt. Wirkungslos ist "Lernen" eigentlich nie.«

»Aber Sie können es denen doch erklären, sie ausbilden,« meinte ich in meinem jugendlichen Glauben an die Fähigkeiten aller Menschen.

»Was kann ich schon erklären, wenn ich spüre, daß das Tor verschlossen ist? *Ich* kann es nicht auftun. Es ist wohl mein Schicksal, daß ich keine Schüler habe. Auch meine Kinder verstehen mich nicht. Es sind gute Kinder, herrliche Kinder. Aber Schüler werden sie nicht sein.«

Dieser Rebbe hatte keine Bücher geschrieben. Was er dort in seinem Traumstädtchen erzählte, wurde nicht aufgezeichnet. Dem Ruhm der Welt nach war er ein kleiner, unbekannter und deshalb auch Unbedeutender. Wenn mich nicht der Zug zu ihm geführt hätte, nie wäre etwas von ihm zu mir hindurchgedrungen.

Warum hatte es mich nicht zu einem der berühmten Chassidim-Rebbes geführt, oder zu großen Talmud-Gelehrten, Häuptern bekannter Hochschulen, mit Tausenden von Jüngern? Wohl hatte ich einige von ihnen kennengelernt. Und ich fand sie auch bescheiden oder würdig, schön oder gelehrt aussehend. Es blieb aber ein Vorhang zwischen uns bestehen. Bestimmt war das nie meine Absicht, im Gegenteil, ich hoffte immer, diese weit bekannten Männer kennenzulernen und gerade von ihnen zu hören, was ich so sehnlichst suchte. Es hat sich aber nie ergeben. Die Bekanntschaft blieb formell, freundlich, man lobte mich, daß ich "fromm blieb, obwohl ich studierte". Ich pries die Menge ihrer Anhänger und die Schönheit der Schule und hörte aus ihren Worten, aus ihren Vorträgen nichts, was mich irgendwie die Luft der neuen Welt verspüren ließ.

War es wiederum der Eine, der Einsame, der vielleicht Verkannte? Ich hatte ihn nicht gesucht, ich wurde hingeführt. Auch Birnbaum hatte ich nie gesucht. Ich hatte von ihm gehört und ihn, wie andere meiner Zeitgenossen bewundert. Da kam der Nationalsozialismus und verschlug Birnbaum ausgerechnet nach Scheveningen, und dort ausgerechnet in einen Kreis, der mir schon nahe stand. Dieser Zufall war nicht geringer an merkwürdigen Variablen als der Zufall der Zugsfahrt in Polen. Der letztere war etwas konzentrierter und persönlicher, aber in beiden Fällen blieb es Schicksal, es wurde mir geschickt.

Daß aber auch dieser Rebbe in meinem Leben blieb, hatte denselben undurchschaubaren Grund. Sollte ich zu diesen Einzelgängern stehen? Ich stand aber gerne. Es war mir eine Freude, und im richtigen Sinne des Wortes eine Ehre. Eine Verwandtschaft zog mich an. Da bestand wirklich ein besonderes Band. Das Städtchen war mir vertraut, der Fluß, die Bäume, als ob ich alles von irgendwo anders her schon genau kannte und dort zuhause war. Aber auch die Gespräche mit Birnbaum blieben mir, mit dem Geschmack von einem intimen Zuhausesein.

Die berühmten Männer und die Stillen. Gerechtigkeit und Verbrecher. Trösten und Mitleiden.

Es wäre falsch zu meinen, ich hätte mich diesen Männern gesellt aus einer Art Mitleid, weil ich sie so alleinstehend fand, so unverstanden. Es war etwas viel Tieferes. Ich empfand sie als mein Zuhause, erst dort fühlte ich mich heimisch. Ich konnte mich mit ihnen identifizieren. Daß sie beide mich auch sehr gut mochten, zeigt nur, daß auf beiden Seiten diese Verwandtschaft gespürt wurde.

Ich suchte eigentlich nie richtig Anschluß bei "großen Männern", dort wo die Welt, wo die Stimme des Volkes Männer groß heißt. Zwar suchte ich nach ihnen in der Hoffnung, von ihnen etwas Wesentliches zu hören, zu lernen. Aber das kam eben nicht zustande, und so wurde ich etwas enttäuscht, und auf die Dauer spürte ich, daß es nicht nur der Wille dieser Menschen war, berühmt zu werden, sondern daß sie auch dazu auserwählt waren, weil eben ihr Leben diese Situation hervorrief. Und diese Art Leben scheint zugleich die Absperrung zu bilden von den tiefsten Dingen des Lebens. Ich bekam eine Scheu vor berühmten Menschen.

Auch mein Großvater war solch ein "Stiller". Er strahlte nicht nach außen hin "Größe" noch "Gelehrsamkeit" aus. Vielmehr machte er den Eindruck eines kleinen, alten, armen, etwas schüchternen Menschen. Sein Auftreten war still, bescheiden, unauffällig. Man konnte ihn übersehen.

War es das, was mich so zu ihm zog? Nicht die Blutsverwandtschaft, denn niemand stand mir so fern, wie gerade meine Verwandten. Sie sagten mir nichts, sie waren mir fremd, oft sogar abscheulich. Und das beruhte auf Gegenseitigkeit.

Der Großvater hatte aber etwas Ähnliches wie der Rebbe. Birnbaum wiederum war würdig, stattlich. Wenn man ihn mit seiner Frau spazierengehen sah, dann schaute ihnen jeder mit Freude nach. Wie ein königliches Paar schritten sie einher, beide schöne Menschen, gut gewachsen, geschmackvoll gekleidet. Aber allein waren sie trotzdem, Armut herrschte fast immer bei ihnen.

Birnbaum erzählte mir einmal, wie er in der Zeit, wo er noch populär war, aus Berlin nach Zürich reiste, um dort einen Vortrag zu halten. Er hatte zuhause nicht gegessen, weil einfach das Geld fehlte. Und in Zürich dachte kein Mensch daran, daß der große Birnbaum Hunger litt. Er sprach, trank das Wasser, das beim Pult stand und reiste zurück. Man glaubte, er hätte schon die Mittel, in einem guten Restaurant zu speisen. Man wollte ihn nicht belästigen, ließ ihm seine Ruhe. Man hatte die Reise und das Hotel für ihn gezahlt. Honorare gab es damals noch nicht wie heute, und Birnbaum sprach, weil er seine Gedanken mitteilen wollte. Wie oft habe ich auch gesprochen, ebenfalls in solchen Kreisen, wo ich nicht nur meine Reise und meinen Aufenthalt zahlen mußte, sondern wo ich auch noch um Geld angebettelt wurde für "Arme", und gern gab. So war es noch in jenen Zeiten.

Birnbaum gehörte in dieser Hinsicht zu den Stillen. Er war bescheiden, fast scheu, hoffte und glaubte. Aber er war zu ehrlich, zu gut und zu treu, um Politiker sein zu können, taktisch aufzutreten, damit Anhänger kämen, damit man über Kompromisse zu Erfolgen kommen würde. Er kannte das einfach nicht.

Zu diesen Dreien stand ich. Ich glaube, alle Drei haben bei mir gewirkt, haben etwas in mir erweckt. Es war schon da, es war der Teil des Menschen, der vom Himmel stammt. Aber die Begegnung vor allem mit diesen Dreien hat bei mir das bewirkt, was dann später entstand. Oder waren es die Engel bei diesen Dreien, die bei der Begegnung wirkten, weil sie mich und meinen Engel erkannten?

Ja, diese Verwandtschaft ist auffallend und merkwürdig. Diese drei Einsamen, diese drei Stillen, Zurückgezogenen, sie waren mir nahe, und was später kam, hat sich zum großen Teil irdisch ausdrükken können durch diese Begegnungen.

Eigentlich waren alle anderen, die mich beeindruckt hatten, solche stillen, einsamen Menschen. Das war sogar der erste Lehrer, Mahler, der mir Iwrit hätte beibringen sollen. Das waren Sait, Monnoson, Merling, Schächter, das waren sogar Rabinow und Masel. Merkwürdig, daß es sich so getroffen hat.

Und wenn ich es so bedenke, dann blieben in meinem Leben auch dort, wo ich lehrte und andere zuhörten, meine meistgeliebten Zuhörer diese Bescheidenen, an sich selber kaum Glaubenden, diese Einsamen, Verkannten. Überhaupt mein Freundeskreis, wenn ich richtig von Freunden spreche und nicht gerade von Bekannten, Besuchern oder dergleichen, auch dieser Kreis bestand aus solchen Menschen. Die berühmt Schillernden, ach, sie kamen auch, und wir versuchten nett zu einander zu sein, höflich, aufmerksam, aber auf beiden Seiten fühlte man sich nicht ganz wohl dabei. Politiker spürten meine Abkehr, meinen Widerwillen. Reiche, wenn sie auf diesen Reichtum ihre Existenz bauten, mein Relativieren dieser Tatsache, meine Unaufmerksamkeit. Sogenannt berühmte Gelehrte spürten meinen Spott, mein Durchschauen des beschränkten Gebietes ihres wissenschaftlichen Denkens, so wie in den letzten Jahrhunderten Wissenschaft verstanden wurde.

Dort war gleich Fremdheit, das sich unbedingt *nicht* verwandt Fühlen. Wir suchten uns nicht, und jedenfalls konnte ich mich nicht mit dieser Art von Menschen identifizieren. Ich war gewiß nicht überheblich in meinen Gedanken diesen Personen gegenüber, aber ich fühlte mich fremd. Ich konnte manchmal ihre Kapazitäten bewundern, ich schätzte ihre Leistungen, aber immer spürte ich, sie seien nicht Menschen in dem Sinne, wie ich mir den Menschen dachte.

Es scheint also eine andere Art von Staatsbürgerschaft zu geben, eine nicht-biologische und nicht-geographische, sondern eine Art in dem Sinne, wie ich den Begriff "Israel" schon beschrieb. In diesem Falle sich äußernd in diesem Alleinstehen, dieser Schüchternheit, diesem Verkanntwerden, dieser Zurückgezogenheit. Dies alles bildet ein eigenes Reich, und die Maßstäbe der Zugehörigkeit zu diesem Reiche können hier unten, irdisch nicht bestimmt werden. Diese Maßstäbe können nur empfunden werden, gespürt. Aber es gibt eine Affinität zwischen den Bürgern dieses Reiches. Und wir nennen das, was sie zueinander führt, Zufall.

Denn Zufall ist doch eben das Wirken der anderen Welt, der verborgenen, in unsere sichtbare Gegenwart hinein. Zufall kann nicht durch Absicht herbeigerufen werden. Zufall entzieht sich unserem Kausalitätsdenken.
Aus diesem Grunde kann man diese Verbindungen auch nicht organisieren, man kann sie nicht suchen. Ihre Wurzeln sind, wie bei Blutsverwandtschaften, verborgen.
Auch Blutsverwandtschaft kann man nicht wählen. Und das zeigt auch wiederum, daß hier zwei Welten ihre gemeinsamen verborgenen Wurzeln haben. Man bedenke, die beiden Bäume, der Baum des Lebens und der Baum der Erkenntnis, haben gemeinsame Wurzeln. Nur der Mensch mit seiner Axt trennt sie . . .
Ich könnte es also Schicksal nennen, daß ich mit dieser Art von Menschen zusammentraf. Ob es mir nun lieb war oder nicht. Es kann also weder als eine Äußerung von Mitleid gesehen werden, noch als

Bescheidenheit meinerseits. Es war gewiß so bestimmt. Ich fühle mich bei dieser Art von Menschen heimisch, ich kann mich als ihr Verwandter empfinden. Die Treue ihnen gegenüber ist eine angeborene, kaum eine gewollte oder eine, wie man oft sagt, im Kampf errungene. Ich kann einfach nicht anders. Und ich habe die Zugehörigkeit zu dieser Heimat nie bereut. Ich fühlte mich in ihr wohl, was auch die Geschicke dieser Heimat waren.

Es geht aber noch weiter. Ich fühlte eine Verbundenheit mit allem, was in dieser Welt der Gegenwart sich nicht, oder nur schwer, behaupten konnte.

Man kann mich hier leicht mißverstehen, in dem Sinne, daß ich mich gern mit Opposition der herrschenden Gesellschaft gegenüber identifizierte. Nein, es geht tiefer. Ich spüre, daß jedweder Verfolgte, daß jeder "Underdog", einen heiligen, verborgenen Funken trägt. Es ist, als ob diese ganze verborgene Welt bei solchen Menschen sich manifestierte.

Man glaube also nicht, daß dies etwas mit moralischer Entrüstung zu tun habe. Denn ich empfinde eine Zuneigung auch dem Verbrecher gegenüber, sobald er als solcher fliehen oder sich verbergen muß oder schon in Gefangenschaft geraten, verurteilt oder gar hingerichtet ist. Ja, sobald er vor der Gegenwart, vor der harten Realität sich verbergen muß, *hat* er die Verwandtschaft mit dem verborgenen Funken des ewigen Lichtes. Auch die Schechina heißt verfolgt, gefangen, verkannt.

Solange der Verbrecher Verbrecher ist, als solcher sich benimmt, ist mir sein Opfer oder sein potentielles Opfer heilig, und empfinde ich mit ihm eine tiefe Verbundenheit. Und dann würde ich alles tun, es aus den Händen des Verbrechers zu befreien. Sobald aber der Verbrecher die Folgen seiner Tat tragen muß, stehe ich an seiner Seite. Und wenn dann die früheren Opfer ihn verfolgen, dann sind diese neuen Verfolger wiederum meine Feinde, werde ich alles unternehmen, um ihnen die Beute aus den Händen zu reißen. Ich verstehe das Bild, das die beiden Verbrecher zur Rechten und zur Linken des Kreuzes zeigt.

Selbstverständlich ist eine solche Haltung unpraktisch, schlimmer noch, sie ist ärgerlich. Denn sie stört die Ordnung der Gesellschaft, die sich auf das Gegenwärtige, das Zeit-Räumliche, das kausal Verständliche gründet.

Solch eine Gesellschaft will schon hier und gleich die Gerechtigkeit am Werk sehen. Damit aber verabsolutiert sie das Zeit-Räumliche. Wenn sie auch andererseits ganz gut weiß, daß erst die Sicht des Ganzen ein Urteilen ermöglichen würde. Sie hat aber im Paradox *eine* Seite gewählt, die Seite des Sichtbaren. Und damit verrät sie das Verborgene. Auch das Verborgene bei sich selber. Und damit spricht sie das Urteil über sich selber. Denn wer das Verborgene verrät, verliert diese Welt, er hängt in der Luft, ist nirgends mehr. Das Unstete und Flüchtige kommt über ihn.

Ist es dann also gut, diese Scheu vor jedem Verfolgten zu haben? Erst zum Beispiel vor dem verfolgten Juden und dann vor dem verfolgten Nazi? Kann man also hier von Schuld und Unschuld sprechen? Sobald man das tut, muß man bewußt manche Fakten aus der Kalkulation ausklammern. Sonst käme man zu keinem Schluß. Aber *wenn* man ausklammert, ist man schon ins Fälschen hineingeraten.

Geht es also an, Menschen die Schuld am Kriege anzukreiden? Wo fängt dann die Kausalitätsreihe an? Wenn man weit genug geht, endet man bei Gott. Ist Gott nicht auch der "Schuldige" an jedem Tod? Er ist doch der Allmächtige, er könnte es doch, wenn man zeit-räumlich räsoniert, verhindern. Er könnte doch seine Gnade walten lassen. Daß es dennoch Kriege, Krankheiten, Unrecht, Tod gibt, zeigt das nicht, daß es auch eine andere Wirklichkeit gibt? Und muß man dann nicht diese andere Wirklichkeit auch mit einbeziehen, wenn man in der Welt der Gegenwart von Gerechtigkeit und Liebe spricht? Denn ist nicht Gegenwart gerade der Schnittpunkt beider

Wirklichkeiten? Man kann einfach nicht trennen. Es ist nicht das Kausale, auch nicht das Antikausale, es ist eben das Akausale.

Hochmut allein gibt dem Menschen das Gefühl, er könne über Schuld und Unschuld urteilen. Dennoch sagt man, muß diese Welt existieren, und man kann doch nicht zulassen, daß Verbrecher unbestraft ausgehen. Vollkommen einverstanden, würde ich dann sagen, aber laß mich dann jedenfalls auch in der Mitte der Verbrecher, die nach dem Recht bestraft werden, stehen. Denn sie zeigen eben die Unwirklichkeit der einen Seite, und erst mit der Anwesenheit der anderen Seite entsteht die wahre Wirklichkeit.

Das heißt, sobald das kausale Einverständnis siegt, leidet das Verborgene. Dann stehe beim Leidenden, denn damit hast Du das Kausale erlöst.

Es ist dann eine absichtslose Erlösung. Und das bedeutet wiederum, daß man es tut, ohne dafür etwas zu können. Man ist dabei weder gut noch böse, man ist dann eben der, der man ist. Jedenfalls nennt man einen solchen Menschen nicht gescheit.

Die Katze fängt einen Vogel. Armer Vogel. Nun schlägt man die Katze ob dieser Tat, obwohl man sagt, sie könne nichts dafür, sie sei so erschaffen. Also, arme Katze. Und so geht es in der Natur, in der Menschheit, und es bleibt ein schweres Paradox. Bei jedem Menschen kommt diese Situation tagtäglich vor, in seinem eigenen Handeln, in seinem Denken. Wohl dem, der dieses Paradox in sich selber, in seinem eigenen Leben, erkennt!

Das gab mir schon von Jugend auf ein Gefühl von schamhafter Scheu der ganzen Kreatur gegenüber. Denn ist nicht alles in Leid, in Verfolgung, in Angst und Unsicherheit? Der heute Boshafte trägt später an den Folgen seiner Taten, er ist dann der Angstvolle, der Fliehende, der sich Verbergende. Ob nach unserem Kausalitätsbegriff schuldig oder unschuldig, er leidet. Und damit hat er die Verwandtschaft mit der Schechina, damit ist er ein Heiliger. Und gehören nicht die Tiere dazu, die für uns stummen, bewegungslosen Pflanzen? Was erleben sie? Sind sie nicht alle Ausdruck im Zeit-Räumlichen für das große Geschehen, im für uns kausal nicht Erkundbaren? Ist nicht die Scheu vor ihnen zugleich die Scheu vor dem Göttlichen?

Scheu und Bescheidenheit sind einander nahe verwandt. Der Bescheidene kann nur bescheiden sein, weil er die andere Wirklichkeit in allem erkennt. Man kennt im Judentum das Wort: »Ein Kind Abrahams ist verschämt, ist scheu.« Weil eben Israel in allem die andere Welt erkennt und sich nicht gut zu helfen weiß in dieser unteren Welt allein.

So hängt also Vieles zusammen. Warmes Verwandtschaftsgefühl mit den Einsamen, mit den Unverstandenen, mit den in der Welt nicht Erfolgreichen. Denn ihr Reich ist nicht von dieser Welt. Sie kommen erst hierher auf dem Wege durch die andere Welt, und dann ist ihre Wirkung kausal nicht mehr erkennbar. Wer kann alles, was mir an Wundern begegnet ist, determinieren und feststellen: welcher der Einfluß Birnbaums war, welcher der des Rebben im Traumstädtchen, welcher der des Großvaters? Und wessen unbestimmbare Folge waren sie wieder und ihr Leben?

Und dann die Sympathie, die Affinität sogar mit den Einsamen und Unverstandenen überhaupt. Ob sie nun Lehrer waren oder Schüler, ob sie wichtige Menschen waren oder wirklich ganz unbedeutende. Ihre Seite zu wählen gegenüber den Lauten, den Erfolgreichen, den Gescheiten.

Das wiederum bringt das Verständnis für den Bedrängten überhaupt, für den die Konsequenzen Ziehenden eines Lebens als Unverstandener. Aber dann auch ohne die hochmütige Frage nach Schuld oder Unschuld des Bedrängten. Denn wer ist einsamer als der Sünder, als der Verbrecher, der weiß, daß er schuldig ist, und keiner will ihn mehr kennen, jeder urteilt und verurteilt in seinem Falle. Und er weiß selber von seiner Schuld, und keiner ist da, der sich an seine Seite stellt.

Gewiß, es gibt den Tröster. Ist dieser aber nicht ein Hochmütiger? Welcher Mensch kann es wagen, sich selber in seiner zur Schau getragenen Freiheit, in seinem Zustand des nicht Verfolgtseins, als

Tröster anzubieten? Nur wer sich mit dem Verbrecher identifizieren kann, könnte es unternehmen.

So sagt man doch auch, daß der geplagte, der gequälte Hiob deshalb seine drei ihm Trost und Einsicht bringen wollenden Freunde nicht erträgt, da diese aus ihrer Gesundheit und aus ihrem nicht angegriffenen Reichtum mit ihm sprechen. Er verlangt, daß sie sich tatsächlich an seine Stelle begeben sollten, nicht nur theoretisch, oder mit Seufzern. Ist hier nicht der Schlüssel des so mißverstandenen und so oft mißbrauchten Wortes "Mitleid"? Mit-leiden, also sich identifizieren, also das Leid des Anderen auf sich nehmen. Hier liegt doch auch das Geheimnis des Hinuntersteigens der Schechina in das Exil des Menschen.

Die Welt mag nicht den Sünder, auch wenn er bereut. Sie tut, als ob die Sünde etwas Unsauberes, etwas Unhygienisches sei. Sie zieht den Heuchler vor, der so tut, als ob er mit der Sünde gekämpft und sie besiegt habe. Oder er wisse nichts von Sünde, da er doch brav lebe nach allen Regeln und Gesetzen.

Die Sünde aber ist das Geheimnis des Jenseitigen. Sünde und Reue bilden das Gespräch auf dem Wege des Menschen. Der Sünder wird zum Einsamen, in der Reue droht ihm Lächerlichkeit vor der Welt. Wer aber wagt es, dennoch umzukehren, dennoch seinen Stolz zu opfern? Und wer es wagt, der ist weiterhin einsam.

Der Traum von der Ur-Schlange und vom Ur-Ochsen.

Die beiden Welten ringen miteinander. Und der Sieg ist nicht der der einen oder der der anderen. Es ist beider Sieg, jedoch der beiden nicht als Summe, sondern der beiden mit dem himmlischen Anteil infolge ihrer Vereinigung. So wie das Kind nicht nur den Vater und die Mutter in sich trägt, sondern noch einen dritten Teil, den Anteil des Himmels.

Ich hatte einmal einen merkwürdigen Traum. Ich muß sagen, ich träume selten, das heißt ich erinnere mich meiner Träume meist nur vage, und wahrscheinlich auch das nur sporadisch. Doch kommen in meinem Leben einige ganz eigenartige Träume vor, und dann haben sie die Kraft von Visionen.

Diesen Traum nun hatte ich im Jahre 1935, kurz bevor ich die Reise nach Warschau unternahm. Und ich glaube, ich sollte ihn hier beschreiben, denn er setzt sich mit der oben umrissenen Frage auseinander. Wahrscheinlich zeigt er eine bedeutende Facette meines Seins. Eine Facette, die aber keine richtige Antwort enthält. Es scheint im Paradoxen verweilen zu wollen, dem Leben überlassend, sich damit auseinanderzusetzen.

Im Traum sah ich zwei riesenhafte, eigentlich mythologische Wesen, die mit einander auf Leben und Tod kämpften. Das eine sah aus wie ein vorweltliches schlangenartiges Tier, und es kämpfte aus dem Wasser heraus. Das andere hatte die Gestalt eines gigantischen Mammut, mit einem enormen Horn. Und dieses Tier stieß mit seinem Horn auf das schlangenartige ein, während dieses mit seinen Zähnen und seinen Flossen und seinem Schwanz angriff. Es war ein gewaltiges Getöse. Die Erde und der ganze Kosmos erdröhnten, und die Todesangst beider Wesen war das Auffälligste.

Ich möchte schon gleich hier bemerken, daß es eine alte Überlieferung gibt, welche vom Kampf solcher zwei Tiere am Fundament der Welt erzählt. Und man kann deshalb auch sagen, daß der Traum unter dem Einfluß des Wissens um diese Geschichte mit gebildet wurde. Es sah mir aber so aus, als ob ich diesen Kampf wirklich erlebte, als ob ich also diese Geschichte nun erst selber erzählen konnte.

Die Überlieferung erzählt vom Kampf des Leviathan mit dem Schor Habor, tatsächlich dem Wesen des Wassers, worauf diese Welt ruht, und dem ihm gegenüberstehenden Landwesen. Der Kampf dieser beiden ist der Kampf der Gegensätze, es ist die Frage des Paradoxes, wobei die eine Seite immer wieder die andere auszuschalten droht. Es ist ein nie endender Kampf, und das Weltall ist voll von diesem Kampf.

Ich kannte also diese Geschichte schon, ohne damals die hier beschriebene Deutung so erkannt zu haben. Aber als Tatsache hatte mich die Beschreibung schon längere Zeit vorher beeindruckt und beschäftigt.

Die Angst der beiden Tiere also, und so war es im Traum, ihre Panik, ihr Nicht-entrinnen-können, machte mich ratlos. Ich wollte den Streit beendigen lassen, es war aber unmöglich. Sie hatten sich derart ineinander verbissen und verkrampft, daß sie eine Einheit bildeten, eine Einheit im tödlichen Kampf.

Ich stand, ziemlich klein, zwischen beiden, und es fiel mir auf, daß ich eigentlich keine Angst um mich selber hatte. So war ich erfüllt von dem Verlangen, beiden zu helfen. Denn ich litt mit der Angst der beiden mit und teilte ihren Schmerz.

Als der Kampf seinen Höhepunkt erreicht hatte, schienen beide Streitenden zu Tode verwundet und zu Tode erschöpft. Nun konnte ich ihnen helfen. Ich beruhigte sie, streichelte sie, lehnte meinen Kopf mal an den Körper des einen, dann wieder an den des anderen. Ich suchte ihre Wunden zu lindern, und, was ich kaum zu hoffen wagte, beide erholten sich.

Nun kam aber das ganz Merkwürdige. Sobald diese Wesen sich erholt hatten, und es geschah eigentlich zu gleicher Zeit, so wandte sich ein jedes erbost gegen mich. Das eine, das Schlangenwesen, schlug mich mit seinem Kopf, von der anderen Seite traf mich der Horn-Stoß. Ich fühlte mich grausam enttäuscht, dachte schon, daß sie mich nun gemeinsam töten würden, um dann ihren alten Streit fortzusetzen.

Als ich nun so geschlagen und gestoßen wurde, mich eigentlich schon aufgegeben hatte und schrecklich unter dieser Undankbarkeit der beiden litt, waren plötzlich die riesenhaften Wesen wie in weite Ferne gerückt, und ich sah mich in einem schönen Garten stehen, mit beiden Füßen auf dem Kopf einer Schlange, die sich sogar ganz wohl unter dieser Last zu fühlen schien, während ich ein Messer in der

Hand hielt und dieses zu einer Art Erhöhung, die wie ein Altar aussah, ausstreckte, und dort lag ein Ochse gebunden, der ebenfalls fast sehnsüchtig auf dieses Messer blickte, als ob von dort die Erlösung ausginge. Alles hier war Frieden und Ruhe, es war Zufriedenheit und sogar eine gewisse Lust. (Der "Schor Habor" aus dem Midrasch ist ein Ochse. Das hebräische Wort für Ochse ist Schor. Vom Leviathan wird gesagt, er sei eine große Wasserschlange. Der Midrasch erzählt nur, daß sie einander töten, und daß dieses Töten eigentlich ein fortwährendes Geschehen sei. Anstatt des Schor Habor wird an anderer Stelle als kämpfendes Landwesen das Re-em, das Einhorn, genannt.)

Diesen Traum habe ich immer mit mir herumgetragen, und immer wieder sah ich, wie mein Leben eigentlich ein Ausdruck dieses Traumes war. Als ob ich damals, in dieser Frühlingsnacht im Jahre 1935, mein ganzes Leben schon in seinem Sinne vor mir sah. Aber ich verstand den Traum in jeder Lebensphase neu, immer wieder anders, und doch immer nach dem gleichen Sinn. Und jedesmal empfand ich die Enttäuschung, und immer wieder sah ich mich in der Ruhe, in der siegesbewußten Haltung. Das war aber nicht mehr in der Welt des Kampfes, das war eine Welt über dieser, wo die Riesentiere ganz kleine, jedenfalls lenkbare Wesen geworden waren, die sich gerne so behandeln ließen, wie ich sie behandelte.

Ich erzähle diesen Traum hier, weil er eigentlich auch die Folgen meines Verhaltens enthält.

Denn es wäre schön und lieblich gewesen, wenn nun die Bedrückten, die Einsamen, die Verfolgten, mir dankbar die Hand gereicht hätten, weil ich mich mit ihrem Leid, mit ihrer Angst identifizierte, und wir uns dann gemeinsam aus dieser Not ins Licht begeben hätten.

Die Wirklichkeit war aber eine ganz andere. Eine grausame, eine enttäuschende, könnte man sagen. Doch ebenfalls eine außergewöhnlich schöne. Weil auch der letzte Teil des Traumes sich immer wieder verwirklichte. Ich weiß bestimmt, auch durch diesen Traum, daß ich nie zu all dieser mich überwältigenden Erkenntnis gekommen wäre, wenn nicht beide Seiten mich angegriffen hätten. Ich meine hier nicht nur den Angriff von menschlicher Seite. Gewiß gab es diesen auch. Er entspricht nun einmal dem Angriff der beiden Seiten des Paradoxes, welches mir zurief: »Weder diese Seite noch die andere kann dir etwas geben. Wie du dich auch mit ihnen beschäftigt hast, welche Liebe du ihnen auch bekundet hast, wie sehr du auch versucht hast, sie am Leben zu erhalten. Sie wollen dich zugrunderichten, diese zwei. Und sie schlagen dich auch. Durch diese ihre Schläge aber kommst du in ein anderes Reich. Die Schläge hier bedeuten Sanftmut auf der anderen Seite. Dort, auf der anderen Seite, findest du die Antwort. Und dann sind diese Giganten für dich kleine Wesen, leicht zu beherrschen. Und ihr Sinn besteht darin, von dir beherrscht zu werden. Erst dann finden auch sie Ruhe, finden auch sie ihre Bestimmung und ihre Lust.«

Nicht nur Verbrecher griffen mich an, nachdem ich mich bedingungslos an ihre Seite gestellt hatte, gewiß, ich suchte auch ihre Reue, ihre Einsicht, aber doch nur, weil ich wußte, daß sie damit sogar ihr Verbrechen erlösen konnten, und dadurch selber doch auch den Frieden finden würden. Diese Angriffe waren mir aber nur Ausdruck dessen, was ich fortwährend bei mir selber erlebte, als ich versuchte, den Sinn des Bösen zu ergründen, die Welt zu verstehen, die Thora für unser Leben zu erhellen, das Leid zu erklären.

Von vielen Seiten kam es zu Angriffen. Ich hatte die Zweiheit, die sich selber zerfleischt, sich selber zugrunderichtet, gerettet. Und das muß man tun. Sonst wäre jede Beschäftigung mit der Welt eben sinnlos. Die Welt ginge unter, wenn der Mensch sie nicht fortwährend wieder aufrichtete, wenn er kein Mitleid mit ihr hätte, wenn ihn die Angst, die Todesangst der Welt nicht zum Tun, zum Unternehmen drängte. Aber wenn man diese Zweiheit wieder zum Leben zurückgeführt hat, dann bedeutet sie doch wiederum den Tod für den Menschen. Er sieht ein, daß in dieser Welt der Zweiheit immer der Tod am Ende des Weges steht. Die Zweiheit schlägt ihm um die Ohren, stößt ihn. Und er überwindet den Tod nur, indem er, durch diese Schläge genötigt, dazu gezwungen, durch "Zufall" dazu veranlaßt, eine andere Wirklichkeit findet. Das Leid führt ihn dorthin, das an ihm begangene Unrecht bringt ihn dorthin. Ist das der Stab des Hirten, der die Herde ihren Weg ziehen läßt? Was weiß man! Man lebt, man erfährt, man quält sich ab, und man bemerkt, daß schon eigentlich die ganze Zeit da war, wonach man sich gesehnt hatte. Ist dies die Sehnsucht? Gewiß, auch beim Erwecken der zu Tode abgekämpften beiden Wesen ist die Sehnsucht die führende Kraft. Man glaubte, wenn diese zwei den Kampf aufgeben würden, wenn das Paradox also doch stimmen würde, daß dann die Antwort da sei. Die Antwort kommt aber nur über die andere Wirklichkeit. Und es wurde auch für mich wahr, ich bekam die Antwort aus dieser anderen Welt, aus dieser verborgenen, aus dieser akausalen Wirklichkeit.

So bedeutet das sich Stellen zwischen die zwei Äußersten schließlich ein Verlassen der Welt, wo die beiden bis zuletzt kämpfen; es ist ein nicht beabsichtigtes, ein fast erzwungenes Verlassen. Man steht also im Kampf, und man steht zu gleicher Zeit in Einsamkeit. Und die andere Wirklichkeit kann nur in dieser Position der Einsamkeit erlebt werden. Der Kampf befriedigt unser In-der-Welt-sein-wollen, d.h. er befriedigt unser Verlangen nach Anerkennung, nach Popularität. Obwohl man weiß, daß all diese Anerkennung und Popularität nichts anderes sind als Phasen im Kampf der beiden Extreme, daß die Lage sich immer verändert, und die paradoxe Verbissenheit schließlich töten will. Aber dieser Kampf, wenn man wahrlich *tut,* wenn man sich wirklich auf jedem Gebiet auseinandersetzt mit dieser ewigen Frage des Warum und des Wozu, bringt einen aus dieser Welt hinaus in eine Wirklichkeit, wo man einsieht, daß man dort nur allein sein kann, weil man eben dann die ganze Welt füllt, weil alles andere dann Teil wird unseres eigenen Seins. Und es sind nicht Positionen *nach* einander oder *neben* einander, Der Kampf und die Ruhe gehören zusammen. Es gibt, wie es heißt, in der Thora kein Vorher und Nachher. Der Baum des Lebens enthält beide Situationen des Paradoxes, das Werden *und* das Sein, den Weg *und* das Zuhause.

Man hat den Weg, wo man mit Anderen ist, wo alles sich ändert, nichts bleiben kann, da es sonst kein Weg wäre. Und man hat das Zuhause, wo man allein ist und sich darob glücklich fühlt. Nur wenn man zum Weg hinüberschaut, meint man, man sei einsam. Hinüberschauen ist aber schon wieder die Erfahrung der Spaltung, und Spaltung bedeutet nun einmal Kampf.

Wenn man zuhause ist, spürt man, daß Einsamkeit falsch verstanden werden kann. Man kann sich darüber beklagen, das heißt dann aber, daß man sich nach dem Weg sehnt. Man kann aber auch einsehen, daß diese Einsamkeit ein Eins-Sein bedeutet, ein Einssein mit allem und mit allen, ein All-Einssein. Keiner und nichts steht dann außerhalb von uns, alles ist Teil unser selbst. Dann erst gibt es die Liebe zur Welt und die Freude an ihr.

Weg und Zuhause als Eins. Ist das das Leben? Spürt eigentlich jeder Mensch mehr oder weniger diese Einheit? Oder war das nur etwas, das ich erlebte und fortwährend spürte? Das Paradox der Geschichte des Baal-Schem. In der Welt, auf seinem Wege sammeln sich die vielen Tausende von Chassidim um ihn herum. Das bedeutet aber Kampf, Gemeinheit, neben Freude am Augenblick, neben Anerkennung und Popularität. Im Walde aber, allein, sammelt er die große Kraft, die den Satan erschreckt und ihn zum Handeln herausfordert. Wodurch wiederum der Weg da ist, der Weg mit den Hunderttausenden, mit dem Lärm, dem Schweiß, der Verdummung. Was sage ich "wodurch?" Das wäre doch wieder Kausalität. Nein, es gibt kein Vorher und Nachher. Auch nicht im Leben. Auch in uns kämpft der Leviathan mit dem Schor Habor, und beide sind unsere fortwährende Speise, weil wir fortwährend auch allein sind, weil wir fortwährend auch in Freude und Glück leben.

Ich habe hier mein Leben in meiner Jugend beschrieben. Kann man aber Jugend abtrennen von allem anderen, was auf dem Weg des Menschen darauf folgt? Denn obwohl ich noch sehr, sehr vieles nachher erlebte, mehrere solcher Bände wie der vorliegende würden gefüllt werden mit den Aufzeichnungen dieser Erlebnisse und Begegnungen, doch war die Position im Alleinsein eine fortwährende, ich möchte fast sagen, eine ewige. Wie auch das Glück und die Freude in dieser Position von ewiger Bedeutung sind und immerwährende Wirkungen haben. Obwohl die Erfahrungen auf dem Wege, mit der großen Schlange und dem riesenhaften Ur-Ochsen, oft grausam und enttäuschend sind, die Freude überwiegt, überstrahlt alles. Denn sie kennt kein Vorher und Nachher, sie ist eben das, was man ewig nennt.

Die Chassidim singen gerne, sie tanzen, Freude überwiegt in ihrem Leben. Man komme mir jetzt nicht mit der Degeneration, obwohl ich sie selbst vermerkte und sie mich wiederum enttäuschte. Degeneration ist etwas vom Wege, von der Entwicklung. Was geht es mich eigentlich an, die Freude hat ganz andere Facetten, in ihr leuchtet der Funke des verborgenen Lichtes, sie hat das Geheimnis des Ewigen.

Bei den Chassidim hat man auch gerne einen fröhlichen Trunk. Aber der Schnaps ist nur Ausdruck der Freude in diesem Äußersten. Gemeint ist, daß man das Leben froh nimmt, sich sogar ein wenig von ihm berauschen läßt. Ist der frohe Rausch nicht diese Einheit zwischen Weg und Zuhausesein? Wer alles analysiert und erklären will, wird zum sauren Miesmacher. Lasset doch diese gescheiten Deutungen, sie führen so leicht ins Rechthaberische. Auf jedes Wort gibt es 70 Erklärungen, sagt die ewige Weisheit. Also unendlich viele. Und wenn sie einander widersprechen? Freue Dich dann, denn es heißt doch in dieser frohen Weisheit: »Diese und diese sind Worte des Lebendigen Gottes.«

Kann man denn anders als tun, als einfach dasein und sich miteinander freuen? Miteinander? Man ist doch allein, wo ist denn dann die Einsamkeit? Das aber ist wiederum das Merkwürdige: Es gibt doch das Reich der Einsamen, es gibt doch die Verwandtschaft der Unverstandenen, es gibt doch diese nicht-beabsichtigte, diese nicht-gewollte Staatsbürgerschaft. In diesem Reich begegneten mir doch Menschen wie Rabinow, wie Masel, wie der Rebbe, wie Birnbaum, ja, auch wie der Großvater. Und alle anderen, wirklich fast alle anderen, besuchten auch hie und da dieses Reich, und dann begegneten wir uns dort in Freude. Wenn sie sich manchmal auch gerne Feinde nennen. Dort kann ich sagen, ich liebe auch meine Feinde.

Und begegnete ich dort nicht auch so vielen anderen? Nein, man kann nicht von Einsamkeit sprechen, und doch ist es Einsamkeit. Für alle, die sich dort begegnen. Es ist aber eine freudige Einsamkeit.

Vor allem freut es einen, daß man dort einem regsamen, absichtslosen Tun begegnet. Man fragt nicht viel nach dem Warum und dem Wozu, denn man weiß, daß dieses Tun eben nur seine Kraft hat, wenn es unberührt von kausalen Erklärungen bleibt. Kausale Erklärungen führen zu Rechthaberei, zu Heuchelei, zu Hochmut. Man tut, weil man spürt, daß dieses Tun das Geheimnis der Freude in sich birgt. Und weil man sich freut, tut man eben. Nach allen Seiten hin tut man, fragt nicht, schaut nicht zurück, sondern tut. Der graue Alltag schillert von Farben. Wer spricht da noch vom grauen Alltag?

Gerade in seinem Ruf nach 'Tifereth'', nach Harmonie, nach Schönheit im Leben, freute Birnbaum sich des farbigen Lebens in den Kreisen, wo man sich noch erquickte am Alltag, wo niemals Langeweile herrschte, wo das glückliche Lachen noch vorherrschte. Wie auch sonst die Verhältnisse des Lebens auf dem Wege waren. So hatte ich es auch im Traumstädtchen und bei anderen Besuchen im früheren jüdischen Osten empfunden. Erschreckende Armut und dennoch eine unergründliche, eine selbstverständliche Freude. Ich habe diese nirgends sonst wiederfinden können. Und ich habe in meinem Leben viele Länder besucht, ich habe dort gelebt, ich habe viele Kulturen kennengelernt. Aber einer Kultur, die das Geheimnis des Tuns lebt, bin ich nicht mehr begegnet. Tun, ohne die Absicht, dadurch glücklich oder gescheit oder einsichtsvoll zu werden. Tun, das nicht analysiert, das nicht erklärt wird. Die Erklärung zeigt sich schon von selber im Tun. Wer braucht da noch zu fragen?

Dies alles war nur noch der Prolog. Anhand dieser Begegnungen entsteht das Geschehen.

Auf meinem Weg bedeutete das Jahr 1936 den Abschluß einer Periode, und dieser Abschluß stand im Zeichen des Sieges über das Paradox. Es war für mich wie der Auszug aus der Sklaverei, wie die Erlösung aus Ägypten, die ja doch eine Erlösung aus dem Leiden im Widerspruch ist. Es war mir, gerade durch die Begegnungen mit so verschiedenen Menschen wie dem Rebbe und Birnbaum klar geworden, wo der Ort des Menschen war. Und ich weiß nicht einmal, ob diese selber es auch wußten, ob sie es wie ich einsahen. Engel aber waren bei diesen Begegnungen, Boten des Himmels, und sie lenkten alles, und ich konnte nur erstaunt und weiterhin staunend wahrnehmen. Nicht der Teil der rechten Seite, nicht der Teil der linken Seite konnte die Entscheidung bringen. Es war der dritte, der undefinierbare, der unmeßbare, der nicht erklärbare himmlische Teil. Und ich sah, wie das Tun in diesem Teil integriert war, wie das absichtslose Tun die Brücke bildete, die Einheit verwirklichte.

Vieles kam aber noch auf dem Wege danach. Die spannungsvollen Vorkriegsjahre, die Apathie der Welt, ihre erschreckende Müdigkeit und Gleichgültigkeit, der Krieg als ein sich ineinander Verbeißen von mythologischen Bestien, um uns herum und damit auch in uns, die niederschmetternde Enttäuschung der Nachkriegszeit. Enttäuschung, weil man die Stimme des Himmels nicht vernommen hatte, nicht vernehmen wollte, weil man nur so schnell wie möglich wieder die Welt der einen Seite, dieser sichtbaren Seite, erleben wollte. Und dennoch, die andere Seite schlief nicht. Neue Begegnungen kamen, mit Engeln und mit Menschen. Es kamen auch Begegnungen in fernen Ländern, in Indonesien, in Indien, in der Türkei, in Israel, es kamen Begegnungen in Organisationen wie der UNO, im Internationalen Arbeitsamt, im Wirtschaftsleben.

Grauer Alltag? Bestimmt nicht, er war sehr farbig, sehr geladen mit Erlebnissen. Denn neben und mit diesem Geschehen im Äußeren, in diesen fernen Ländern und in diesen verschiedenen Organisationen, waren die Begegnungen mit Engeln und mit Menschen entscheidend. Immer klarer wurde die Einheit des Weges und des Zuhauseseins. Eine beglückende, eine erfreuende Einheit. Und oft begleitet von unglaublichem Geschehen, bei dem ich mich selber immer wieder fragte: »War das nun wirklich so? Habe ich das tatsächlich hier erlebt?« Für mich kann ich nur sagen: »Ja, und nochmals ja. Wer es nicht glauben kann, versteht nichts von diesem Reich der Einsamkeit mit seinen unzähligen Begegnungen.«

Von diesen Begegnungen und von diesen vielen weiteren Ereignissen möchte ich aber in den folgenden Bänden berichten. Ich tue es gerne, denn ich glaube, damit dem Himmel ein wenig danken zu können.

Begegnungen sind wie ein Zusammentreffen verschiedener Welten aus verschiedenen Dimensionen. Eigentlich ist solch ein Zusammentreffen ein Wunder. Denn meistens gehen sie aneinander vorbei, ohne sich zu berühren, ohne sich zu beachten. Doch manchmal trifft es sich, daß sie sich erkennen, eine von rechts, die andere von oben kommend. Und sie verschmelzen in der Begegnung. Es ist dann wie ein Staunen, daß ein Einander-erkennen, Einander-verstehen, Einander-lieben möglich ist. Und dieses Staunen, manchmal ein Bewundern, manchmal ein Lächeln, gibt dem Moment den Funken des Ewigen. Damit kristallisiert sich auf der Linie des Werdens ein bleibendes Sein. Freude ist die Grundlage dieses Kristallisierens. Und diese Freude bleibt und gibt dem Werdenden auf seinem weiteren Weg den Geschmack des Ewigen.

Es geschieht aber mehr. Weitere Begegnungen, auf dem weiteren Weg, fügen zu diesen Kristallen neue hinzu, und es entsteht ein prachtvoller Palast, geschmückt mit herrlichen, funkelnden, Licht spendenden Edelsteinen.

Wenn man dann zurückblickt, erscheinen die ersten Kristalle, schon vor langer Zeit entstanden, eigentlich dürftig, verglichen mit der jetzigen Herrlichkeit. Und man ist geneigt, sie zu relativieren, sie als noch kindisch, noch unvollkommen einzuschätzen. Denn man ist doch gerne stolz auf das prachtvolle Gebäude, das jetzt steht. Hat man sein Leben nicht auch gebaut?

Aber das ist eigentlich eine entsetzliche Untreue. Denn man vergißt die Freude, die man damals empfunden hatte. Wer hat uns diese Freude gebracht, wem also ist man da untreu? Ist Freude nicht ewig, wenn man sie nur behält und sie nicht vom Strom der Zeit fortschwemmen läßt? Es heißt dann, in der Erinnerung sei so manches verblaßt.

Das möchte ich nun nicht tun. Ich wollte alles wieder so erleben, wie ich es damals erlebt hatte. Ohne die Erkenntnis und ohne die Erfahrungen, welche spätere Jahre brachten. Denn dann würde ich vielleicht weise und eingebildet auf diese frühen Jahre zurückschauen. Und ich hätte sogar noch recht, denn wie vieles wußte und ahnte ich damals noch nicht. Sogar im Traume hätte ich mir den Palast, der später entstand, damals noch nicht vorstellen können.

Dennoch war ich damals glücklich mit diesen Begegnungen. Und der Freude an diesem Glück möchte ich treu bleiben, und damit dem Geber dieser Freuden.

Darum habe ich diesen ersten Band meiner Begegnungen so geschrieben, wie ich sie damals erlebt habe und wie ich sie damals, als 25-jähriger, hätte niederschreiben können. Noch nichts wissend vom Kommenden, noch nichts ahnend vom großen Palast, der sich bilden würde. Selbstverständlich konnte ich das nicht allzu rigoros durchführen, und hie und da habe ich mich doch einen Moment als 62-jähriger zeigen müssen, der ich jetzt bin. Schließlich schreibe ich als solcher, und ich möchte mein Erzählen nicht durch einen auferlegten Zwang erstarren lassen. Aber im Prinzip erzähle ich so, als ob ich das Spätere nicht kennte, und ich erlebe das Auf und Ab wieder als der, der damals lebte. Denn ich will eben nichts verblassen lassen, ich will der Freude ob der Begegnungen nicht untreu werden.

Man sagt, im Himmel sei Werden und Sein das gleiche. Der Palast baut sich und der Palast ist schon da. Deshalb ist die Freude der Begegnung in den frühen Jahren, wo sich die ersten Kristalle bilden und in das große Ganze des Palastes einfügen, schon die gleiche wie die Freude der späteren Jahre, wo man im Werden schon mehr und mehr vom ganzen Palast weiß und sich darin zuhause fühlt. Denn immer wo das Zusammentreffen, das so seltene Zusammentreffen von verschiedenen Welten, von verschiedenen Dimensionen stattfindet, dort ist die Freude der Einswerdung, und dort ist der Duft der Ewigkeit. Und dann steht in diesem Moment der ganze Palast. Wenn man ihn auch nicht sieht, man spürt ihn doch, ja man weiß eigentlich ganz genau von ihm. Deshalb ist es Untreue, wenn man die frühen Freuden in seinem Entwicklungsrausch als kindisch abtut. Entwicklung ist nur die eine Seite, die Seite, welche uns zur Einbildung verführt, *wir* bauen den Palast. Gewiß, wir bauen ihn, aber dennoch ist er doch bereits schon da. Seid treu diesem eurem immer gegenwärtigen Palast!

Im gleichen Sinne möchte ich die kommenden Bände schreiben. Wiederum werde ich mein ganzes Leben überblicken, von dem Moment an, wo ich dann bei meinem Erzählen bin. Es kann dann sein, daß ich Jugend-Erinnerungen erzähle, welche ich hier nicht erwähnte, weil sie mir hier eigentlich noch gar nicht vor Augen standen. Aber dennoch waren sie, und ich erlebe sie erst richtig wieder in einem späteren Moment. Oder ich sehe gewisse Geschehnisse jetzt ganz anders, weil sie mir unter einem anderen Blickwinkel erscheinen. Anderes wiederum würde ich später fortlassen, weil es nun wirklich besser nicht in Erscheinung treten sollte. So werde ich im Prinzip immer wieder beim Jahre 1910 anfangen, die Jugend aber erleben, wie ich sie z.B. im Jahre 1950 oder 1960 empfand, mit den Erkenntnissen und Erfahrungen dieser Jahre.

Das ist vielleicht eine ungewöhnliche Art, Erinnerungen darzustellen. Es ist aber, wenn man schon erzählen muß, also alles in einen kausalen Rahmen fassen muß, die einzige Art, das Erleben früherer Jahre nicht nur als ein Werden zu sehen, sondern immer wieder auch das Sein hervorzuheben. Das Sein, das immer war und immer sein wird.

Gewiß werde ich nicht mehr so viel und so im Detail aus der Jugend erzählen müssen. Ganz sicher wird der Nachdruck dann auf den Jahren nach 1936 liegen. Die Jugend wird aber immer auch dasein, wird dann aber ein anderes Gesicht haben.

War dann das Erste nicht wirklich wahr, oder ist das später aus den frühen Jahren Erzählte wahrer? Ich frage: kann man Wahrheit überhaupt festlegen, kann man sie fangen und zwingen? Ist nicht der Traum die tiefste Wahrheit, der Traum, der sich gerade nicht fangen läßt? Haben Propheten ihre Visionen denn nicht geträumt, und sind diese nicht eben deshalb ewig geblieben? Das, was man oft Wahrheit nennt, ist nur eine oberflächliche und deshalb auch langweilige Wahrnehmung. Und so ist sie eigentlich doch eine Lüge, eine Irreführung, etwas Todbringendes. So will ich also mein Leben weiter im Sinne des Werdens und gleichzeitigen Seins weiter erzählen. Der Palast wird sich weiter bauen, immer aber wird der ganze Palast auch schon da sein. Wann wird er ganz dasein? Dort, wo ich staune, wo ich mich freue, wo ich glücklich bin. Das ist das Zeichen. Und dem möchte ich uneingeschränkte, ungebrochene Treue bekunden. Daß ich dazu imstande bin, dafür danke ich wiederum dem Himmel.

Weitere Werke von Friedrich Weinreb im Origo-Verlag:

Der göttliche Bauplan der Welt. Der Sinn der Bibel nach der ältesten jüdischen Überlieferung. 5. Aufl. 400 S., Ln.
Legende von den beiden Bäumen. Alternatives Modell einer Autobiographie. 376 S., kart.
Das Buch Jonah. Der Sinn des Buches Jonah nach der ältesten jüdischen Überlieferung. 2. Aufl. 384 S., Ln.
Die Rolle Esther. Das Buch Esther nach der ältesten jüdischen Überlieferung. 2. Aufl. 316 S., Ln.
Wunder der Zeichen – Wunder der Sprache. Vom Sinn und Geheimnis der Buchstaben. 240 S., Ln.
Leben im Diesseits und Jenseits. 290 S., Ln.
Gedanken über Tod und Leben. 120 S., kart.
Wie sie den Anfang träumten. 166 S., kart.
Vom Sinn des Erkrankens. 2. Aufl. 96 S., kart.
Hat der Mensch noch eine Zukunft? 2. Aufl. 100 S., kart.
Die Symbolik der Bibelsprache. 5. Aufl. 132 S., kart.

 ORIGO VERLAG Rathausgasse 30
CH-3011 BERN Schweiz